복잡성과의 전쟁

복잡성과의 전쟁

WAGING WAR
on
COMPLEXITY COSTS

스티븐 윌슨 · 안드레이 페루말 지음
김만수 · 김시정 옮김

미디어

Contents

제2부 너의 적을 알라: 복잡성의 다양한 양태들과 전략적 시사점

제4부 복잡성 원가 재발을 막기 위한 방어 전략

　　고객은 스마트해지고 있다. 자신의 니즈에 딱 맞는 제품을 보다 싼 값에 구매하기 위한 합리적 소비가 트렌드가 되고 있다. 젊은 고객층을 중심으로 백화점이나 마트 등 오프라인 매장에서 제품을 둘러보고, 인터넷으로 최저가를 찾아서 구매하는 소위 쇼루밍 Showrooming 족이 빠르게 증가하고 있다. 또한 이러한 경향은 개인 고객뿐만 아니라 기업 고객에서도 나타나고 있는데, 원가절감의 압박을 받는 많은 기업 고객들이 오랜 거래 관계를 버리고 저렴한 구매처를 찾아서 이동하고 있다.

　　스마트한 고객의 지갑을 열기 위해서는 고객을 더 열심히 연구해서, 고객이 원하는 최적의 제품을 경쟁사에 비해 저렴하게 공급하는 수밖에 없다. 그런데 고객은 다양한 니즈를 가지고 있기 때문에 고객의 니즈에 보다 적합한 제품을 만들다보면 자연스럽게 제품이 다양화된다. 여기에 기업의 딜레마가 있는데, 고객의 다양한 니즈를 좇아서 제품을 다양화하면 그만큼 원가가 증가한다. 제품 경쟁력을 강화하기 위해 원가 경쟁력을 희생시킬 것인지, 원가 경쟁력을 유지하기 위해 제품 경쟁력을 포기해야 할지 선택해야 하는 상황에 직면하게 되는 것이다.

　　사실 대부분의 기업은 제품 경쟁력을 선택하고 있으며, 그 결과로 원가 증가와 수익성 악화를 겪고 있다. 〈복잡성과의 전쟁〉은 이러한 제품 경쟁력과 원가 경쟁력 간의 트레이드오프 문제에 대한 해답을 제공한다. 고객과 회사의 가치를 증대시키지 못하는 과도한 제품의 확장을 막고, 복잡한 제품을 최소의 원가로 공급할 수 있는 방법을 제공한다. 즉 복잡성을 최적 수준으로 관리하고, 복잡성이 원가 증가에 미치는 영향을 최소화시킬 수 있도록 지원한다.

'복잡성과의 전쟁'은 글로벌 시장에서 경쟁해야 하는 한국 기업들에게 특히 중요한 의미를 가진다. 과거에 작지만 빠르고 효율적이었던 우리 기업들이, 이제는 역으로 한국 기업의 장점이었던 저렴한 임금과 효율성을 무기로 하고 있는 중국 등 개발도상국 기업들과 경쟁해야 하는 상황에 직면해 있다. 이 새로운 경쟁자들에 맞서 우리 기업은 어떻게 경쟁력을 지켜나가야 할까?

답은 아주 특별한 곳에 있지 않다. 경쟁 강도가 비교적 낮은 유망한 시장과 새로운 제품을 개발하여 원가와 효율성을 무기로, 정면승부를 걸어오는 후발 국가 기업을 무력화시켜야 한다. 그러나 여기에 함정이 있을 수 있다. 성장 위주의 경영은 기업 내부의 복잡성을 증가시켜 본원적인 경쟁력 저하를 가져오기 쉽다. 즉 성장이 중요하면 할수록 성장으로 인해 증가하는 복잡성을 적절히 관리하지 못하면 더 큰 위기가 올 수 있는 것이다.

이런 연유로 지금 우리나라에 이 책이 출간되는 것은 매우 시의적절하다는 생각이 든다. 많은 기업들이 새로운 기술, 새로운 제품, 새로운 시장을 찾아서 성장을 추구하는 바로 지금이 조직을 멍들게 하는 성장의 어두운 그늘을 직시하고 해결해야 할 때인 것이다.

김만수, 김시정

2009년, 이 책 〈복잡성과의 전쟁〉을 처음 출간할 때 우리는 윌슨 페루말Wilson Perumal 사의 잠재적인 컨설팅 고객인 미국과 유럽의 기업들을 염두에 두고 집필했었다. 그 당시는 갑작스럽게 불어 닥친 세계적 경기 침체로 많은 기업들이 어려움을 겪고 있는 시기였으며, 많은 기업들이 원가를 증가시키고 성장을 방해하는 복잡성의 심각성을 우리 책을 통해 깨달았고, 문제 해결에 나설 수 있었다.

우리 시대가 가진 중요한 특징 중의 하나는 전 세계가 네트워크로 서로 연결되고 있다는 것인데, 가히 복잡성의 시대라고 명명해도 될 듯싶다. 우리의 컨설팅 서비스는 미국과 유럽을 중심으로 시작되었지만, 여타 지역으로도 빠르게 확장되고 있다. 이미 〈복잡성과의 전쟁〉은 독일과 중국에서 현지 언어로 번역 출간되었다.

한국과 관련해서 우리는 개인적인 인연이 깊은데 롯데, LG, 포스코와 같은 한국 기업과 함께 일한 경험이 있으며, 이 때문에 한국 경제의 성장도 항상 관심과 애정을 갖고 지켜보고 있었다. 이번 〈복잡성과의 전쟁〉 한국어판 출간을 우리가 특히 기쁘게 생각하는 이유이다.

정도의 차이는 있으나 전 세계의 거의 모든 기업들이 세계적 경기 침체에 적응하고 이겨나가기 위해 노력 중이다. 한국의 경우, 중국 경제의 빠른 성장과 삼성, 현대 등 우수한 경영 실적을 올린 몇몇 대기업의 영향으로 문제가 덜 심각하게 보일지도 모르겠다. 그러나 그럼에도 불구하고 많은 한국 기업들이 경기 침체의 충격을 감내하고 있는 것도 부인할 수 없는 현실이다. 예를 들면, 해외에서의 성장이 주춤해지면서 많은 소비재 기업들이 내수시장에 집중하고, 이로 인해 내수시장에서의 경쟁이 심화되고 있다. 경쟁에서 밀리지 않기 위해 기업들은 더 낮은 가격으로 더 좋은 제품과 서비스를 고객에게 제공하지 않으면 안 된다. 이를 위해 저부가가치 제품과 서비스를 단종시키고, 프로세스와 조직을 슬림화시킬 수밖에 없다. 그리고 이를 통해 확보된 유휴 자원을 성장 가능성이 높은 사업/제품에 재배치해야 한다. 그렇지만 성장에 익숙한 많은 기업들에게 이와 같은 복잡성 제거는 엄두가 나지 않는 복잡하고 어려운 과제이다. 이 부분이 우리가 도움을 주고자 하는 영역이다.

많은 한국 기업들이 군살을 빼고 경쟁력 강화를 추진해야 하는 이 시점에 〈복잡성과의 전쟁〉이 출간되는 것은 매우 시의적절하다는 생각이다. 우리 책을 통해 많은 사람들이 복잡성 문제에 관심을 가질 수 있는 계기가 되고, 기업 경영에 유용하게 활용되었으면 좋겠다.

이번 번역 출판은 우리의 전략적 파트너사인 한국의 '더키투웨이 컨설팅The Key To Way Consulting'사와 공동으로 진행하였다. 더키투웨이 컨설팅은 복잡성 관리 분야에 전문성과 경험을 가지고 있는 우수한 컨설팅 회사로, 한국의 고객들에게 공동으로 컨설팅 서비스를 제공하는 윌슨페루말의 전략적 파트너이다. 양사의 역량을 결합하여 한국 고객에게 최고의 컨설팅 서비스를 제공할 수 있을 것이라고 확신한다.

스티븐 윌슨 & 안드레이 페루말

왜 지금 시작하지 않으면 안 되는가?

"용맹성에는 천재성과 힘, 그리고 마법이 들어 있다!"
— 괴테

난세에는 위기와 기회가 함께 온다는 말은 현대의 기업들에게도 잘 적용된다. 오늘날의 경영환경에서 그런 하나의 사실은 수요가 갑작스럽게 감소하여 매출은 줄어들었으나, 원가 자체에는 큰 변화가 없다는 것이다. 경기 침체로 인해 오히려 엄청난 규모의 숨겨진 원가가 드러났을 뿐 아니라 원가의 본질 또한 밝혀졌다. 지난 20여 년간의 성장 추구로 기업 운영의 복잡성이 크게 증가되었고, 이로 인한 복잡성 원가complexity cost도 증가되었다. 이러한 위기 상황에서 그나마 위안을 삼을 수 있는 희소식은 경쟁사도 우리와 같은 수준 또는 그 이상의 복잡성 이슈를 안고 있을지 모른다는 사실뿐이다. 이런 이유로, 만일 복잡성 원가를 제거하는 방법을 익힐 수 있다면 경쟁사 대비 원가 우위 확보를 통한 경쟁력 강화가 가능하다.

그러나 분명히 경쟁 우위를 쟁취할 수 있는 기회가 있음에도 불구하고, 복잡성 원가 이슈를 해결하기 위해 진지하게 접근한 기업은 많지 않다. 대부분의 기업들은 복잡성 원가를 감수해야 할 필요악으로 보거나, 설령 문제를 해결하더라도 이를 통해 얻을 수 있는 경제적 효과가 불확실하다고 믿고 있다. 그러나 단언컨대 **복잡성 원가야말로 현대 기업의 원가 경쟁력을 결정하는 가장 중요한 요인이다.** 그러므로 대부분의 기업들이 경기 불황기가 끝나기만을 기다리면서 숨죽이고 있을 때, 이 책을 읽는 독자들은 복잡성 원가와의 과감한 정면 승부를 펼칠 것을 진심으로 권고한다.

10년 전에, 현재 우리가 겪고 있는 세계적인 경기 침체를 예측했던 사람은 거의 없었다. 그러나 그 시절에도 몇몇 CEO는 복잡성과 복잡성 원가가 회사의 수익성과 성과에 최대의 장애요인이라는 것을 꿰뚫어보았다. 2004년에 출간된 〈사업의 복잡성 정복하기Conquering complexity in your business〉에서 본 저자는 선도 기업들이 어떻게 제품과 서비스의 복잡성 문제를 해결했는지 집중적으로 다루었다. 그러나 지금의 사업 환경으로 눈을 돌려보면 당시와 비교하여 많은 부문에서 변화가 있었다. 문제는 더욱 진화하여 복잡해졌고, 그 심각성 또한 크게 증가하였다.

- **문제의 심각성이 커지고 심화됨.** 시장의 경기 침체로 인해 복잡성 원가 문제가 매우 시급한 해결이 필요한 문제로 부각되었다. 많은 기업들이 제품과 서비스에 대한 수요가 감소하는 데도 원가는 줄지 않는 현상을 경험하고 있다. 게다가 복잡성, 낭비, 비효율을 감당할 수 있는 여력이 점점 소진되고 있다. 현재의 경

기 침체가 단기적 현상이라고 보는 경제학자는 매우 드물다. 기업들은 단기적으로는 유동성 위험을 관리해야 하는 동시에 장기적으로는 새로운 경쟁자, 변화하는 고객의 요구 및 수요 감소에 대응해야 하는 어려운 상황에 직면하고 있다. (a) 미래 고객의(과거의 고객이 아닌) 선호에 맞추어 회사의 각 부분이 잘 정렬되어 있는지 확인해보고, (b) 정렬되지 않은 부분을 효과적으로 개선하는 능력을 가지고 있는 기업만이 미래에 성장할 수 있다. 중요한 점은 과거에는 기업들이 이 문제에 대해 국지적인 개선을 추진하는 것으로 대응이 가능했지만, 이제는 전사적으로 문제 해결에 나서지 않으면 안 된다는 것이다.

- **문제의 성격이 변화됨.** 제품 및 서비스의 다양성은 여전히 복잡성 원가를 발생시키는 가장 주된 원인이다. 그러나 현재의 환경에서 지속가능한 방법으로 대폭적인 원가 절감을 하기 위해서는 기업 운영의 기반이 되는 프로세스와 조직의 복잡성을 축소시켜야 한다. 단순히 제품 수를 줄이고 서비스 옵션을 축소시키는 것만으로는 충분하지 않으며, 또 반드시 바람직한 방법이라고도 할 수 없다. 복잡성 원가와의 새로운 전쟁을 위해서는 복잡성의 유형, 근본 발생원인 및 복잡성 간의 상호작용에 대해 충분히 이해하고, 이를 바탕으로 새로운 접근법과 전략을 마련해야 한다.

- **결과를 도출할 수 있는 시간적 여유가 축소됨.** 과거에는 기업이 6개월이나 그 이상의 기간을 특정 문제를 이해하는데 투하할 수 있는 여력이 있었다. 그러나 이제는 그와 같은 여유 있는 접근이

불가능한 상황으로 변했다. 월마트 CEO가 이야기한 대로 새로운 고객 행태의 변화를 읽고 이에 대해 효과적으로 대응하기 위해 현대의 기업들은 무한 속도의 경쟁을 펼치고 있다. 이렇게 혼란스러운 시대가 반드시 단점만을 가진 것은 아니다. 기존 경쟁구도의 변화로 새로운 승자가 출현할 수 있는 가능성이 커지고 있다. 그러나 반대의 경우로 약간만 시간을 지체하더라도 경쟁자에 비해 크게 뒤처질 수도 있다.

요컨대 복잡성 원가를 해결하기 위해 기업들은 복잡하기만 하고 가시적 성과를 도출하지 못하는 전통적 방법을 대체할 수 있는 검증되고 실용적이며 효과적인 방법론을 필요로 하고 있다. 기업들은 즉시 행동에 옮길 수 있는 통찰력을 필요로 하며, 개선활동 추진을 지체시키는 정교한 활동기준 회계기법과 시스템에 시간과 자원을 낭비할 여력이 없다.

이 책은 이러한 환경 변화에 대응하여 경영자들이 가지는 다음의 질문에 대해 답을 제공하기 위해 출간되었다고 볼 수 있다.

- 복잡성 원가 제거를 추진해야만 하는 사업적/재무적 타당성은 무엇인가?
- 효과가 큰 개선기회를 어떻게 찾아낼 수 있는가? 또는 신속하고 손쉽게 제거할 수 있는 복잡성 원가가 존재하는가?
- 발견된 복잡성 원가를 우리 회사에서 어떻게 제거하는 것이 효과적인가?

- 복잡성 원가를 제거한 이후에 다시 복잡성 원가가 증가하는 것을 어떻게 예방할 수 있는가?
- 어디에서부터 어떻게 시작해야 하는가?

이 책의 목표는 독자 스스로 제품, 서비스, 프로세스 및 조직의 복잡성을 제거하여 장·단기적으로 회사의 건전성을 높일 수 있도록 돕는 것이다. 우리는 사례를 통해 복잡성 원가 제거를 통하여 얻을 수 있는 효과가 얼마나 클 수 있는지를 독자들에게 보여줄 것이고, 그들의 회사에서 얻을 수 있는 효과를 스스로 추정해볼 수 있는 방법을 제공할 것이다. 또한 복잡성의 발생 원인에 대해 잘못 인식하고 있는 부분이 무엇인지, 복잡성의 제거를 어렵게 하는 다양한 요소 간의 상호작용이 어떻게 이루어지는지 설명할 것이다(이를 통해 왜 전통적인 접근법이 실패할 수밖에 없는지 독자들은 이해할 수 있게 될 것이다). 그리고 미래의 성장 잠재력을 희생시키지 않으면서 즉각적으로 이익 개선을 추진할 수 있는 전략을 제시할 것이다.

기회 포착

일반적으로 복잡성 원가와의 전쟁에서 승리하기 위해 극복해야 할 가장 큰 장애요인 중 하나는 회사 내부에 퍼져 있는 과거의 잘못된 관행과 믿음을 깰 수 있는 동력을 만들어내는 일이다. 우리는 시장의 현실과 괴리된 과거의 관행과 성공신화를 타파하기 위해 변화의 필요성을 열정적으로 직원들에게 설명했던 선구자적인 CEO들을 직접

볼 수 있었다.

그러나 이런 종류의 노력은 이제 그다지 필요치 않다. 필요성을 누구나 느낄 수 있도록 만드는 불타는 플랫폼을 도처에서 볼 수 있기 때문이다.

현재의 사업 환경은 많은 기업에게 분명 어렵지만, 어찌 보면 기업의 근본적 체질 변화를 위한 최대의 호기가 될 수도 있다. "나는 낙관주의자입니다. 비관론은 일을 추진하는데 도움이 되지 않는 것처럼 보이기 때문입니다"라고 영국 수상 윈스턴 처칠Winston Churchill은 말했다. 이 말에 우리는 적극 동의한다. 점쟁이, 역술가, 경제학자의 비관론에 귀를 기울이기보다는 우리가 직면하고 있는 환경이 제공하는 수많은 기회를 붙잡을 수 있도록 준비하는데 힘을 쏟기를 권고한다.

단기 생존을 위한 이익 확보와 장기 성장 동력 강화를 위해 복잡성 원가에 대한 전쟁을 선포하는 리더는 조직 내부에서 지원 세력을 어렵지 않게 확보할 수 있을 것이다.

스티븐 윌슨Stephen A. Wilson

제1부

전투 동원령

왜 이 전쟁이 불가피한가?

제1장

전쟁의 불가피성

(그리고 보다 나은 전투 전략의 필요성)

"우리는 항상 적에게 포위된 상황에서 전투를 수행한다.
그렇기 때문에 오히려 문제가 단순하다."
— 미 해병대 루이스 B 풀러 장군

세계적 소비재 기업인 P&G는 제품 합리화 및 표준화를 통해 제품 개당 2달러 이상의 원가를 절감하여 거의 30억 달러에 달하는 원가를 절감하였다. 제품 합리화 이후 10개의 공장을 폐쇄하여 10억 달러의 원가를 추가적으로 줄일 수 있었다. 해당 기간에 P&G의 영업이익률은 6.4%에서 9.5%로 증가하였다.

유사한 사례로 모토롤라Motorola는 복잡성과의 전쟁을 통해 2년 동안 영업 원가와 재료비를 절감하여 26억 달러의 원가를 절감하였다. 동시에 14억 달러에 달하는 재고를 줄이고, 공장과 물류 센터의 40%를 폐쇄하였다.

위의 사례들은 최근의 경제위기 발생 이전 사례들로, 경기 호황기에도 복잡성 원가 절감의 기회가 존재함을 보여준다. 그러나 '나쁜 뉴스가 끝도 없이 이어지는' (영국의 〈이코노미스트〉 인텔리전스 유닛Intelligence unit의 표현) 현재의 글로벌 경제 위기 상황에서는 기회와 위협요인이 몇 배 이상 증폭된다.

2009년 초 영국의 〈이코노미스트〉는 세계경제가 제2차 세계대전 이후 최악의 GDP 성장률을 기록할 것으로 예측했다. 범지구적, 범산업적으로 전개되고 있는 최악의 경기 침체는 기업들에게 단기적 원가 절감 압박을 가하고 있을 뿐만 아니라, 중장기적으로는 산업 지형의 변화를 일으킬 가능성이 높다. 어떤 방향의 변화가 일어날지 정확히 예측하기는 어렵지만 경제적 지형의 변화에 맞추어 기업들도 변화해야 한다는 것만은 분명하다.

경기 침체의 영향으로 과거 10년의 경영 환경과 미래 10년의 경영 환경은 분명 크게 달라질 것이다. 과거 10여 년간 민간 기업들은 밀물 위에 떠 있는 배와 같이 고객과 함께 자연스러운 성장을 거듭해왔다. 지속적으로 증가하는 고객의 수요에 대응하여 기업들은 새로운 제품과 라인을 확대하였고, 인접 제품과 시장으로 사업영역을 확대하였으며, 새로운 지역으로 시장 개척을 추진하였다.

예를 들어 과거 10여 년간의 식료품 유통사업의 발자취를 살펴보면, 수요의 증가에 발맞추어

- 전통적 식료품점 형태가 소형 슈퍼마켓, 대형 마트 등의 유통 형태로 다양화되었다.
- 기존의 식료품뿐만 아니라 새로운 상품 카테고리 — 즉 가구, 의류, 전자제품 등(유통점 중에는 다양한 카테고리에서 10만 개 이상의 SKUStock Keeping Unit(최소 상품 운용 단위)를 보유하고 있는 경우

도 적지 않음)에서 폭발적으로 증가된 새로운 제품을 유통시키기
위해 프로세스와 공급망이 다양하고 복잡해졌다.
- 중국, 인도 등 신흥시장의 새로운 성장기회를 잡기 위해 해외시
  장으로 사업을 확장시켰다.

유통회사에 제품을 공급하는 소비재 제조회사들은 이런 추세에 발
맞추어 새로운 제품을 쏟아냈다. 새로운 유형의 오레오 쿠키, 매대
賣臺를 가득 채울 정도로 다양한 감자 칩, 수백 종의 치약들이 출시
되었다. 유통회사, 소비재 제조회사 및 원부자재 공급사들은 고객의
수요를 충족시키기 위해 그동안 앞만 보고 달려왔다.

위와 같은 변화가 전통적으로 캔 수프를 공급사에서 매장 진열대
로 운반하는 일만 해온 유통회사의 공급망에 미친 영향에 대해 살펴
보자. 캔 수프의 물류 흐름을 지원했던 공급망은 이제 평면 TV의 물
류 흐름까지 지원해야 하는 상황이다. 세계 각지에 분산된 매장의 물
류를 지원해야 하는 데다, 다양한 유통 형태까지 지원해야 하는 등
과거와는 비교조차 어려울 만큼 복잡성이 증가하였다.

이러한 현상은 캔 수프나 평면 TV 유통업에만 해당되는 것은 아닐
것이다. 거의 대부분의 업종이 과거 10년간 이와 유사한 변화를 겪었
을 가능성이 높다. 다양해진 고객 니즈에 대응하기 위해 기업들은 제
품과 서비스를 확장시켰고, 이에 따라 회사 내 프로세스, 조직 및 IT
시스템의 복잡도가 크게 증가되었다. 기업들은 비록 과거 10여 년간
꾸준하게 성장을 해왔으나 그동안 축적된 복잡성 원가가 갑작스럽게
엄청난 부담으로 남겨진 상황에 직면해 있다.

원가의 바다 위에 떠 있는 이익의 섬

P&G와 모토롤라의 사례에서 보았듯이 복잡성 원가를 절감하면 상당한 수준의 이익 개선이 가능하다. 우리는 다수의 프로젝트를 통해 복잡성 원가와의 전쟁에서 승리하면 15~30%의 원가 절감 효과가 발생한다는 것을 확인하였다.

어떻게 이런 일이 가능할까? 기업에서 일반적으로 이익이 분포되어 있는 형태를 생각해보자. 소위 '고래 모양 커브Whale Curve'라고 불리는 그림 1은 제품별 수익성이 높은 제품부터 순서대로 X축에 나열했을 때 누적 이익의 궤적을 보여주는 그래프이다(다양한 형태의 고래 모양 커브가 존재하는데 각각 X축에 제품, 고객 및 매출액을 수익성의 순서

대로 나열하고, 각 지점에서의 누적 이익의 수준을 Y축에 보여준다).

고래 모양 커브를 통해 우리가 알 수 있는 것은 무엇일까? 통상 20~30%의 고수익 제품에서 전체 이익의 300% 이상이 창출된다. 궁극적으로 회사의 이익이 100%를 초과할 수는 없으므로 70~80%를 차지하는 저수익 제품이 전체 이익의 200%를 깎아먹는 구조가 일반적이다. 그래프의 손실 발생 구간은 과도한 원가 증가를 유발시키는 자산, 프로세스, 조직, 제품 및 고객 세그먼트와 연관되어 있다.

| 그림 1 | 고래 모양 커브 Whale Curve

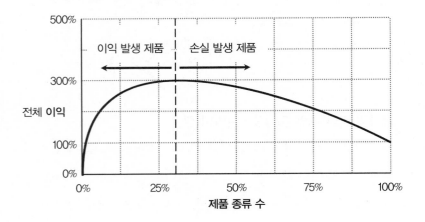

고래 모양 커브는 전사 이익의 분포를 가시화하여 보는 사람에게 이익 개선기회가 어디에 있는지 알 수 있도록 해준다. 전사 이익을 깎아먹는 80%의 제품을 단종시킨다면 회사의 이익이 얼마나 증가될까?(우리는 뒷부분에서 프로세스와 조직의 복잡도가 어떻게 고래 모양 커브에 영향을 미치는지 살펴볼 것이다). 전사 이익을 갉아먹고 있는 제품

을 감축시키기 위해서는 이익 분석을 통해 제품이 어떻게 이익을 증가시키고 감소시키는지 명확하게 이해할 필요가 있다. 결론부터 말하자면 대부분의 분석 결과는 기존에 회사 내에서 가지고 있던 고정관념을 깨는 결과를 보여준다.

리처드 코흐Richard Koch는 그의 저서 〈80/20 법칙The 80/20 Principle〉에서 다음과 같이 말했다. "제품 라인별 수익성 분석을 의뢰했던 대부분의 CEO들은 분석결과를 처음 보고 받았을 때, 이를 인정하려고 하지 않았다." 설사 80%의 제품 라인이 손실을 발생시킨다는 사실을 인정하더라도 해당 제품에 대한 조치를 실제로 취하는 경우는 매우 드물다. 코흐에 따르면 경영자들이 즉각적인 조치를 취하지 않을 때 내세우는 논리는 저수익 제품을 단종시키더라도 그것에 부과된 간접비는 줄어들지 않는다는 것이다. 이런 이유로 가장 문제가 심각한 몇몇 제품에 대해서만 조치를 취하는 게 일반적이다. 코흐는 덧붙여서 다음과 같은 이야기를 했다.

그러나 이 모든 것은 비겁한 변명에 불과하다. 사실은 수익성이 저조한 사업이 애초에 수익성이 낮은 이유는 간접비를 지나치게 많이 소모하고, 과도하게 많은 사업 영역이 조직을 복잡하게 만들었기 때문이다. 반대로, 수익성이 좋은 사업이 수익성이 좋은 이유는 간접비를 필요로 하지 않거나 낮은 수준의 간접비만으로도 운영이 가능하기 때문이다.

객관적인 데이터에도 불구하고 복잡성이 전체 기업의 건전성에 미치는 영향을 인정하기는 쉽지 않다. 복잡성은 팡파르를 울리며 눈에 띄게 등장하는 것이 아니라, 회사 내에서 일상적으로 이루어지는 개별적 의사결정과 선택이 축적되어 발생하며, 이는 기존의 관리회계 시스템으로는 가시화 되지 않는다. 게다가 복잡성 원가는 기하급수적으로 증가하는 특성을 가지고 있다. 제품 및 서비스의 다양성이 증가하면 제품을 직접 제공하는 프로세스에만 영향을 미치는 것이 아니라, 해당 프로세스를 구축하고 지원하는 모든 것에 영향을 미치게 된다. 재고, 제품 설명서, 간접비 등이 이 예에 해당한다.

과거 10년간 대부분의 기업이 선택했던 전략을 생각해보자. 소비재 제조회사들은 니치 세그먼트 선점, 경쟁사 시장 점유율 탈취 및 고객 요구 대응을 위해 제품 라인을 빠르게 확장해왔다. 이런 전략이 매출과 코스트에 미치는 영향은 무엇일까? 제품 라인 확대와 관련하여 가장 먼저 이해해야 할 점은 통상 라인 확대는 수요의 총량을 증가시키지 않는다는 점이다. 어떤 학자가 말했듯이 고객은 선택 가능한 제품이 다양해졌다고 해서 이전보다 많이 먹지도, 많이 마시지도, 더 많은 양의 샴푸로 머리를 감지도, 더 자주 양치질을 하지도 않는다. 과도한 제품 확대는 자사의 신제품에 의해 자사의 기존제품 매출이 감소하는 자기잠식 현상Cannibalization만을 발생시킬 뿐이다.

원가 측면에서도 상황은 별반 다르지 않다. 제품 라인 확대는 마케팅 원가, 제품 개발, 생산 라인 확장으로 인한 생산 및 포장비 원가 증가를 유발시킨다. 새로운 물류창고가 필요해지며, 때에 따라서는 새로운 공장의 증설이 필요하기도 하다. 운반비 또한 증가하는데, 물류 흐름의 양이 증가될 뿐만 아니라 배송 트럭을 가득 채워 배송되는 물량이 줄어들어 배송 효율이 저하되기 때문이다. 확대되는 제품 포트폴리오를 관리하기 위해 새로운 관리 인력의 충원이 필요하므로 이에 따른 관리비와 간접비가 증가한다. 위에서 언급한 연구 결과에 따르면, 동일한 양의 제품을 생산할 때 여러 제품을 생산하는 경우의 제품 단위당 원가는 단일 종류의 제품만 생산하는 경우의 이론적인 원가와 비교하여 25~45% 정도 증가된다(이러한 원가의 증가를 유발하는 메커니즘에 대해서는 뒷부분에 상세하게 설명하도록 하겠다).

탈복잡화Decomplexity 추진 사례

한 기업이 조직에 침투한 복잡성을 어떻게 성공적으로 해결하였는지 살펴보자. 토블론Toblerone은 삼각기둥 모양으로 유명한 초콜릿 바 제품이다(삼각기둥 모양은 스위스 알프스에 있는 마테호른 산을 상징하는 모양이라고 한다). 일상적으로 이루어졌던 개별적 의사결정의 결과가 누적되어 브랜드 라인의 복잡화가 발생하였는데, 각각의 개별적인 의사결정은 나름대로 합리적이고 타당한 것들이었다. 100여 년 전 출시된 이후로 토블론 바는 소비자의 요구를 충족시키는 다양한 제품을 지속적으로 출시하며 매출 신장을 거듭해왔다. 각 지역마다 상이한 고객의 기호에 맞추어 부분적으로 차별화시킨 제품들이 출시되었는데, 이를 지원하기 위해 관련 프로세스와 조직이 확대되었다.

요컨대 제품의 다양화로 인해 프로세스와 조직이 그물망처럼 복잡해졌다. 이 문제를 해결하기 위해 크래프트Kraft(현재 토블론 브랜드를 소유하고 있는 회사)는 '탈복잡화Decomplexity'를 추진하였으며, 초기에 다음과 같은 세 가지 추진방향을 설정하였다. 성장 지원, 고객 만족도 증대 및 원가와 자산의 감축이 그 목표이다. 크래프트 사社가 추진했던 내용을 요약하면 표 A와 같다.

크래프트 사는 다음의 두 가지 유형의 원가 절감에 성공하였다.

1) 원부재료 구매비 절감: 원료, 첨가물, 포장재, 금형 및 상품
2) 프로세스 운영원가 절감: R&D, 구매, 생산, 물류, 마케팅, 영업
   및 지원

| 표 A | 크래프트 사의 토블론 바 탈복잡화 추진 내용

추진 이전	추진 이후
9개 공장(9개국에 산재)	1개 공장
다양한 제품 유형	단일 제품 유형*
복잡하고 다양한 원료배합	원료배합 공용화
단일 언어로 포장재 인쇄	언어 클러스터별로 복수 언어의 공용 포장재 인쇄
계절별로 상이한 판촉용 포장재 활용	표준 포장 + 판촉용 슬리브
국가 또는 지역별 소싱	글로벌 소싱

* 토블론 바의 모양은 삼각기둥 모양으로 동일하지만, 향이나 크기가 조금씩 다른 다양한 변형 제품이 존재한다

크래프트 사는 탈복잡화를 통해 매년 4억 달러 이상의 세전이익 증가가 발생한 것으로 추산하고 있다. 또한 탈복잡화를 생산성 향상에 적극적으로 연계함으로써 전 세계적으로 규모의 경제 효과를 극대화하고, 기능별 전문 역량을 전사적으로 공유할 수 있게 되었다.

크래프트 사의 사례는 나쁜 복잡성 원가를 제거하면 주주와 고객의
이익이 동시에 증가될 수 있다는 것을 보여주었다.

왜 많은 기업들이 이 전쟁에서 패배하거나 또는 회피하는가?

이제 우리는 P&G, 모토롤라 및 크래프트 등이 복잡성을 제거하여
상당한 수준의 원가를 절감한 사례를 살펴보았다. 세계적 경기 침체
의 경영 환경에서 대부분의 기업들은 심한 원가 절감 압박을 느끼고
있다. 그렇다면 왜 더 많은 기업들이 복잡성 제거를 위해 나서지 않
는 걸까?

이 세상에 원가 절감에 관심 없는 기업은 존재하지 않는다. 그러
나 기존의 방법론은 원가 절감에 대한 확신을 주지 못한다. 최근 연
구 결과에 의하면, 원가 절감 프로젝트 추진 기업 중 50% 정도만이
원가 절감 목표를 달성했으나, 대부분 단기적 효과에 그쳤을 뿐 장기
적으로는 다시 원가가 증가했다. 3년 이상 원가 절감 효과를 유지한
기업은 전체 기업의 10% 이하였다. 이런 실망스런 결과가 발생한 원
인에 대해 많은 경영자들이 다음과 같이 이야기한다.

"원가 절감 대상 영역 선정에 문제가 있었습니다."

"단기 원가 절감을 위해 장기 기업 가치가 훼손되었습니다."

"누구나 성과를 낼 수 있는 손쉬운 과제의 범위를 벗어나지 못했습
니다."

문제를 발생시킨 원인 중 하나는 원가 절감이 회사가 추구해야 할 가장 중요한 목표로 인식되지 않는다는 점이다. 사실 원가 절감이 회사의 가장 중요한 목표가 되어서도 안 된다. 소비재 제조회사의 경우, 사업 경쟁력은 고객이 원하는 우수한 제품을 값싸게 만들어 빠르게 시장에 공급하는 것이며, 유통회사의 경쟁력은 고객이 원하는 우수한 제품을 매대에 가득 채워 놓는 것이고, 중공업 회사의 경쟁력은 고객이 원하는 적합 품질의 제품을 납기에 맞추어 제공하는 것이다. 요컨대 원가 절감은 대부분의 회사에서 가장 중요한 핵심 역량은 아닌 것이다. 원가 절감은 외부 경영환경 때문에 어쩔 수 없이 추진하는 단기성과에 목표를 둔 일회성 이벤트이다. 이런 이유로 소수의 기업만이 원가 절감 목표를 달성하고, 근본적인 경영 체질 개선에 성공하는 것이다(심층 탐구 2: '기업의 원가 절감 지능지수 측정' 참조).

그럼에도 불구하고 우리가 잊지 말아야 할 중요한 시사점은 "**과거보다 원가 절감의 중요성이 커졌다고 해서 과거에 실패했던 원가 절감 방법을 보다 열심히 추진하는 방식으로는 성공할 수 없다는 것이다.**"

원가 구조를 개선하는 가장 좋은 방법은 제품, 프로세스 및 조직의 복잡성을 동시에 개선하는 것이라고 우리는 감히 단언한다. 그러나 복잡성과 관련한 이슈의 심각성이 점점 가시화되는 데도 불구하고 많은 기업들은 원가 절감 활동에 나서기를 주저하고 있다. 왜 이렇게 많은 기업들이 복잡성을 제거하여 획득할 수 있는 상당한 수준의 원가 절감 기회를 그냥 흘려보내고 있는 걸까?

1) 복잡성 원가가 정량화되지 않아서 회사의 전략적 과제로 주목받지 못함

전통적인 회계기준과 시스템은 복잡성 원가 수준을 측정하지도 못할 뿐더러 별도의 원가 항목으로 구분하고 있지도 않기 때문에 복잡성 원가가 경영진의 눈에 띄기 어렵다. 설사 경영진이 복잡성으로 인해 상당한 규모의 원가가 발생하고 있다는 것을 직관적으로 알고 있다 하더라도, 정확히 얼마만큼의 원가가 복잡성 때문에 발생되는지 계량화 하기는 쉽지 않다. 이것이 복잡성 원가와 전쟁을 하는데 있어서 첫 번째로 넘어야 할 장애물이다. 안타깝게도 추진효과는 크나 정량화하기 쉽지 않다는 점에서 복잡성 제거 프로젝트가 효과는 미미하지만 정량화가 손쉬운 프로젝트들게 우선순위를 내어주는 현상이 비일비재하게 발생하고 있다(기업 회계기준이 복잡성 원가 측정에 얼마나 부적합한지는 뒤에서 별도로 다룰 것이다).

2) 문제 자체의 규모와 성격이 추진을 막는 장애요인으로 작용

경영진이 문제점과 개선기회를 파악했다 하더라도 막상 문제를 해결하려 하면 마치 오를 수 없는 거대한 산을 마주한 느낌을 받게 된다. 제품, 프로세스 및 조직 간의 다양한 상호작용으로 인해, 일반적인 기능식 조직구조에서는 다수의 부서가 긴밀히 협력해야만 문제해결이 가능하고, 다수의 기능부서의 협력을 위해서는 복잡한 업무조율과 조정이 필요하다. 거창한 목표를 세우고 복잡성 제거를 추진했던 기업들이 부서 간 조정의 복잡한 과정을 회피하기 위해 각 부서가 독립적으로 추진할 수 있는 단편적 해결책만 실행하는 경우를 어렵지 않게 볼 수 있다.

3) 잘못된 전략으로 복잡성 제거를 추진

기업이 복잡성 원가의 규모를 이해하고 이를 해결하기 위한 프로젝트를 시작했다 하더라도 복잡성의 본질적 성격에 맞는 좋은 전략이 반드시 필요하다. 전략이 불분명하거나 잘못되면, 끝없이 늘어지는 분석 작업과 제품, 프로세스 및 조직 간 상호작용의 복잡성이라는 수렁에 빠져서 앞으로 전진하지 못하는 상황에 빠질 가능성이 매우 높다(제2부와 제3부에서 우리는 복잡성 원가의 제거 방안과 독자가 스스로 적용해볼 수 있는 구체적인 전략에 대해 다룰 것이다).

이 책은 기업들이 복잡성 제거에 실패하는 위의 원인들을 제거하는데 도움을 주고자 출판되었다. 이 책을 통해 복잡성 원가 규모를 측정하고, 이를 해결하기 위한 프로젝트를 기획하고, 조직 내 원가를 줄여 성과를 창출하는 방법을 설명할 것이다.

복잡성과 싸우기 위한 기술

얼마 전 우리는 미국 중서부에 있는 설비제조기업의 CEO를 만났다. 이 회사는 복잡성으로 인해 발생하는 문제점을 인식하여 내부 프로젝트 팀을 구성하였으며, 약 40%의 제품 합리화를 목표로 복잡성 제거 프로젝트를 추진하였다. 그러나 프로젝트의 성공적 추진에도 불구하고 회사의 영업이익에는 변동이 없어서 CEO는 의아해 하고 있었다. 왜 이 회사는 상당한 수준으로 제품을 줄였는데도 이익이 개선되지 않았을까?

불행하게도 이와 같은 현상을 심심치 않게 목격할 수 있다. 복잡성 제거를 위해 아무런 노력을 하지 않는 것도 문제이지만, 복잡성 축소를 이익 개선 효과로 연결하기 위한 전략없이 제품을 축소시킨다면 이익 개선 효과를 얻기 어렵다.

이러한 문제를 해결하기 위해서는 새로운 해결 방법이 필요하다. 위에서 언급한 설비제조기업과 같은 회사들이 보다 효과적으로 복잡성 원가의 규모를 측정하고, 숨어있는 원가를 발견하여 제거할 수 있도록 지원하는 새롭고 효과적인 추진방법이 필요한 것이다.

복잡성과의 전쟁을 성공적으로 이끌기 위해서는 다음의 6가지 원칙을 지켜야 한다.

- 원칙 1: 좋은 복잡성과 나쁜 복잡성을 구별하라(나쁜 복잡성은 제거의 대상이고, 좋은 복잡성은 복잡성 자체는 유지하되 제공의 효율성을 높여야 할 대상이다).
- 원칙 2: 복잡성은 다차원의 이슈가 상호작용하여 발생된다(그렇기 때문에 다차원을 고려한 종합적 시각의 접근이 필요하다).
- 원칙 3: 국지적인 접근으로는 효과를 거둘 수 없다(이슈의 일부만을 개별적으로 해결하려고 하지 말라).
- 원칙 4: 재무적 효과로 연결하기 위해서는 '협공작전'을 펴야 한다.
- 원칙 5: 복잡성 원가는 서서히 증가하지만, 이를 제거하기 위해

서는 상당한 양을 단번에 과감하게 제거하지 않으면 안 된다.

- 원칙 6: 장기 학술연구처럼 느긋하게 진행할 필요는 없다.

원칙 1: 좋은 복잡성과 나쁜 복잡성을 구별하라

기업들은 최근의 경기 침체에 따른 매출 감소에 대응하면서 미래의 상황이 어떻게 전개될지 나름의 예측을 하고 있다. 2009년 4월의 〈월스트리트저널Wall Street Journal〉에 따르면 많은 경영자들이 향후 주택경기 침체와 가계 신용위기에 의한 개인 자산가치의 하락이 소비 심리의 장기적 위축을 가져올 것이라고 예상하고 있다. 미국 최대 민간의료보험사인 휴마나Humana의 CEO 마이크 맥칼리스터Mike McCallister는 다음과 같이 말했다.

좋은 복잡성과 나쁜 복잡성을 구별하는 것이 매우 중요하다. 만일 당신이 고객의 니즈를 충족시키고자 한다면 분명 복잡성이 증가할 것이다. 그러나 고객이 그다지 중요하게 생각하지 않고, 따라서 가격 프리미엄을 지불할 의사가 없는 것을 추가적으로 제공하기 위해 복잡성을 증가시켜서는 안 된다.

어떻게 보면 기업에 몸담고 있는 우리 자신이 이런 불필요한 복잡성을 만들어낸 측면이 있다… 지금 우리는 어떤 종류의 복잡성이 고객에게 가치가 있는지 구별하고, 이를 고객에게 어떻게 제공하는 것이 효과적인지를 이제 알아가기 시작했다고 볼 수 있다… 고객에게 가치를 제공하는 좋은 복잡성을 적절한 수준에서 관리하고 효율적으로 제공할 수 있다면 기업 경쟁력이 크게 향상될 수 있다. 반면, 관행적으로 발생하는 지원부서의 복잡성은 고객의 가치를 증가시키지 못하는 나쁜 복잡성이다.

고객의 요구는 의사결정 시 고려해야 할 요소이며, 분명 기업이 경쟁력을 유지하기 위해서는 고객의 요구를 충족시켜야 한다. 그러나 휴마나의 CEO 맥칼리스터의 말처럼 우리는 재무와 생산성 측면에서 복잡성이 우리 조직과 원가에 어떤 영향을 미치는지 정확하게 이해할 필요가 있다.

'좋은 복잡성이 존재한다'라는 것은 제품, 부품, 공급사 및 유통망을 축약하는 것만으로는 충분하지 않다는 것을 시사한다. 즉, 복잡성을 제거하는 것은 필요하지만 제거해서는 안 되는 좋은 복잡성은 남게 되며, 남겨진 복잡성은 최대한 효율적으로 제공할 수 있어야 한다. 따라서 복잡성 원가 제거를 위해서는 다음의 두 방향에서의 협공 작전이 요구된다.

- **첫 번째 경로:** 우선 과도한 원가를 유발시키는 나쁜 복잡성을 제거하여 회사의 전체 복잡성 총량을 줄여라.
- **두 번째 경로:** 좋은 복잡성의 관리 및 제공 프로세스를 효율화하여 복잡성 원가를 절감하라.

두 가지 방법의 적용 비중은 사업의 특성과 회사 고유의 원가구조의 특성에 따라 상이하지만, 통상 한 가지 유형만 적용되기보다는 두 가지 방법이 동시에 적용된다. 왜냐하면 대부분의 기업은 나쁜 복잡

| 그림 2 | 원가 절감을 위한 협공작전

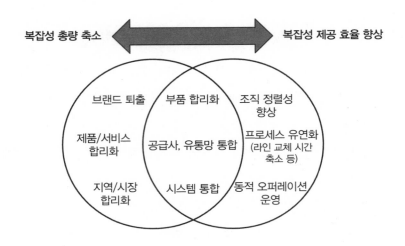

복잡성과 전쟁하기 위해서는 복잡성의 총량을 축소하는 것과 복잡성 제공 효율을 향상시키는 두 가지 방법을 동시에 적용해야 한다. 후자는 복잡성 관리체계와 제공 프로세스의 개선이 필요하다. 위의 그림에서 볼 수 있듯이 복잡성 원가 절감 방법들은 위의 두 가지 접근 방법의 스펙트럼 위에 위치한다.

성을 제거하는 것만으로는 충분한 수준의 경쟁력 확보가 어렵기 때문이다.

고객들은 보다 다양한 제품과 서비스를 보다 유리한 조건으로 제공받기를 원하는데 – 보다 저렴한 가격에 보다 나은 품질과 서비스를 요구하는데 – 이를 충족시키기 위해서는 복잡성 제공 효율을 높이는 것 외에 방법이 없다. 보다 좋은 조건을 제공하기 위해서는 원가 절감이 필요하므로, 이에 실패하면 경쟁에서 도태될 수밖에 없는 것이다.

오랫동안 축적된 프로세스의 낭비 요소는 무시할 수 없는 수준의 원가 증가를 일으킨다. 그렇기 때문에 고객이 기꺼이 가격 프리미엄을 제공할 용의가 있는 좋은 복잡성만을 제공하는 기업의 경우에도 지원 프로세스의 비효율을 제거하여 원가 경쟁력을 향상시킬 수 있는 기회가 존재한다.

원칙 2: 복잡성은 다차원의 이슈가 상호작용하여 발생된다

복잡성은 다양한 곳에서 발생하여 회사의 모든 부분에 파급효과를 미치는 구조적 이슈이다. 복잡성은 다양한 요소가 복잡하게 상호작용하여 문제를 증폭시키는 특성을 가지고 있으며, 대기 오염 이슈처럼 측정과 추적이 쉽지 않은 특성이 있다. 때문에 문제 해결을 위해서는 시스템 전체를 고려하는 종합적 관점을 견지하고, 체계적으로 접근할 필요가 있다.

이해를 돕기 위한 예로, 여러분이 회사의 제품 라인 또는 서비스 옵션을 추가할지 결정하기 위한 분석을 하고 있다고 가정해보자. 먼저 가시화하기 쉬운 명확한 복잡성 원가를 검토해보자.

- 복잡성이 추가되면 변동비가 증가되는데, 새로운 제품과 서비스를 제공하기 위한 인건비 증가, 제품 생산시간 증가, 제품 및 원료 재고 증가, 복잡한 서비스 옵션을 처리하기 위한 IT 시스템의 복잡성이 변동비 증가 원인이다.
- 복잡성 증가는 준고정비 성격의 원가를 증가시키는데, 브랜드 관리 및 마케팅 활동 원가가 이에 해당된다.

- 제품이 다양화되면 프로세스가 복잡해진다 – 다양한 제품을 관리하고 생산하기 위해 새로운 업무 프로세스가 추가된다. 복잡한 프로세스를 처리하기 위해 기능의 분업화와 전문화, 이에 따른 조직의 비대화가 발생하여 조직 복잡성이 증가한다.

위에서 언급한 가시적 원가만으로도 수익성을 급감시킬 정도의 상당한 원가 증가가 발생하지만, 복잡성이 유발하는 숨겨진 원가도 무시할 수 없는 수준으로 발생한다.

- 생산 및 물류시설의 처리능력이 감소하고, 복잡성 증가로 인한 불량률 증가가 생산 수율을 떨어뜨린다.
- 복잡성 이슈 대응 전담조직이 구성된다. 복잡한 생산 과정에서 결품이 발생되는 것을 막기 위해 SCM 담당자가 생산 라인이나 공급사에 파견되는 경우도 어렵지 않게 볼 수 있는 현상이다.
- 최악의 상황은 복잡성이 안개처럼 혼돈스런 상황을 유발하는 경우이다. 이런 상황에서는 회사의 표준 프로세스가 무의미하며, 모든 제품 주문이 일회적인 것으로 취급된다. 규모의 경제 효과가 파괴되며, 이에 따라 원가가 증가한다. 시스템에 등록된 부품의 수가 2백만 종이 넘는 큰 규모의 엔지니어링 회사의 경영자는 이와 같은 상황에 대해 다음과 같이 말했다. "우리는 굉장히 많은 부품을 개별적인 코드로 등록하여 관리하고 있지만, 사실 상당수의 부품은 동일한 부품입니다. 그러나 부품에 대한 정확한 지식이 없기 때문에 기존에 등록된 부품 리스트에서 원

하는 품목을 찾기보다 새로운 부품 코드를 등록하는 것이 손쉬운 경우가 적지 않습니다."

다양한 프로젝트 경험을 통해 우리는 다음의 3가지 축Dimension으로 구성된 큐브 형태로 복잡성 원가를 이해하는 것이 원가의 본질을 파악하는데 유용하다는 것을 알게 되었다.

1) **제품 복잡성**: 회사가 제공하는 제품 및 서비스의 다양성
2) **프로세스 복잡성**: 제품 복잡성을 제공하기 위해 발생하는 비非부가가치 활동으로 중복적 활동, 조정 및 협업 활동, 재작업 및 복잡성이 발생시킨 이슈를 해결하기 위한 포괄적이고 비일상적 활동
3) **조직 복잡성**: 다양한 고객 요구 충족을 위해 비대해진 조직구조 (인력, 자산, 정책, 지표 등)

위의 3가지 축Dimension을 고려하고 각 축 간의 상호작용을 정확하게 이해할 수 있으면 복잡성 원가 해결을 위한 성공적 전략 수립이 가능하다. 과거의 원가 절감 방법들이 실패했던 주된 원인은 복잡성의 다면적 특성을 간과했기 때문이다. 제품을 합리화하더라도 관련 프로세스와 조직 복잡성을 축소하지 않으면 수익성 개선 효과는 미미할 수밖에 없다.

원칙 3: 국지적인 접근으로는 효과를 거둘 수 없다

호황기에도 다양한 종류의 전사적 원가 절감 프로젝트를 추진하는 경우가 있는데, 이런 프로젝트들은 통상 원가구조를 근본적으로 혁신하기보다는 조직별, 원가 계정별로 일일이 절감 기회를 찾아내고 개별적으로 제거하는 방식으로 추진된다.

그러나 회사의 상황이 어려울 때는 이런 방식으로 추진할 여유가 없다. 어떤 면에서는 획기적 원가 절감이 절실하기 때문에 오히려 원가 절감 기회가 클 수도 있다. 고래 모양 커브와 80/20 법칙에서도 볼 수 있듯이 "달성 목표가 크면 획기적 성과를 거둘 수 있다(그리스 철학자 헤라클레이토스)." 기원전 500년 이전부터 전해 내려온 헤라클레이토스Heraclitus의 이 말은 지금도 현실에 잘 들어맞는다(참고자료 '50% 삭감' 참조). 헤라클레이토스의 말처럼, 아무것도 바꾸지 않으면 아무것도 변하지 않는다! 원가구조를 획기적이고 영구적으로 변화시키고 싶다면 일하는 방식을 근본적으로 변화시켜야 한다. 과거와 동일한 일을 동일한 방식으로 단지 약간 저렴하게 한다는 개념으로 접근하면 실망스러운 결과만 얻을 뿐이다.

'도요타 생산방식The Toyota Product Development System'으로 유명한 도요타 자동차의 사례는 좋은 예가 될 수 있다.

도요타는 'CCC21'이라는 이름의 원가 절감 프로젝트 추진기간 동안 공급사들에게 신차종의 공급 단가를 30% 이상 인하할 것을 요구했다. 도요타 공급사들의 빡빡한 이익률을 감안할 때 이는 불가능한 목표로 여겨졌다. 그러나 도요타는 납품단가 인하의 책임을 일방적으로 공급사에게만 떠넘기는 방식이 아니라, 공급사에 정중히 요청하고 함께 원가 절감 방안을 발굴하는 방식으로 접근했다.

도요타의 자동차 프레임 디자인 책임자 대럴 스터징거Darrel Sterzinger는 다음과 같은 말을 했다.

"전통적으로 미국 자동차 회사의 공급사에게는 30% 단가 인하는 상상도 할 수 없는 일이었습니다. 사실 많은 공급사가 당황해 했습니다. 그러나 내가 공급사 임직원과 직접 마주 앉아서 차근차근 도요타의 경영철학을 설명하자, 그들도 취지를 이해하고 적극적으로 협력할 의사를 밝혔습니다. 중요한 것은 30%라는 숫자가 아니라 원가 절감을 추진하는 기본적 접근 방식입니다."

▌50% 삭감

도시오 스즈에Toshio Suzue는 자신의 저서 〈50% 원가 절감Cost Half〉에서 몇 가지의 '50% 삭감' 질문을 통해 기존의 통념과 고정관념을 깨는 혁신적인 원가 절감 기회를 발굴할 수 있다고 주장한다.

● 어떻게 부품 수의 50%를 줄일 수 있을까?
● 어떻게 생산 공정의 50%를 줄일 수 있을까?
● 어떻게 신제품 개발 기간을 50% 단축시킬 수 있을까?

왜 50%인가? 스즈에는 다음과 같이 주장한다. "통상 10% 또는 20%의 원가 절감 목표가 설정되면 사람들은 작고 점진적인 개선 아이디어만을 떠올리고, 관련 제약 요인에 지나치게 매몰되는 경향이 있습니다."

원칙 4: 재무적 효과로 연결하기 위해서는 '협공작전'을 펴야 한다

복잡성의 성질을 감안할 때 재무적 성과를 창출하기 위해서는 다양한 활동이 동시에 추진되어야 한다. 획기적 원가 절감을 위해서는 복잡성의 세 가지 축(제품, 프로세스 및 조직)이 어떻게 원가를 증가시키고, 고高원가 구조를 고착화시키는지 명확히 이해해야 한다. 그런 연후에 핵심적인 축의 조합에 집중하여 다차원적인 협공작전을 통해 복잡성을 공략해야 한다.

예를 들어 생산 거점과 물류 센터의 합리화를 추진했던 제약회사의 사례를 살펴보자. 지역, 채널, 제품 포트폴리오 등 다양한 요인을 검토한 후 이 회사는 제품 포트폴리오의 변화 없이 생산 거점만을 합리화하기로 의사결정했다. 그러나 이것은 잘못된 결정이다 – 고래 모양 커브를 잠시 상기해보라. 고래 모양 커브의 우측에 위치한 손실 발생 제품에 생산과 물류 자원을 낭비하고 싶은 기업은 없을 것이다. 이 제약회사로서는 생산 거점 합리화야말로 공장별로 각각 생산되는 제품 라인을 재검토하고 제품과 생산 거점 관점의 구조적 변화를 추진할 수 있는 좋은 기회이다.

다른 예로, 다른 성격의 진퇴양난의 상황에 직면한 세계적 중공업 회사를 살펴보자. 이 회사는 제품이 지나치게 다양화되어 합리화의 필요성이 있다는 것을 인지하고 있었다. 경영진이 제품 합리화의 효과에 대한 검토를 시작하자, 생산량 축소로 인한 공장 가동률 저하로 제품 개당 간접비가 증가할 것이라는 우려를 제시하는 사람이 적지 않았다.

두 회사 모두 생산 거점과 제품 포트폴리오를 동시에 통합적으로 바라봐야만 기회가 보인다는 사실을 깨닫게 되었다. 제품 합리화가 재무적 성과로 연결되는 것을 방해하는 또 다른 축을 함께 고민할 때 기회의 문이 열린다. 획기적 원가 절감은 제품, 프로세스 및 조직을 연결하는 자물쇠를 벗길 때 가능하며, 이것이 우리가 제품, 프로세스 및 조직 간의 상호작용에 주목하여 복잡성을 바라보고 분석해야 한다고 믿는 이유이다.

원칙 5: 복잡성 원가는 서서히 증가하지만, 이를 제거하기 위해서는 상당한 양을 단번에 과감하게 제거하지 않으면 안 된다

전형적인 회사의 제품 포트폴리오 구조를 생각해보자. 과거 몇 년 동안 제품 라인 확대, 신제품 출시, 신 브랜드 런칭으로 제품 포트폴리오가 비대화되었다. 새롭게 추가된 많은 제품이 기존 제품 위에 추가로 쌓여 있는 상황이다. 이러한 복잡성은 합리적으로 고민해서 결정했던 수많은 개별적 의사결정이 누적된 결과물이다. 그러나 단지 매출의 5%를 차지하는 저수익 제품을 제거하는 것은 큰 의미가 없다. 이 정도 수준의 제거로는 공장의 생산능력, 원가, 역량의 집중도가 크게 개선되지 않는다. 브랜드 통폐합, 공장 또는 물류창고 폐쇄, 비非부가가치 프로세스 제거가 가능할 수 있도록 대폭적인 제품 합리화가 추진되어야 획기적 원가 절감이 가능하다.

복잡성 원가의 절감을 추진할 때 명심해야 할 사항은 고정비 또는 준고정비의 변화를 위한 **임계점**pivot points이 존재한다는 것이다. 이 임계점을 초과하는 수준의 복잡성이 감소되어야 획기적 원가 절감이 가능하다.

또한 이러한 임계점에 우연히 도달할 가능성은 거의 없다. 왜냐하면 임계점에 도달하기 위해서는 제품, 프로세스 및 조직 관점에서의 복잡성 축소를 위한 활동이 동시에 추진되어야 하기 때문이다. 우리는 투자된 자산과 제품 포트폴리오를 동시에 검토하여, 일부 자산의 매각할 수 있는 수준의 임계점을 설정한 이후 복잡성 축소를 추진한 기업이 대폭적인 수익성 개선에 성공한 사례를 보았다. 이 회사는 많은 기업들이 흔히 빠지는 함정, 다시 말해 다양한 제약 요건을 고려하여 제품 합리화를 추진한 결과 임계점에 미치지 못하는 수준의 복잡성이 감소되는 것을 피해갈 수 있었다.

이러한 관점에서 생각하면 원가 절감의 초점을 변경해야 할 필요가 분명히 있다. 전통적으로 대부분의 기업에서 원가 절감 활동은 변동비에 집중되었다. 그러나 **획기적 원가 절감은 고정비를 축소시켜야 달성할 수 있다.** 그러므로 단기적 이익 개선보다는 장기적 관점에서 복잡성의 임계점을 고려한 고정비의 변곡점을 찾아내어 개선할 때, 보다 장기적이고 구조적인 원가 개선이 가능하다. 변동비 관리의 목표는 변동비 자체 축소보다는 오히려 고정비를 덩어리로 제거할 수 있는 수준으로 생산성을 향상시키는데 초점을 맞추어 추진될 필요가 있다.

원칙 6: 장기 학술연구처럼 느긋하게 진행할 필요는 없다

복잡성 제거를 추진하는 과정에서 항상 80/20 법칙을 염두에 두고 진행하라(참고자료 '80/20 원가 계산' 참조). 복잡성 원가를 제거하는 것은 지루한 학술연구가 아니며, 그렇게 되어서도 안 된다. 몇 개월을 분석에 소비하고 막상 복잡성 해결을 위한 실천적 통찰력을 얻지 못하는 프로젝트를 진행해서는 안 된다. 복잡성 원가를 증가시키는 원인에 대한 실증적 데이터 확보와 분석도 중요하지만, 특정 영역을 심도 있게 분석하는 것보다는 전체 영역을 깊이는 얕더라도 폭 넓게 살펴보는 방식으로 추진해야 한다. 전략 수립에 필요한 수준만큼만 분석하고, 전략의 실행을 위해 어떤 지식이 부족한지 항상 자문해 볼 필요가 있다. 우리의 경험에 비추어볼 때, 일반적으로 복잡성 원가에 관한 가설을 수립하는 데는 생각하는 것보다 많은 정보가 필요치 않다. 가설을 수립한 후, 가설을 검증하는데 초점을 맞추어 데이터를 수집/분석하는 것이 철저한 분석을 통해 상향식Bottom-up으로 결론을 도출하는 것보다 훨씬 효율적이다.

▎ 80/20 원가 계산

우리가 주장하는 80/20의 사고의 한 가지 예로 원가 계산의 정확성과 관련된 이슈를 살펴보자. 대부분의 기업들은 복잡성 원가의 측정과 관련하여 두 가지 극단적 대안 중 하나를 선택하는 경향이 있다. 즉, 정확한 원가 계산을 위해 활동기준 원가를 적용하여 대대적으로 원가분석을 수행하거나, 아무것도 하지 않는 것이다. 우리는 위의 두 가지 외에 제3의 길이 있다고 믿는다. 80%의 정확성을 가지는 정보를 얻을 수 있도록 20%의 원가정보만 수정하는 것이다. 전사적인 활동기준 원가 적용을 위해 시간을 보내기보다는 복잡성 원가가 어느 부분에 집중되어 있는지 파악하고, 대세에 영향을 주는 몇 가지 주요 원가 항목에 집중하여 정확한 원가 배분 기준을 고민하는 것이 효율적이다. 또한 경험과 상식에 근거한 합리적 경험법칙Rules of thumb을 적극 활용할 필요가 있다.

예를 들어 우리는 다수의 프로젝트 수행 경험을 통해 다른 조건이 같다면 두 제품 간의 재고자산 원가율은 제품별 판매량의 제곱근에 비례한다는 경험법칙을 발견하였다. 이 방법은 전통적으로 대부분의 기업이 활용하고 있는 땅콩버터형形 원가 배분법(원가의 진정한 발생 동인을 무시하고 일률적으로 매출의 일정 비율로 원가를 부과하는 방법)에 비해 크게 복잡하지 않지만, 실제 원가에 훨씬 더 근접하게 원가를 추정할 수 있는 방법이다(우리는 제10장에서 이 분석 방법에 대해 상세히 다룰 것이다).

어떻게 이런 일이 가능할까? 표준원가 설정 시 대부분의 회사는 물류창고 감가상각비 등 재고자산 원가를 물동량을 기준으로 배분한다. 즉 제품 종류의 다양성과 상관없이 개당 물류비를 동일하게 배분하는 것이다. 그러나 이 방식은 물동량과 관계없이 제품 라인별로 물류비를 $\frac{1}{N}$ 균등배분 하는 것만큼이나 부정확한 결과를 산출한다. 일반적으로 소량 판매제품의 물류 회전 속도는 대량 판매제품보다 훨씬 느리다. 즉 소량 판매제품은 물류창고에서 머무는 기간이 상대적으로 길어지게 되는데, 그렇다면 소량 판매제품의 개당 재고자산 원가가 더 커져야 합리적이다. 그러나 과연 얼마나 더 원가를 부과시켜야 할까? 위에서 언급한 경험법칙이 이 질문에 대한 근사치의 답을 제시할 수 있다. 그러나 이런 경험법칙을 모르는 대부분의 기업들은 매출 기준의 땅콩버터형 원가 배분법을 고수할 수밖에 없다.

기회: 신속하고 획기적인 이익 개선

복잡성 원가는 좁은 방 안에 있는 코끼리와 같다. 즉, 문제는 누구나 알고 있지만 어떻게 해결해야 할지 확실히 아는 사람이 없다. 이 책에서 우리는 이 문제와 정면으로 대결해서 해결하는 방법을 다루고자 한다. 우리는 복잡성 원가 해결을 위해 반드시 거창한 전사 혁신 프로젝트가 수행되어야 한다고 생각하지는 않는다. 그러나 국지적으로 문제의 증상만을 완화시키는데 소중한 시간과 에너지를 낭비해서는 안 된다.

이어지는 장에서 자세히 다루겠지만, 핵심 영역에 대한 집중 공략을 통해 재무적 성과개선이 가능하며, 이를 통해 개선의 선순환 사이클도 만들 수 있다(참고자료 '새로운 길 닦기' 참조). 성공의 핵심 포인트는 지구전에서 에너지가 소모되지 않도록 가시적인 성과를 조기에 획득하는 것이다. 복잡성과의 전면전에서 승리하는 것은 쉽지는 않지만 가능하며, 승리할 경우 얻을 수 있는 보상도 매우 크다. 게다가 추진하기는 쉽지만 성과가 크지 않은 과거의 방식과 비교하여 충분히 추진해볼 만한 가치가 있다. 문제를 한순간에 해결해줄 묘책은 세상에 없지만, 상대적으로 효과가 큰 전략적 추진 방법은 존재한다.

어려운 사업 환경과 이로 인해 발생된 위기와 기회는 복잡성과의 전쟁에 대한 기업의 투지를 강화시키는 요인이 되고 있다. 우리는 현재의 위기 상황을 복잡성 개선의 기회로 적극적으로 이용할 것을 권고한다. 강한 기업은 경기 하강기에 성과부진 자산을 정리하고, 조직 내 위기의식과 목적의식을 강화하여 경기 상승기의 성장을 탄탄하게 준비한다. 〈이코노미스트〉에 실린 '도끼질'이라는 기사에 의하면 "많은 경영자들은 경기 하강기가 사업 구조조정에 좋은 기회를 제공한다고 인식하고 있다. 올바른 방향이라도 경기가 좋을 때는 구조조정에 대한 공감대를 확보하기 어렵다"라고 한다.

복잡성과의 전쟁에서 승리하기 위해서는 전략을 실행에 옮길 수 있는 굳은 의지가 필요하다. 회사의 원가 구조 개선을 위한 그 어떤 통찰력과 전략도 실행력이 없으면 쓸모없는 것이다. 지금은 주저하며 기다리기보다는 과감하게 실행에 옮기는 적극적인 자세가 필요한 때이다.

기회는 기다리는 사람에게 올 수는 있지만, 그것을 잡는 사람은 부지런히 움직이는 사람이다.

▎새로운 길 닦기

위에서 언급된 기본 원칙에 기반하여 우리는 복잡성 원가와 전쟁하기 위한 새로운 길을 닦았다. 각 부분은 후속 장에서 상세하게 다룰 것이고, 이 책의 구성 또한 독자가 따라가야 할 새로운 길의 단계에 맞추어져 있다. 이 장에서 설명한 복잡성 원가의 획기적 절감을 위해 프로젝트 추진 팀이 해야 할 데이터 분석과 의사결정 기준은 이 책의 뒷부분에서 자세히 다룰 것이다. 복잡성 원가와의 전쟁을 위한 단계는 대략 다음과 같다.

1. **추진 타당성을 확인하고 기대효과를 정량화하라.** 우리는 회사의 특성을 감안하여 기대효과를 측정할 수 있는 방법을 설명할 것이다. 많은 기업에게 복잡성 원가의 정량화는 간절히 원하지만 가질 수 없는 '신기루'와 같았다. 복잡성 원가를 정량적으로 측정할 수만 있으면 이를 활용하여 프로젝트 투입 자원과 목표 수준을 합리적으로 결정할 수 있다. 제4장과 제5장에서는 이 부분에 집중하여 방법론을 설명할 것이다.
2. **큰 성과를 올릴 수 있는 핵심 레버를 찾아라.** 복잡성 원가는 제품, 프로세스 및 조직이 상호작용하는 접점에서 발생한다(예를 들면, 고객 서비스의 확대를 위해 서비스 제공 프로세스가 복잡화되면서 원가가 증가한다). 제2부에서는 어디에 큰 원가가 숨어 있는지, 어떤 부분에 큰 절감 기회가 있는지 찾아내는 방법을 집중적으로 설명할 것이다.
3. **초기에 가시적 원가 절감 성과를 창출하라.** 이 책의 핵심적인 목표는

독자들이 스스로 큰 개선기회를 발굴하고, 단기간에 실행할 수 있도록 지원하는 것이다. 제3부에서는 독자들이 복잡성 원가와의 전쟁을 치르는데 직접 사용 가능한 실전 전략과 전술을 다룬다.

4. 나쁜 원가의 재발을 방지하라. 복잡성은 일반적으로 지표나 시스템으로 잘 측정되지 않아서, 은밀하게 발생하고 확대된다. 한번 제거된 복잡성 원가가 다시 발생하는 것을 막기 위해서는 미리 예방적 조치를 취해야 한다. 제4부에서는 이러한 예방적 조치에 대해 설명할 것이다.

승리 이후의 모습:
현금 흐름, 이익 및 성과 관점

● ● ●

복잡성 원가와의 전쟁을 통해 얻을 수 있는 원가구조의 변화, 현금 흐름의 개선 및 생산성 향상 효과를 감안하면 당연히 복잡성 원가와의 전쟁은 최고경영진의 핵심 의제가 되어야 한다. 이 책의 뒷부분에서 보다 자세히 다루겠지만, 우리는 복잡성 원가와의 전쟁을 통해서 15~30%의 의미 있는 원가 절감이 가능하다고 보고 있다(만일 회사가 모든 비부가가치 복잡성을 제거할 의사가 있다면, 절감 비중은 더 크게 증가할 것이다. 그러나 우리가 주장하는 방법론은 장기간 회사의 모든 복잡성을 제거하기 위해 프로젝트를 진행하기보다는 회사에서 가장 중요한 복잡성에 집중하여 단기간에 큰 덩어리의 복잡성부터 제거하는 방법이다).

여러분은 이미 크래프트 사의 사례를 통해 승리 이후의 모습이 어떤 것인지 보았는데, 크래프트는 SKUStock Keeping Unit(최소 상품 운용 단위) 합리화, 부품 공용화, 공급망 단순화가 포함된 복잡성 제거 프로젝트를 통해 토블론 사업에서만 4억 달러 이상의 세전이익 향상 효과를 거두었다.

그렇다면 어디서 여러분은 이와 유사한 개선 효과를 얻을 수 있을까? 이 책에서 제시된 것들을 실행했을 때, 여러분의 프로젝트는 유사한 성과를 창출할 수 있을까? 보다 구체적으로 말하자면, 여러분의 재무제표와 성과지표에 프로젝트의 결과가 어떻게 나타날까? 이 질문에 대한 답을 찾는 것을 돕기 위해 다음의 예를 통해 설명해보고자 한다. 예는 최근에 우리가 직접 접한 사례들을 조합하여 만들었으며, 이해를 돕기 위해 일부 내용을 단순화했다.

(가상의) 복잡성 제품 주식회사의 CEO는 신속한 비용절감이 절실히 필요한 상황이다. 현금 흐름은 좋지 않았고, 매출은 지난 분기에 마이너스 성장을 기록했다. 전문화 공장으로 분류되는 3개의 공장은 가동률이 크게 저하되었고, 다른 두 개의 범용 생산 공장은 가동률 한계를 넘어서서 일부 물량은 외주 생산에 의존해야 하는 상황이다. 제품 포트폴리오는 과도하게 늘어난 듯 보이고, 고객 만족도는 크게 저하되었는데, 그것은 지나치게 긴 리드타임과 늦은 적기배송에 기인한다. 설상가상으로 최근의 경기부진으로 인해 회사의 고비용 구조가 경쟁의 부담요인이 되고 있다. 경쟁사의 가격 인하에 대해 회사는 시장 점유율을 지키기 위해 도저히 따라갈 수가 없는 상황이다. 경영진은 사면초가의 상황에 직면하고 있다.

이런 상황에 직면하여 "우리가 어떻게 이렇게까지 되었지?"라는 의문을 가지는 사람이 많이 있다. 그러나 사실 돌이켜 보면 어떻게 비용이 눈에 띄지 않게 증가했는지 알 수 있다.

지난 몇 년간 매출의 관점에서 복잡성 제품 주식회사는 매우 큰 성과가 있었다. 매출은 사기 충천한 영업사원들과 빠른 신제품 출시에 힘입어 3년 전에 비해 25%가 증가하였다. 그러나 이러한 성장은 복잡성의 증가를 유발하였으며 ─ 제품 포트폴리오, 조직구조 및 프로세스의 복잡성 ─ 이는 손익계산서 상의 비용증가로 나타나게 되었다. 사실, CEO는 현재와 3년 전 성장 직전의 상황을 재무제표를 분석하여 비교하였는데, 그렇게 보기 좋은 모습은 아니었다(표 B 참조).

| 표 B | 손익계산서(단위: 천 달러)

	3년 전	현재
총매출	5,350,000	6,700,000
매출원가	2,300,000	3,000,000
매출 총이익	3,050,000	3,700,000
영업비용		
연구개발비	4,600	7,100
판매관리비	2,500,000	3,250,000
감가상각비	100,000	200,000
영업이익	445,400	242,900
이자비용 차감	147,000	226,000
세금 차감	107,000	6,100
순이익	191,400	10,800

| 표 B(계속) | 비율 분석(매출 대비 %)

	3년 전	현재
총매출	100%	100%
매출원가	43%	44.8%
매출 총이익	57%	55.2%
영업비용		
연구개발비	0.1%	0.1%
판매관리비	46.7%	48.5%
감가상각비	1.9%	3.0%
영업이익	8.3%	3.6%
이자비용 차감	2.7%	3.4%
세금 차감	2.0%	0.1%
순이익	3.6%	0.2%

그나마 좋은 소식은 복잡성 제품 주식회사의 연구개발 투자가 성과를 창출하기 시작했다는 것인데, 3년 전에 비해 매출이 25% 증가하였다. 그러나 성장에 대한 대가도 치러야 했다. CEO는 일부 비용이 증가할 것이라고 예상하기는 했으나, 매출 대비 1% 이상 증가하리라고 생각하지 못했고, 손익계산서의 곳곳에서 비용 증가가 발생할 것임을 예측하지 못했다. 매출원가는 2% 포인트가 늘어났고, 그만큼 매출 총이익이 감소했다.

이에 대해 CEO는 두 가지 이유가 있다고 추정했다. (1) 라인 교체 시간이 증가하여 공장의 효율성이 저하되었다. (2) 최근에 일부 제품의 생산을 외부에 위탁해야 했는데, 이 때문에 회사의 마진 중 일부를 외주업체가 가져갔다. 두 번째 이슈는 특히 CEO가 아프게 생각하는 부분인데, 자사의 주력 고수익 제품을 외부에 위탁하였는데, 전문화 공장은 가동되지 않는 유휴상태로 있었다는 점이다.

판매, 마케팅, 일반관리 비용도 역시 증가하였다. 매출 대비 판매 비용은 제품 믹스가 변화되면서 영업사원들이 인센티브 정책에 따라 신제품(저마진)을 신고객에게 판매하는데 집중하면서 증가하였다. 마케팅 비용은 제품 포트폴리오의 증가에 비례하여 몇 년간 계속적으로 증가하였다. 고정비성 일반관리 비용은 아시아와 유럽 지역에 새로 설립한 지역 사무소의 구매 및 재무 담당 부서 운영 비용 때문에 증가했다.

대차대조표도 유사하게 악화되는 모습을 보여주고 있다. 가장 눈에 띄는 것은 재고와 매출채권인데 현재 감당할 수 없는 수준까지 증가하였으며, 모든 공장에서 동일하게 문제가 되고 있는 것으로 보인다. 가동률이 낮은 공장의 경우에는 제품 재고가 크게 늘어나 선반에 가득 쌓여 있는 상황이었다. 때문에 CEO는 제품 재고를 보관할 수 있는 창고 건설에 추가로 투자할 수밖에 없었으며, 이로 인해 고정자산이 증가하였다. 리드타임이 길고 배송 지연이 문제가 되고 있는 공장에서는 원료 재고가 이슈였다. 이런 상황에 있었던 두 개의 공장은 공급사와 관련하여 전통적인 황소 채찍Bull Whip 효과를 겪고 있었고, 결품 위험에 대비하여 원료를 대량으로 구매하여 재고로 보관하고 있었다. 결과는 공장 복도에 원료재고가 쌓여 있는 상황이 되었다.

게다가 원료를 가득 실은 트럭이 공장 입하장 밖에 세워져 있었으며, 임시 창고로 활용되고 있었다. 매출채권은 사상 최대 수준으로 증가하였는데, 배송 지연과 과다한 리드타임에 대해 고객들이 채권 상환 지연으로 불만을 표시하고 있었기 때문이다. 결론적으로 대차대조표의 모든 항목이 CEO가 바라는 방향과 반대 방향으로 가고 있었다. 재고, 매출채권은 늘어나고, 심지어 고정자산도 증가하고 있었다. CEO는 두 개의 재무지표에 초점을 맞추었다.

1) 재고 회전율: 비용 규모의 선행 지표
2) 투하자본 수익률: 사업이 창출하고 있는 전반적 가치를 측정

현재의 상황을 알고 있었기에 두 개의 재무 지표의 수준을 확인했을 때 CEO는 크게 놀라지 않았다. 재고 회전율은 3년 전 9.2에서 현재 7.5로 낮아졌다. 회사의 투하자본 수익률은 동일 기간에 절반 이하로 줄었는데(14%에서 6%로 감소), 자본비용도 보전할 수 없는 수준이었다. 드라마틱한 매출 증가에도 불구하고 이 회사의 주가는 폭락했다.

| 표 C | 재무 지표

	3년 전	현재
재고 회전율	9.2%	7.5%
투하자본	$1,978,130	$2,509,449
세후 영업이익	$285,689	$155,226
투하자본 수익률	14.4%	6.2%

오퍼레이션 관점에서 CEO가 가장 우려하는 것은 배송 지연이 회사의 핵심 고객에게 미칠 악영향이었다. 핵심 고객들은 기본 제품들을 대량으로 구매하고 있는 고객들이었는데, 배송 지연 등 오퍼레이션의 문제로 가장 고통을 받고 있는 것은 이들이었다. 이러한 추이에 대해 CEO도 익히 알고 있었고, 과거 18개월 동안 핵심 오퍼레이션 이슈 및 비용절감을 위한 6개의 프로젝트를 진행했었다. 그러나 그동안의 프로젝트들은 거의 성과를 내지 못했고, 이제는 보다 확실한 조치가 필요한 상황이 되었다.

해결

CEO는 복잡성 제품 주식회사가 "일하는 방식을 근본적으로 변화시켜서 미래에는 보다 경쟁력 있는 기업으로 거듭나야 한다"고 판단했다. 그는 1억 달러의 비용절감 목표를 설정하였으나, 더 많은 비용절감 기회가 있다는 것을 알고 있었다. 그러나 그는 모든 기회를 낱낱이 찾기 위해 시간을 보내기보다는 빠르게 상당한 수준의 비용을 절감하여 이익을 개선하기를 원했다. 그는 이 방향이 확실히 실행에 옮겨지도록 하기 위한 조치로 프로젝트의 일상관리 책임을 COO(최고 복잡성 담당 임원)에게 부여했다. 프로젝트는 3단계로 계획되었다.

- 1단계에서는 핵심 비용 레버를 찾아내기 위해 신속한 진단을 수행했다.
- 2단계에서는 자산 복잡성과 제품 복잡성의 동시 제거를 추진했다.
- 3단계에서는 프로세스 복잡성 축소를 추진했는데, 프로세스 세그먼테이션, 핵심 프로세스의 개선 활동 및 프로세스 의사결정체계 개선 등을 수행했다.

위에 설명된 재무적 상황에서, 당연히 핵심 비용 레버로 매출원가(주로 인건비), 판매비와 일반관리비, 재고가 선정되었다. 무엇이 이 비용들의 증가를 유발하는지 이해하기 위해 프로젝트 팀은 제품과, 제품이 비용과 자산에 미치는 영향, 특히 리드타임과 가동률의 관계를 집중적으로 분석했다. 주로 비용 증가를 유발시킨 것은 간헐적으로 예측하기 어려운 주문이 들어오는 소량 생산제품이었다. 또 다른 요인들은 고객 맞춤형 제품과 오랜 기간 동안 단종 대상으로 물망에 오르고 있는 노후화된 제품들을 포함하고 있다.

자산과 프로세스에 미치는 오퍼레이션 영향과 제품 간의 관계를 파악한 후, 프로젝트 팀은 특정 지역 및 고객과 관련한 심층적인 연관관계를 알 수 있었다. 놀랍게도 복잡성 관련 비용을 감안하여 제품, 고객 및 지역의 손익을 다시 계산해보니 한 지역 전체와 기타 몇몇 고객에게서 손실이 발생하고 있었다.

프로젝트 팀이 제시한 청사진에 따라 회사의 경영진은 전반적인 변화방향을 설정했다. 손실 발생 제품의 단종부터 시작해서 생산 거점 통폐합을 진행한 후, 변화된 구조에 맞추어서 남아 있는 제품의 생산 공장 할당 재조정을 진행했다. 그 결과로 리드타임 단축과 전체 비용 수준의 경쟁력이 회복되었다. 다음은 이 프로젝트와 관련된 특기사항이다.

- 회사는 수익이 발생하지 않는 한 지역에서 사업을 철수했다.
- 제품 포트폴리오가 45% 감소되었고, 3개의 브랜드는 매각을 추진하였다.
- 제품 감축의 결과로 남아 있는 제품은 5개 공장이 아닌 4개 공장에서 생산되었다. 그리고 물류 센터 1개소와 재고 과다 시를 대비한 임시보관용 창고 1개를 매각하였다.
- 잔존 제품은 잔존 공장에 재배분되었으며, 생산능력, 운반비용 및 재고비용이 최적화되도록 공장 할당 계획이 수립되었다.

이 변화로 손익계산서, 재고 및 투하자본 수익률이 크게 개선되었다 (표 D 참조). 이익률이 전반적으로 크게 개선되었는데, 매출 총이익은 5% 포인트 증가하였고, 판매관리비는 거의 7,500만 달러가량 감소하여 영업이익률이 13% 포인트 개선되었다. 재고 감소 효과(재고 회전율 12로 증가)와 고정자산 감소 효과, 영업이익 개선 효과가 상승 효과를 일으켜 투하자본 수익률이 36%가 되었다. 이는 과거 15년 내 최고 수준의 수익률이었으며, 복잡성 제품 주식회사는 업계의 리더로 자리매김하였다.

고객 서비스 수준 향상에 힘입어 매출도 빠른 속도로 증가하였다. 정시 배송률On-time delivery이 98%로 개선되었는데, 평균 90% 정도인 업계 경쟁사 대비 최고 수준이었다. 이 정도 수준의 성과는 차별적 경쟁 우위를 창출했다(주요 개선 활동이 마무리된 이후 2분기 연속 매출이 증가하여 약 65억 달러의 매출이 증가하였다).

| 표 D | 손익계산서(단위: 천 달러)

	3년 전	변화 전	변화 후
총매출	5,350,000	6,700,000	6,000,000
매출원가	2,300,000	3,000,000	2,400,000
매출 총이익	3,050,000	3,700,000	3,600,000
영업비용			
연구개발비	4,600	7,100	4,500
판매관리비	2,500,000	3,250,000	2,500,000
감가상각비	100,000	200,000	90,000
영업이익	445,400	242,900	1,005,500
이자비용 차감	147,000	226,000	130,000
세금 차감	107,000	6,100	315,180
순이익	191,400	10,800	560,320

| 표 D(계속) | 비율 분석(매출 대비 %)

	3년 전	변화 전	변화 후
총매출	100%	100%	100.0%
매출원가	43%	44.8%	40.0%
매출 총이익	57%	55.2%	60.0%
영업비용			
연구개발비	0.1%	0.1%	0.1%
판매관리비	46.7%	48.5%	41.7%
감가상각비	1.9%	3.0%	1.5%
영업이익	8.3%	3.6%	16.8%
이자비용 차감	2.7%	3.4%	2.2%
세금 차감	2.0%	0.1%	5.3%
순이익	3.6%	0.2%	9.3%

프로젝트의 결과는 CEO를 놀라게 했는데, 이 프로젝트로 현재 비용 구조 변화에 고무된 프로젝트 팀은 경쟁사로부터의 시장 점유율 탈취를 준비하게 되었다.

▌ 매출 증대를 위해 복잡성을 축소하라

기업들이 복잡성 축소를 망설이는 가장 큰 이유는 매출 감소에 대한 우려이다. 그러나 사실 우리의 경험에 비추어 보면, 복잡성을 축소하면 매출이 증가한다. 그 이유는 복잡성은 소중한 자원을 소모시키고, 평균 이하의 재무성과를 돌려주기 때문이다. 한계 제품, 미투상품me-too products, 프로세스 낭비 및 조직의 복잡성이 그 예이다.

복잡성은 또한 고객 관점에서의 성과를 측정하는 핵심 고객 지표에 부정적 영향을 미칠 수 있다. 복잡한 제품 포트폴리오는 고객을 당황스럽게 하고, 주문 지연, 리드타임 지연 및 품질 이슈의 원인이 될 수 있다. 다른 말로 표현하면 회사가 모든 복잡성을 끌어안고 가려고 하면, 제품의 폭을 확장하는 대신 그 대가로 집중력, 원가 경쟁력 및 성과 저하를 감수해야 한다는 것이다. 고객들은 과연 이 트레이드오프 관계에서 어디를 최적 균형점이라고 생각할까?

모토롤라 컴퓨터 그룹MCG: Motorola Computer Group이 턴어라운드 Turnaround를 위해 제품 포트폴리오를 대폭 축소하려고 했을 때, 이를 반대했던 것은 고객들이 아니라 고객을 걱정하는 직원들이었다. 사실 고객들은 이 변화에 대해 큰 문제를 느끼지 못했다. 오히려 MCG의 제품 품질이 향상되고 정시 배송률이 70%에서 78%로 향상되었기 때문이다. 결과적으로 고객 만족도가 27%에서 55%로 1년 안에 증가하였고, 동일 기간에 매출은 제품 포트폴리오의 40%를 단종했음에도 불구하고 25%가 증가하였다.

제2장

복잡성의 본질
(사업 관점에서의 의미)

"모든 철학자가 당면한 가장 중요한 과제는
문제를 해결할 수 있는 올바른 접근법을 찾아내는 것이다."
– 버트런드 러셀

버트런드 러셀Bertrand Russell의 말을 복잡성 원가 문제에 대입한다면 아마도 "복잡성 원가의 제거에 성공하기 위한 비결은 성공할 수 있는 올바른 방법으로 문제를 정의하고 접근하는 것이다"라고 바꿔 표현할 수 있을 것이다. 이를 위해서는 복잡성의 본질에 대해 먼저 이해해야 하는데, 지적 호기심을 충족시키기 위한 목적이 아니라 공격 목표를 찾아내고 어떤 원가 절감 방법이 통할 것인지 판단하기 위해 필요하다. 이 장에서는 복잡성의 진정한 본질에 대해 설명하고, 왜 과거의 방법론들이 실패했는지, 왜 우리가 제시하는 새로운 방법이 보다 효과적인지 설명할 것이다. 도입부에서는 복잡성의 세 가지 유형을 정의하고, 이 세 유형 간의 상호작용이 어떻게 복잡성 원가를 발생시키는지 설명할 것이다. 다음에는 복잡성이 증가할 때 어떤 증상이 나타나는지 다루고, 마지막으로 복잡성을 제거하고 원가를 절감하기 위한 관점에서 기억해야 할 시사점을 정리해 보고자 한다.

복잡성의 세 가지 유형

기업에서 '복잡성 축소'를 이야기할 때는 통상 제품이나 서비스의 종류를 줄이는 것을 말하며, 따라서 복잡성 축소 노력의 초점이 제품, 서비스에 맞추어진다. 그러나 기업이 가진 복잡성은 제품 및 서비스뿐만 아니라 제품 설계, 생산 및 지원 프로세스에서도 발생하며, 이러한 프로세스를 작동시키는 인프라Infra인 조직(인력, 조직구조, 자산)에서도 발생한다. 이제부터 이러한 다양한 유형의 복잡성에 대해 하나씩 살펴보도록 하자.

1. 제품(또는 서비스) 복잡성

제품 복잡성이란 그것이 금융 서비스이든 냉동 피자이든 수압 펌프이든 고객에게 제공되는 모든 제품 및 서비스의 다양성을 가리키는 개념이다.

충분한 제품 다양성을 갖고 있지 못한 기업은 경쟁에서 어려움을 겪을 수밖에 없지만, 과도하게 다양한 제품은 원가를 증가시키고 공급망의 효율을 저하시키며, 어떤 경우에는 고객을 당황하게 만들기도 한다. 모든 다양성은 기업의 원가를 증가시키지만, 모든 다양성이 고객에게 가치를 제공하는 것은 아니다. 〈캐즘 마케팅Crossing the Chasm〉의 저자 제프리 무어Geoffrey Moore는 "고객의 선호도를 증가시키지 못하는 차별화는 기업에게 골칫거리일 뿐이다"라고 말했다. 즉, 고객이 가치를 인정하여 가격 프리미엄을 지불할 용의가 있다면 좋은 복잡성이라고 할 수 있지만, 가격 프리미엄을 수용할 의사가 없다면 – 또는 충분한 가격을 지불할 의사가 없다면 – 나쁜 복잡성인 것이다.

그러나 개념적으로 좋은 복잡성과 나쁜 복잡성을 정의하는 것은 쉽지만, 실제의 기업환경에서 얼마만큼의 다양성이 좋은 것인지, 얼마만큼이 과도한 것인지 정의하기는 매우 어렵다. 이렇게 적정 수준을 파악하기 어렵기 때문에 많은 기업들은 제품 다양성 부족에 의한 경쟁 도태를 우려하여 과도한 수준의 제품 다양성을 가지게 된다(유기적 성장의 추진 과정에서 발생하는 제품 다양성 증가이든 합병의 결과로 인한 제품 다양성 증가이든 결과는 마찬가지이다). 그러나 현 시점이 더 이상 과도한 다양성이 유발시키는 원가 증가를 감내할 수 있는 경영환경이 아니라는 것은 분명하다.

제품 복잡성의 영향

제품 다양성이 얼마만큼의 원가 증가를 유발하는가는 복잡성을 제거한 후에야 깨닫게 되는 경우가 종종 있다. 졸업식 행사용 모자와 가운을 생산하는 조스텐스Jostens 사社는 약 85,000종의 SKU를 가지고 있었는데, 이로 인해 재고원가 증가, 품질 저하, 생산효율 저하 등의 이슈가 발생된다는 것을 인식하고 제품 합리화를 시작하였다. 조스텐스 사가 인식한 것처럼 제품 복잡성은 일반적으로 생산 및 물류원가를 증가시키고, 판매 계획의 정확도를 저하시켜서 재고 보유량과 물류원가를 증가시킨다.

조스텐스 사는 제품 옵션을 합리화하여 고객의 불편을 거의 증가시키지 않으면서 약 85%의 SKU를 축소할 수 있었다(그 결과 총 SKU 수가 12,000개로 줄었다). 재고 보유량은 절반으로 줄어서 400만 달러의 재고가 200만 달러 수준이 되었다. 게다가 복잡성의 감소와 병행하여 생산물량의 98%를 아웃소싱으로 전환하여 고정비 절감을 추진하였으며, 그 결과 매출 총이익이 10% 증가하였다.

나쁜 제품 복잡성(고객이 추가적인 가격을 지불할 용의가 없는 제품의 다양성)이야말로 집중적으로 제거되어야 할 대상이다.

제품 복잡성 수준이 도저히 무시할 수 없는 심각한 상태인 회사들도 종종 있는데, 만약 독자들이 회사의 물류창고가 영화 〈인디아나 존스〉의 마지막 장면에 나오는 보물창고와 흡사한 상태라면 이런 경우에 해당한다고 볼 수 있다.

포르쉐Porsche 사의 CEO 벤델린 비데킹Wendelin Wiedeking은 복잡성과의 전쟁을 열렬히 지지하는 경영자이다. 그는 기회가 있을 때마다 "가능한 모든 노력을 기울여 복잡성을 제거해야 한다"고 역설하였다. 어느 날 물류창고에 부품이 가득 쌓여 있는 것을 발견하고, 그는 전기톱을 들고 복도를 가로질러 걸어가서 부품이 쌓인 선반을 두 동강이 낸 적이 있다(아마도 직원들은 CEO가 전달하고자 하는 메시지를 충분히 이해했을 것이다).

서비스 기업의 경우 제품 복잡성처럼 서비스의 복잡성 증가가 쉽게 눈에 띄지 않는다. 물건이 가득 쌓인 창고도, 전기톱으로 두 동강이 낼 선반도 존재하지 않는다. 때문에 서비스업의 복잡성이 제품에 비해 심한 경우가 많다. 더욱 심각한 것은 복잡성이 눈에 띄지 않기 때문에, 직원들이 복잡성 때문에 원가가 증가되지 않는다고 착각하는 현상이 흔히 발견된다는 것이다. 서비스 복잡성도 제품 복잡성만큼이나 원가 증가를 유발시키는데, 서비스 수준이 저하되거나 생산성 저하, 비非부가가치 원가의 증가를 유발한다. 제품 복잡성이든 서비스 복잡성이든 숨겨진 원가를 정량화하여 개선기회의 규모를 가시화시킬 수 있는 방법을 이 책에서 독자들에게 설명할 것이다.

> **▌ 제품 복잡성의 내적/외적 구성요소**
>
> '복잡성'이라는 용어는 통상 회사가 고객에게 제공하는 제품 및 서비스의 종류 또는 다양성을 의미한다. 이것은 외적 복잡성이다. 고객의 관점에서 차이를 인식할 수 있는 복잡성이기 때문에 이렇게 불린다(고객이 다양한 형태의 복잡성을 어렴풋이 느낄 수는 있지만, 명확하게 인지하고 가치를 평가하는 복잡성은 외적 복잡성이다).
>
> 그러나 제품 공급망을 들여다보면 외적 복잡성이 종종 내적 복잡성을 유발한다는 것을 알 수 있다. 즉 부품의 수, 사양, 제품설명서, 옵션, 자재 등의 내적 복잡성이 고객에게 외적 복잡성을 제공하기 위해 증가하는 것이다.
>
> 분명한 것은 내적 복잡성은 제품/서비스의 원가를 증가시키고, 결국 외적 복잡성 제공 원가의 증가를 가져온다는 점이다. 우리는 이 책을 통해 좋은 외적 복잡성과 나쁜 외적 복잡성을 구분하는 방법과 고객의 요구를 충족시키기 위해 증가하는 내적 복잡성을 최소화 할 수 있는 방법을 독자에게 설명할 것이다.

2. 프로세스 복잡성

프로세스 복잡성이란 제품을 제공하고 지원하기 위한 프로세스, 업무절차 및 업무 간 접점의 수를 말한다. 나쁜 프로세스 복잡성은 중복 프로세스, 재작업, 복잡성에 의해 유발된 임기응변적 예외 처리 프로세스 등을 가리킨다.

10년 전 은행의 당좌수표 입금 프로세스는 표준화된 연속조립공정처럼 운영되었다. 당좌수표가 접수되면 위조수표 여부 검증, 시스템 입력, 현금 지급, 분류 등 일련의 과정이 막힘없이 효율적으로 진행되었다. 프로세스가 단순하여 규모의 경제 효과가 발생될 수 있었고, 업무 처리 원가도 매우 낮은 수준으로 유지될 수 있었다. 그러나 채널과 제품의 다양성이 폭발적으로 증가하면서 프로세스의 복잡성도 증가되었다. 최근에는 당좌계정이 신용카드, MMA Money Market Account, 주식계좌 등과 결합되어 ATM, 지점 창구 및 인터넷으로 당좌계정의 입출금이 가능해졌다. 고객이 선택할 수 있는 거래방식과 옵션이 다양화됨에 따라 금융사기의 위험도 커졌으며, 이를 방지하기 위해 복잡한 프로세스 단계가 새로 추가되었다.

채널, 옵션, 입출금 방식의 다양화로 10년 전에는 단순했던 프로세스가 그물처럼 얽힌 복잡한 프로세스로 변화된 것이다. 프로세스 복잡성은 부서 간 업무조정 원가, 중복 원가 및 낭비의 증가를 가져왔는데, 이는 회계 계정항목으로는 잘 나타나지 않지만 거시적 관점에서 한 걸음 떨어져서 보면 쉽게 파악할 수 있는 무수한 상호작용의 결과이다.

많은 회사의 프로세스 복잡성은 이미 한계점에 도달했다. 증가된 제품 복잡성을 지원하기 위한 '초인적 활약'이 일상적 상황으로 보여지는 수준이다. 규모의 경제는 더 이상 발생하지 않으며, 사업 규모가 증가하였는데도 불구하고 오히려 복잡성에 의해 제품/서비스 건당 업무 처리원가가 증가했다.

해외시장 진입, 프로세스 분업화, 아웃소싱, 제품 수 증가, 제품 중심 문화에서 서비스 중심 문화로의 변화 등은 프로세스 복잡성을 더욱 가중시키는 원인이 되고 있다.

> ### ▎프로세스 복잡성은 프로세스 낭비와 동일한 개념인가?
>
> 린Lean 혁신운동의 추종자들은 아마도 프로세스 복잡성이라는 개념이 린의 '프로세스 낭비'나 '프로세스 비부가가치'와 매우 흡사하다고 느꼈을 것이다. 두 개념 모두 고객 관점에서는 가치가 없으므로 조직에서 제거되어야 하는 것이라는 측면에서는 동일하다고 볼 수 있다.
>
> 기술적으로는 복잡성 원가가 반드시 비부가가치 활동 원가와 동일하다고 할 수는 없지만, 복잡성이 비부가가치 원가를 증가시키는 주요 원인이라는 것은 부인할 수 없다. 그렇기 때문에 실용적 관점에서는 복잡성 원가와 비부가가치 원가를 동일하다고 보아도 크게 틀리지 않는다.
>
> 회사 내에 축적된 상당한 규모의 복잡성을 제거하는 것을 목표로 하고 있다면, 프로세스의 모든 낭비는 복잡성으로부터 발생한다고 가정해도 무방하다. 비부가가치 원가와 복잡성 원가를 정확하게 구분하기 위해 시간 낭비를 하지 말 것을 권고한다(이 주제는 제4장에서 보다 상세하게 다룰 것이다).

프로세스 복잡성의 영향

프로세스 복잡성은 불필요한 시간과 원가를 소모시켜 대고객 활동에 투입해야 할 자원을 잠식시킨다. 게다가 기하급수적으로 증가를 거듭하여 전체 활동의 50% 이상이 프로세스 복잡성을 지원하기 위해 수행되는 회사도 어렵지 않게 발견할 수 있다.

불행하게도 프로세스 복잡성으로 인해 유발되는 원가가 상당한 규모임에도 회사 전체에 산재되어 숨겨져 있거나, 원가 절감 프로젝트의 범위에 포함되지 않는 경우가 종종 있다. 또한 전통적인 회계 시스템은 프로세스 복잡성 원가를 적절하게 포착하지 못한다.

그렇지만 프로세스 복잡성을 찾아낼 수 있는 방법이 없는 것은 아니며, 이에 대해서 다음 장에서 상세히 설명할 것이다. 다행스러운 것은 프로세스 복잡성을 찾아내고 제거할 수 있다면, 현금 흐름 개선 효과가 매우 빠르고 직접적으로 나타난다는 점이다(프로세스는 상대적으로 신속하게 변경시킬 수가 있는데 반해 제품, 서비스 라인 또는 조직은 변경시키는데 긴 시간이 필요하다). 그러므로 복잡성과의 전쟁에서 단기 성과를 창출하기 위해서는 프로세스 복잡성을 중심으로 관련 제품, 서비스 및 조직의 변화를 추진할 필요가 있다.

3. 조직 복잡성

조직 복잡성이란 회사의 프로세스를 처리하기 위한 설비, 자산, 기능, 조직, 시스템 등의 수를 말한다. 나쁜 프로세스 복잡성이 고객에게 제품/서비스를 제공하는 방법의 혼란스러움을 가리키는 개념이라면, 나쁜 조직 복잡성은 프로세스를 지원하는 조직, 자산 등 회사의 구성 요소의 혼란스러움을 가리키는 개념이다. 짐작할 수 있겠지만 프로세스 복잡성의 증가에 발맞추어 조직의 복잡성도 빠른 속도로 증가되었다.

과거 10년 동안 여러분의 회사에서 제품 또는 서비스가 어떻게 변화되었는지 상기해보라. 현재 운영되고 있는 프로세스에 추가된 공정, 예외 처리 프로세스, 복잡한 재공정 업무과정 등을 생각해보라. 복잡화된 제품과 프로세스를 지원하기 위해 소모되고 있는 회사의 자원 – 인력, IT 시스템, 비대한 조직구조와 분업화된 업무기능, 복잡한 규정과 지표 등 – 을 생각해보라.

그러나 최근의 네트워크화되고 분업화된 비즈니스 환경에서 경쟁력을 유지하기 위해서는 복잡성을 증가시키지 않으면서 성장할 수 있는 능력을 확보해야 한다(제3장 '프로세스-조직 복잡성의 증가' 참조). 델Dell 사社의 CEO인 마이클 델Michael Dell은 그의 회사가 가진 네트워크 운영 역량에 대해 다음과 같이 이야기했다.

"경쟁사들이 우리와 싸우는데 가장 어려움을 겪는 부분은… 고객의 정보가 입수되어 생산 공정으로 전달되고 다시 고객으로 흘러가는 방식… 매우 수직계열화된 회사만 가능했던 정보 흐름의 조율에 델Dell이 매우 능수능란하기 때문입니다."

조직 복잡성의 영향

조직 복잡성은 몇 가지 중요한 이슈를 발생시킨다.

- **덫에 갇힌 원가와 매몰화된 자산**: 유기적 성장을 해온 조직은 사업전략을 지원하는 핵심 프로세스와의 관련도가 낮은 요소를 보유하게 마련인데, 조직 내에 상당한 수준의 비부가가치 원가의 함정에 빠지게 된다. 차별성을 상실하여 고객이 오직 가격을 기준으로 구매 결정을 하는 일반제품Commodity 라인을 판매하기 위한 전담 영업조직이 이에 해당하는 예이다.

- **성과 부진**: 조직이 비대화되고 복잡화되면 조직 외부의 시장과 고객보다는 내부 지향적 조직 문화가 만연되어 경영 성과의 부진이 발생된다.
- **정보소통 부족**: 무수한 기능, 시스템 및 조직 이기주의는 소통의 단절을 가져오고, 이는 성과개선을 유도하는 정보의 피드백 과정을 단절시켜 경영 성과에 악영향을 미친다.
- **책임의식 약화**: 조직이 복잡화되면 프로세스의 오너십과 업무에 대한 책임의식이 약화된다.

복잡성의 3차원적 관점

지금까지는 이해를 돕기 위해 복잡성의 유형을 개별적으로 설명하였다. 그러나 복잡성의 세 가지 유형은 서로 얽혀 있으며 상호 의존적인 성격을 가지고 있다. 제1장에서도 언급했지만, 복잡성 원가를 찾아내어 제거하는 능력은 회사 내에서 세 가지 축의 복잡성이 어떻게 영향을 주고받는지를 얼마나 잘 이해하는가에 의해 결정된다.

예를 들면 복잡성 원가를 축소하기 위해 시도해본 사람이면 모두 아는 사실이지만, 이슈는 항상 축Dimension 간의 교차지점에 존재한다. SKU를 새롭게 추가하면 재고원가와 같이 해당 제품과 연계된 직접 원가만 증가시키는 것이 아니라, 동일한 공급망을 통해 제공되는 기존 제품의 원가까지 증가시킨다. 이런 현상은 새롭게 추가된 제품이 프로세스에 영향을 미치고, 프로세스는 다시 기존의 제품에 영향을 미치기 때문에 나타나게 된다. 우리가 아는 어떤 유통회사가 평면 TV(소량 판매상품)를 상품 라인에 추가했는데, 기존 상품인 통조림 수프(대량 판매상품)의 원가가 증가하였다. 이는 공급망 효율에 대한 신제품의 부정적 영향 때문에 발생한 것이다(이 문제에 대해 제2부에서 보다 상세하게 다룰 것이다).

반드시 기억해야 할 점은 한 개의 축(예를 들어 제품 복잡성)만을 공략해서는 원가를 절감할 수 없으며, 반드시 다른 축(예를 들어 SKU 증가에 따라 증가된 프로세스 복잡성)을 함께 공략해야만 한다는 점이다.

복잡성 큐브

실제 기업환경에서 한 축의 복잡성은 다른 축의 복잡성에 영향을 미친다. 제품, 프로세스 및 조직의 복잡성으로 구성된 복잡성의 큐브가 있다고 상상해보자(그림 3 참조). 큐브의 모서리에 복잡성이 있지만, 복잡성 원가는 큐브의 면(面)이나 내부공간에 존재한다(그림 4 참조).

큐브는 복잡성 원가의 기하학적 성질을 잘 나타내 보여주는데, 즉

| 그림 3 | **복잡성 큐브**

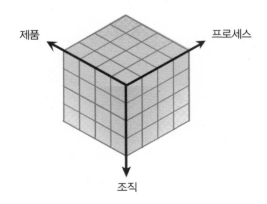

| 그림 4 | 복잡성 큐브 상의 비용

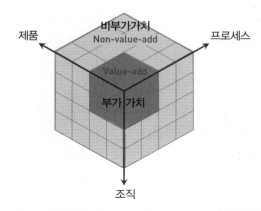

비부가가치 원가의 규모는 통상 한 개의 축을 독립적으로 검토하는 것보
다 훨씬 크다. 그러므로 하나의 축만 공략해서는 비부가가치 원가를 제
거할 수 없다.

제품, 프로세스 및 조직이 상호작용하는 방식이 복잡성 원가를 결정
한다. 바꿔 말하면 조직 및 프로세스와의 상호작용을 고려하지 않고
제품 복잡성을 공략하려 한다면 원가 절감에 실패한다는 의미이다.

전형적인 복잡성 제거 활동은 하나의 축에만 집중한다. 그러나 복
잡성 원가는 세 가지 축의 곱셈 값에 비례하여 증가하기 때문에, 하
나의 축만 고려하면 복잡성 원가를 과소평가하게 된다.

이런 다차원적 영향 때문에 하나의 축만 공략해서는 획기적인 원가
절감이 어려운 것이다. 예를 들어 제품의 복잡성을 획기적으로 축소시
킨 어떤 설비제조회사는 원가가 거의 줄어들지 않았는데, 그것은 제품
복잡성이 유발시킨 프로세스 및 조직 복잡성 – 제품 추가를 지원하고
자 증축한 물류창고 공간, 다양한 프로세스, 예외 처리 절차, 인력 등

– 이 그대로 남아 있었기 때문이다. 제품 복잡성을 성공적으로 축소하더라도 프로세스 및 조직구조와의 상호작용에 의해 깊이 뿌리박힌 고원가 구조를 제대로 이해하지 못하면 원가 절감에 성공할 수 없다.

복잡성 원가의 기하학적 성질

복잡성 큐브가 보여 주듯이 복잡성 원가의 가장 중요한 특징은 복잡성 증가 시 관련 원가가 기하급수적으로 증가한다는 점이다. 복잡성 원가는 제품이든 프로세스든 조직이든 유형에 상관없이 복잡성과 정비례 관계로 증가하는 것이 아니라 복잡성의 증가율보다 훨씬 큰 비율로 증가한다. 결과적으로 비선형적, 기하급수적인 원가 증가 패턴이 나타난다(그림 5 참조).

기하급수적 원가 증가 패턴은 복잡성 원가를 다른 원가(원가 동인의 증가 시 정비례하여 증가하며, 규모의 경제 효과가 있을 경우에는 원가 증가폭이 약간 줄어들 수도 있다)와 구분짓는 특징이다. 이 때문에 전통적인 방법이 복잡성 원가를 공략하는데 효과적이지 못한 것이다. 선형적으로 증가하는 원가의 경우, 제품 아이템이 하나 추가되어 증가하는 원가는 전체 제품의 수나 현재 원가의 규모와 무관하게 정해진다. 그러므로 특정 아이템의 증분 원가를 쉽게 계산할 수 있다. 그러나 기하급수적 원가에서는 추가 아이템의 원가 증가 기여분은 해당 아이템의 추가 이전에 누적되어 있었던 제품의 종류, 즉 총 복잡성에 의해 영향을 받는다. 이러한 기하급수적 성격 때문에 급격하게 증가하는 것이고, 또한 이런 성질을 고려하면 복잡성 공략을 위한 효과

| 그림 5 | 복잡성 원가의 기하급수적 증가 패턴

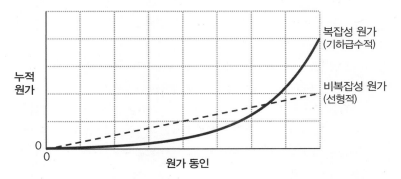

복잡성 원가의 기하급수적 증가 패턴은 다른 종류의 원가와 구별되는 핵심적 특징이다. 증분 원가는 그래프의 기울기로 표현되는데, 비복잡성 원가의 경우에는 기울기가 그래프의 모든 지점에서 거의 유사하다. 즉, 증분 원가의 크기가 현재 그래프에서의 위치와 무관하다는 것이다. 그러나 복잡성 원가의 경우는 현재 그래프의 어느 지점에 위치하느냐에 따라 증분 원가의 크기가 달라진다.

적인 전략이 명확해진다. 즉, 원가가 기하급수적으로 증가하기 시작하는 변곡점까지 상당한 양의 복잡성을 한꺼번에 제거해야 효과적인 원가 절감이 가능한 것이다.

▎복잡성 vs 복잡성 원가

'복잡성'이라는 단어의 의미와 '복잡성 원가'라는 단어의 의미를 우리가 어떻게 구분해서 사용하고 있는지 명확하게 밝혀두는 것이 필요할 것 같다. 복잡성은 단순히 어떤 아이템 종류의 수를 말하는데, 제품, 부품, 프로세스 단계 또는 조직을 구성하는 부서의 수가 될 수도 있다. 모든 복잡성은 원가를 유발시키지만(아이템 자체의 원가가 증가하기도 하고, 다른 아이템과의 상호작용을 통해서도 원가가 증가될 수 있다), 그 원가 모두가 복잡성 원가인 것은 아니다. 예를 들면 제품 복잡성은 모든 제품 종류의 수를 말하지만, 모든 제품 원가가 복잡성 원가는 아닌 것이다.

복잡성 원가는 고객이 가치를 인정하지 않는 원가(예를 들면 불필요한 제품 기능)와 아이템 간의 상호작용에 의해 발생된 비용을 가리킨다. 그러므로 복잡성 원가는 비부가가치 원가이며, 전체 아이템의 수 – 전체 복잡성의 수준 – 가 증가하면 증가한다. 요컨대 복잡성이 어떤 아이템의 개수라면, 복잡성 원가는 아이템의 수가 늘어나면서 발생된 비부가가치 원가라고 정의할 수 있다.

또한 복잡성 원가의 기하급수적 증가를 통해 수익성의 고래 모양 커브Whale Curve가 설명될 수 있다. 복잡성이 증가하면 원가는 기하급수적으로 증가하여 결국 증가된 매출을 초과하는 수준까지 증가하게 될 수도 있다(그림 6 참조).

| 그림 6 | 복잡성 원가가 고래 모양 커브에 미치는 영향

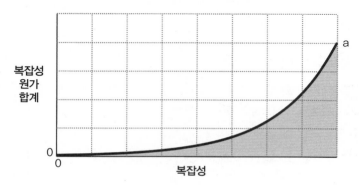

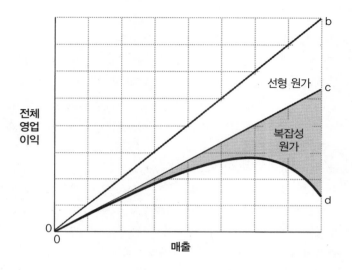

그림 6의 커브 a가 보여주듯이 복잡성 원가는 기하급수적으로 증가한다. 두 번째 차트의 커브 b는 원가가 없다고 가정할 때 매출의 증가에 의해 이익이 1:1로 증가하는 것을 보여준다. 커브 c는 재료비 및 가공비와 같은 선형 원가를 차감했을 때의 이익선이다(복잡성 원가가 존재하지 않는 경우의 가상의 이익선이다). 커브 d는 기하급수적으로 증가하는 복잡성 원가를 추가로 차감했을 때 나타나는 이익선으로 고래 모양 커브로 불리는 이익선이 나타남을 알 수 있다.

▍ 복잡성 원가는 어떻게 상승작용을 일으키나?

복잡성 원가는 다층적으로 시간 경과에 따라 상승작용을 일으킨다.

● **단일 축 내의 상승작용:** 제품 라인이 추가되면 제품 간의 상호작용으

로 인한 원가가 기하급수적으로 증가한다. 이는 제품 복잡성에만 적용되는 것이 아니라 모든 종류의 복잡성에 적용된다. 세계적 식품회사인 크래프트 사의 글로벌 셰어드 서비스 그룹의 전임 부사장인 리 콜터 Lee Coulter는 다음과 같이 말했다. "복잡성은… 3차원 방정식입니다. 10개의 IT 어플리케이션을 운영한다면 충분히 운영 가능하지만, 어플리케이션이 100개가 되면 운영이 불가능합니다. 운영의 복잡도가 10배 증가하는 것이 아니라 약 30배쯤 증가하기 때문입니다."

- **세 축**Dimension **간의 상승작용:** 전체 복잡성 원가는 개별 축이 가진 복잡성 원가의 합산이라기보다는 곱셈 값에 가까운데 이는 복잡성 큐브에서도 살펴본 바 있다. 이 때문에 전체 회사의 비부가가치 원가는 개별 축을 독립적으로 보고 추정한 규모에 비해 훨씬 크고, 증가 속도 또한 일반적인 예측치를 능가하게 되는 것이다.

- **시간 흐름에 의한 상승작용:** 복잡성 원가의 기하급수적 성질은 또한 시간 경과에 따라 관련 원가가 기하급수적으로 증가할 수 있다는 것을 의미한다. 간과하지 말아야 할 것은 설사 현재의 복잡성 원가 수준이 심각하지 않다고 하더라도 매우 빠른 속도로 증가하여 가까운 미래에 상당한 수준으로 증가될 수 있다는 점이다. 때문에 복잡성 원가에 대한 공략 또는 증가를 억제하기 위한 조치를 계획하고 있다면 빠른 속도로 과감하게 실행에 옮겨야 한다. 제임스 마틴James Martin은 그의 저서 〈21세기의 의미The Meaning of the 21st Century〉에서 "기하급수적 성장이야말로 세상의 다양한 영역에서 재앙을 불러일으키는 원인이 되고 있는 새로운 수학적 현상이다"라고 말했는데, 이런 경향은 복잡성을 가진 시스템이 갖게 되는 공통의 특징이라고 볼 수 있다.

전쟁 수행을 위한 시사점

우리가 이번 장에서 확인한 것을 요약해 보면 다음과 같이 정리할 수 있다.

1) 복잡성은 여러 축(제품, 프로세스 및 조직)에 존재한다.
2) 복잡성 원가는 축Dimension 간의 상호작용에 의해 결정된다.
3) 복잡성 원가는 기하급수적으로 증가한다.

이러한 복잡성 원가의 특성은 복잡성을 제거하고 원가를 절감하는 추진방식에 적지 않은 영향을 미친다. 즉, 특성을 고려하여 추진 전략을 수립하여야 성공 가능성을 높일 수 있는 것이다.

이제 복잡성을 정의하였으니 ─ 아인슈타인의 말에 따라 가능한 한 단순하게 그러나 지나치지 않게 ─ 복잡성을 공략하는 방법에 대해 살펴보자. 복잡성 공략의 방법을 한마디로 요약하면 다음과 같이 표현할 수 있다.

문제를 넓게 조망하고 이해하되, 해결 조치는 선별적으로 집중하여 실행하라.

왜 이런 공략 방법이 필요할까? 시스템적인 문제의 특징은 전체 시스템에 영향을 미친다는 점이다. 그러므로 문제 해결의 출발점은 회사 전체의 통합적 관점에서 노력을 집중할 포인트를 선정하는 것이다. 이를 위해서 오퍼레이션의 각 부분을 낱낱이 상세하게 분석하기보다는 각 부분이 어떻게 상호작용하는지 개략적으로 이해하는 것이 중요하다. 초기 분석 단계에서는 정확성보다는 완전성을 더 중시해야 한다. 이 단계의 핵심과제는 회사를 구성하는 다양한 부분들이 어떻게 연계되고 상호작용하는지 규명하는 것이다.

복잡성 원가와의 전쟁에서 초기 기선 제압을 위해서는 올바른 공격 목표 선정이 중요하다. 최적의 공격 목표는 적은 노력으로 큰 성과를 낼 수 있는 목표물을 말한다. 복잡성 원가가 기하급수적으로 증가한다는 것은 그 반대의 현상도 발생할 수 있다는 것을 의미하는데, 즉 올바른 방법으로 공략한다면 초기에 기하급수적인 큰 성과를 거둘 수 있는 것이다.

이러한 점을 염두에 두고, 회사 내의 복잡성을 빠른 시간에 제압하기 위해 무엇을 어떻게 해야 할지 살펴보자. 후속 장에서 자세히 다루겠지만 간단히 핵심을 요약하자면 다음과 같다.

1) 하나의 복잡성 축Dimension을 공략해서는 성과를 거둘 수 없다. 복잡성을 개별 축의 관점에서 측정할 수는 있어도 – 예를 들면 제품 종種 수 – 복잡성 원가는 개별 축 위에 존재하지 않는다. 또한 제품 복잡성의 원가는 제품 복잡성으로 인해 유발된 프로세스 및 조직 복잡성과 연계하여 생각할 때만 의미를 가진다. 하나의 축만을 목표로 하는 공략은 복잡성의 성질이나 원가의 발생 원천을 전혀 고려하지 않는 방식이다. 그런 공략 방식은 – 예를 들면 제품의 복잡성이 유발한 프로세스와 조직을 고려하지 않는 제품 합리화 추진 – 원가 발생의 원천을 건드리지 않기 때문에

원가 절감 목표 달성이 어렵다.

2) 그렇지만 모든 복잡성 큐브의 면을 한 번에 공략할 필요는 없다. 하나의 축만 공략하는 것이 효과적이 않듯, 모든 복잡성을 한꺼번에 해결하는 방식은 업무의 범위가 지나치게 확장되어 효과적인 실행이 어렵다. 많은 원가 절감 노력이 너무 많은 이슈를 한꺼번에 해결하려고 하다가 실패한다. 그러나 다행히도 제3의 방법이 존재한다. 복잡성 큐브의 3개의 면面 중 하나의 면을 선택하여 집중 공략하면 속도나 효과 측면에서 가장 최적의 결과를 얻을 수 있다(한 개의 면은 두 개의 축이 상호작용하여 형성되는데 제품-프로세스, 프로세스-조직, 제품-조직의 면이 존재한다).

3) 공략을 시작할 최적의 복잡성 큐브의 면을 선택하라. 회사마다 복잡성 문제가 발생하는 핵심적인 면이 다를 수 있다. 예를 들어 어떤 회사는 제품의 증가가 프로세스의 효율을 저하시키는 프로세스-제품 간 상호작용 문제가 핵심적인 이슈일 수 있다. 또는 기능부서 간 사일로Silo 현상과 같이 프로세스-조직 간의 상호작용에 복잡성 문제가 집중될 수도 있다. 또는 복잡하게 분산된 공장/물류 센터처럼 제품-조직의 면에 상당한 수준의 원가가 묻혀 있을 수도 있다(제2부에서는 복잡성 큐브의 각각의 면에 대해 상세히 다루고, 제3부에서는 각각의 면을 공략하는 전략에 대해 다룰 것이다). 그러나 모든 회사는 복잡성 큐브의 면 중 특별히 복잡성 이슈가 되는 면을 가지며, 이 면이 바로 복잡성 원가를 초기에 제압할 수 있는 출발점이라는 것이다. 공략할 면을 선정함으로써 성과를 극대화하는 방향으로 노력을 집중할 수 있게 된

다. 잘못된 공략 면을 선정하게 되면 고전분투에도 불구하고 성과는 미미하게 된다.

4) **공략을 진행하면서 공략 면을 변화시켜라.** 일단 전투가 시작된 후에 복잡성의 시스템적 특성을 감안하면 어떤 전술을 펴는 것이 효과적인 걸까? 답은 처음에는 하나의 최적 면(현재 회사의 복잡성 원가를 유발시키는 핵심 원인이 되고 있는 축의 상호작용)을 정해서 공략을 시작하지만, 공략이 일단 시작되면 새로운 정보와 추가적인 인사이트가 확보되므로 이를 반영해서 전술을 유연하게 변화시켜야 한다. 예를 들면 **조직-제품**의 면(공장, 생산능력 및 제품 간의 부조화)을 시작으로 복잡성 원가에 대한 공략을 시작한 어느 제약회사는 추진하는 과정에서 많은 이슈가 **프로세스-조직** 복잡성에서 발생한다는 것을 발견했다. 특히 조직의 사일로 현상 때문에 제품생산 오더의 공장 간 할당에 문제가 발생한다는 것을 발견하였다. 다시 이 문제를 해결하기 위해서는 **제품-프로세스** 간의 상호작용에 대한 이해가 필요했다. 주어진 제품의 복잡성과 프로세스 효율성의 수준에서 조직의 능력을 어떻게 최적화 할 수 있을까? 전략적인 선택, 역량의 집중 및 전략적 유연성이 결합되어야 단기에 큰 원가의 절감이 가능하다.

일반적으로 우리는 제품, 프로세스 및 조직 복잡성을 독립적인 것으로 생각하지만, 복잡성 원가가 발생되는 실제 상황은 다르다. 여러분의 회사는 과연 어떤 상황에 있는지 한 번 생각해보기를 바란다.

복잡성 원가가 경기 불황기에 기업의 수익성에 미치는 영향

어떻게 복잡성 원가가 수익성의 고래 모양 커브를 만들어 내는지, 어떻게 고래 모양 커브가 변화하는지 알면 현재의 경기 불황에 의한 매출 감소가 많은 기업의 수익성에 어떤 영향을 미치는지 이해할 수 있다. 특히 경기 불황에도 불구하고 제품, 프로세스 및 조직 복잡성을 줄이지 못한 기업의 수익성이 어떻게 변화되는지 잘 이해할 수 있게 된다.

매출이 감소됨에도 불구하고 복잡성을 줄이지 못하면 원가가 감소된 매출에 집중되는데(그림 7 위쪽 차트 참조), 이 경우 복잡성이 '더 비싸지고' 고래 모양 커브에 대한 영향도가 증폭된다(그림 7 아래쪽 차트 참조). 결과적으로 고래 모양 커브가 매출 감소에 비례하여 좌측으로 압축되는 것이 아니라, 큰 폭으로 하향 이동한다. 이런 메커니즘은 수익성에 심각한 영향을 미친다(다양한 브랜드, 모델, 유통망 등을 보유한 GM이 북미 시장에서 매출 감소 시기에 겪었던 현상이 바로 이런 메커니즘의 작용 결과이다).

통상 이런 경우 기업들은 수익성 저하에 대응하여 원가 절감을 추진하는데, 이런 방식은 문제의 구조적 측면을 건드리지 못하는 경우가 대부분이다.

프리뷰: 복잡성 원가 제거

복잡성의 본질에 대한 이해는 효과적인 공략 포인트 선정과 원가 절감 추진 방식에 영향을 미친다. 회사의 고래 모양 커브는 전형적으

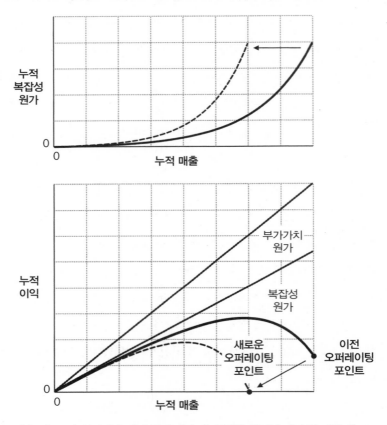

| 그림 7 | 매출 감소가 이익에 미치는 영향(복잡성이 감소되지 않는 경우)

매출 감소 시 복잡성을 축소하지 않으면 복잡성 원가가 축소된 매출에 집중된다. 그림에서 보듯이 복잡성 원가 때문에 25%의 매출 감소가 이익을 완전히 없애버릴 수 있다(부가가치 원가는 25% 감소되었는데도 불구하고 이런 경우가 발생한다). 비부가가치 원가의 비중이 클수록 이런 현상은 더욱 심각해진다.

로 원가 절감과 이익 개선기회를 가시화 할 수 있는 툴이다. 그러나 고래 모양 커브는 언제나 원가 절감 가능성을 과소평가하고, 매출에 대한 잠재적 영향을 과대평가하게 한다.

가장 바람직한 원가 절감 방법은 기존 커브 상에서 보다 나은 위치로 이동하는 것이 아니라, 커브의 모양 자체를 변화시키는 것이다 – 우상향으로 이동(그림 8 참조).

| 그림 8 | 고래 모양 커브 교정 Reshaping

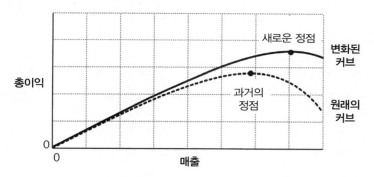

고래 모양 커브를 우상향으로 이동시키면 정점도 우상향으로 이동하게 된다. 이것은 원가 절감의 폭은 증가하고 잠재적 매출 감소의 폭은 줄어든다는 것을 의미한다(결과적으로 이익이 크게 증가한다).

고래 모양 커브의 모양은 복잡성 원가의 기하학적 성질에 의해 나타난 결과이다. 복잡성 큐브의 면을 효과적으로 공략함으로써 복잡성 원가와 고래 모양 커브의 변화가 가능하다.

복잡성 원가를 제거시키기 위한 전략은 이 책의 후속 장에서 자세히 다루겠지만 다음과 같이 요약할 수 있다.

1) 기존의 고래 모양 커브 상에서 더 나은 위치로 이동하기 위한 복잡성 제거(이익을 감소시키는 나쁜 복잡성 제거)
2) 고래 모양 커브의 모양을 변화시키기 위한 복잡성 제거(복잡성을 보다 경제적으로 제공하여 각 제품이 증분 매출을 창출하게 함으로써 동일한 매출을 더 적은 복잡성으로 창출)
3) 고래 모양 커브의 모양을 변화시키기 위한 운영 효율 향상(프로세스 및 조직구조를 효율화하여 복잡성을 보다 경제적으로 제공)

위의 첫 번째 항목만을 목표로 하여 복잡성 제거를 추진하면 지나치게 제품 합리화에만 치중하게 되고, 복잡성 원가를 절감할 수 있는 다른 많은 기회들을 놓치게 된다. 이 내용에 대해서는 후속 장에서 다루도록 하겠다.

심층적 이해를 바탕으로 한 복잡성 공략 추진

복잡성과 복잡성 원가는 조직에 빠르게 축적되는 특징이 있다. 그리고 이 원가 '축적'은 선형함수가 아니라, 기하급수적으로 증가하는 지수함수를 닮았다. 즉 10+10+10=30이 아니라 10×10×10=1,000이 되는 패턴으로 복잡성 원가가 증가하는 것이다. 후속 장에서 자세히 살펴보겠지만 복잡성 원가의 본질에 대해 올바르게 이해하면 보다 정밀하고 효과적인 원가 절감이 가능하다. '복잡성 원가와 전쟁하기 위해 보다 다양한 대안과 전략을 가질 수 있다'는 의미이다. 전체를 조망하는 관점과 이해도를 가지게 되면 원가를 보다 신속하고 효율적으로 제거할 수 있는데, 이는 전체적인 복잡성의 상호작용 패턴을 변화시킬 수 있는 핵심적인 레버Lever를 올바르게 선정할 수 있기 때문이다. 반면에 전체적 관점과 이해도가 부족하면 국지적인 문제에 매몰되어 시간과 자원을 낭비하게 된다. 앞으로 독자들은 나쁜 복잡성을 제거하는 방법뿐만 아니라, 나쁜 복잡성을 좋은 복잡성으로 전환시키고 좋은 복잡성은 더 좋은 복잡성으로 변화시켜서 수익성을 향상시키는 방법에 대해 배울 것이다. 전체적인 시스템 관점, 시스템을 구성하는 각 부분의 상호작용에 대한 올바른 이해를 바탕으로 이 책에서 제시하는 방법론들을 체계적으로 적용한다면 복잡성 원가와의 전쟁을 성공으로 이끌 수 있을 것이라고 확신한다.

제3장

프로세스 및 조직 복잡성의 증가

"자본주의를 다룰 때 반드시 잊어서 안 되는 점은
동적으로 진화 발전하는 시스템을 다루고 있다는 점이다."
— 조지프 슘페터

나는 자동차를 대량생산할 생각이다. 나의 차는 가장 좋은 자재와 가장 우수한 인력을 투입하고 현대 공학기술로 설계할 수 있는 가장 단순한 형태의 디자인으로 만들 것이다. 그러나 그 가격은 보통의 월급을 받는 샐러리맨이면 누구나 소유할 수 있는 부담스럽지 않은 가격이 될 것이다.

위와 같이 헨리 포드Henry Ford는 모델 T 자동차의 개발 계획을 발표했는데, 고객이 원하는 색깔이 무엇이든 '그것이 검정색이기만 하면' 이 자동차를 생산했던 것으로 유명하다. 그의 이 같은 계획은 포드 사社의 영업부서 직원들을 당황하게 했는데, 그 당시 영업부서 직원들은 이러한 자동차를 출시하면 회사가 얼마 못가서 도산할 것이라고 예상했다. 그러나 모델 T는 출시된 지 6년 후인 1914년에 미국 자동차시장의 50%를 점유하는 대히트를 기록했다.

모델 T를 가능하게 했던 - 저원가 대량생산을 가능하게 했던 - 위대한 혁신은 조립생산공정assembly line이었다. 조립생산공정은 자동차 산업을 근본적으로 변화시켰을 뿐만 아니라 산업의 경계를 넘어 제조업 전반과 서비스업의 생산 방식을 바꿔 놓았다. 규모의 경제를 얻기 위해 제품과 서비스를 표준화된 공정으로 처리한다는 조립생산의 아이디어는 20세기의 모든 제조기업과 서비스기업의 운영 방식을 변화시킨 것이다.

모델 T의 출시 이후 지난 100년간 세계는 헨리 포드가 도저히 상상하지 못했을 변화를 겪었다. 〈토끼몰이Chasing the Rabbit〉의 저자 스티븐 스피어Steven J. Spear는 이 변화에 대해 다음과 같은 글을 썼다.

과거에는 기술이 단순했으므로 생산 시스템을 단순하게 유지할 수 있었다. 이런 단순한 시스템이란 사람들이 사용하는 제품 자체뿐만 아니라 그러한 제품을 생산하는 시스템(조직 또는 프로세스)을 포괄하는 의미이다. 과거에는 시스템 구성 요소의 수가 적어서 요소들 간의 관계가 단순했고, 예측 가능했다. 어떤 부분에 의해 다른 부분이 영향 받는 관계가 논리적으로 명료했다는 의미다.

현대의 우리는 훨씬 더 복잡한 상황 속에 살고 있다. 과학의 발전으로 인해 제품과 서비스의 성능은 좋아졌지만 훨씬 더 복잡해지고 난해하게 서로 얽힌 다양한 요소를 결합하여 제품을 만들기 위해서는 점점 더 많은 전문기술이 필요하다.

전문기술과 연계된 프로세스들도 매우 복잡하게 상호연결되게 되었다. 프로세스 복잡성 증가는 다시 이를 지원하는 기능, 조직, IT 시스템 등 조직의 복잡성을 유발시키고 있다. 게다가 프로세스와 조직의 복잡성은 서로 상승작용을 일으킨다. 새로운 시장의 기회를 좇다보니 프로세스와 조직구조가 감당할 수 없는 수준까지 복잡화되었고, 이로 인해 발생하는 문제를 처리하기 위해 임시방편적인 프로세스가 적용됨에 따라 프로세스 복잡성이 다시 증가하였다. 이는 조직의 복잡성을 다시 증가시켜서 결국 프로세스의 처음과 끝을 한눈에 파악하는 것이 불가능한 상태에 이르게 되었다.

| 그림 9 | 조직과 프로세스 복잡성의 상승 작용

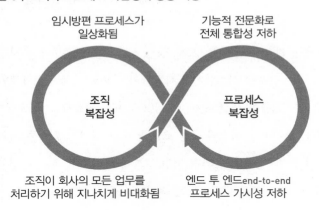

과거에는 복잡성 축소를 위한 노력을 제품 복잡성에만 초점을 두고 추진하였으나, 우리가 살펴보았듯이 제품 복잡성은 세 가지 축의 복잡성 중 한 축에 불과하다. 다른 두 개의 축의 복잡성에 대한 이해와 철저한 검증 없이 제품 복잡성 축소를 추진하는 것은 마치 한 팔

은 등 뒤로 묶고 다른 팔로만 싸우는 것과 유사하다. 또한 우리가 기업의 프로세스와 조직 복잡성이 쉽게 증가되는 이유와 그 메커니즘을 이해하지 못한다면, 복잡성 원가를 한 번 제거할 수 있다고 하더라도 다시 증가하는 것을 방지하기 어렵다. 기업에서 프로세스와 조직의 복잡성이 급격히 증가하는 원인을 이해함으로써, 우리는 복잡성에 대한 공략을 가장 효과적으로 진행할 수 있도록 조직을 변화시킬 수 있다.

이러한 이슈의 역학관계가 어떻게 생겨났고 발전되었는지 이해하기 위해 프로세스와 조직 복잡성의 진화과정을 살펴보자.

프로세스 구조의 세 가지 조류潮流

포드의 성공을 가능하게 했던 규모의 경제는 새로운 변화의 물결에 의해 복잡화되었다. 인구경제학적 관점에서 고객층 구성과 기호의 변화는 제품과 서비스 다양성의 폭발적 증가를 유발시켰다. 기술의 발전으로 커뮤니케이션과 이동의 속도는 증가하였지만, 이는 또한 더 복잡하고 섬세한 조율의 필요성을 증가시켰다. 커뮤니케이션 기술의 발달과 글로벌 경제 통합은 세계 각지의 최적 자원을 활용할 수 있도록 오퍼레이션 거점을 분산시키고 이를 통합 운영하는 글로벌 오퍼레이션을 가능하게 만들었지만, 이를 성공적으로 운영하기 위해서는 높은 수준의 프로세스 통합 운영 역량이 필요하다.

과거를 돌아보면 조직의 프로세스에 대한 요구가 세 단계를 거쳐 변화해 왔다는 것을 어렵지 않게 알 수 있다(그림 10 참조).

첫 번째 조류: 물량(대량생산)의 추구

두 번째 조류: 다양성의 추구

세 번째 조류: 속도의 추구

| 그림 10 | 물량, 다양성 그리고 속도

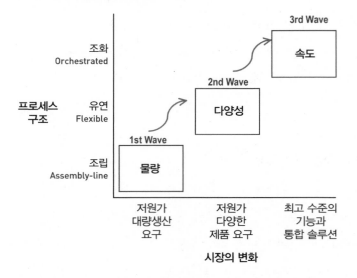

기업들은 변화하는 시장과 기술 환경이 제공하는 새로운 기회에 적응하여 변화 발전해왔으며, 이는 프로세스 구조의 세 가지 조류로 요약될 수 있다.

첫 번째 조류: 저원가 대량생산의 추구

헨리 포드가 조립생산 라인assembly line과 모델 T를 만들기 전까지 자동차는 사치품으로 인식되었다. 자동차 1대를 생산하기 위해서는 많은 시간과 원가가 필요했고, 숙련공에 의해 맞춤형으로 만들어졌으며, 사치품 특징에 초점을 맞춘 '유람용 탈 것'으로 홍보되곤 하였다. 조립생산 라인은 저원가로 대량생산을 가능하게 하여 차량 소유를 일반 대중에게까지 확대시켰고, 결국 포드 사를 업계 최고의 위치로 올려놓았다.

헨리 포드는 대량생산에 대한 주제를 이야기할 때 '설비 도입으로 생산원가가 급격히 낮아진 도끼자루'를 예로 들었다.

평생 도끼자루를 만들던 장인은 기계화된 생산이 도입된 이후에도 평생 일했던 작고 오래된 제작소에서 수십 년간 오래된 회양목을 목공용 칼, 끌과 사포를 이용하여 도끼자루를 만들었다. 그는 일주일에 8개의 자루를 만들었는데, 개당 1달러 50센트를 벌 수 있었고, 이 중 몇 개는 판매가 불가능한 것도 있었다. 그런데 새로 도입된 설비에서는 비숙련공이 1센트면 도끼자루 한 자루를 생산할 수 있었다.

도끼자루부터 자동차 생산, 보험 청구 프로세스에 이르기까지 조립생산 라인 패러다임으로의 변화는 산업의 일대 전환점이 되었다. 포드 자동차가 처음 소개한 이후 조립생산 방식은 모든 산업에서 규모의 경제를 달성하고자 하는 기업이면 당연히 선택해야 하는 대안이 되었다. IT 투자, 설비투자, 조직의 확장에 의해 발생되는 고정비용을 최소화하여 단위당 원가를 줄이고자 하는 기업의 경우 특히 규모의 경제 효과의 중요성이 컸다. 이러한 모델은 20세기 말까지 성공을 거두었다.

조립생산 라인의 철학은 프로세스 표준화와 자동화를 견인했으며, 그 결과 거래 처리 원가를 축소시킬 수 있었다. 중공업, 금융업, 소비재 등 거의 모든 산업에서 규모의 경제 효과를 얻을 수 있었으며, 그 결과 조립생산 라인과 유사한 프로세스를 통해 표준화된 제품과 서비스가 대량생산, 대량소비되었다.

규모의 경제 효과가 발생되려면 고객의 수요가 동질적이어야 하는데, 우리 모두가 잘 알듯이 동질적인 고객 수요를 찾는 것이 매우 어렵다. 기업들이 고객의 다양한 요구에 귀를 기울인 이후부터 표준화된 대량생산 방식과 프로세스의 유효성이 급격히 저하되었다.

많은 기업들을 강타하고 있는 복잡성 폭증의 중요성은 아무리 강조해도 부족하다. 세분화된 고객층에 맞춘 맞춤형 제품 개발과 제품 수명주기의 축소로 제품 복잡성이 크게 증가되었다. 점점 더 많은 산업의 기업들이 제품의 다품종 소량화에 의한 어려움을 겪고 있다.

또한 복잡성이 유발시키는 원가는 기하급수적으로 증가하는 속성을 가지고 있다. 다양한 모양, 다양한 배합, 다양한 포장재로 생산되는 토블론 초콜릿 바를 상기해보자. 제품 종류의 폭발적인 증가는 재고보유량을 증가시키고, 생산성을 저하시켰다.

대부분의 복잡성은 고객의 다양성에 대한 요구에 대응하기 위해 증가되지만, 어떤 관점에서 보면 기업 스스로 생산성을 저해하는 방식으로 고객의 요구에 대응한 면도 있다. 기업들은 무엇을 고객에게 제공할지 불확실한 상태에서 이것저것 다양한 제품을 만들어 어떤 제품에 고객이 어떤 반응을 보일지 테스트 하는 경향이 있다. 이 같은 방식은 종종 혁신이라는 이름으로 포장되고, 어떤 경우에는 신제품 출시 건수 등을 성과지표로 관리하는 회사 내부 성과보상체계에 의해 유도되기도 한다. 때에 따라서는 경쟁관계에 있는 회사 내 사업부 간에 경쟁적으로 신제품을 출시하여 전체 회사 차원의 매출은 증가되지 않고 원가만 증가되는 자기잠식cannibalization 효과가 발생되는 사례도 있다.

이런 형태의 과도한 제품 다양화는 보통 고객의 요구를 핑계로 이루어지지만, 고객과 무관하게 제품 다양화가 발생되는 경우도 심심치 않게 발견되며, 이런 경우의 복잡성은 몇 배나 심각한 결과를 낳기도 한다. 〈이코노미스트〉의 조사에 따르면 약 60% 정도의 기업이 경쟁사의 신제품 출시에 대응하여 제품을 확장하고 있고, 이렇게 출시된 제품으로부터 발생하는 매출은 전체 매출의 20% 미만에 불과한 것으로 나타났다.

간단히 말하자면, 오늘날의 많은 기업의 프로세스는 소품종 대량생산에 적합하게 설계되어 있다. 그러나 소품종만 생산해서는 생존과 성장이 어려운 경영 환경이 도래하였고, 많은 기업들은 **다품종 소량생산을 소품종 대량생산** 공정과 프로세스로 대응하고 있다. 그 결과 대량생산의 경제적 이점을 훼손시키는 재작업, 임기응변적 처리, 부서 간 조정 원가 및 복잡성이 심각하게 증가되었다.

두 번째 조류: 다양성의 추구

만일 소품종 대량생산을 하는 경우, 원가를 낮추고 생산속도를 높이기 위해 제한된 소수의 표준 절차를 따르는 엄격한 프로세스가 필요하다. 반대로, 지속적으로 다양한 제품을 생산하려면 프로세스의 유연성이 필요하다. 많은 기업들에게 '유연성을 통한 다양성 확보'는 큰 화두가 되고 있는데, 다양성을 요구하는 시장의 수요에 대응하여 제품과 서비스의 범위를 확대하기는 하였으나, 내부 프로세스와 운영 체계는 준비되지 못한 경우가 허다하다. 맥킨지의 조사에 따르면 47%의 경영자들이 회사의 공급망 전략에 가장 큰 영향을 미치는 요인으로 제품 및 서비스의 복잡성을 꼽았으나, 약 35%만이 복잡성과 관련된 이슈 해결을 위해 조치를 취한 것으로 응답했다.

예를 들면 전통적으로 의료보험회사의 콜센터는 의료비 청구 요청을 접수하고 처리하는데 표준 청구 범위를 벗어나는 접수 건은 '맞춤형' 청구를 처리하는 별도의 전문부서로 이관하여 처리한다. 모든 것이 정상적이고 문제가 없는 것으로 보이지만, 청구 요청의 95%가 '맞춤형' 청구로 분류된다는 점이 문제였다. 이런 맞춤형 처리 프로세스는 표준 처리 프로세스에 비해 높은 처리 비용이 들어가고, 더 많은 시간을 소모하며, 처리과정의 오류도 발생하기 쉽다.

이것이 시사하는 점은 무엇일까? 대부분의 고객이 맞춤형 프로세스로 처리해 주기를 원하나, 과연 이런 고객들의 청구 내용에는 공통점이 없을까? 이런 것이 고객이 가치를 인정하고 가격 프리미엄을 지불할 의사를 갖고 있는 좋은 복잡성에 해당할까? 이런 방식 외에 다른 대안은 없는 걸까?

사실 '맞춤형' 청구 처리의 문제는 오퍼레이션의 이슈로서, 보험사의 규정이 표준 업무 범위를 지나치게 협소하게 정의하고, 차이점이 크지 않은 보험 상품을 모두 예외 처리로 분류한 데 근본적인 원인이 있었다. 신상품이 차지하는 비중이 커지면서 소위 '맞춤형' 청구 업무의 비중이 표준 청구 업무를 넘어서게 된 것이다.

심심치 않게 발생되는 이와 같은 문제는 보다 근본적이고 중요한 문제로 인해 비롯되는 증상에 불과하다. 과거에 조립생산공정 개념의 단일 표준 프로세스로 제품을 생산하고 업무를 처리할 때 실현되는 엄청난 원가 절감 효과를 경험한 기업들은 동일한 원칙을 고수하려는 경향을 가진다. 다양성이 증가할 때 - 그 결과로 프로세스 이슈가 발생되면 - 이를 대응하는 올바른 방법은 프로세스의 문제를 유발하는 근본 원인을 밝혀내어 새로운 프로세스를 개발하는 것이다. 그러나 대부분의 기업들은 다양성 증가에 대해 재작업이나 임시방편적인 예외 프로세스로 대응하고, 이것이 반복적으로 수행되는 경우에 표준 프로세스로 반영하는 방식을 따른다. 이런 프로세스 운영 방식을 우리는 '우발적 프로세스 설계accidental process design'라고 부른다.

물론 재작업, 임시방편 프로세스 및 고원가의 조정 절차를 표준 프로세스로 설계할 사람은 없다. 그러나 실질적으로 이런 현상이 현실에서 나타나고 있다. 많은 기업들은 다양성을 처리하는 채널을 합리적으로 배치하지 못해 발생하는 상당한 수준의 프로세스 복잡성을 가지고 있다. 스티븐 스피어Steven J. Spear는 이런 현상에 대해 "복잡한 시스템의 초기 병리현상으로… 느슨한 조직의 직원들은 업무 프로세스가 적합하지 않고, 뭔가 잘못되었다는 신호를 의도적으로 숨기는 경향이 있습니다. 뭔가 문제가 있음을 나타내는 시스템의 잡음은 기록, 측정, 집계되지 않아서 연구조차 쉽지 않습니다"라고 말했다.

통상 기업들은 일시적 임기응변책이나 개인 역량에 의존하여 문제에 대응한다. 여러분들 중에는 하나의 결재 서류가 25개 이상의 사인을 받기 위해 돌아다니거나, 주문이 어디에서 처리가 되고 있는지 확인하고 재촉하는데 시간을 허비해본 경험이 있을 것이다. 이런 활동은 다품종 소량생산 구조를 지원하기 위해 발생하는 비부가가치 활동이다. 이러한 문제에 대한 올바른 대응 방법은 유연성을 통한 대응이다. 앞에서 언급한 보험회사의 경우, 대응 방법을 요약하면 다음과 같다.

- 업무유형별로 차별화된 복수의 표준 채널 운영. 이를 통해 표준화가 가능한 청구 건을 진정한 맞춤형 청구 건에 방해받지 않고 보다 빠르고 저원가로 처리할 수 있다.
- 프로세스의 낭비를 줄이기 위한 린Lean 혁신 기법 적용.
- 표준 선택 옵션의 수를 적정화해서 프로세스가 무작위적으로 다양성에 매몰되는 것을 방지. 근본적으로 고객은 회사가 제공한 표준 옵션이 그들의 요구를 충족시키지 않을 때 비표준 옵션을 선택하게 된다. 때문에 너무 적은 수의 표준 옵션을 제공하게 되면 비표준 옵션을 선택하는 고객의 비중이 증가한다.

만일 독자가 과거 10년간 제품 및 서비스의 과도한 증가를 겪었거나, 독자의 회사가 속한 산업에서 제품 혁신이 가장 중요한 경쟁력으로 꼽히거나, 혹은 고객 중심 경영이 회사의 중요한 경영 테마로 설정되어 있다면, 회사의 프로세스 역량이 제품의 다양성 지원에 필요한 적정 수준에 못 미칠 가능성이 매우 크다고 볼 수 있다. 이러한 문제에 대응하여 유연성을 강화하는 방법에 대해서는 이 책의 후반부에서 보다 상세하게 설명할 것이다.

▌다양성 추구를 가능하게 하는 전략

복잡성 원가의 증가 없이 다양성 확대를 지원할 수 있는 조직의 유연성을 갖추기 위한 효과적 전략이 존재한다. 제3부에서 각각의 전략을 개별적으로 설명할 것이지만, 간단히 내용을 요약하면 다음과 같다.

첫 번째, 지나치게 경직적으로 표준 프로세스 – 소품종 제품을 처리하기 위해 설계된 업무절차 – 를 정의하면 임시방편적 프로세스가 증가될 수밖에 없다. **프로세스 유연화**는 프로세스가 처리해야 할 요구의 다양성을 인정하고, 제품의 다양성을 줄이는 대신 복잡성을 처리하는 원가를 절감하는데 초점을 맞춘다. 이를 위해서는 저원가로 복잡성을 지원하는 린 Lean 혁신 툴의 적용이 필요하다(제13장 '린 프로세스를 활용한 다양성 지원' 참조).

두 번째 핵심 전략은 린을 통한 프로세스 유연성의 증가는 한계가 있다는 인식에서 도출되었다. 프로세스 유연성을 확보한다고 해서 무한대의 다양성을 고객에게 제공하는 것은 불가능하며, 바람직하지도 않다. 그러므로 제품 **포트폴리오의 최적화**가 불가피하다(제9장, 제10장 '포트폴리오 최적화' 참조).

세 번째는 비록 가장 드물게 적용되는 전략이기는 하지만, 첫 번째와 두 번째를 통합하는 전략이다. **프로세스 세그먼테이션**은 제품과 서비스를 그 유사성과 프로세스에 대한 영향을 기준으로 몇 개의 표준 유형으로 분류한다. 각 표준 유형별로 최적의 프로세스, 생산, 물류 스케줄을 차별화하여 적용함으로써 회사는 시장이 요구하는 새로운 다양성을 보다 효율적으로 준비하고 제공할 수 있다(제14장 '프로세스 세그먼테이션: 다양성의 영향력을 최소화하기' 참조).

세 번째 조류: 프로세스 분산 운영을 통한 속도의 추구

앞에서 언급했듯이 오늘날의 많은 기업들은 제품 및 서비스 다양성을 오퍼레이션 체계에서 수용하기 위해 많은 노력을 기울이고 있다. 기업들은 이러한 역량을 축적하기 위해 노력하는 한편 글로벌화Globalization의 가속화로 인해 생긴 다양한 기회를 활용하기 위해 새로운 종류의 역량을 확보해야 하는 상황에 직면해 있다.

토머스 프리드먼Thomas Friedman은 '우리가 잠자는 동안에도 세상은 변한다'라는 장으로 시작하는 〈세계는 평평하다The World Is Flat〉라는 저서를 저술했다. 그는 PC와 이메일(이는 컨텐츠 생성의 도구를 일반대중에게까지 보급시킨다), 광케이블(생성된 컨텐츠를 세상과 연결한다), 업무 흐름 소프트웨어(어느 곳에 위치하든 근로자가 디지털 컨텐츠를 매개로 협업할 수 있도록 한다)가 융합하여 세계가 평평해지는 꿈속 경험에 대해 이야기했다. 프리드먼은 그 모든 것들이 9/11 사건에 관심을 돌리고 있는 사이 순식간에 발생했다고 이야기한다. 그러나 이 거대한 융합은 오늘날의 기업에게 중대한 영향을 줄 것이라고 내다봤다.

> 기업이 성공적으로 생존하고 성장하기 위해서는… 경쟁사보다 먼저 세계를 평평하게 만들고 있는 모든 것을 인지하고… 새로운 기회를 이용하여 새롭게 대두되는 위기를 극복할 수 있는 전략을 경쟁사보다 먼저 수립해야 한다.

빅터 펑Victor K. Fung과 윌리암 펑William K. Fung(글로벌 소싱 기업인 리앤펑Li&Fung의 창업주이다)과 와튼 스쿨의 교수 제리 윈드Jerry Wind는 그들의 저서 〈평평한 세계에서의 경쟁Competing in a Flat World〉에서 다음과 같이 주장했다. "헨리 포드의 공장이 노동의 기능적 분업이라는 원칙 위에 세워졌다면, 새로운 시대의 원칙은 노동의 지역적 분산이다." 또한 다음과 같이 덧붙였다.

기업들은 공급망을 분해하여 세계 각지에 분산시켜 운영할 수 있다는 가능성을 발견했다. 그들은 단지 제품이나 부품을 세계 각지에서 구매하는 것 이상을 할 수 있다. 그들은 공급망의 각 단계를 세계 각지에 분산 배치하고 중앙에서 프로세스를 조정할 수 있게 되었다. 이것은 좀 더 나아가 공급망의 프로세스들을 분해하여 세계의 다른 지역에 위치한 서로 다른 기업에 외주를 주고 분산된 프로세스를 관리하는 것 또한 가능함을 의미한다.

마이클 델Michael Dell은 델 사가 어떻게 이와 유사한 개념을 가지고 회사를 운영하였는지 다음과 같이 회고했다.

작은 신생회사였던 시절에 델은 가치 사슬의 모든 단계들을 자체적으로 수행할 수 있는 경제적 여력이 없었습니다. '우리는 과연 스스로 모든 것을 해야 하는가'라는 질문을 우리 자신에게 해보았습니다. 다른 회사가 투자해 놓은 자산을 활용하고 있던 우리는 그 결과 고객이 원하는 솔루션과 시스템을 제공하는데 집중하는 것이 더 유리하다는 결론을 내렸습니다.

델 사에 있어서는 타사와 전략적 네트워크를 구축하여 영업하는 것이 경제적으로 유리했으며, 이는 부가가치를 창출할 수 있는 분야에 보다 집중하는데 도움을 주었다. 또한 고객 요구의 변화에 보다 신속하게 적응하는데 도움을 주었다. 그리고 구조적 유연성이 강화되었는데, 기존 투자 자산의 진부화에 대한 부담이 없으므로 경쟁사보다 빠르고 과감하게 시장의 변화에 대응할 수 있었다.

만일 독자가 앞으로 변화의 속도가 점점 빨라질 것이라는데 동의한다면 변화에 빠르게 대응할 수 있는 능력이 점점 중요해지고 있음을 인정할 수밖에 없을 것이다. 가치 사슬의 일원으로 참여하고 있는 기업은 시장의 변화에 대해 네트워크를 새로 디자인하는 방식으로 대응한다. 가치 사슬을 구성하는 협력업체를 변경하고 재조합하여 고객이 원하는 제품을 원하는 때에 제공할 수 있는 공급망을 유연하게 구축할 수 있다. 전체 가치 사슬을 직접 소유하고 있는 기업 역시 변화에 대응할 것이지만, 이런 기업은 의사결정 시에 항상 기존 공급망에 대한 고려를 할 수밖에 없게 된다. 새로운 제품으로 제품 라인을 변경시킬 수 있다. 하지만 기존의 공장은 어떻게 해야 하나?

토머스 프리드먼이 말한 세계의 평탄화에 의해 기업들이 운영체계를 변화시킬 수 있는 기회와 가능성이 증가되었다. 이것이 속도의 추구이다. 그러나 이 때문에 기업들은 끊임없이 운영체계를 변화시켜야만 생존할 수 있는 환경에 직면하였다. 산업 내의 경쟁자들이 이 새로운 기회를 이용하기 위해 경쟁하기 때문이다.

다시 말하면 모든 기업들이 속도를 추구함에 따라 게임 자체의 성격이 바뀐 것이다. 네트워크를 구성하고 프로세스를 조화롭게 조정하는 것이 어떤 산업의 경우에는 필수적인 사업 방식이 되었다. 그러나 성공적으로 프로세스를 조정하기 위해서는 현재 기업들이 가진 역량과 다른 역량이 필요하다. 예를 들면, 증대된 상호작용을 관리하고, 통제보다는 권한위임을 활용하는 방법을 새롭게 필요로 하는 역량이 이에 해당된다(그림 11 참조). 이런 부분을 간과하게 되면 엄청난 프로세스 및 조직 복잡성이 유발될 수 있다.

| 그림 11 | 의사결정 나무Tree

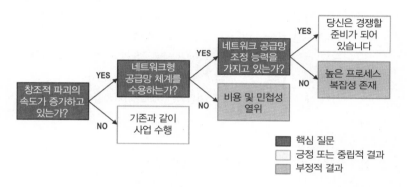

프로세스 및 네트워크 분산운영의 시대에 기업의 성과는 네트워크형 공급망 체계에 대한 참여 여부 및 네트워크 조정 능력에 의해 결정된다. 기업들은 산업 내에서 프로세스 분산 운영이 점점 확대됨에 따라 경쟁력을 유지하기 위해서는 새로운 역량의 축적이 필수적 요건이 되는 현상을 목격하게 될 것이다.

▍창조적 파괴의 돌풍

오스트리아 출신 미국 경제학자 조지프 슘페터Joseph A. Schumpeter는 자본주의를 '창조적 파괴의 강풍gales of creative destruction'이라고 정의한 바 있다. 그는 다음과 같은 글을 남겼다.

"대부분의 회사는 사업 아이디어와 확고한 목표를 가지고 설립된다. 사업 아이디어와 설립 목표가 달성되거나, 진부화되거나 또는 진부화되지 않았더라도 신선도를 잃게 되면 기업의 생명은 소멸된다. 그것이 기업이 영원히 생존하지 못하는 근본적인 원인이다. 물론 많은 수의 기업들은 시작 단계에서 소멸되기도 한다. 인간처럼 기업도 생존이 어려운 상태로 태어나는 경우가 있는 것이다. 어떤 기업은 우연한 사고나 질병으로 소멸될 수 있다. 나머지 기업들은 노쇠하여 자연도태한다. 그리고 그 자연도태의 원인은 기업의 경우 산업의 혁신 속도에 비해 뒤처지기 때문인데, 산업의 혁신 속도는 활발하게 성장하는 새로운 기업들에 의해 결정된다."

삶과 죽음의 비유는 매우 적절한 비유인데, 기업의 수명은 지속적으로 단축되고 있다. 그림 12는 이 점을 보여준다. 기업들의 다우존스지수 존속 기간을 수명의 대체 지표로 볼 때, 과거 30년간 매우 빠른 감소세를 보였음을 확인할 수 있다.

▍그림 12 ▍기업의 다우존스지수 존속 평균 기간

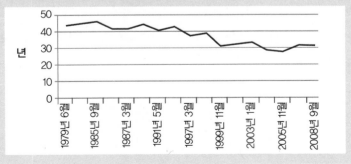

> 그래프가 보여주듯이, 다우존스지수 존속 기간은 점점 더 단축되고 있다. 창조적 파괴의 속도가 빨라짐에 따라, 회사 스스로 파괴적 혁신을 수행할 수 있는 역량이 회사의 생존 여부를 결정하게 될 것이다.

기업이 솔로 연주자가 아닌 공급망의 협력사로 구성된 오케스트라의 지휘자로서 역할을 하기 위해서는 사고방식의 변화가 필요하다. 유통과 같은 일부 산업은 네트워크 분산 운영 개념을 선도적으로 도입했다. 빅터 펑과 윌리암 펑에 따르면, 유통회사인 더 리미티드The Limited 사의 전 CEO 레스 웩스너Les Wexner는 회사가 공급사 또는 다른 회사와 반드시 적대관계에 설 필요는 없다는 것을 처음으로 인식한 사람 중의 한 명이라고 한다. 그는 오늘날 기업의 경쟁은 네트워크와 네트워크 간의 경쟁구도가 되었음을 발견했다.

글로벌 소싱 기업인 리앤펑Li & Fung은 스스로도 그렇게 규정했듯이 순수한 형태의 네트워크 지휘자Orchestrator이다. 리앤펑은 자체 공장과 생산직 인원을 보유하고 있지 않다. 이 회사는 1906년 중국 광동지방의 무역 중개상으로 시작하여 수출 기업으로 성장하였으며, 다국적 기업을 거쳐 최근에는 네트워크 지휘자의 역할을 수행하게 되었다. 이 회사는 현재 40개국의 8,300여개 공급사에 위탁하여 8조원 상당의 의류, 소비재 및 완구류를 생산하고 있다. 그들은 실제 이런 변화가 어떤 의미를 갖는지 다음과 같이 설명하고 있다.

만일 4개월 후 배송 예정인 100만 벌의 예복용 셔츠 주문이 리앤펑에 들어오게 되면, 이 주문을 적기에 저렴한 원가로 처리할 수 있는 많은 수의 잠재적 공급사 풀Pool이 검토 대상이 될 것이다. 그러나 만일 같은 주문이 1개월 후 배송 조건으로 접수된다면 좀 더 빠른 대응이 가능한 다른 공급사를 선정할 가능성이 크다.

세상은 한 달 사이에도 크게 변화한다. 고객의 기대도 변화하고, 공급사의 최대생산량도 변화한다. 접수된 주문을 처리할 수 있는 최고의 공급망이 주문의 특성에 따라 그 때 그 때 맞춤형으로 만들어진다.

리앤펑은 프로세스 및 네트워크 분산 운영의 관점에서 볼 때 스펙트럼의 극단에 위치한다고 볼 수 있다. 회사별로 프로세스 분산 운영의 수준은 차이가 있다. 그러나 앞으로 10년 동안 대부분의 회사는 일정 수준의 프로세스 분산 운영 체계를 도입할 수밖에 없을 것이다. 왜 그럴까?

- **전문화의 심화**: 새로운 기술이 등장하고 신기술에 대한 의존도가 증가하면, 전문성에 대한 요구가 커지게 된다. 글로벌화 Globalization로 오퍼레이션 영역이 확장됨에 따라 가치사슬 운영에 필요한 최적의 전문성을 하나의 회사가 모두 보유하고 있을 가능성은 점점 더 희박해지고 있다.
- **원가 인하 추구**: 네트워크 전반의 분산 운영을 통해 기업은 네트워크의 각 단계를 원가 효율적인 방식으로 구성하고 규모의 경제를 극대화하여 원가를 줄일 수 있다. 또한 투자 자산의 가동률 저하 문제를 고민할 필요가 없어진다.

● **혁신의 필요성 증대**: 창조적 파괴의 속도가 빨라짐에 따라 기업들은 지속적으로 기존의 비즈니스 모델을 혁신해야만 고객과 변화하는 환경에 빠르게 적응할 수 있다.

이러한 속도의 추구는 새로운 기회를 창출하지만 또한 기업에게 새로운 부담으로 작용하고 있다. 오케스트라는 개인 연주자들이 조화롭게 연주할 때만 좋은 음악을 만들어낼 수 있다. 그러나 이를 위해서는 유능한 지휘자가 필요한 데 많은 기업들은 앞으로 지휘자와 같은 역할을 수행해야 한다.

빅터 펑과 윌리암 펑은 새로운 지휘자는 네트워크 내에서 기업이 직접 수행해야 할 역할의 선택과 집중, 네트워크 운영관리 및 네트워크 가치 증가라는 세 가지 핵심 역할을 수행해야 한다고 말한다.

지휘자 역할 1: 네트워크를 설계하고 관리하라

네트워크의 지휘자가 가져야 할 첫 번째 역량은 공급망을 운영할 네트워크 조직을 구성하는 것이다. 많은 기업들은 이미 오래 전에 이런 방향으로 가고 있다. 2009년 발표한 제조 전망Manufacturing Outlook for 2009이라는 보고서에서 매뉴팩처링 인사이트Manufacturing Insights라는 기업조사기관은 외주생산contract manufacturing의 확대가 미래에도 가속화 될 것이라고 주장하였다. 이 연구기관은 맥주 제조산업을 예로 들면서 "과거 특정지역에서 만들어지고 유통되었던 맥주 브랜드들이 타 지역의 맥주 제조회사에 생산 노하우를 제공하고 외주생산함으로써 시장을 확장하고 있다. 이런 방식의 제조설비 공유 활용은 다른 제조업에도 적용가능하다"라고 주장했다. 그들은 이런 추세가 제조 협력사 간의 보다 긴밀한 연계를 강화하고, 다른 회사의 제품을 자사의 공장에서 생산하는 것에 대한 부담감을 줄여갈 것이라고 내다봤다. 결국 전세계적인 제조 설비의 가동률 재고와 수요 변동에 대한 유연성 강화를 가져올 것이지만, 동시에 이러한 생산 방식의 운영 과정에서 많은 문제들이 새롭게 유발될 것이다.

네트워킹으로의 변화는 수직계열화와는 반대의 개념으로 가치 사슬 내의 협력사에게 자사가 수행했던 프로세스를 아웃소싱 하는 것이며, 이는 일반적으로 장기적 신뢰 관계를 기반으로 운영된다. 비즈니스 영역의 지역적 확대와 기술 발전으로 지휘자는 최적의 협력사로 네트워크가 구성될 수 있도록 지속적으로 노력해야 한다. 이런 가변적인 네트워크를 지휘하는 것은 안정적인 공급망을 운영하는 것과는 다른 종류의 역량을 필요로 한다.

지휘자 역할 2: 통제보다는 권한 위임을 강화하라

네트워크 지휘자는 생산수단을 직접 소유하지 않으므로 다른 종류의 리더십과 관리 방식이 필요하다. 물론 표준standards과 준수 compliance 관리 및 보상reward과 같은 기본 요소들은 여전히 필요하다. 그러나 네트워크의 지휘를 위해서는 공급사와 가치 사슬 내의 협력사에게 기업가적인 주인의식을 가지고 행동할 수 있도록 권한을 적극 위임해야 한다. 1997년 도요타는 브레이크 부품 공급사의 화제로 인해 하루 4,000만 달러의 이익이 감소될 수 있는 생산 중단의 위기를 맞았다. 회사에 치명적인 위기가 될 수 있었던 상황에서 도요타는 공급사들의 도움으로 위기를 모면할 수 있었다. 1차 공급사인 아이신 세이키Aisin Seiki가 99% 이상을 공급했던 핵심 부품을 36개의 다른 1차 공급사(150개의 2차 공급사가 지원)가 단 이틀 만에 제조 라인을 준비하여 대체할 수 있었다. 놀라운 점은 네트워크의 힘을 보여주었다는 것인데, 이 모든 일이 브레이크 핵심 부품에 대한 생산 경험이 전혀 없었던 공급사들이 자발적으로 참여하여 진행되었다는 것이다.

지휘자 역할 3: 통합Integration을 통해 가치를 창출하라

네트워크의 지휘와 동일하게 프로세스의 통합을 위해서는 사고방식의 변화가 필요하다. 분업화를 통한 경쟁 중시 사고(작은 크기의 파이에서 조금이라도 더 큰 조각을 얻기 위해 경쟁자 및 심지어 협력사와도 싸우는 방식)에서 통합 중시의 사고(경쟁자와의 협력을 통해 전체 파이의 크기를 키워 각 기업에게 돌아갈 몫을 증대시키는 방식)로의 전환이 요구된다. 통합은 네트워크 내의 타 회사와의 연결에 국한되는 것은 아니며, 회사 내 기능부서 간의 연계를 포함하는 개념이다. 사내에서의 기능 간 통합이 전제되어야만 회사 간 통합이 의미를 가질 수 있다.

인텔의 전 CEO였던 앤디 그로브Andy Grove는 미국의 자동차 회사들이 실리콘 밸리에서 배워야 할 점에 대해 〈월스트리트저널〉에 기고한 적이 있다. 그는 크고 비싼 메인프레임 컴퓨터 생산이 중심이었던 1980년대는 수직적으로 통합된 대기업 중심의 산업구조였다고 회상했다. 그러나 소형 PC의 등장으로 기존산업의 구조가 재편되었다. "PC 산업은 모두 표준화된 하드웨어 부품(마이크로프로세서)과 패키지 소프트웨어를 사용했으며, 판매는 제3자에게 위탁하였다. 결과적으로 컴퓨터 산업이 훨씬 더 동적이고 번창하게 되었으며, 전통적인 기업들이 퇴출되고 새로운 형태의 기업들이 출현하게 되었다"라고 주장했다.

그는 과연 전기자동차가 자동차 산업에서 PC와 같은 역할을 할 것인지 독자에게 질문을 던졌다(비고: 미국은 전통적 자동차 산업에서 고용을 유지하기 위해 노력하고 있는데 반해, 중국은 다른 방향으로 승부수를 띄우고 있다. 중국은 새로운 시장을 선점하기 위해 전기 자동차용 배터리 기술 개발을 적극적으로 지원하고 있다).

자동차 산업은 PC 출현 이전의 컴퓨터 산업만큼이나 수직계열화 되어 있습니다. 그러나 주요 부품의 표준화와 전기 자동차의 단순성이 결합되면 자동차 산업이 수평적 구조로 변화할 것이 분명합니다. 인터넷은 이미 자동차의 주요 판매 경로가 되어 있으며, 수평적 구조의 산업에도 잘 적응할 것입니다.

수평적 구조로의 변화는 네트워크의 합리적 통합을 향한 첫 걸음이다. 따라서 그와 같은 변화가 언제 일어날지를 정확하게 예측하는 것이 매우 중요하다.

그로브는 그와 같은 변화는 몇 가지 조건이 충족될 때 일어난다는 견해를 갖고 있는데, '고객 수요의 변화, 주요 공급망의 일부가 타 국가로 이동하는 경우 및 핵심 기술의 변화'와 같은 요소의 결합이 필요하다. 이런 요소들이 거의 모든 산업에서 점점 더 중요해지고 있음을 인식하지 못하는 기업은 별로 없다. 그러므로 네트워크의 지휘 역량을 확보하는 것이 매우 중요하다.

그러나 그로브는 많은 기업들이 미래는 현재와 매우 다를 것이라는 사실을 인식하지 못한다고 경고한다. 그는 대부분의 성공한 기업은 과거의 사업 환경에서 지금의 자리에 올라왔기 때문에 새로운 변화를 인정하기 어렵다고 말한다. 과거의 환경에서 성공한 기업들이 새로운 환경에서 운영하기 위해 필요한 역량을 확보하는 것을 게을리한다는 것이다.

결론

슘페터가 지적했듯이 '창조적 파괴의 강풍'과 같은 자본주의는 절대로 멈추는 법이 없다. 새로운 혁신과 시장의 변화는 기업들에게 새로운 기회와 도전을 던져주고 있다. 이번 장에서 살펴본 바와 같이 필수적인 프로세스의 훈련, 유연성 및 역량 없이 새로운 시장 기회를 쟁취하려고 한다면 프로세스와 조직 복잡성의 급격한 증가를 경험하게 될 것이다.

슘페터는 자본주의를 '진화의 프로세스'로 규정했다. 그리고 우리는 엄청난 변화를 겪어왔다. 기업들은 조립생산 라인에 의한 대량생산을 통해 규모의 경제를 추구하였으나 다양한 고객의 요구에 대응하기 위해서는 기존 운영체계에 심각한 부담이 가해진다는 것을 알게 되었다. 몇몇의 선도적 기업은 유연한 생산 프로세스를 개발하여 제품과 서비스의 다양화에 대응하였으나, 다시 전 산업이 가치 사슬의 분산운영을 통해 속도를 추구하는 것을 보게 되었고, 프로세스에 또 다른 형태의 압력이 가해지는 것을 경험하고 있다.

요약하면, 기술과 시장의 변화가 기업의 프로세스 관리 역량의 발전 속도보다 빠르게 변화해 왔으며, 이로 인해 프로세스 복잡성이 증대되고 있는 것이다(그림 13 참조).

20세기의 변화 트렌드는 획일적인 속도로 진행하지 않았다. 하나의 기업 내에서도 사업 분야에 따라 스펙트럼의 다양한 지점에 운영체계가 위치한다. 한 사업부는 여전히 소품종 대량생산으로 규모의 경제를 추구하는 반면, 다른 사업부는 네트워크 분산운영을 택하는 것과 같은 상황을 종종 볼 수 있다. 핵심은 시장의 요구와 회사의 프로세스 역량 간의 균형을 유지하는 것이다. 이런 균형이 깨졌을 때 프로세스와 조직의 복잡성이 증대된다.

따라서 복잡성 원가를 축소하는데 집중하는 한편, 새로운 변화의 조류를 헤쳐 나갈 준비가 되어 있는지 확인하고, 프로세스와 조직의 건강성을 체크해보는 것을 잊지 말아야 한다.

| 그림 13 | 프로세스 복잡성은 다양성과 속도의 추구와 함께 증가한다

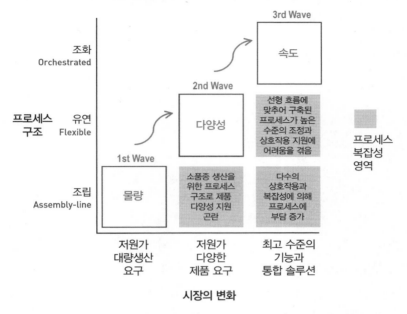

기술 및 시장 변화의 속도가 프로세스 관리 역량을 능가하게 되면 기업은 프로세스 복잡성 문제를 겪게 된다(음영 박스 참조).

기업의 원가 절감 지능지수 측정

●●●

40억 달러의 공적자금을 지원받고, 운영비용을 절감하기 위해
강도 높은 구조조정을 추진 중인 크라이슬러 사는
본사 건물에 있는 전구 80,000개 중 40,000개를 없앴다.

불황기에 회사가 행동하는 방식을 보면 그 기업의 일반적 행동 패턴을
알 수 있다. 만일 기업의 DNA가 단기 성과 지향적이면 단기적 조치를
취할 것이다. 이러한 행동 방식은 외부에서 강제되는 것이 아니며, 다양
한 요소가 결합되어 회사의 보편적 행동방식을 결정한다. 성과지표, 문
화, 조직의 역사적 경험, 경영의 패턴 등이 회사의 행동방식을 결정하는
요소이다. 우리는 회사가 원가 절감을 위한 대안을 평가하는 과정에서
회사가 가지고 있는 행동방식 - 원가 절감 지능 - 이 반영된다는 것을
발견하였다. 회사의 원가 절감 지능지수를 측정함으로써 여러분들은 회
사가 가지고 있는 편견이나 편향성을 사전에 예측할 수 있다. 이러한 사
전 예측을 통해 사전 대비가 가능한 것이다.

원가 절감의 함정

우리는 원가 절감 시 겪게 될 공통의 함정을 피할 수 있는 회사의 능력
을 원가 절감 지능지수라고 정의한다.

함정 1: 일하는 방식을 근본적으로 바꾸지 않음

함정 2: 피상적 접근으로 원가 절감의 변곡점에 도달하지 못함

함정 3: 재무제표를 지도처럼 활용(결과를 사후적으로 측정하는 바로미터로 활용하지 않음)

함정 4: 지나치게 많거나 지나치게 적은 데이터로 추진

함정 5: 장기 가치 창출 동력 훼손

함정 6: 어려운 결정 회피

어떤 관점에서 보면 위의 함정들은 우리가 제안하는 가장 효과적이고 전략적인 원가 절감 방법들의 대안으로 볼 수 있다. 이런 대안도 선의로 제안되며, 때로는 부분적인 효과를 거두기도 한다. 그러나 이런 대안은 잘못된 목표를 겨냥하거나 중요 원가 절감 기회를 놓치게 하는 방법이다. 독자들은 뒤에 이어지는 내용들을 읽어 가면서 자신이 몸담고 있는 회사가 이러한 함정에 노출되어 있지 않은지, 또는 함정을 피할 수 있는 올바른 운영원칙을 보유하고 있는지 스스로 질문해보라.

함정 1: 일하는 방식을 근본적으로 바꾸지 않음

단기에 대폭적인 원가 절감을 목표로 모든 조직과 기능에서 예산을 획일적으로 줄이는 기업들이 종종 있다. 이런 방식이 과연 통할까? 대부분의 기업들은 이런 방식으로 원가 절감이 쉽지 않다는 것을 발견하게 된다.

〈월스트리트저널〉에 따르면 ON 반도체주식회사는 전사적 원가절감 broad-based trimming을 추진하였는데, 아이러니하게도 결과는 오히려 불확실한 환경에 대응하여 경영자들이 어려운 의사결정을 연기할 수 있도록 하는 구실이 되고 말았다. 이 회사의 CFO는 다음과 같이 말했다. "인력 감원을 통해 원가를 절감하려고 하면 미래 사업의 방향이 어떤 모습

이 될지 미리 예측하지 않으면 안됩니다. 그러나 지금으로서는 그것은 매우 예측하기 어려운 문제입니다."

모든 부서에 10% 원가 절감 목표를 할당하는 것과 같은 전사적 예산 삭감 방식은 매우 흔하게 볼 수 있는 방법이다. 그리고 이 방식은 나름의 장점도 가지고 있다. 이것은 지침으로서의 명확성 ─ 모든 사람이 목표수준과 성과측정지표를 이해한다 ─ 을 가지며, 객관적으로 측정할 수 있다. 더욱이 방법론 관점에서 구조적 변화 없이 프로그램 도입이 쉽다는 장점이 있다. 다시 말해 원가 절감 전략 중에서 가장 손쉽게 적용할 수 있는 방식인 것이다.

그렇지만 불행하게도 이 방법은 일상적인 원가 통제를 보다 강력하게 추진하도록 압박할 수 있는 방법일지는 모르나, 획기적으로 이슈를 해결하고 구조적으로 원가 경쟁력을 향상시키기는 어려운 방법이다.

근본적인 문제는 원가가 결과 지표라는 점에서 발생된다. 원가는 사후적인 성과를 반영한다. 만일 원가를 획기적으로 변화시키고자 한다면 원가 증가 요인을 제거해야 한다. 예를 들어 제품 복잡성 원가를 축소하기 위해 생산이나 물류 등 오퍼레이션 기능의 혁신에 집중하는 기업이 많이 있다. 그러나 오퍼레이션은 하류Downstream의 기능으로서, 상류Upstream의 의사결정에 의해 지배된다. 예를 들면 영업과 마케팅 등 상류의 기능이 실질적으로 오퍼레이션 기능이 관리해야 하는 제품의 복잡성을 결정한다. 이것은 복잡성의 원인과 결과가 각각 다른 기능에 위치하고 있다는 것을 의미한다.

또 하나의 추가적 이슈는 회사의 모든 기능이 각기 동시에 각자의 예산을 줄이려고 노력하는 것이 결과적으로 전체 회사 차원에서는 최선의 결과를 낳지 못하는 원인이 될 수 있다는 점이다. 예를 들어 유통업에서는 부서별 독립적 원가 절감 추진이 물류 부문으로 하여금 물류창고의 재고를 매장으로 밀어내게 하는 원인이 될 수 있다. 어떤 경우에는 매장에서 판매되지 않는 수준의 재고까지 과도하게 밀어내기도 한다. 이런 종류의 재고 이동은 물류창고를 보다 효율적으로 보이게 할 수는 있지만, 매장 창고 재고를 증가시키고 관련된 다양한 문제를 일으키는 원인이 된다. 결과적으로 전체 회사 차원에서는 낭비가 증가할 수 있다.

획일적 예산 삭감을 통한 원가 절감이 갖는 두 번째 문제점은 원가 절감 기회에 비해 지나치게 낮은 목표가 할당될 가능성이 있다는 점이다. 부서들은 관행적으로 예산의 수준을 설정한다. 부서별로 개별적인 원가 절감을 요구하는 것은 특정 부서의 복잡성을 발생시키는 원인이 부서 밖에 있을 수 있다는 점을 간과하는 것일 뿐만 아니라, 부서 이기주의적 행동을 강화시킨다. 대형 유통회사의 한 CEO는 다음과 같이 말했다. "만일 내가 50%의 원가 절감을 요구한다면 모든 사람들이 이를 달성하기 위해 함께 모여 일함으로써 목표를 달성할 가능성이 있습니다. 그러나 만일 15%의 원가 절감을 요구한다면 사람들은 병풍처럼 내 앞에 일제히 일어서서 그것이 왜 불가능한지 내게 설명할 것입니다." 큰 원가 절감 기회는 보통 두 개 또는 그 이상의 기능 영역에 걸친 프로세스나 인프라에 숨어 있게 마련이다. 그러나 부서별 목표가 부서의 경영자와 관리자로 하여금 조직 전체의 관점이 아닌 부서 내부에만 집중하게 만든다면 이런 큰 원가 절감 기회를 실현하기 위한 활동은 뒷전이 될 가능성이 크다.

실제로 획일적 예산삭감으로 좀 더 근본적인 이슈가 발생하는 것을 종종 볼 수 있는데, 조직의 집중력과 에너지를 소모시켜서 리더들이 좀 더 전사적이고 중요한 과제를 추진하는 것을 방해한다.

대부분의 회사들은 좀 더 슬림화 할 필요가 있지만, 허리띠 졸라매기는 이 책에서 다루어진 보다 구조적이고 효과적인 원가 절감 프로그램의 한 부분으로 인식되어야 한다. 허리띠 졸라매기식 예산 삭감이 근본적인 문제 해결을 미루는 구실이 되어 실질적으로는 '아무것도 안 하게 하는' 원인이 될 수 있다는 위험성을 잊어서는 안 된다.

█ 유력한 용의자

윌슨페루말 사Wilson Perumal & Company의 설문조사 '혼란기 극복하기 Navigating through Turbulence'에서, 우리는 기업들이 어떤 방법으로 원가 절감을 추진하고 있는지 조사했다. 우리는 바람직한 원가 절감 방식들이 이번에도 순위의 상위를 차지하고 있음을 발견하였다. 가장 인기 있는 원가 절감 툴은 프로세스 최적화로 82%가 진행 중이라고 답변했다. 76%의 답변자는 신규채용 동결을, 62%는 공급사 통폐합, 그리고 60%는 지출 동결을 원가 절감 방법으로 추진하고 있다고 답했다.
조직들은 목표를 달성하기 위해 어떤 원가 절감 방법을 사용할까? 그림 14는 설문에 대한 응답을 요약한 것이다.

| 그림 14 | 원가 레버

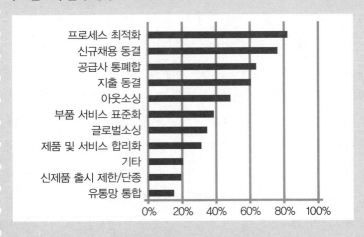

프로세스 최적화는 의미 있는 원가 절감 방법이며, 이를 통해 대폭적인

원가 절감이 가능하다. 그러나 참가자들이 보고한 원가 절감 목표와 원가 구조 혁신에 대한 열정을 감안할 때 오직 30%의 기업만이 제품 및 서비스 합리화를 핵심 원가 절감 방법으로 활용하여 원가 절감을 추진하였다. 이는 많은 기업들이 제품 라인 합리화에 대한 결정을 회피하고 있다는 것을 말해준다.

이러한 현상의 배경에는 다수의 원인이 존재한다. 첫 번째로 제품과 서비스 라인 축약은 매우 어려운 의사결정이라는 점이다. 특히 회사가 어떤 것을 유지하고, 어떤 것을 폐기할 것인지 쉽게 결정하지 못한다면 더욱 그렇다. 또한 선택 옵션을 계속 유지하고 싶은 욕구를 이기지 못하고 제품 단종 등을 실행에 옮기지 못하는 경우도 자주 있다. 이것은 원가가 많이 소모되는 전략인데, 이 책에서도 언급했듯이 제품 및 서비스 포트폴리오의 비대화는 원가 경쟁력을 결정하는 가장 중요한 요인이다.

함정 2: 피상적 접근으로 원가 절감의 변곡점에 도달하지 못함

프로젝트의 범위를 관리 가능한 수준 이내로 유지하기 위해 복잡성의 근본 원인은 놔둔 채로 눈에 보이는 증상만을 제거하는 경우를 종종 볼 수 있다. 회사가 복잡성의 원인, 결과 및 그 궁극적 효과 간의 인과관계를 이해하지 못한 채로 복잡성 제거 프로젝트를 추진하는 경우 이런 현상이 발생한다. 이런 회사는 눈에 쉽게 띄는 증상에만 주의를 집중한다.

이는 손목시계를 잃어버린 노인에 대한 이야기를 떠올리게 하는데, 어떤 노인이 밤에 손목시계를 잃어버리고는 가로등 아래서만 열심히 손목시계를 찾았다는 이야기이다. 그 이유를 묻자 노인의 대답은 가로등 밑이 밝기 때문이라고 말했다고 한다. 밝은 곳에 드러난 복잡성만을 공략하는 것은 효과적이지 않은 전략이다. 그러나 불행히도 회사들이 복잡성 제거의 범위를 SKU 중 매출이 부진한 5% 또는 가장 이익이 안 좋은 일부 서비스 옵션을 제거하는 것과 같이 제한된 범위에서 복잡성 제거를 추진하고 미미한 성과개선 결과에 실망하는 일이 비일비재하다. 눈에 띄는 증상을 제거하는 것이 실행하기는 쉽지만 효과가 적다. 이런 방법으로는 일하는 방식이 근본적으로 개선되지도 않고(함정 1), 유의미하고 지속적인 재무적 성과를 창출할 만큼의 원가 절감을 달성할 수 없다. 복잡성 원가 제거를 위한 핵심 레버Lever를 정확히 이해해야만 (a) 의미 있는 수준의 원가 절감과, (b) 제거된 원가가 다시 증가되는 것을 방지할 수 있다.

함정 3: 재무제표를 지도처럼 활용(결과를 사후적으로 측정하는 바로미터로 활용하지 않음)

복잡성 제거를 추진할 때 눈에 보이는 것에서부터 출발하려는 경향은 어찌 보면 자연스런 본능일 것이다. 원가를 다룰 때 통상 '눈에 보이는 것'은 재무제표를 의미하고, 재무제표 상의 계정항목이나 조직별 예산이 원가 절감 활동의 출발점으로 종종 활용된다. 그러나 표준 재무제표의 숫자들이 원가 절감 기회의 규모를 추정하는 실마리를 제공할 수는 있으나, 어떤 재무제표도 원가 절감 기회의 규모를 정확히 측정하지는 못한다는 점에 유의해야 한다. 요컨대 재무제표를 재무적 건전성을 나타내는 바로미터로 활용해야 하지, 보물이 숨겨진 장소를 표시하는 커다란 'X' 표시가 있는 보물지도로 보고 활용해서는 안 된다.

원가 절감의 범위를 표준 재무제표에 나타나는 항목으로 한정하는 것은 의도하지 않게 잠재적 원가 절감 기회에 한계를 설정하는 결과를 초래한다(함정 1). 진정한 원가 절감 기회의 규모에 맞추어 원가 절감 활동을 추진하기 위해서는 재무제표를 초월해야 한다. 이것은 복잡성 제거라는 전략적 과제에 대한 추진력을 만들어내는 중요한 첫 걸음이다(복잡성 제거를 통해 얻어낼 수 있는 원가 절감의 수준을 추정하는 방법에 대해서는 이 책의 제4장과 제5장을 보라).

프로세스 혁신 방법론에 익숙한 독자에게는 다음의 예가 이해하는데 도움이 될 것이다. 전체 리드타임이 100일인 생산공정에서 부가가치 활동(고객이 가치를 인정하고 기꺼이 가격을 지불할 용의가 있는 활동)에 소비되는 리드타임은 10일이 안 되는 경우가 종종 있다. 나머지 90일은 공정 대기와 같은 비부가가치 활동에 소비되는 것이다. 전통적인 현장 개선 활동은 부가가치 시간의 개선에 초점이 맞추어져 있다. 생산 라인의 속도를 높여서 10일을 8일이 되도록 하는 식이다. 그러나 린Lean 혁신 방법은 다른 길을 가도록 권고하는데, 비부가가치 리드타임 90일을 축소하는데 집중한다. 10일의 부가가치 활동 리드타임을 20% 개선해도 총 생산 리드타임은 98일이 되지만(10일×80% + 90일), 90일의 비부가가치 활동을 20% 개선하면 총 생산 리드타임이 82일이 된다(10일 + 90일×80%).

동일한 원칙이 복잡성 원가에도 적용되는데, 재무제표에 나타나는 원가를 줄이는 것은 위의 예에서 10일을 줄이는 것과 같은 것이다. 10일에 집중하면 드러나지 않는 90일을 줄일 수 있는 기회를 놓치게 된다.

함정 4: 지나치게 많거나 지나치게 적은 데이터로 추진

〈해병대의 일하는 방식The marine corps way〉의 저자들은 그들의 책에서 다음과 같이 쓰고 있다. "80퍼센트 법칙이란… 어떤 결정을 내릴 때 필요한 정보의 80% 이상이 확보된 상태에서 의사결정을 한다면 그것은 너무 늦게 내린 결정이라는 것입니다." 기업들이 복잡성 원가 절감의 대안들을 평가할 때, 흔히 다음과 같은 두 가지 유형의 덫에 빠지는 경향이 발견된다.

1) 양질의 정보 없이 감에 의존하거나, 문제가 너무 복잡하기 때문에 정보획득이 불가능하다고 지레 포기하는 회사가 있다. 우리는 이것을 정보의 진공상태라고 부르는데, 이런 현상은 "전부 가질 수 없기 때문에 하나도 가지지 않겠다"라는 식의 사고방식에서 기인한다. 즉 양질의 정보는 획득이 불가능하거나 획득에 지나치게 많은 원가가 소비된다고 짐작해서 포기해버리는 것이다. 그리고 어떤 기업들은 충분한 정보의 부족을 핑계로 복잡성 제거 활동을 회피하는 경우가 있다(실제로는 우리가 관심이 있는 복잡성 제거와 관련한 의사결정을 위해서는 100% 완벽하고 정확한 정보가 필요하지 않다. 게다가 이런 정보는 현실에서는 존재하지 않는다).

2) 국지적인 문제를 발견하고 이를 지나치게 자세하게 분석하느라 시간을 허비하는 회사가 있다. 아마도 독자들 중에는 들어본 사람이 있겠지만, 이런 현상은 분석의 마비Analysis Paralysis라고 불리는 현상이다. 복잡성이 증대되면 정보 흐름에 문제가 생긴다. 그리고 정보에 문제가 생기면 복잡성이 다시 증가한다. 그러므로 복잡성이 복잡성을 증가시키는 악순환 고리가 형성되는데, 이 경우 기업들은 이 모든 복잡성을 어떻게 이해하고, 줄이고 통제해야 할지 속수무책인 상태로 빠지게 된다. 결과적으로 회사 내에 이 모든 다양한 복잡성들이 어떻게 서로 얽혀서 움직이는지 이해하는 사람이 점점 줄어들게 된다. 모든 제품, 모든 프로세스, 모든 원가 요소에 대해 완벽하게 분석한 후에야 복잡성 원가에 대한 의사결정을 내릴 수 있다는 생각은 문제를 일으킬 수 있다. 개별 이슈보다는 전사 관점에서 복잡성 축소의 범위를 올바로 정하는 것이 무엇보다 중요하다. 회사들 중에는 정확한 분석을 위해 투입되는 시간과 노력을 사전에 고려하여 분석의 범위를 한정하는 경우가 있다. 이것은 반죽을 곱

게 만들기 위해 파이의 크기를 줄이는 것과 같다고 볼 수 있다. 우리는 반대의 접근법을 권고한다. 복잡성의 상호 연계성과 상승작용을 고려할 때 가능하면 넓은 범위를 분석의 범위로 포함시키고(복잡성 요소 간의 상호작용을 파악할 수 있도록), 이를 위해서 분석의 정밀도는 다소간 희생시키는 것이 오히려 바람직하다.

함정 5: 장기 가치 창출 동력 훼손

최근의 경기 침체로 많은 연구개발 및 마케팅 부서가 어려움을 겪고 있다. 극심한 원가 절감 압박 속에서 많은 기업들은 미래에 대한 투자와 연기 가능한 비용 지출을 줄이고 있다. 이런 항목들이 물론 쉬운 목표물이지만, 이런 부문에서의 원가 절감은 경기 침체가 끝나고 회복기가 도래했을 때 회사의 성장속도를 둔화시킬 위험성이 있다.

사실 2000년도의 닷컴 버블에서 우리가 배워야 할 핵심적인 교훈의 하나는 철저한 원가 절감을 추진하더라도 경기 침체가 끝났을 때 회사의 성장을 견인할 수 있는 원천 자산은 보호해야 한다는 것이다. 이는 대부분의 기업에 있어서 연구개발 원가를 지나치게 절감해서는 안 된다는 것을 의미한다.

결과의 차이는 매우 극명하게 나타난다. 두 대기업의 사례를 살펴보자. 〈월스트리트저널〉에 따르면 애플은 1999년과 2002년 사이에 매출은 6% 감소했으나, 연구개발 원가는 42% 증가시켰다. 이 시기의 연구개발 투자로부터 iPod와 나중에 iPhone이 개발되었다. 반면 모토롤라는 2002년에 연구개발비의 13%를 줄였는데, RAZR 핸드폰이 소비자가 기억할 수 있는 마지막 혁신제품이 되었다. 두 기업의 차이는 주가로 극명하게 나타났다(그림 15 참조).

| 그림 15 | 애플과 모토롤라Motorola 주가 비교(1999~2009)

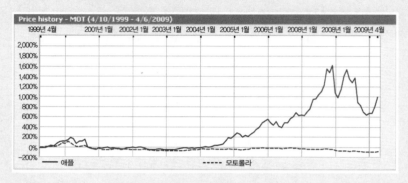

물론 전사가 원가 절감에 집중할 때 연구개발 원가를 늘리거나 또는 유지하는 것이 말처럼 쉬운 일은 아니다.

유리 제조업체인 코닝Corning 사는 연구개발을 소위 '최후의 방어진지' 내에 위치시킴으로써 장기적 성장 잠재력을 유지시키고 있다. 아이디어는 매우 단순하다. 연구개발 원가를 원가 절감의 우선순위에서 가장 나중에 위치시키는 것이다. 코닝 사는 2008년 4사분기에 31%의 매출감소를 경험하였고, 성과개선을 위해 공장을 폐쇄하고 직원들을 해고했지만 R&D 원가는 현재까지 줄이지 않고 있다.

〈월스트리트저널〉은 다음과 같이 쓰고 있다. "이것이 지난번 경기 침체기와 달라진 점인데… 2001년에서 2004년 사이에 코닝 사는 연구개발 원가를 거의 반으로 줄인 적이 있다."

제록스Xerox도 유사한 전략을 채택했다. "개인적 경험을 바탕으로 나는 우리가 지금 할 수 있는 최대의 실수는 혁신에 대한 투자를 줄이는 것이라고 생각합니다"라고 제록스의 회장인 앤 멀케이Anne Mulcahy는 말했다. "혁신은 단지 제품 연구개발만 의미하는 것이 아니라 신시장 개척,

신사업 개발 및 업무 프로세스의 파괴적 혁신을 포함합니다." 2000년대 초반 제록스의 턴어라운드를 주도했던 멀케이는 다음과 같은 충고를 한다. "원가 절감에 관한 많은 회의에서 차세대 제품과 서비스는 지금 우리가 내리는 의사결정으로부터 태어날 수도, 소멸될 수도 있다는 사실을 직원들이 잊지 않도록 반복적으로 주지시켜야 합니다."

함정 6: 어려운 결정 회피

복잡성 관련 이슈를 찾아내고 분석은 하였으나 의사결정을 미루거나 조직의 관행을 바꾸지 못해 복잡성 제거 활동을 추진하지 못하는 기업이 많이 있다. 최고경영자들은 복잡성 축소를 통해 얻을 수 있는 이익이 명확해야 확고한 실행의지를 가지게 된다.

분석이 끝나고 원가 절감 기회를 밝혀냈으면 노력의 초점을 원가 절감을 실천하는 데로 옮겨야 한다. 더 적은 원가, 자원 및 자산으로 운영할 수 있는 미래의 비즈니스 모델을 설계했다면, 회사의 자원을 여기저기 이동시킬 것이 아니라 원가가 실질적으로 제거될 수 있도록 하는 것이 매우 중요하다.

회사들은 어려운 문제를 손쉽게 해결시켜 줄 수 있는 묘책을 기다리면서 어려운 결정을 지연시키는 경우가 있다. 이에 대해 〈싸움을 멈추지 마라Never Quit the Fight〉를 쓴 랄프 피터스Ralph Peters는 다음과 같이 언급했다.

조급함과 함께 위대한 미국인들이 가지고 있는 또 하나의 단점은 우리가 노력한다면 모든 문제에는 명확한 해결책이 존재할 것이라는 믿음입니다. 특히 복잡한 문제의 경우에는… 문제를 단번에 해결하는 묘책을 찾고자 하는 경향이 완벽하지는 않지만 의미 있는 해결책을 추진하는데 방해가 되고 있습니다.

문제 해결의 길은 불가능하지는 않지만 어렵고 오랜 시간이 소요된다. 그러나 솔직하게 진실을 직시하는 것이 마치 묘책이 있는 것처럼 꾸며대는 것보다 장기적으로 바람직한 결과를 만든다. IT 시스템 분야만큼 묘책Silver Bullet에 대한 갈망이 큰 분야도 없는 것 같다. 우리는 많은 기업들이 ERPEnterprise Resource Planning 시스템을 마치 회사의 모든 복잡성에 대한 만병통치약이라도 되는 듯 추진하는 것을 보았다. 그들은 ERP가 구축되면 거의 무한한 다양성을 지원할 수 있을 것이라는 맹목적 믿음을 갖고 ERP 도입을 추진했다. 그러나 많은 독자들이 알고 있겠지만 기하급수적으로 증가하는 복잡성의 특성은 조직의 유연성을 빠르게 저하시킨다.

뒷부분에서 좀 더 상세히 다루겠지만, 묘책을 찾는 것보다 바람직한 방법은 회사의 원가증가를 유발하는 근본원인을 찾아내고 이해해서, 효과가 큰 몇 개의 핵심 포인트를 동시에 변화시키는 조치를 취하는 것이다.

기업의 원가 절감 편향Biases 평가

위 6개의 함정을 기준으로 여러분의 회사를 평가할 때, 바꾸지 않는 회사의 영구한 모습이 아니라 복잡성 원가와의 전쟁을 시작하는 출발점의 상태를 파악한다는 의미로 생각하고 접근해야 한다. 회사가 통상적으로 어떻게 원가 절감을 추진하는지를 평가함으로써 어디서부터 어떻게 복잡성 원가 절감 프로그램을 추진하는 것이 가장 바람직한지에 대한 통찰력을 얻을 수 있다.

제4장

기대효과 측정 1

재무적 타당성 검토의 기초

"당신을 쓰러뜨리는 적은 당신이 알지 못했던 상대가 아니다.
그는 당신을 쓰러뜨릴 수 없을 것이라고 당신이 생각했던 적이다."
– 마크 트웨인

앞의 심층 탐구에서 설명한 비효과적인 방식으로 원가 절감을 추진하게 되면 원가 절감의 잠재적 규모가 지나치게 과소평가되고 따라서 추진의지가 약화된다. 대부분의 경영자들은 복잡성이 회사에 큰 부담을 주고 있다는 것을 직관적으로 알고 있다. 그들은 매일 매일 복잡성으로 인해 발생하는 이슈와 영향을 보고 느낀다. 그러나 주관적 느낌을 객관적인 수치로 전환시키는 것은 무척 어렵다.

모든 회사는 관리 수준 또는 성과 수준과 무관하게 어느 정도의 복잡성 원가가 존재하게 마련이다. 중요한 것은 장·단기 기업경쟁력을 훼손시키지 않고 얼마만큼의 복잡성 원가를 제거할 수 있는가이다. 이 질문에 답을 하기 위해서는 회사에 존재하는 이론적인 복잡성 원가의 최대치가 얼마나 되는지 평가하는 것이 도움이 되는데, 이를 통해 막연한 가능성을 가지고 접근하는 방식이 아닌 객관적인 근거에 기반한 프로젝트 추진이 가능하다. 그 이후에는 실용성의 렌즈로 가능한 범위를 추정해볼 수 있다. 이를 통해 현실적으로 획득 가능한 원가 절감의 규모가 어느 정도인지 결정할 수 있다. 이런 접근법을 통해 회사의 원가 구조와 경쟁력에 대한 명확한 이해를 바탕으로 전체적인 목표와 전략을 정하되, 단기 절감 가능 기회를 찾아내고 우선적으로 추진할 수 있다.

요컨대 경영자는 복잡성이 회사에 얼마만큼의 원가를 증가시키고 있는지 질문하고, 이 원가 중 복잡성 제거 프로젝트를 통해 줄일 수 있는 금액을 명시한 가치제안Value Proposition을 정의해야 한다. 경영자가 답해야 할 질문은 사실 두 개의 질문으로 나눠볼 수 있는데, 첫 번째는 "회사에 존재하는 전체의 복잡성 원가가 얼마인가?"라는 질문이고, 두 번째는 "얼마만큼을 제거할 수 있는가(그리고 얼마나 빨리 제거할 수 있는가)?"라는 질문이다. 이 질문들은 의사결정을 미루지 않고 당장 복잡성 제거를 추진해야만 하는 당위성을 제공하며, 합리적 정보에 기반하여 복잡성에 대한 공략의 범위와 시기를 결정할 수 있도록 한다. 이번 장과 다음 장에서는 가치제안을 정의하기 위한 방법론에 대해 설명하고자 한다.

- 이번 장에서는 재무적 기대효과 분석의 기초적 개념과 방법론을 다루고, 아울러 흔히 빠지기 쉬운 함정에 대해 다룰 것이다.
- 제5장에서는 복잡성 제거의 기대효과를 산정하는 방법론에 대해 구체적으로 설명한다.

재무적 타당성 분석을 통해 조직을 한 방향으로 정렬시키기

대부분의 기업은 기대효과가 재무적 숫자로 표현되어야 비로소 어떤 조치나 행동을 실행할 수 있다. 25년 동안 소비재 기업의 오퍼레이션 담당임원으로 근무한 경험이 있는 에릭 피도텐Eric Fidoten은 신속하게 대략적인 기대효과를 확인하는 것이 임원들의 관심과 스폰서십을 얻고 조직이 움직일 수 있는 동력을 확보하는데 매우 중요하다고 주장한다. "기대효과가 얼마만큼인지 제시할 수 있어야 조직 전체를 그 목표를 향해 정렬시킬 수 있다"라고 그는 말한다.

복잡성 원가를 성공적으로 제거하는데 성공한 경영자들은 공통적으로 원가 절감 목표를 구체적인 숫자로 명확하게 정의했다. 재무적 목표는 물론 달성 가능한 수준으로 설정되어야 한다. 조직의 슬로건으로서의 의미와는 다르게, 재무적 목표는 실제 기회에 기반하여 결정되어야 하는 것이다.

복잡성 원가를 정량화하는데 있어서 가장 빠지기 쉬운 함정은 지나치게 복잡하거나 정교하게 계산하려는 경향이다. 결론부터 말하자면 대부분의 기업에 진정으로 중요한 것은 다음의 두 가지 질문에 대한 답을 찾는 것이다.

- 복잡성 원가 제거를 통해서 획득할 수 있는 재무적 기대효과 크기는?
- 우리의 경영 어젠다 중 어떤 부분과 부합하는가?

우리는 대략적인 기대효과를 빠르게 추정해볼 것을 권한다. 이렇게 함으로써 회사의 전 조직을 공동의 목표를 향해 정렬시킬 수 있다.

비부가가치 원가를 상세하게 열거하고 계산해서 합계를 내는 것과 같은 상향식Bottom-up 방식에 대한 유혹을 떨쳐버려야 한다. 이런 방식은 소위 활동의 덫에 빠지기 쉽다. 우리는 이런 경우를 많이 보았다. 한 기업은 복잡성 제거를 추진하기 위해 먼저 복잡성의 재무적 가치를 측정하였다. 이 기업은 몇 천 개의 복잡성 원가를 일일이 계산하고 합산하는 방식을 택했다. 이것은 매우 시간 낭비적인 데다가 부정확한 방법이었으며, 결론적으로 전체 복잡성 제거 활동의 진행을 방해하는 결과를 낳았다.

우리가 추천하는 방법은 이런 종류의 지뢰밭을 비켜 갈 수 있도록 안내하여, 원가 절감 활동 자체에 빠르게 집중할 수 있도록 도와줄 것이다.

왜 기업들은 기대효과 측정에 어려움을 겪을까?

기대효과를 정량적으로 예측하고자 노력하는 많은 기업들이 장애물에 걸려서 나아가지 못하는 경우가 허다하다. 여기에는 다음의 두 가지 근본적인 원인이 작용한다.

원인 1: 재무 시스템은 2차 발현emergent 원가를 잡아내지 못한다

복잡성 원가는 복잡한 시스템의 결과로서 발생하는 현상이므로 측정이 쉽지 않다. 복잡성 원가는 많은 항목들이 상호작용하여 발생되는 현상이므로 특정한 개별 항목에 속하지 않는다. 잠시드 가라제다

키Jamshid Gharajedaghi는 그의 저서 〈시스템 사고, 카오스와 복잡성 관리Systems Thinking, Managing Chaos and Complexity〉에서 "2차 발현 현상들은 직접적으로 측정할 수 없다. 우리는 단지 그것들의 증세를 측정할 수 있을 뿐이다"라고 쓰고 있다.

문제는 전통적인 회계 방법론은 결과적으로 2차 발현 원가emergent cost를 적절히 다루지 못한다는 점이다. 전통적인 방법론은 원가를 기능별(영업, 제품개발 등), 원가 유형별(노무비, 재료비), 조직별(매장, 지역사업부) 또는 원가증감 특성(고정비 대 변동비) 등 특정 범주를 기준으로 분류한다. 이런 방식을 적용하기 위해서는 복잡성 원가를 별도 원가항목으로 구분하고, 기능/사업부/회사별 예산을 할당한 후 예산과 실적의 차이를 분석해야만 한다. 그러나 복잡성 원가는 개별 항목으로부터 발생하지 않을 뿐더러 전통적인 회계 방식으로 2차 발현 결과를 측정하거나 또는 복잡성이 빈틈으로 서서히 기어들어오는 것을 잡아내기 어렵다.

원인 2: 복잡성을 정량화하기 위해서는 기업이 일반적으로 정량화하는 방법과는 완전히 다른 방법론이 필요하다

일상생활에서 우리는 통상 어떤 것의 전체 크기를 구하기 위해 그 구성요소들의 크기를 측정한 후 그 값을 더하는 방식을 적용한다. 그렇기 때문에 전체 복잡성 원가의 크기를 알고자 한다면, 가장 좋은 방법은 당연히 회사 내에 산재되어 있는 복잡성 원가를 각각 구해서 더하는 것이라고 생각하기 쉽다. 이러한 방식을 A+B=C의 사고방식이라고 부르도록 하자.

만일 문제가 지나치게 복잡하다면, 우리는 본능적으로 더 작은 조각으로 나누어서 해답을 구한다. 즉 $A_1+A_2+A_3+\cdots = A$의 합이 되는 것이다.

그러나 이런 환원주의적 방법은 복잡성에는 통하지 않는다. 복잡성은 우리가 통상 측정하는 것들과는 질적으로 다른, 가까이 다가설수록 더욱 희미하게 보이는 특성이 있다. 복잡성은 전체 합계로는 뚜렷하게 보이지만, 부분을 나누어서는 파악하기가 어렵다. 안개처럼 복잡성은 가까이 다가가면 사라져버린다.

이러한 점은 전통적 원가관리의 관점과는 근본적으로 다른 것이다. 재무 분야에 종사하는 이에게 물어보라. 전통적인 재무적 접근법은 위에서 언급한 '부분들의 합계'라는 사고방식의 토대 위에 구축되었다고 해도 과언이 아니다. 원가를 기능별, 원가 유형별, 조직별 또는 원가변동 유형에 따라 분해하고 측정한 후 다시 더하는 방식이 기본적인 접근법이다.

그러나 복잡성 원가를 정량화하기 위해서는 사물을 뒤집어서 다른 방식으로 바라봐야 한다. 즉 한 걸음 뒤로 물러서서 전체적인 시각에서 사물을 바라봐야 한다. 섬세함과 정확성을 위해 과도하게 시간을 낭비하기보다는 전체 모습을 포착하는데 집중해야 한다. 그러므로 복잡성 원가를 정량화하기 위한 과정에서는 노력의 양과 결과의 정확성 간의 전통적인 비례 관계가 성립되지 않는다. 오히려 보다 많은 노력을 투하하면 전체적으로 부정확한 결과를 초래하는 특이한 상황에 직면하게 된다.

원가 정량화의 기초 개념

구체적인 방법론을 설명하기에 앞서 방법론의 기반이 된 주요 개념에 대해 살펴보자.

기초 개념 1: 복잡성 원가를 비부가가치 원가로 간주할 수 있는 이유

우리는 복잡성 원가를 다음과 같이 정의한다.

> 복잡성 원가는 회사가 과도하게 많은 '부품, 제품, 서비스, 시스템, 프로세스, 사업 영역, 공장, 매장, 공급사, 고객, 조직 기능, 관계' 등을 가짐으로써 발생하는 원가 또는 이들 사이의 상호작용의 결과로 발생하는 원가를 말한다. 원가는 과다한 재고, 폐기 원가, 생산능력의 감소, 생산성의 감소, 간접 원가의 증가 등으로 나타날 수 있다.

'모든 복잡성 원가는 비부가가치 원가다'라는 우리의 정의에 대해 많은 사람들은 직감적으로 공감할 수 있을 것이다. 복잡성 원가는 우리가 고객에게 제공하는 제품 또는 서비스의 가치를 증가시키지 않는다. 그러므로 복잡성 원가는 비부가가치 원가다. 비부가가치 원가가 때로는 고객의 가치를 증가시키기 위한 노력의 결과로 발생할 수도 있다. 또는 별다른 이유 없이 복잡성의 안개가 의사결정, 정보 또는 가시성 확보를 방해함으로써 의도하지 않은 결과로 발생한 것일 수도 있다. 어떤 경우이든 확실한 것은 복잡성 원가가 가치를 증가시키지 않는다는 점이다.

그러므로 복잡성 원가를 계산하기 위해서 우리는 모든 원가를 두

개의 그룹으로만 분류한다. 하나는 고객에게 가치를 제공하는 원가
이고, 다른 하나는 일반적으로 고객에게 제공하는 가치보다 더 큰 원
가를 유발하는 비부가가치 원가이다. '린Lean' 혁신활동은 낭비를 제
거하고 리드타임을 단축시키기 위해 개별 프로세스 내의 비부가가치
활동에 투입되는 시간(비부가가치 시간)을 제거하는데 집중한다. 이
방법을 통해 프로세스의 효율을 향상시키는 동시에 간접적이지만 의
도적으로 개별 프로세스의 원가를 절감시키게 되는 것이다. 린과의
차이점은 우리가 부가가치 및 비부가가치 분류의 방식을 시간이 아
닌 원가에 적용한다는 점과 개별 프로세스 수준이 아닌 전체 회사 수
준에서 적용한다는 점이다.

복잡성 원가는 부가가치가 없다. 동시에 우리는 그 역의 명제도
참이라고 주장한다. 실용적으로는 비부가가치 원가를 복잡성 원가로 간
주할 수 있다. 이 명제는 어찌 보면 논리의 비약으로 들릴 수도 있을
것이므로 좀 더 상세하게 다루고자 한다. 첫째, 비부가가치 원가가
반드시 불필요한 원가를 의미하는 것은 아니라는 것을 명확히 해두
고자 한다. "회사의 많은 주요 기능(영업, 연구개발 및 재무와 같이)이
고객에게는 비부가가치이다. 그러나 회사의 생존과 성장에 매우 중
요한 역할을 한다(이런 유형의 원가는 종종 사업부가가치business value
added 원가라고 불린다). 여기서 중요한 것은 이 원가들을 없애는 것이
라기보다는 이 원가들의 기저에 있는 복잡성의 증가를 드러내 보이
는 것이다.

둘째, 기술적으로 복잡성 원가가 비부가가치 원가와 반드시 동의
어는 아니지만, 복잡성은 비부가가치 원가가 매우 크게 확대되도록

하는 동인이다. 이것이 우리가 "편의상 복잡성 원가를 비부가가치 원가와 같은 크기라고 보아도 되는 이유이다."

만일 비부가가치 원가가 작다면 그때는 복잡성도 낮은 수준일 것이다. 그리고 복잡성 원가와 비부가가치 원가 간에도 의미 있는 차이가 있을 가능성이 크다. 단순한 한 종류의 제품만을 제조/판매하는 회사의 영업조직을 예로서 생각해보자. 제품 복잡성과 무관한(복잡성이 거의 없으므로) 상당한 수준의 비부가가치 원가가 존재할 수 있다. 이런 경우 전체 비부가가치 원가는 전체 원가에서 차지하는 비중이 상대적으로 작을 수 있다. 게다가 복잡성 원가는 더욱 작을 수 있다.

그러나 이제 100개의 다른 핵심 서비스에 1,000개의 다른 옵션을 제공하는 기업의 영업조직을 가정해보자. 이 경우에는 영업 프로세스의 복잡성에 의해 유발된 매우 큰 비부가가치 원가가 존재할 가능성이 있다. 그러므로 만일 비부가가치 원가의 수준이 상당한 크기라면, 이는 복잡성에 의해 증대된 것이다. 이 경우에는 비부가가치 원가의 대부분이 복잡성 원가가 된다. 그리고 비부가가치 원가는 복잡성 원가의 근사치가 될 수 있다. 이것은 다음과 같이 요약될 수 있다.

만일 비부가가치 원가가 작은 수준이면 ⇨ 복잡성 원가 〈 비부가가치 원가
만일 비부가가치 원가가 큰 수준이면 ⇨ 복잡성 원가 ≒ 비부가가치 원가

다른 말로 표현하면 복잡성의 크기가 일정 수준 이상 증가되면, 비부가가치 원가 역시 크다. 그리고 만일 비부가가치 원가가 크다면

그 때는 비부가가치 원가가 복잡성 원가의 합리적인 근사치가 되는 것이다.

만일 복잡성이 크다면 ⇨ 비부가가치 원가도 클 것이다 ⇨ 복잡성 원가 ≒ 비부가가치 원가

만일 독자들의 회사에 복잡성 이슈가 있고, 상당한 수준의 비부가가치 원가가 존재한다고 의심된다면 여러분은 복잡성 제거의 효과를 정량화하기 위한 목적으로 복잡성 원가와 비부가가치 원가가 동일하다는 가설에 대해 확신을 가지고 진행해도 될 것이다.

기초 개념 2: 왜 우리는 복잡성을 좋은 것과 나쁜 것으로 구분하고, 원가를 부가가치와 비부가가치로 구분하는가?

복잡성 원가의 정량화와 관련하여 알아야 할 두 번째 기초 개념은 중요한 개념의 구분에 관한 것이다. 좋은 복잡성과 나쁜 복잡성의 범주는 부가가치 원가와 비부가가치 원가의 범주와는 다르다(그림 16 참조).

복잡성의 진정한 원가는 나쁜 것으로 판명된(수익을 못내는 제품, 고객 또는 사업부 등) 복잡성의 원가만을 의미하지는 않는다. 회사가 수행하거나 제공하는 거의 모든 것에는 복잡성 원가(비부가가치)가 존재한다. 그것이 매우 고수익 제품이라고 하더라도 마찬가지다.

이 개념 구분을 좀 더 명확히 하기 위해 다음의 예를 생각해보자. 복잡성은 좋은 복잡성과 나쁜 복잡성으로 구분될 수 있지만(이익에

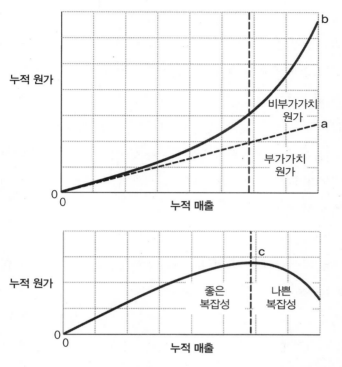

| 그림 16 | 부가가치/비부가가치 원가 구분 대비 좋은/나쁜 복잡성 구분

부가가치 원가와 비부가가치 원가 구분은 좋은 복잡성과 나쁜 복잡성 구분과는 매우 다르다(그리고 누적 이익에 미치는 영향 또한 다르다). 복잡성이 증가하는 경우에도 제품당 부가가치 원가는 대부분 변동하지 않는다(그러므로 위 그래프에서 라인 a가 직선이 된다). 비부가가치 원가는 반면에 복잡성 증가에 대하여 기하급수적으로 증가한다(라인 b). 어떤 지점(c)에 이르면 비부가가치 원가의 증가 규모가 매출 증가 규모를 추월하게 된다. 이 지점을 초과하는 복잡성은 나쁜 복잡성이 된다. 비부가가치 원가가 나쁜 복잡성에 집중되어 있는 것은 사실이지만, 비부가가치 원가는 좋은 복잡성의 이익을 감소시키기도 한다는 것을 유념해야 한다.

대한 순공헌도를 기준으로 구분), 원가는 부가가치와 비부가가치로 구분하여 생각하는 것이 바람직하다. 복잡성 원가는 나쁜 복잡성을 제공하기 위해 발생한 원가가 아니며, 그보다는 회사에 존재하는 모든 종류의 복잡성에 의해 발생된 원가다. 다른 장에서도 언급했지만, 이 원가는 복잡성이 증가함에 따라 기하급수적으로 증가한다. 복잡성 원가의 공략을 위해서는 나쁜 복잡성의 제거(복잡성 자체를 축소하는 것)와 더불어 좋은 복잡성이든 나쁜 복잡성이든 모든 복잡성을 아우르는 비부가가치 원가의 제거(복잡성을 보다 경제적으로 제공하는 것)를 병행해야 한다.

기초 개념 3: 왜 우리는 상향식Bottom-up이 아닌 하향식Top-down 방식으로 접근하는가?

심층 탐구 2에서 우리는 기업들이 가장 눈에 띄는 시스템만을 공략하거나 지나치게 상세하게 복잡성 원가를 정량화하려고 하는 경우 빠질 수 있는 함정에 대해 이야기했다. 이것이 많은 노력들이 실패로 돌아가는 이유이다. 복잡성과 관련된 시스템 원가를 제대로 포착할 수 있는 방법은 무엇일까?

비부가가치 원가를 상향식 방법을 활용하여 전사에 분산되어 있는 개별 원가들을 계산한 후 합계를 산출하는 것은 어마어마하게 복잡한 일이다. 비부가가치 원가가 쉽게 증가하는 것은 눈에 잘 띄지 않는 성질이 있기 때문이다. 비부가가치 원가는 실제로 존재하는 원가이지만, 전통적인 회계 제도에서는 숨어 있어 드러나지 않기 때문에 – 종종 간접원가에 숨어 있다 – 발견하기가 힘들고, 정량화하기가

| 그림 17 | 비부가가치 원가 계산

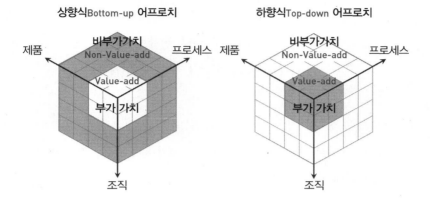

상향식Bottom-up 어프로치   하향식Top-down 어프로치

어렵다.

이 책의 앞부분에서 제시한 이유들을 고려하여 – 복잡성의 타 요인들 간의 상호작용의 2차 결과물로서 발생하는 성질, 원가의 상승작용과 기하급수적 증가 경향 등 – 우리는 상향식Bottom-up 방법과 정반대의 접근법이 바람직하다고 생각한다. 비부가가치 원가를 상향식으로 더하기보다는 우리는 **전사의 부가가치 원가를 계산한 후 이를 전사의 총원가에서 빼서 비부가가치 원가를 결정하는 방식을 제안한**다(정의상 부가가치 원가와 비부가가치 원가를 더하면 총원가와 같아진다. 그러므로 총원가에서 부가가치 원가를 차감하면 비부가가치 원가를 추정할 수 있는 것이다).

복잡성 큐브를 통해 가시화하면 좀 더 쉽게 이해할 수 있다. 상대적으로 측정이 어려운 비부가가치 원가를 산출하려고 하기보다는 보다 명확한 부가가치 원가를 구한 후 총원가 큐브에서 차감하기만 하면 비부가가치 원가를 산출할 수 있다.

수학적으로 다음과 같이 표현할 수 있다.

비부가가치 원가 + 부가가치 원가 = 총원가

비부가가치 원가 = 총원가 − 부가가치 원가

이 방법은 상향식 방법에 비해 단순할 뿐만 아니라 보다 효과적이다. 왜냐하면 부가가치 원가가 훨씬 더 파악하기 쉽고, 정량화하기도 수월하기 때문이다.

기초 개념 4: 왜 우리는 단순히 제품 복잡성뿐만 아니라 프로세스 및 조직의 복잡성과 관련한 원가를 측정하려고 하는가?

분명히 제품과 서비스 복잡성이 현대의 많은 기업들의 원가구조를 비대화시킨 원인이 되었다. 그러나 우리가 제2장과 제3장에서도 설명했듯이 프로세스와 조직의 복잡성과 연계된 상당한 수준의 원가 절감 기회가 존재한다. 상대적으로 낮은 수준의 제품 복잡도를 가지지만, 프로세스나 조직은 그물망처럼 복잡한 구조를 가진 기업들도 많다. 그러므로 복잡성 원가의 절감 범위를 측정하는데 있어서 제품, 프로세스 및 조직의 세 가지 차원을 모두 고려하는 것이 중요하다. 그렇지 않으면 원가 절감 기회를 과소평가하게 되거나, 제품 축약에만 과도한 노력을 집중하여 결과적으로 다양한 원가 절감 기회를 충분히 살리지 못하는 결과를 초래할 수밖에 없다.

기초 개념 5: 왜 우리는 협공작전을 택하는가?(복잡성을 제거하는 동시에 남아 있는 복잡성은 보다 경제적으로 제공하는 방법을 동시에 추진하는 것)

우리는 복잡성 원가와의 전쟁을 협공작전을 통해 해결해야 한다고 주장한다. 복잡성 자체를 줄여 나가는 동시에 남아 있는 복잡성에 대해서는 보다 경제적으로 제공할 수 있도록 해야 한다. 두 개의 목표를 동시에 추구해야만 복잡성 원가 절감의 진정한 목표 수준을 제대로 정의할 수 있다. 목표 수준을 제대로 정의해야만 더 나은 전투 전략을 세울 수 있고, 이전에 생각하지도 못했던 기회를 볼 수 있는 눈도 생긴다.

기초 개념으로부터 방법론Method까지: 삼각측량법을 활용한 원가 절감 기회 추정

앞부분에서 복잡성과의 전쟁을 통해 얻을 수 있는 재무적 개선 효과를 추정하기 위해 전통적인 방법론과 비교하여 5개의 기초 개념을 설명했었다. 그 내용을 다시 요약하면 다음과 같다.

- 복잡성 원가를 비부가가치 원가와 동일시한다.
- 좋은 복잡성과 나쁜 복잡성을 구분하는데 초점을 맞춘다(부가가치와 비부가가치 원가를 입력 데이터로 활용하여 이를 수행한다).
- 하향식Top-down 어프로치를 따른다(개별 원가를 합산하는 대신 전체 원가를 추산한다).

- 복잡성의 세 가지 축 모두를 고려하여 원가를 측정한다.
- 복잡성 원가에 대해 협공작전을 통한 공략을 추진해야 한다는 아이디어를 포함한다(어떤 복잡성 원가는 직접 제거하되 나머지 복잡성은 좀 더 경제적으로 제공할 수 있도록 하는 방법).

이 기초 개념들을 하나의 방법론으로 담아내어, 이를 우리는 삼각측량법이라고 이름붙였다.

- 방법론은 문제의 경계선을 정의하는 것으로부터 출발한다. 얼마만큼의 복잡성 원가가 절감 대상이 될 수 있는지 한계를 정의하기 위해 세 개의 수치를 계산한다.
- 이후에 우리는 목표 범위를 확정하기 위해 앞서 계산한 세 개의 수치를 활용하여 삼각측량법을 적용한다.

요컨대 우리는 복잡성 원가 절감의 목표가 존재하는 경기장Playing Field의 경계선을 찾기 위해 부가가치 원가, 총원가 및 고래 모양 커브를 어떻게 데이터를 활용하여 도출하는지 설명할 것이다. 이후에 우리는 이 영역 내에서 달성 가능한 적절한 수준의 스트레치 목표를 정하는 방법을 설명할 것이다.

이 방법론을 사용하기 위해서는 회사의 매출이 어떻게 변화하는지 심도 있게 이해하지 않으면 안 된다. 어떻게 부가가치와 비부가가치 원가가 매출을 차감시켜서 얼마만큼의 이익이 남겨지는지, 그리고 매출 수준에 따라 이익이 어떻게 변화하는지를 이해해야 한다. 본질

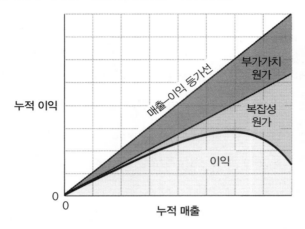

| 그림 18 | 수익이 감소하는 방식에 대한 다면적 관점

부가가치
원가

복잡성
원가

이익

매출-이익 등가선

누적 이익

0

누적 매출

매출-이익 등가Parity 선은 매출과 이익이 동일한 점들을 이은 선이다. 즉 이 선으로부터 원가를 빼면 이익이 된다(즉, 만일 원가가 없다면 이익은 매출과 동일선상에 있게 된다). 이것은 경계를 설정하기 위한 이론적 선이다. 부가가치 원가와 비부가가치 원가(복잡성 원가)를 빼면 고래 모양 커브가 나오는데, 이것은 누적 이익이 매출증가 시에 어떻게 증가했다가 다시 감소하는지 보여준다.

적으로 매출에 대한 면㊙적 관점(회사가 X의 이익을 Y의 매출로부터 확보하고 있다)을 벗어나서 보다 다면적인 관점을 가져야 하는데, 그림 18과 같은 관점이 필요하다(제2장에서 우리가 소개한 고래 모양 커브의 모양을 상기해보라).

그림 18과 같은 대강의 그림을 통해서도 가시적으로 패턴을 파악할 수 있다. 이 그림을 활용하여 우리는 매출-이익 차트에서 현재 위치하고 있는 포인트로부터 더 많은 이익과 더 적은 원가의 포인트로 이동할 때 얻을 수 있는 효과 추정을 시작해볼 수 있다.

그림 18의 이익 커브는 매출이 증가함에 따라 어떻게 누적 이익이 증가했다가 감소하는지 보여주는 고래 모양 커브이다(이 경우에는 매출 고래 모양 커브이다. 참고자료 '매출 기준 고래 모양 커브' 참조). 그림 19는 우리의 협공작전이 고래 모양 커브에 어떻게 영향을 미치는지 시각적으로 보여준다. 복잡성 제거를 통해 고래 모양 커브의 기존의 포인트에서 보다 나은(즉 높은) 포인트로 이동할 수 있으며, 복잡성을 보다 경제적으로 제공할 수 있도록 함으로써 커브 자체를 이동시킬 수 있다.

중요한 점은 고래 모양 커브의 정점이 복잡성 원가 최대 절감 가능 범위를 나타내지 않는다는 것이다. 그보다는 복잡성 원가에 협공

| 그림 19 | 복잡성 원가를 제거하기 위한 협공작전의 시각화

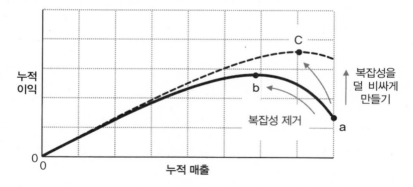

포인트 a는 현재 회사의 위치이다. 복잡성을 제거함으로써 현재의 포인트는 좌상향 방향으로 커브를 따라 커브상의 정점인 포인트 b로 이동한다. 복잡성을 보다 경제적으로 제공할 수 있도록 함으로써 매출-이익의 포인트는 위쪽으로 이동되며, 고래 모양 커브를 우상향으로 이동시켜서 포인트 b를 우상향 방향의 포인트 c로 이동시킨다. 결과적으로 단순히 복잡성만 제거하는 것에 비해 더 큰 이익의 증가와 원가 절감이 발생된다.

작전을 적용할 때 고래 모양 커브의 정점은 기대효과의 하한선을 나타낸다고 봐야 한다.

그러므로 목표점은 고래 모양 커브의 정점에서 우상향 방향으로 확장되는 영역 내에 위치하게 된다. 이 범위(그림 20 참조)는 어느 정도 간단한 방법으로 결정할 수 있는 세 개의 포인트로 경계를 정의할 수 있다.

포인트 1: 현재의 매출－이익 포인트

| 그림 20 | 삼각측량법을 활용한 경기장Playing Field 크기 정의

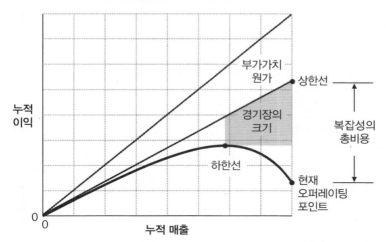

복잡성 제거와 복잡성을 보다 경제적으로 제공할 수 있도록 함으로써 원래의 고래 모양 커브의 정점의 우상향에 위치한 매출－이익 포인트로 이동할 수 있다(그림에서 음영 부분). 회사에서 제거할 수 있는 복잡성 원가의 크기는 음영 지역 내의 어딘가에 위치한 목표 포인트로 표시될 수 있다. 우리는 현재 고래 모양 커브의 정점(하한선)과 회사의 총복잡성 원가(상한선)를 결정함으로써 경기장Playing Field의 범위를 정의할 수 있다.

포인트 2: 현재의 고래 모양 커브 상의 정점(하한선)

포인트 3: 전체 복잡성 원가를 현재 회사가 위치한 포인트에 더하면 모든 복잡성 원가를 제거하는 경우에 도달할 수 있는 이상적 포인트를 구할 수 있다(상한선).

(마지막 포인트는 상한선의 경계를 나타내는데, 최대치이지만 달성 불가능한 수준이다. 비록 달성이 불가능하지만 삼각측량법을 위해 매우 중요한 포인트이다.)

다음 질문은 이 경기장 내의 어디로 가야 할 것인가? 얼마나 멀리 원래의 포인트에서 우상향으로 이동할 수 있는가?이다. 답은 우리가 얼마나 고래 모양 커브를 평탄화Stretch시킬 수 있는가에 의해 결정된다. 이는 다시 우리가 얼마나 경제적으로 복잡성을 제공하고, 관리할 수 있을 것인가에 의해 결정된다.

예를 들면 그림 21은 복잡성을 35% 더 경제적으로 제공하게 되는 경우의 고래 모양 커브에 대한 영향을 보여준다. 즉 특정 수준의 매출에서 전체 비부가가치 원가가 35% 적게 발생하는 경우이다. 복잡성 절감 효과의 크기는 새로운 고래 모양 커브의 정점으로 정해진다. 우리가 고래 모양 커브를 더 평평하게 만들수록 기대효과의 크기는 더욱 증가하게 된다.

고래 모양 커브가 확장되는 방식을 고려하면 우리는 목표 매출-이익 포인트가 위치할 가능성이 보다 높은 경기장 내 일정 지역을 찾아낼 수 있다(그림 21의 어두운 음영 지역). 여러분이 회사에서 맡은 임

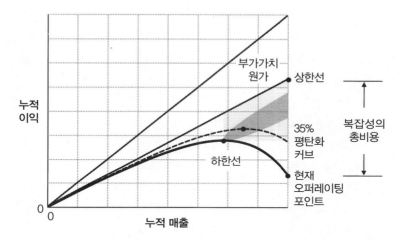

| 그림 21 | 절감효과 추정을 위한 삼각측량법(35% 절감 예)

이 예는 35% 복잡성이 감소된 고래 모양 커브(점선)를 보여준다. 새롭게 변화된 고래 모양 커브의 정점이 복잡성 원가 절감의 기대효과를 나타낸다. 고래 모양 커브가 어떻게 얼마만큼 평탄화 되는지 그 성질을 감안하면 우리는 경기장Playing Field 내에서 좀 더 정교하게 목표 영역을 정의할 수 있다. 이 영역에 매출-이익의 목표 포인트가 위치할 가능성이 크다(기대효과는 경기장 내에 있는 보다 어두운 음영 지역).

무는 아마도 목표 지점을 정의하는 것일 텐데, 우리는 다음 장에서 상세 가이드를 제시하여 여러분이 맡은 임무를 수행할 수 있도록 도울 것이다. 이 책의 나머지는 얼마나 당신이 매출-이익 커브를 평탄화시킬 수 있는지 추정할 수 있도록 도울 것이다.

고래 모양 커브는 제품, 지역, 고객 등 특정 차원의 어느 부분에 이익이 집중되어 있는지 나타낸다. 세상에는 많은 종류의 고래 모양 커브가 있다(그러나 공통점은 이익률 순서로 특정 차원의 아이템들을 X축에 배치하고, Y축에 누적 이익을 보여준다는 점이다).

그러나 종국적으로 기업의 관심사는 매출에 있을 수밖에 없는데, 특히 복잡성 제거와 관련해서는 더욱 더 그렇다. 예를 들면 복잡성 원가를 줄였을 때 얼마만큼의 매출이 감소 위험에 놓이게 될까?(그렇지만 이 책의 초반부에서 언급했듯이 우리는 통상 복잡성 제거를 통해 매출이 증가한다고 확신한다.) 그러므로 대표적인 고래 모양 커브는 매출 고래 모양 커브인데, 이는 누적 매출 대비 누적 이익의 규모를 보여주는 그림이다.

이익의 집중을 일으키는 동인이 다양할 수 있으나, 매출 기준 고래 모양 커브는 상위 수준의 조망을 제공한다. 모든 다른 유형의 고래 모양 커브도 이 커브에 포함되어 있다. 그러므로 다른 고래 모양 커브가 유익한 정보를 많이 주고, 특히 원가가 집중되어 있는 곳을 찾아내는데 도움이 될 수 있기는 하나, 우리는 매출에 이익과 원가가 어떻게 집중되어 있는지 파악하는 것을 가장 잘 지원할 수 있는 매출 기준 고래 모양 커브를 이 책에서 주로 활용하고자 한다.

결론

독자들이 복잡성과 그 원가를 이전에 공략한 경험이 있다면 아마도 상향식Bottom-up 접근법으로 추진했을 것이다. 지금쯤이면 독자들도 잘 알았겠지만, 이 방법은 복잡성 제거의 효과를 과소평가하게 하여 이슈 해결 추진을 포기하게 하거나(왜냐 하면 노력의 대가가 충분치 않기 때문에), 또는 미미한 성과에 만족하게 할 가능성이 있다.

기대효과에 대한 합리적인 추정치를 확보하는 것은 복잡성 공략에 필요한 자원과 에너지를 조직 내에서 확보하는데 도움이 될 것이고, 실현 가능한 범위 내에서 가장 큰 목표를 향해 매진할 수 있도록 지원한다. 다음 장에서는 앞에서 설명한 기본원칙들을 반영하여 우리가 만든 방법론에 대해 상세하게 설명할 것이다. 이 방법으로 여러분도 스스로 복잡성 원가와의 전쟁을 수행할 수 있다.

제5장

기대효과 측정 2

복잡성 원가를 계량화하기 위한 방법론

❧

"쉽게 틀리기보다는 어렵더라도 옳은 선택을 하게 하시고,
완전한 진실을 알 수 있는데도 불구하고
부분적인 진실에 만족하지 않도록 하소서!"
– C. E. 휘트 대령

독자들도 이제는 알았겠지만 기대효과를 추정하는 것은 정밀과학이 아니다. 기대효과를 계산하는 절차는 다양한 정확도로 진행될 수 있다. 상세한 수준으로 추정을 하면 답의 정확도는 증가하지만 수확체감의 원칙이 적용한다는 것을 잊지 말아야 한다. 즉, 추가적인 정확성을 확보하기 위해서는 점점 더 많은 노력과 시간이 투입되어야 한다. 얼마만큼의 정확도로 기대효과를 측정해야 할 것인지는 데이터의 품질, 회사의 문화, 기대효과 추정 역량 및 상황의 시급성 등을 고려하여 여러분 스스로 결정해야 한다.

제4장에서 설명한 내용을 기초로 복잡성 원가의 절감효과를 추정하는 우리의 방법론은 현재의 매출과 이익으로부터 출발하여, 다음의 3단계로 수행된다(그림 22 참조).

1단계: 하한선의 결정(현재의 고래 모양 커브의 정점)

2단계: 상한선의 결정(모든 복잡성 원가가 제거될 경우의 이론적인 고
      래 모양 커브 정점)

3단계: 정의된 경기장Playing Field 내에서 스트레치 목표점 선정

   여러분을 돕기 위해 우리는 주요 고려사항과 문제점에 대해 다룰 것이다. 그러나 우리는 가장 중요한 한 가지만은 독자들이 꼭 기억하기를 당부한다. 하나의 단계에서 정확성을 기하기보다는 부정확하더라도 세 개의 단계를 한꺼번에 고려하는 것이 더 낫다. 그러므로 비록 대강의 답일지라도 마음속에 전체 그림을 가지고 시작하는 것이 중요하다. 그런 연후에 어느 부분의 정확도를 높일 것인지 스스로에게 물어 보라. 얼마만큼의 시간 여력을 가지고 있는지, 그리고 얼마만큼의 정확도로 답을 구할 것인지 스스로 결정하라. 그러나 동일한 시간을 사용할 때 아무리 부정확하더라도 위의 세 가지 단계를 동시에 고려하여 답을 구하는 것이 가장 좋은 결과를 얻을 수 있는 방법이다.

   이후에는 각 단계를 보다 상세하게 설명할 것이다. 그리고 예제를 보여준 후 이 장의 마지막 부분에서는 여러분이 회사에서 스스로 새로운 가능성을 상상해보는 것을 돕기 위해 기대효과 산출 결과를 활용하는 방법에 대해 다룰 것이다.

| 그림 22 | 기대효과 추정을 위한 3단계 요약

시작:
현재의 매출─이익의
위치에서 시작

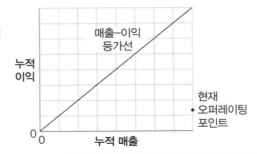

1단계:
고래 모양 커브를
그려보고 정점을
찾아라
(이 지점이 하한선이
된다)

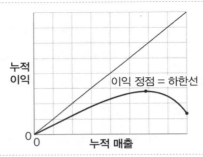

2단계:
복잡성의 총비용을
계산하여 상한선을
정하라

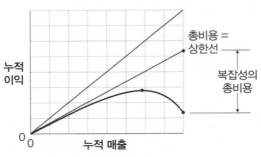

3단계:
얼마나 고래 모양
커브를 펼 수 있을
것인지 추정하라
(이것이 목표 수준을
정하는 방법이다)

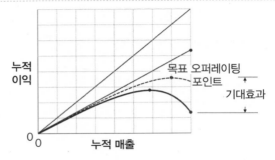

▌ 대강의 답에서 시작하라. 그리고 그것을 점진적으로 개선하라

우리는 이 방법을 '1일/1주/1개월 답변' 방법이라고 부른다. 하루 만에 답을 해야 한다면 어떻게 할 것인가? 우리는 확보 가능한 정보를 활용해서 빠르게 3단계 프로세스를 진행해, 저녁 때쯤에는 대략의 추정치를 구할 것을 권고한다. 물론 그 결과의 정확성은 매우 의심스러울 수밖에 없겠지만 작은 부분을 정확하게 분석하느라 하루를 써버리는 것보다는 훨씬 낫다.

다음에는 기대효과를 추정하기 위해 일주일의 시간이 주어진다면 어떻게 할 것인지 상상해보라. 어떤 부분의 분석에 좀 더 시간과 노력을 투여할 것인가? 이 방법을 통해 보다 빠르게, 보다 나은 답을 구할 수 있다. 이런 방식으로 만족할 만한 결과를 얻을 때까지 계속한다.

이 방법을 적용하여 답을 구하기 위해 필요치 않은 상세분석에 시간 낭비를 하는 것을 방지할 수 있으며, 이를 통해 가장 효율적으로 복잡성 원가 제거로 얻을 수 있는 기대효과를 추정할 수 있다. 다시 말하면 완결된 답을 처음부터 구하고(3단계 접근법을 활용해서), 그 답을 개선하기 위한 상세분석을 추가하는 방식으로 접근하라. 3단계 프로세스를 완결해야 문제를 이해할 수 있게 되고, 세부정보는 오직 정확도를 올리는 역할만 하는 것이다. 문제 전체를 이해하기 전에 상세한 분석에 집중하는 방식은 별로 중요하지 않은 분석에 시간과 노력을 낭비하게 하며, 결과적으로 정보는 많지만 답은 없는 상황을 초래한다.

이것을 염두에 두고 이 장을 읽자마자 여러분 스스로 3단계 접근법을 적용해서 복잡성 원가 절감 효과를 추정해볼 것을 권한다(그 추정 결과를 다른 사람에게 공개하는 것이 창피하게 느껴질지 모를지라도). 만일 현재 가지고 있는 정보가 불충분하다고 느껴지더라도 가설적으로 답을 구해볼 것을 권한다. 그리고 스스로에게 질문해보라. 만일 여러분이 답을 믿을 수 없다면 무엇 때문인가? 그 질문에 대한 답이 여러분이 추가적인 분석을 해야 할 곳이 어디인지를 말해줄 것이다.

1단계: 하한선 산출

복잡성 개선 효과의 하한선은 고래 모양 커브의 정점이므로, 가장 먼저 해야 하는 일은 회사의 고래 모양 커브를 구하는 것이다.

고래 모양 커브를 구하기 위해 우리는 불충분하더라도 현재 확보하고 있는 데이터로부터 출발할 것을 권한다. 그 이후에 합리적인 하한선을 도출하기에 적절한 정도까지 커브를 선별적으로 재조정하는 방식이 바람직하다.

통상은 기존의 회사 원가 시스템으로부터 구할 수 있는 소위 '단순' 고래 모양 커브로부터 시작한다. 가장 이익률이 큰 매출로부터 시작하여 다음으로 이익률이 큰 매출을 더하는 과정을 반복하여 커브의 정점을 구하라(고래 모양 커브는 제품, 고객, 지역, 고객 세그먼트 등 회사의 특성을 고려하여 결정하면 된다).

비록 불완전하지만 단순 고래 모양 커브가 많은 것을 보여줄 수 있다. 단순 고래 모양 커브를 통해 원가가 어디에 집중되어 있는지, 복잡성 제거 기회가 어느 부분에 있는지를 찾아낼 수 있다. 그러나 이 단순 고래 모양 커브는 복잡성 제거 기회를 항상 작게 보이게 한다는 단점을 가지고 있다. 표준원가와 이익계정은 간접비 배분 기준에 의해 영향을 받게 되는데, 일반적으로 복잡성에 의한 영향을 과소평가하는 경향이 나타나고, 따라서 복잡성 제거에 의한 이익개선 기회 역시 작아 보이게 한다.

예를 들면 법인세와 같은 간접비를 대부분의 회사는 제품, 지역, 고객 등에 대해 물량, 총원가 또는 매출액에 비례하여 배분한다. 그러나 실제로는 소량의 복잡한 아이템은 대량의 단순한 아이템에 비해 개당 간접비 또는 공통비를 더 많이 소모시킨다(여기서 아이템이란 제품, 고객, 지역, 사업부 등을 말함).

유사한 예를 하나 더 들어보면, 아이템별 총원가를 구하기 위해 통상적으로 매출원가에 비례하여 판매관리비를 배분하는 방식을 따르는 기업도 많다. 예를 들면 만일 전사의 판매관리비가 매출원가의 55% 정도라면, 특정 아이템의 총원가는 '매출원가 + 55%'로 결정하는 것이다. 그러나 실제로는 단위당 원가 관점에서 보면 소량의 아이템이 대량 아이템에 비해 많은 판매관리비를 소모한다.

매출 총이익 산출을 위해 제조간접비를 배분하는 경우이든, 영업이익 산출을 위해 판매관리비를 배분하는 경우이든 일반적으로 대량 아이템은 실제보다 많은 원가를 배분받고, 소량 아이템은 실제보다 적은 원가를 배분받는다. 그러므로 보다 정확한 고래 모양 커브를 구하기 위해서는 제조간접비와 판매관리비 배분에 활용되고 있는 소위 '땅콩버터 바르기식' 원가 계산법을 바꿔야 한다.

▌원가 보정의 필요성

원가를 배분하는 전통적인 방식은 간접비를 매출 또는 판매량 기준으로 제품, 고객 세그먼트, 지역 등에 균등 배분한다. 이것은 재무회계의 관점이다. 이와 달리 오퍼레이션의 관점은 원가가 모든 영역에 균등하게 존재하지 않고 특정 영역에 집중될 수 있다는 가능성을 인정한다. 예를 들면 제6장에서 살펴보겠지만 소량의 다품종 제품은 대량의 소품종 제품에 비해 월등히 높은 수준의 간접비를 소모한다.

다수의 제품 라인을 보관하고 있는 물류창고의 간접원가를 예로 들어보

자. 대량 생산제품은 통상 더 잦은 주기로 생산되고 창고에서 보내는 시간도 소량 생산제품에 비해 짧다. 그러므로 창고의 보관 공간을 더 많이 차지하고 있는 것은 소량 생산제품이다. 이것은 소량 생산제품이 물류창고 보관능력의 개당 소모량이 크다는 의미이다. 재고나 창고 원가를 물동량을 기준으로 배분하는 재무회계 관점은 소량 생산제품이 물류창고 공간을 더 많이 차지한다는 실제 상황을 반영하지 못하는 것이다. 오퍼레이션 관점은 창고 원가를 소량 생산제품에 집중적으로 부과한다.

80/20 법칙을 적용하면 대량 생산제품의 재고관리 원가를 소량 생산제품에 옮길 수 있다. 이런 방법이 정밀하지는 않겠지만 기존 방법에 비해 훨씬 더 정확할 수 있다.

복잡성 조정 원가계산 방법은 일반적으로 간접비 보정을 위해 다음의 3가지 방법을 적용한다.

- 포트폴리오(제품, 고객, 세그먼트, 유통망 등) 전반의 원가를 경험법칙 Rule of Thumb을 활용하여 일괄 보정. (예를 들면 재고원가는 '땅콩버터 바르기식' 방법을 적용하여 일괄 배분하는 것보다는 물량의 제곱근 값Squareroot Costing에 비례한다는 경험법칙이 있다. 이는 다른 조건이 유사한 경우, 특정제품의 물량이 다른 제품에 비해 4배라면 재고 관련 원가는 2배 정도 발생한다는 의미이다. 개당 재고원가는 1/2이 된다.)
- 포트폴리오의 특정 부분에 대해서만 보정(한 개의 아이템 또는 아이템 그룹). 예를 들면 일반적으로 모든 제품의 생산 준비시간이 10~15시간이나, 특정제품만 4일의 생산 준비시간이 소요되는 (해당 제품의 생산 라인 소독에 대한 법규 준수를 위해) 제품 포트폴

리오를 가진 건강보조식품 회사가 있다. 이 회사의 경우에는 관련 특정 아이템에 대해서만 제조간접비를 수작업으로 조정해주는 방법을 생각해볼 수 있다.

- **특정 원가 영역에 대해서만 정확하게 보정.** 만약 어떤 영역의 원가가 무시할 수 없을 정도로 중요하고, 경험률이나 표준 원가 방식 적용이 둘 다 적합하지 않은 경우에는 해당 영역의 원가를 활동기준 원가 등을 통해 재계산할 수 있다. 예를 들면 제품개발을 위해 투입되는 연구개발비가 중요하지만, 단순한 경험률을 적용하기에 곤란한 화학회사의 경우에는 이 방법을 적용할 수밖에 없다.

원가 보정을 위한 최적의 방식은 회사의 특성과 기존에 어떤 방식을 적용했는지를 고려하여 결정해야 한다. 기본 원칙은 원가 배분이 실제 회사 내에서 원가가 발생하는 양태를 반영하고 있는지 확인해야 한다는 것이다. 이것은 회계적 관점이 아니라 오퍼레이션 관점에서 파악해야 한다(이 책의 제2부에서 복잡성 큐브 간의 상호작용을 보다 상세히 살펴보게 되면 원가의 잘못된 배분을 어떻게 수정해야 할 것인지에 대해서도 보다 명확하게 이해할 수 있을 것이다).

그러나 잊지 말아야 할 것은 기존의 표준원가정보에 비해 좀 더 나은 합리적인 수준의 추정치를 구하는 것이 중요하다는 점이다. 이 추정치는 반드시 정밀하지 않아도 된다. 모든 비부가가치 원가를 정밀하게 배분하기 위해 시간을 낭비해서는 안 된다. 그러기보다는 원가의 차이를 유발하는 몇 개의 중요 원가에 집중하는 것이 바람직하다(우리는 이것을 80/20 원가계산법이라고 부른다).

2단계: 상한선 산출

회사의 이론적인 총복잡성 원가는 절감 가능한 원가의 상한선을 결정하는데 있어 모든 복잡성을 제거했을 때 절감되는 원가를 의미한다. 상한선까지 복잡성 원가를 축소하는 것은 현실적으로는 불가능하지만(모든 복잡성을 제거하는 것은 비현실적일 뿐만 아니라, 만일 그렇게 할 수 있다고 하더라도 회사의 경쟁력이 저하될 것이다), 회사의 전체 복잡성 원가를 아는 것은 삼각측정법에 의한 절감목표 설정과 복잡성 축소 활동의 성과를 측정하기 위한 기준점을 합리적으로 설정하는데 도움이 된다.

앞서 논의했듯이 비부가가치 원가와 복잡성 원가가 동일하다고 보는 것은 합리적이다. 그러므로 상한선, 즉 이론적인 복잡성 원가를 결정하기 위해 회사의 총비부가가치 원가를 구한다. 제4장에서 설명했듯이 비부가가치 원가는 상향식 방식이 아니라, 전사의 총원가에서 부가가치 원가를 차감하여 비부가가치 원가를 구하는 하향식 방식을 적용한다.

단순한 제품을 예로 들어 생각해보자. 어떤 특정제품(TV, 생수, 펜 등)의 부가가치 원가는 해당 제품의 원재료비와 원재료를 최종제품으로 가공하는데 투하되는 직접 원가의 합계를 말한다. 이것은 제품의 표준원가와는 다른 개념인데, 표준원가는 통상적 수준의 비부가가치 원가 배분 금액을 포함하고 있다.

원재료비를 산정하는 것은 상대적으로 용이하다. 그러나 가공비를 산정하는 것은 약간 더 어렵다. 원재료를 최종제품으로 가공하는데 투하된 공정 가동시간, 또는 부재료는 부가가치 원가다. 라인을 교체 또는 수리하기 위해 휴지하는 시간은 그것이 계획된 것이든 아니든 비부가가치 원가에 해당한다. 제조 원가를 부가가치와 비부가가치 원가로 정확히 구분하기 위해서는 분석이 필요하지만, 합리적 수준의 원가 추정은 큰 노력을 들이지 않고도 쉽게 할 수 있다.

제품만을 생산하는 기업의 경우에는 제품 개당 부가가치 원가를 산정하여 제품 생산량에 곱하는 방식으로 부가가치 원가를 산출할 수 있다. 제품 생산 기업의 경우 이것이 고객에게 제공된 가치를 생산하기 위해 투하된 직접 부가가치 원가라고 간주할 수 있다. 하지만 순수하게 제품만을 제공하는 기업은 많지 않다. 많은 기업이 제품과 서비스를 함께 제공하거나, 서비스만 제공하는 기업도 적지 않다. 이 경우에 부가가치 원가를 추정하는 것은 상대적으로 더 어렵지만 불가능한 것은 아니다(참고자료 '서비스 기업의 총부가가치 원가 산출' 참조).

일단 부가가치 원가를 계산하면 이를 총원가에서 차감한다. 그 결과값이 전체 비부가가치 원가의 추정치가 된다(이는 다시 복잡성 원가의 추정치가 되는데, 그 이유는 제4장에서 자세히 설명했다).

3단계: 스트레치 목표 설정

이제 우리는 기준이 될 수 있는 3개의 숫자를 도출하였고, 이들 숫자를 활용하여 삼각측량법을 적용할 수 있다.

1) 기존의 매출-이익(고래 모양 커브의 끝점)

2) 복잡성 조정 고래 모양 커브의 정점(목표의 하한선)

3) 회사의 총비부가가치 원가 추정치(목표의 상한선)

여기서 문제는 고래 모양 커브를 과연 얼마나 움직일 수 있는가이다. 회사의 복잡성 제공을 얼마나 효율화 할 수 있는가? 앞에서 보여준 매출 대비 이익 그래프를 기준으로 보면, 이것은 최대 이익 정점을 우상향 방향으로 이동시킨다(매출이 증가되는 동시에 동일 수준의 매출에서 얻을 수 있는 이익도 증가한다).

서비스 기업의 총부가가치 원가 산출

서비스 기업의 경우 제조 기업처럼 부가가치 원가가 명확하지는 않지만, 고객에게 어떤 원가가 부가가치인지 아니면 비부가가치인지를 구분하는 것은 가능하다. 첫째로, 회사에는 필수적이기는 하지만 고객에게 서비스를 제공하는 활동과는 직접 연관되지 않은 기능들이 존재한다. 이런 기능의 원가는 사업을 위해서는 부가가치일지 모르나 고객의 관점에서는 비부가가치이다(비부가가치가 '불필요' 원가는 아니라는 사실을 상기하라). 이 간접기능 또는 간접부서의 원가를 제외하면 부가가치 원가를 도출하기 위해 검토해야 할 범위가 대폭 축소된다.

제조 기업의 가공비와 유사하게 서비스 기업의 부가가치 원가는 고객에게 서비스를 제공하는 활동과 직접 연계된 원가만을 포함한다. 서비스 기업의 경우에는 제조공정과 비교하여 좀 더 많은 판단이 요구된다. 세무신고 서비스를 생각해보자. 광고, 직원 고용 및 교육에 사용된 시간은 비부가가치이다. 세무신고서를 작성하거나 매출 합계를 구하는 시간 또한 비부가가치이다. 오직 고객의 세금 환급을 준비하기 위해 사용된 시

간만이 고객 관점에서는 부가가치이다. PC를 부팅하기 위한 시간도 부가
가치가 아니다. 통상 고객의 관점에서는 관리업무는 비부가가치이다.
본문에서 언급했듯이 여기서의 목표는 고객에게 서비스를 제공하는 활
동에 직접 관련된 부가가치 원가와 대비하여 비부가가치 원가의 합리적
추정치를 구하는 것이다. 기억해야 할 점은 많은 기업의 경우 부가가치와
비부가가치를 구분하는 기준은 어떤 자원이 서비스 제공에 직접 투하되
었는가와 어떤 활동이 서비스에 관련되었는가에 의해 대략 결정된다는
것이다. 리소스 활용시간의 활동별 분배는 중요성이 낮은 경우가 많다.

커브를 옮기기 위해서는 협공작전이 필요하다. 복잡성을 제거하고
남아 있는 복잡성을 좀 더 경제적으로 제공할 수 있도록 하는 것이
다. 어떻게 후자를 실행할 수 있을까? 이를 위해서는 두 가지 방법을
적용할 수 있다.

1) 복잡성이 존재하는 사업의 운영방식과 고객에게 복잡성을 제공하는
   방식을 개선하라. 프로세스, 업무 관행, 조직구조, 시스템 및 문
   화를 개선함으로써 복잡성을 보다 경제적으로 제공할 수 있다.
   회사의 운영을 얼마나 개선할 수 있을까? 제2부에서 설명할 상
   호작용과 제3부의 전투 전략을 이해하면 이 질문에 대한 답을
   보다 쉽게 찾을 수 있게 될 것이다.
2) 원가를 더 큰 매출에 분산시켜라. 복잡성을 동일한 수준으로 유지
   하면서 매출을 증대시키거나 매출을 유지하면서 복잡성을 축소
   하라(이렇게 함으로써 매출이 감소될 때 복잡성이 수익성에 미치는 효

과와 정반대의 효과를 얻는 것이다). 예를 들어, 만일 복잡성을 제거하되(제품, 채널 등 축소) 남아 있는 제품이 매출을 흡수할 수 있도록 할 수 있다면 고래 모양 커브를 움직일 수 있다. 이런 방식으로 복잡성 원가를 매우 효과적으로 줄일 수 있다.

제품 포트폴리오의 복잡성을 축소하는 것과 남아 있는 복잡성을 보다 경제적으로 제공하는 것, 또는 이 두 가지의 조합이 어떤 영향을 미치는지 이해하고 예측하는 것이 중요하다.

현재의 고래 모양 커브를 활용하여 복잡성 제거의 기회를 가시화할 수 있다. 고래 모양 커브의 꼬리 부분을 자른다고 상상해보라(이에 더하여 제2부에서 논의할 전략적인 제품 축약을 상상해보라). 이를 통해 이익을 삭감시키는 나쁜 복잡성(커브의 정점 우측 부분)을 제거할 수 있다. 그리고 복잡성을 보다 경제적으로 제공함으로써 이익을 감소시키는 복잡성을 최소화시키는 것을 상상해보라. 이것은 고래 모양 커브가 보다 평탄화되면서 정점이 우상향으로 이동하는 모습으로 나타난다.

많은 기업의 경우 합리적인 정점은 고래 모양 커브의 정점에서 가깝게 위치한다. 다시 말하면 스트레치 목표는 고래 모양 커브의 정점 근처라는 의미이다. 이런 기업은 복잡성 원가의 가장 중요한 발생 원인이 제품 또는 서비스의 다양화 때문이라는 사실을 알고 있고 (복잡성 원가의 대부분이 고래 모양 커브의 정점 우측에 위치한 제품/서비스이다), 남아 있는 제품(고래 모양 커브 왼쪽)에 매출이 거의 이동되지 않는다. 이런 회사는 상대적으로 단순한 조직구조를 가지고 있으며, 프로세스 이슈가 그렇게 크지 않다.

반면 어떤 기업들은 비부가가치 원가의 상단부에 가까운 포인트를 선택하는데 복잡성 원가의 대폭적인 절감이 가능한 경우이다. 복잡성 원가를 유발시키는 프로세스와 조직의 복잡성이 크고, 제품 간에 원가 및 매출의 대체가능성이 큰 경우에는 합리적이다. 만일 복잡성을 경제적으로 제공하는 역량이 산업에서 성공하기 위한 필수적인 역량이라면 목표를 상한선 부근까지 상향시키는 것도 또한 합리적이라고 할 수 있다.

어떤 경영자는 복잡성을 제거하는 어려운 결정은 회피하고 복잡성 제공 효율성만을 향상하여 복잡성 제거 효과의 상한선에 도달하려는 유혹을 느낄 것이다. 그는 "우리가 가지고 있는 모든 제품을 유지하겠지만 훨씬 경제적으로 제공할 것이다"라고 말한다. 우리는 제품 포트폴리오 중 어떤 제품을 단종시킬 것인지 어려운 결정을 회피하고자 하는 그들의 욕망을 충분히 이해한다. 그러나 우리가 이 책에서 강조했듯이 제품 포트폴리오의 일부를 단종시키지 않고서는 복잡성 제공의 효율성을 향상시키기 어렵다(반대의 경우에도 마찬가지이다). 두 가지 이슈는 상호 밀접하게 연관되어 있다.

> ▌ 매출 대체성
>
> 매출 대체성이란 특정 제품을 단종시켰을 때 고객이 그 회사의 다른 유사 제품 또는 서비스로 전환하여 구매할 확률을 말한다. 높은 매출 대체성을 가진 제품은 유력한 단종의 대상이 되는데, 이런 제품을 단종시키면 매출 감소 없이 제품 포트폴리오를 단순화시켜서 관련 복잡성 원가를 줄일 수 있기 때문이다.

얼마나 상한선에 가까이 갈 수 있을까? 어떤 회사도 상한선에 도달할 수 있는 회사는 없다. 어느 정도의 비부가가치 활동과 관련한 원가는 존재하게 마련인데, 어떤 회사도 100%의 효율성을 달성할 수는 없기 때문이다. 그러나 상한선이 어디인지 아는 것은 매우 중요한데, 그곳에 도달하기 위해서라기보다는 그곳에 근접한 곳까지 나아가기 위해서이다.

이것은 반복적으로 개량해나가는 과정이므로 아주 정확할 필요가 없다. 그러나 상한선을 추산하는 과정을 통해 바람직한 원가 수준에 도달하기 위해 무엇을 해야 하는지에 논의를 집중시킬 수 있다. 얼마나 고래 모양 커브를 상향 이동시킬 수 있을까?

제2부와 제3부에서 회사가 얼마만큼 고래 모양 커브를 상향 이동시킬 수 있을지 추정하는데 필요한 관점과 전투 전략에 대해 상세하게 다룰 것이다. 어쨌든 이 장에서는 다음의 몇 가지 기본적인 경험법칙에 대해 간단히 다루고자 한다(그림 23 참조).

10% 개선: 상대적으로 우수한 프로세스와 제품의 매출 대체성이 낮은 기업을 포함하여, 거의 모든 기업에서 10% 정도의 개선기회는 존재한다. 회사가 우수한 프로세스와 조직 역량을 보유하고 있다고 하더라도 제품 수가 많아지면 상당한 수준의 비부가가치 원가가 발생할 수밖에 없다.

30% 개선: 다양하고 오래된 프로세스를 가지고 있고, 제품의 복잡도가 크거나 제품의 매출 대체성이 큰 대기업의 경우에 30%의 개선은 도전적이기는 하나 충분히 달성 가능한

목표이다.

50% 개선: 극단적인 경우이기는 하나, 프로세스와 조직의 복잡성
이 크고 제품의 매출 대체성까지 커서 서로 결합된 경우
에는 50%까지 개선이 가능한 경우도 있다.

| 그림 23 | 개선 수준의 경험법칙

		프로세스–조직 복잡성	
		낮음	높음
매출 대체성	높음	20~40%	30~50%
	낮음	10~30%	20~40%

낮은 수준의 프로세스–조직 복잡성과 낮은 매출 대체성(다시 말
해서 제거된 제품, 채널 등의 매출의 절반 이하가 회사의 다른 제품, 채널
로 대체될 수 있는 경우)을 가진 회사는 일반적으로 10~30% 수준의 원
가 개선이 가능하다. 프로세스–조직 복잡성이 크거나 매출 대체성
이 큰 경우에는 20~40% 수준의 개선이 가능하다. 높은 수준의 프
로세스–조직 복잡성과 높은 수준의 매출 대체성을 가진 경우에는
30~50%의 개선을 기대할 수 있다.

개선 목표 설정 사례

XYZ사는 매출 100억 달러, 영업이익률 8%의 회사이다. 그러므
로 이 회사의 총원가는 92억 달러이다. 이 회사의 CEO는 사내에 지

나치게 많은 복잡성이 있다고 생각하고 있으며 – 제품, 프로세스 및 조직의 모든 차원에서 – 이와 관련하여 CFO에게 만일 복잡성 원가와의 전쟁을 수행한다면 얼마만큼의 이익 개선이 가능할지 검토하도록 지시하였다.

첫 번째 단계로 CFO는 현재 확보 가능한 매출과 원가정보를 활용하여 고래 모양 커브를 그렸다(그림 24 및 그림 25 참조). 그래프에서는 55%의 제품(매출의 88% 차지)이 영업이익의 140%를 창출하고, 나머지 45%의 제품이 이익을 삭감시키는 것으로 보였다. 그러나 표준

| 그림 24 | 제품-이익 고래 모양 커브

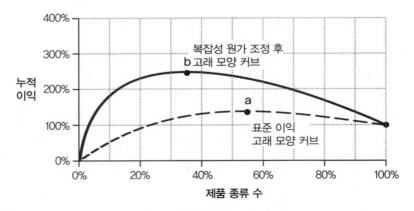

표준 원가 및 이익 정보를 활용하여 고래 모양 커브를 그리면 전체 제품의 55%가 수익성이 있으며, 전체 영업이익의 140%를 창출하는 것으로 나타난다(점 a). 그리고 나머지 45%의 제품이 영업이익의 40%를 삭감시킨다. 그러나 간접비를 제품에 균등 배분하는 표준 원가는 소량 제품에 과소 원가를, 대량 제품에 과대 원가를 배분한다. 이 원가를 적절히 조정하여 복잡성 조정 후 고래 모양 커브를 그릴 수 있는데, 그 정점(점 b)은 35%의 제품이 전체 이익의 250% 수준의 이익을 창출하고 있음을 보여준다.

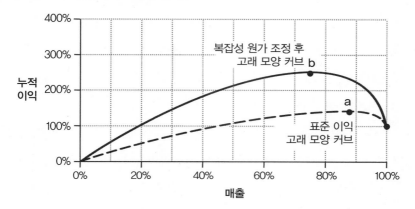

| 그림 25 | 매출—이익 고래 모양 커브

위 차트는 XYZ사의 제품—이익 고래 모양 커브를 매출—이익 고래 모양 커브로 변환시킨 것이다. 표준 이익 고래 모양 커브를 기준으로는 88%의 매출이 수익성이 있는 것으로 보여지고(점 a), 12%의 매출이 이익을 삭감시키는 것으로 나타난다. 그러나 비부가가치 원가의 진정한 발생 동인을 감안한 복잡성 조정 후 고래 모양 커브는 25%의 매출이 실제로는 이익을 삭감시키는 것을 보여준다(점 b).

원가를 활용한 이익 정보는 간접비와 비부가가치 원가를 땅콩버터처럼 배분한 결과를 보여준다. 일반적으로 대량생산 판매제품에 과도한 원가를 배분하고 소량 다품종의 저수익 제품에 지나치게 적은 원가를 배분한다.

80/20 원칙을 활용하여 비부가가치 원가 중 중요 카테고리의 원가를 진정한 원가 동인을 기준으로 재배분한 결과 CFO는 제품의 35%만이 이익 창출에 기여하고 있다는 것을 밝혀낼 수 있었다 — 35%의 제품이 매출의 75%, 이익의 250%를 차지한다.

이를 통해 복잡성 축소로 기대할 수 있는 하한선이 결정되었다.

영업 이익이 8억 달러에서 20억 달러로 250% 증가하고, 매출이 100억 달러에서 75억 달러로 25% 감소한다(이 경우 영업 이익률이 8%에서 27%로 증가된다). 이 정도 개선도 분명 눈에 띄는 원가 절감 및 이익 개선이지만, 매출이 큰 폭으로 줄어들고 모든 중요 원가 절감 기회를 충분히 활용하지 못하게 된다.

다음 단계는 상한선을 결정하는 것이다. CFO는 92억 달러의 총원가 중 약 50%를 비부가가치 원가로 결정하였다. 분명히 비부가가치 원가 전체를 제거하는 것은 불가능하지만 원가 절감 목표를 결정하기 위한 삼각측량법을 적용하는데 유용한 출발점이 된다.

위에서 구한 하한선과 상한선을 가지고 회사의 중역들은 새로운 목표 매출-영업 이익점을 결정할 수 있었다. 복잡성 큐브의 세 가

| 그림 26 | 복잡성 원가 절감 목표 수립을 위한 도식 모델

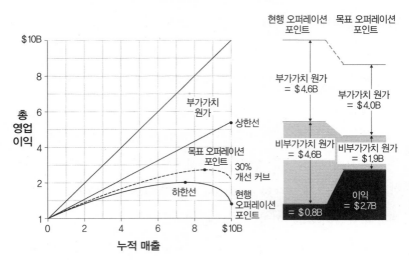

지 축의 관점에서 회사의 성과를 측정해보고 복잡성 원가를 제거하기 위한 전투 전략을 검토한 후 회사의 경영진은 복잡성 원가를 30% 가량 경제적으로 제공할 수 있을 것이라고 추산하였다(다시 말하면 회사는 복잡성과 관련한 낭비의 1/3을 제거할 수 있다). 30% 개선된 커브를 그리는 것은 그리 어렵지 않은 데, 고래 모양 커브와 상한선 라인 간격의 1/3 만큼 고래 모양 커브를 위쪽으로 이동시키면 된다. 엑셀 스프레드시트를 활용하거나 이 책에 있는 것처럼 그래프 상에서 점을 찍어보는 방법이 모두 가능하다(그림 26 참조).

목표 운영 수준(이동된 커브의 정점)이 달성되면 영업 이익 20억 달러 증가가 가능하다(100억 달러 사업에서 20% 원가 절감 가능). 다른 숫자들은 표 E에 나타나 있다.

| 표 E | 복잡성 원가 절감 목표 계산

	현행 오퍼레이션 포인트	복잡성만 제거한 경우(하한선)	복잡성의 경제화만 추진한 경우	두 가지 조치를 모두 취한 경우 (목표 오퍼레이션 포인트)
매출	$10.0B	$7.5B	$10.0B	$8.6B
총원가 규모	$9.2B	$5.5B	$7.8B	$5.9B
영업이익($)	$0.8B	$2.0B	$2.2B	$2.7B
영업이익률(%)	8%	26.7%	21.8%	31.5%
원가절감액($)	N/A	$1.2B	$1.4B	$1.9B
원가절감률(%)	N/A	13.0%	15.0%	20.9%

다음 단계: 회사의 새로운 모습을 상상하라

위의 단계들을 따라가면 회사 내의 비부가가치 원가의 크기와 회사 내에 어디에 이익이 집중되어 있는지, 복잡성을 제거했을 때 회사의 손익계산서가 어떻게 보일지 이해할 수 있게 된다. 이 숫자가 회사가 도달 가능한 목표점이 되는데, 현재의 원가 수준과 목표 수준과의 차이가 복잡성 제거를 통해 확보할 수 있는 이익 개선 규모가 된다.

복잡성 제거를 통한 이익 개선 규모 추산의 가장 큰 장점은 복잡성을 제거하고, 제거된 이후의 복잡성을 보다 효율적으로 제공하게 된 회사의 모습에 대해 구체적으로 상상해볼 수 있도록 유도한다는 점이다.

회사가 목표로 하는 복잡성 제거를 통해 이익 개선을 하기 위하여 제품 포트폴리오와 조직구조가 미래에 어떤 모습이 되어야 할지 생각해보라. 이후에 미래의 사업을 지원하기 위해 무엇이 필요할지 검토하라.

- 회사의 고객은 누구이며, 그들의 수요는 무엇인가?
- 회사의 생산 거점과 물류 거점은 어떤 모습인가?
- 어떤 프로세스가 여전히 요구되는가? 그 프로세스는 현재의 모습과 어떻게 다른가?
- 노무비, 간접비 및 자산 투자에 어떤 영향을 미치는가?

이 질문들과 다른 몇 개의 질문들에 대한 답이 새로운 원가 구조를 결정하는 파라미터가 될 것이다.

이와 같이 새로운 정점과 관련된 원가를 확인하는 과정은 추가적인 이점을 제공하는데, 핵심 원가 동인과 잠재적인 원가 절감 기회에 대한 통찰력을 얻을 수 있다. 복잡성이 감소된 사업을 지원하기 위해 어떤 원가가 얼마만큼 필요할지 숙고하는 과정에서 자연스럽게 왜 현재의 상태에서 과도한 원가가 발생되는지 의문을 가지게 된다.

목표 수치를 정교화하기 위해 몇 개의 단계를 더 밟을 수도 있지만, 현 단계에서 우리의 목표는 합리적 근거를 가진 도전적인 목표 수준을 대략적으로 설정하여 복잡성 원가 절감 프로젝트를 CEO의 관심사로 만드는 것임을 잊지 말자.

복잡성 절감 목표를 달성하기 위한 구체적인 일은 이제부터 시작이며, 다음 단계에서는 여기서 확보된 실마리와 통찰력을 활용하여 상세 전투 계획을 수립해야 한다.

CEO가 기억해야 할 사항

이번 장은 복잡성 절감 효과를 추정하는 방법에 대해 다루었다. 우리의 방법론은 회사 내에서 어떤 이슈가 경영 의제로 부각되기 위해서는 개선기회의 규모에 대해 어느 정도 감을 잡는 것이 필요하다는 인식에 기반하고 있다. 그러므로 비교적 쉽고 빠르게 개선기회의 크기에 대해 감을 잡는 것이 중요하다.

우리는 복잡성 축소 효과의 상·하한선을 결정하는 것이 매우 중요한 첫 번째 단계라고 믿고 있다.

더불어 우리는 CEO, CFO, COO 및 주요 임원들이 변화의 방향을 설정하기 위한 다음의 질문들에 대해 답을 찾아보기를 권한다.

- 회사 내에 얼마나 많은 복잡성 원가가 있는가?(전체 복잡성 원가)
- 이 원가 중에 얼마만큼을 제거할 수 있는가? 또는 제거해야 하는가?(복잡성 제거 목표)
- 복잡성 제거 목표 달성의 중요 기회가 있는 곳은 어디인가?

여기서의 목표는 복잡성 이슈가 무시해서도 안 되고, 낮은 도전의식을 가지고 해결할 수도 없는 문제라는 것을 인식하는 것이다. 이탈리아의 저명인사가 500년 전에 했던 다음과 같은 말은 오늘날에도 여전히 통용되는 진리이다.

"대부분의 사람들에게 가장 큰 위험은 너무 높은 목표를 수립하고 달성하지 못하는 것이 아니라, 너무 낮은 목표를 설정하고 쉽게 달성하는 것이다."

제2부

너의 적을 알라

복잡성의 다양한 양태들과 전략적 시사점

제2부 소개

제1부에서 우리는 복잡성 원가에 관련된 기초 개념들을 다루었다. 이 책을 읽으면서 아마도 내 비즈니스 영역에서는 어떠한 성과를 얻을 수 있을까에 대해 고민해본 독자라면 이미 어느 분야에서, 또 어떠한 방식으로 복잡성이 자신의 비즈니스에 영향을 미치고 있는지에 대한 감을 잡을 수 있었을 것이다. 제2부에서 복잡성에 관련된 일반적인 증상들과 독자들이 어디에서부터 시작해야 하는지를 살펴봄으로써, 가장 큰 기회 영역이 어디인지 보다 상세히 파악하는데 도움을 주고자 한다. 우리는 제품과 프로세스, 그리고 조직이라는 복잡성의 축들이 어떻게 원가와 상호작용하는지에 대해 보다 상세히 알아보고자 하며, 이 과정에서 이러한 원가를 줄이기 위한 최적의 전략이 무엇인지를 알아볼 것이다.

우리가 제2장에서 소개했던 복잡성 큐브의 면을 구성하는 각각의 축들 간의 상호작용들은 비즈니스의 적Enemy인 다양한 이슈들을 만들어낸다. 그림 27에 나타난 바와 같이 우리는 복잡성과의 관계를 나타낼 수 있도록 큐브의 각 면들에 특별한 이름표label를 붙였으며, 하나의 면마다 아래와 같이 한 장씩을 할애하여 논의해 보고자 한다.

| 그림 27 | 복잡성의 면들

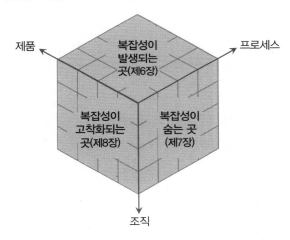

- 제6장에서는 일반적으로 복잡성이 가장 많이 발생되는 제품-프로세스 면을 다룰 예정이다. 복잡성은 일반적으로 신제품을 추가하거나, 기존 제품의 변종variant을 만들어낼 때 발생한다. 고객들의 니즈에 기반한 것이든 아니든 간에 제품군 혹은 서비스군의 가짓수가 증가하면 이 제품들을 공급하는데 필요한 프로세스에 작지 않은 영향을 미친다.
- 제7장에서는 보통 복잡성이 숨기 쉬운 프로세스-조직 면을 다

룬다. 제1부에서 언급한 바와 같이 복잡성의 원가 혹은 영향은 기업의 프로세스와 이 프로세스를 지원하기 위한 조직구조를 통해 전체적으로 확산된다. 그러나 일반적인 회계방식으로는 어떠한 프로세스와 조직구조가 복잡성에 기여하는지 발견하기 어려우며, 따라서 이러한 복잡성은 전통적인 재무제표 내에 은닉된 채로 존재하게 된다. 보이지 않는 문제를 해결하기가 매우 어렵다는 것은 두말 할 나위가 없을 것이다.

- 제8장에서는 복잡성이 고착화되는 조직—제품 면에 대하여 다룬다. 늘어난 제품 및 서비스들과 이러한 제품들을 공급하기 위한 프로세스를 지원하기 위하여 조직구조는 새로 만들어지고, 기능은 사무화Staffed되며, 공장과 창고가 증설되는 과정 따위가 지속된다. 제품 포트폴리오가 고객의 피드백과 통찰력insight에 의하여 매우 빠르게 반응할 때, 이를 지원하는 조직의 구성요소들은 뒤늦게 따라가는 경우가 일반적이다. 바꿔 말하면 한 번 복잡성이 조직—제품 면에 생성되면, 이를 제거하기는 매우 어렵다는 것이다. 이러한 점들 때문에 우리는 조직—제품 면을 복잡성이 고착화되는 영역이라 부르는 것이며, 이런 특성은 한 번 굳어지면 빠져나오기 어렵다.

요약하면 복잡성은 프로세스 이슈들과 잘못 정의된 고객의 니즈가 제품 및 서비스에 대한 과도한 확산을 불러일으킬 수 있는 제품—프로세스 면에서 발생한다. 이러한 복잡성은 절차와 조직구조라는 잡초 덤불과 같은 프로세스—조직 면에서 은닉하며, 전통적인 회계방식에 의해서는 쉽게 드러나지 않는다. 문제점은 조직-제품 면에서 빠져나오기 쉽지 않도록 더욱 고착화되는데, 이 단계쯤 되면 증가된 복잡성에 대하여 방어defense할 수 있는 여지는 거의 없다.

많은 기업들의 사례를 보고 내릴 수 있는 결론은, 한 번 복잡성이 발생되면 이것은 조직 속으로 흡착absorbed되어서 결국엔 고착화된다. 되돌아갈 수 있는 길은 없다. 물론 이러한 추세를 역전시키는 일이 불가능한 것은 아니지만, 복잡성의 동적 변화 과정뿐만 아니라 어떻게 복잡성이 현재 시점의 조직에 영향을 미치는지, 복잡성 원가 절감이라는 성과창출을 위해 어떤 전투 전략을 활용해야 하는지에 대한 깊은 고찰과 이해가 필요하다.

우리가 언급했던 복잡성 큐브의 하나의 면이 다른 면과 상호작용한다는 사실은, 왜 우리가 제1부에서 협공작전이 필요함을 강조했는지에 대한 근거가 된다. 예를 들어 제품 혹은 서비스 복잡성이 많은 기업들에게 큰 이슈가 되고 있지만, 그 기업들은 프로세스와 조직에 관련된 요소들의 전후 사정을 고려해야만(가령 복잡성을 생성하거나 전달하는 것과 관련된 자산assets 배치) 비로소 복잡성 제거를 통한 재무효과를 실현할 수 있게 될 것이다. 따라서 복잡성 원가 이슈를 감소시키기 위하여 복잡성 큐브의 각 축들을 따로따로 다루고자 하는 방식이 일견 솔깃해 보이더라도, 실제 이슈와 기회는 하나의 축이 아닌 큐브의 면들에 있음을 반드시 기억해야 한다.

앞으로 기술할 장들에서 우리는 복잡성 큐브의 각 면들을 살펴볼 예정이며, 다음과 같은 부분을 설명할 것이다.

- **일반적 증상**: 어떻게 요소들 간의 상호작용interaction이 발생하는지를 이해함으로써 조직에 있어서 가장 큰 기회가 어디에 있는지 발견할 수 있도록 도움을 준다. 복잡성과의 전쟁을 시작하고자 할 때 가장 큰 이슈가 드러나는 특정한 면에 집중하는 것이 바람직하다.
- **주요 상호작용**: 복잡성의 각 축들은 고유한 방식으로 상호작용을 한다. 따라서 이러한 상호작용의 동적 변화 양태와 각 면들의 특징을 결정하는 상호작용 자체를 이해하는 것이 어떻게 대응책을 수립할지, 어디서부터가 최적의 시작점이 될 것인지를 이해하는데 핵심적인 요소가 된다.
- **핵심 시사점**: 주어진 상호작용에 대하여 무엇이 전쟁을 승리로 이끌기 위한 시사점이 될 수 있을까? 특정 면에 대하여 복잡성 원가를 다룰 때 반드시 숙지해야 할 요소는 무엇일까? 예를 들어 조직과 제품에 관련한 복잡성은 서로를 옭아매는 경향이 있다. 그렇다면 조직-제품 면에 있어서 복잡성 원가를 뿌리 뽑는데 이 사실이 어떠한 시사점을 줄 수 있을까?
- **전투 전략 제안**: 어떠한 전략이 특정 면의 복잡성 원가를 공략하는데 가장 적절할까? 일반적으로 적합한 전략에 대한 상세 내용은 제3부에서 소개할 것이다. 제2부에서는 상호작용들에 대한 연결고리를 드러내 보이고, 이 연결고리들을 공략할 수 있는 전략들을 소개한다.

제2부에서 우리는 독자들이 복잡성의 고유한 특성nature들과 복잡

성의 각 차원들이 어떻게 원가를 증가시키는 상호작용을 하는지에 대하여 보다 깊이 이해할 수 있기를 바란다. 독자들은 복잡성 문제의 일반적인 증상이 어떻게 되는지를 인식하고, 이를 통하여 복잡성의 어떠한 면이 일차적 공격 목표가 될 수 있는지에 대한 판단을 할 수 있게 될 것이며, 조직의 복잡성을 공략하기 위한 최적의 접근방식을 가늠할 수 있게 될 것이다.

주스 딜레마

포트폴리오의 다양성이 수익성을 악화시키는
메커니즘에 관한 사례 연구

● ● ●

제2부의 나머지 부분들에서는 복잡성의 다양한 면들 – 제품, 프로세
스, 그리고 조직 요소들 간의 상호작용 – 에 대하여 논의할 것이다. 이에
앞서서, 실제 세계에서 이러한 상호작용들에 대한 첫인상이 어떠한지로
부터 이야기를 시작해보고자 한다. 본문에서 다루는 심층 탐구는 저자가
강조하고자 하는 복잡성의 각 축들 간의 상호작용에 관한 예제를 제공해
줄 것이다.

이 장에서는 가상의 조직인 몰리 농장Morley Farms으로부터 시작한
다. 이 농장은 유기농 주스를 생산하는데, 제품 라인 확장을 고려하고
있다. 매우 간단한 비즈니스를 가정하고 있지만, 본 예제는 실제 사례
에 기반하고 있다. 본 예제는 제품 라인의 확장이 비록 매출의 증가를 가
져올 수는 있지만, 동시에 어떻게 수익성과 기업의 프로세스 성과를 악
화시키는지를 분명히 보여준다. 심층 탐구에서는 몰리 농장과 비즈니
스 환경에 대하여 설명하고, 제품 확장과 복잡성의 증가가 얼마나 비즈
니스 상의 의사결정과 전략의 근원적 차이를 만들어낼 수 있는지를 기술
할 예정이다. 예제 마지막 부분에서는 제품 수명주기 관리product lifecycle
management와 프로세스 유연성, 그리고 생산능력 확대를 위한 자산 투자
측면에서의 시사점들을 살펴볼 것이다.

몰리 농장에 대한 기초 지식

몰리 농장은 가족 일가가 경영하는 소규모 회사로서 압착, 병입bottles 과정을 통해 수상 경력이 있는 유기농 주스를 생산하며, 규모는 작지만 결집력이 좋은 경영 팀이 회사를 운영하고 있다. 벤 윌리엄스Ben Williams 는 설립자로서 현재도 대부분의 지분을 보유하고 있고, 기업의 CEO이자 회사가 소유한 유일한 공장의 공장장으로 근무하고 있다. 몰리 농장의 다른 경영진은 운영 담당임원과, 판매Sales 그리고 마케팅 담당임원으로 구성된다.

몰리 농장은 현재 세 가지 종류의 주스(체리, 블루베리, 라즈베리)를 생산한다. 몰리 농장은 이 주스들을 한 상자에 100달러씩 지역 상점에 직접 판매하고 있는데, 각 종류의 주스마다 20% 정도의 순이익이 남는다. 따라서 주스 한 상자의 생산비는 80달러가 되는데, 이는 다음과 같은 요소로 구분할 수 있다.

| 표 F | 단위당 최초 비용

원재료비($/상자)	$28
가공비($/상자)	$50
완성품에 대한 재고원가($/상자)	$2
판매 단위당 총생산비($/상자)	$80

- **원재료비**: 모든 원재료(원과, 물, 유기농 설탕 등)에 대한 원가와 주스를 짜낸 후의 찌꺼기 처리 원가, 병입, 라벨, 상자 포장에 해당하는 포장재 원가가 포함된다. 원재료비는 주스 종류에 무관하게 모두 동일하다.

- 가공비: 원재료를 판매 가능한 제품으로 변환하는데 수반되는 모든 원가를 포함한다. 여기에는 노무비, 수도나 전기와 같은 유틸리티 원가, 윤활유 및 세척제와 같은 소모품 원가, 그리고 압착, 가공, 병입, 패키징 과정에 사용되는 설비나 장치에 대한 원가가 포함된다. 노무비는 대표적인 가공비인데, 종업원이 제품 가공을 할 때나 제품 간 라인 교체 시에도 동일한 노동력이 필요하다. 또한 기타 가공비는 노무비와 상관관계가 있다고 볼 수 있는데, 따라서 노동력이 두 배가 되면 가공비 또한 두 배가 된다고 가정할 수 있다.
- **완성품에 대한 재고 원가:** 보관 원가와 재고 관리 원가, 그리고 운전자본working capital에 대한 자본 부담금을 포함한다. 전체 재고 원가는 전체 재고 물량에 비례하는데, 이는 재고 물량이 두 배가 되면 재고 원가도 정확히 두 배가 됨을 의미한다(이해를 위하여 본 예제에서는 원재료에 대한 재고 원가는 무시한다).

몰리 농장에서는 하나의 생산 라인에서 세 종류의 주스를 하루 종일 돌아가면서 생산한다. 따라서 한 제품을 생산하기 시작한 후 다시 해당 제품을 생산할 때까지 걸리는 시간을 의미하는 **사이클 타임 간격**CTI, cycle time interval은 24시간이 된다. 빠른 이해를 위하여 본문에서는 몰리 농장의 생산 라인이 24시간, 일주일에 7일을 쉼 없이 운영된다고 가정하였으며, 설비 고장이나 유지보수에 필요한 설비 정지는 없다고 가정하였다(물론 이러한 가정들이 매우 비현실적이나, 본 예제에서 현실성을 가미하게 되면 후에 복잡한 수학공식만 늘어날 뿐 복잡성 원칙들을 설명하거나 결론을 내는 데 별다른 차이점이 없을 것이기에 독자들은 이러한 단순화를 위한 가정을 이해해주길 바란다).

라인 작업자가 한 종류의 주스를 생산하다가 다른 종류의 주스를 생산하기 위한 장비 교체에는 1시간이 소요된다(즉, 셋업setup 시간 = 1시간). 따라서 몰리 농장에서는 하루에 세 종류의 주스를 번갈아가면서 생산하기 때문에 24시간 중 3시간(또는 총 시간의 12.5%)이 설비교체를 위해서 버려지는 시간이 된다. 다른 21시간은 순수하게 제품을 생산하는데 소요된다.

마지막으로 필요한 가정은 다음과 같다. 몰리 농장이 생산하는 각각의 주스들에 대한 재고량 그래프는 그림 28과 같은 전통적인 톱니 모양 그래프와 같은 데, 각 제품들은 새로운 일괄 생산량batch이 나오기까지 일정한 비율로 소진된다. 물론 현실에서는 제품이 트럭과 같은 대형 운송 수단에 의하여 한꺼번에 소진되는 경우가 있으나, 본문의 분석에서는 단순화를 위해 일정한 소진율을 가정했다.

| 그림 28 | 체리, 블루베리, 라즈베리 주스의 재고량 그래프

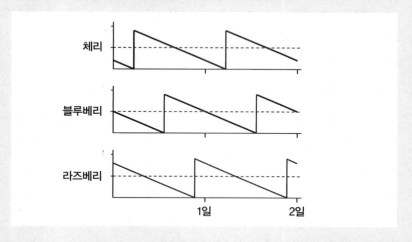

몰리 농장은 하루에 세 가지 종류의 주스를 뱃치batch 생산한다. 수요는 분석의 용이성을 위하여 변동 없이 꾸준하다고 가정하였으며, 따라

서 각 주스들의 재고량 그래프는 전통적인 톱니 모양 그래프의 형상을 따른다. 기본 예제 내용을 요약하면 다음과 같다.

- 세 종류의 주스
- 24시간의 사이클 타임
- 제품 단위당 80달러의 원가
- 20%의 순이익

기회

지역 상점들과 최종 고객들에 대한 철저한 시장분석을 통하여 몰리 농장의 영업/마케팅 담당임원은 다른 임원들에게 석류와 블랙베리 주스를 추가로 생산하는 것이 어떻겠냐는 제안을 내놓았다. 이 임원은 두 가지 제품을 추가하면 일정 정도 기존 판매량에 대한 자기잠식 효과 cannibalization가 있을 수는 있으나 총매출이 10% 늘어나며, 새로운 주스 역시 한 상자에 100달러씩 판매될 예정이므로, 순이익 역시 10%가 늘어날 수 있다고 주장하였다.

회사의 대표인 벤 윌리엄스는 새로운 두 가지 주스를 제품군에 추가할지 여부를 결정해야 했다. 당장 신규 공장이나 생산 라인, 설비에 투자할 수 있는 여력은 없는 상태였으며, 임직원들은 기존에 1시간이 걸리는 셋업 시간을 줄이기 위해 고군분투했었으나, 더 이상 이를 줄이기는 쉽지 않다고 확신하고 있었다. 그러나 추가적인 10%의 매출 및 이익 증가는 분명 매력적으로 보였으며, 벤 대표는 공장에서 또 다른 10% 생산량을 추가로 짜낼 수 있다고 확신하는 상황이었다.

분석

시장조사 보고서는 석류와 블랙베리 주스를 추가 생산하는 것이 10%의 매출증대 효과가 있음을 보여주었지만(본 예제의 범위에서는 이 시장 보고서가 정확하다고 가정), 벤 대표는 이익증가에 대해서는 의문점이 있다는 것을 알고 있었다. 벤 대표는 이 질문의 답을 구하기 위하여 오퍼레이션 담당임원인 다니엘에게 석류와 블랙베리 주스를 제품군에 추가하는 의사결정이 오퍼레이션에 어떤 영향을 미치며, 전사 관점에서 제품 단위당 원가가 어떻게 변화되는지를 조사하도록 지시하였다.

오퍼레이션에 대한 영향도

두 가지 종류의 주스를 추가 생산하고, 여기에 10%의 생산량이 증가되면 오퍼레이션에 어떤 영향을 미칠까? 이 질문에 답하기 위하여 오퍼레이션 담당임원인 다니엘은 원재료비, 가공비, 재고 유지비용 각각에 대한 제품 단위당 영향도를 분석해보기로 했다.

원재료비에 대한 분석은 다니엘에게 가장 손쉬운 부분이었는데, 분석을 용이하게 하기 위한 가정과 제약들로 인하여 원재료비는 세 가지의 주스를 생산하는 것과, 다섯 종류의 주스를 생산하는 것 모두 상자당 28달러로 같다는 점을 알 수 있었다. 그러나 가공비와 재고원가는 보다 상세한 분석과정을 필요로 했는데, 이를 위하여 다니엘은 다양한 방식을 적용하는 옵션을 생각해보기로 하였다.

1) 사이클 타임 간격CTI, Cycle time interval을 변경하지 않고 두 종류의 주스를 추가 생산할 경우에는 어떠한 일이 발생할 것인가?(즉, 24시간 안에 모든 종류의 주스를 생산해야 함)
2) 대신에 셋업으로 버려지는 12.5%의 시간을 유지하면 어떠한 일이 발생

할 것인가?(예제에서 설정한 제약 때문에 셋업 시간 자체를 줄일 수는 없음. 이는 곧 하루에 세 가지 종류의 주스밖에 생산하지 못함을 의미)

3) 10%의 증산增産에 매진한다면 어떻게 될 것인가?

세 가지 시나리오에 대한 다니엘의 분석내용은 다음과 같다.

시나리오 1: 동일한 사이클 타임 간격 유지

첫 번째로, 다니엘은 하루에 5개 종류의 주스를 모두 생산할 때의 운영상의 영향도를 고려해 보았을 때, 다음과 같은 사실들을 알아낼 수 있었다.

- 셋업 시간으로 인한 시간 손실이 하루에 3시간에서 5시간, 즉 12.5% 에서 20%로 늘어난다.
- 셋업 시간이 늘어남은 생산시간이 줄어듦을 의미한다.
- 셋업 원가의 증가와 생산량의 감소는 두말 할 나위 없이 제품 단위 당 가공 원가의 증가로 이어진다.

더욱이 생산에 할애되는 시간 비율의 감소는 생산량의 10% 증대와는 반대 방향으로 가는 것이며, 이는 이 시나리오가 애당초 성공할 가능성이 없음을 의미한다.

시나리오 2: 셋업으로 인한 동일한 시간 손실 비율 유지

다음으로, 다니엘은 몰리 농장이 기본 예제인 3개의 주스를 생산할 때의 셋업 시간으로 인한 손실 비율 12.5%를 유지하면서 어떻게 한 사이클에 5시간이 걸리는 5개 종류의 주스를 생산할 수 있을지를 고민해 보았다. 약간의 검토 후에 다니엘은 셋업 시간이 고정되어 있다면 셋업 시간으로 인한 손실 비율 12.5%를 유지하는 유일한 방법은 사이클 타임 간격CTI을 40시간으로 늘리는 길 밖에 없다는 것을 알게 되었다. 이 방법은 각 주스들이 매 40시간마다 생산됨을 의미하는데, 40시간 중에 5시간 셋업 시간 손실로 12.5% 비율을 지킬 수 있기 때문이다. 셋업으로 인한 시간 손실을 분수로 표현해보면

$$셋업으로\ 인한\ 시간\ 손실\ 비율 = \frac{한\ 사이클\ 중\ 발생하는\ 셋업\ 시간\ 손실}{사이클\ 타임\ 간격}$$

분자는 1시간으로 고정되어 줄일 수 없기 때문에 다니엘은 분모인 CTI를 늘리는 방법만이 유일한 대안임을 바로 알 수 있었다.

또한 다니엘은 제품군을 추가하기 전의 기본 예제와 동일한 수준으로 셋업 시간으로 인한 손실 비율을 유지함으로써 판매 단위당 가공비를 기본 예제와 동일하게 유지할 수 있음을 알 수 있었다. 그러나 재고 원가나 생산 라인의 10% 추가 생산능력에 대한 효과를 고려했을 때에는 다음과 같은 문제가 발생될 수 있음을 알 수 있었다.

- 톱니 모양의 재고 그래프에서 평균 재고량은 뱃치 생산량에 비례한다(제6장에서 그 이유에 대하여 설명하였다).
- 평균적으로 여전히 하루에 3가지 종류의 제품을 생산하게 될 것이기 때문에 각 제품의 평균 생산 지속 시간은 여전히 약 7시간이 되며, 뱃치 크기 역시 기본 예제와 동일하게 될 것이다.
- 따라서 제품별 평균 재고량도 기본 예제와 동일할 것이다.
- 그러나 두 개의 신규 제품을 추가하였으므로 전체 재고량은 2/3만

큼 증가할 것이다.

다니엘은 셋업 시간으로 인한 손실 비율이 기본 예제와 같고, 생산에 소요된 시간 비율 또한 동일하며, 따라서 생산량 역시 기본 예제에 비해 달라질 점이 없다는 데 적잖이 실망하게 되었다. 이는 곧 두 번째 시나리오 역시 만족할 만한 대안이 될 수 없음을 의미했다. 몰리 농장은 10%의 생산량을 늘려야 했기 때문에 다른 접근방법이 필요했다.

시나리오 3: 일일 생산시간(곧 생산량)의 10% 증대

다니엘은 이제 셋업 시간, CTI, 생산량과 재고량에 대한 감을 충분히 잡았다고 생각하고, 10%의 생산량 증대라는 요건에 집중해보기로 하였다. 시간당 생산량이라는 제약은 이미 고정된 상수였기 때문에, 10%의 생산량 증가를 위해서는 10%의 생산시간이 추가로 필요하다는 것은 명확했다.

기본 예제에서 12.5%의 시간이 설비교체에 소요되고, 87.5%의 시간이 생산에 투입되었다. 10%의 추가 생산량을 위해서는 생산에 투입되는 시간 비율이 87.5%에서 96.25%(87.5%의 1.1배)로 늘어나야 했다. 따라서 셋업 가능한 시간은 3.75%밖에 남지 않게 되었다.

기본 예제: 87.5%의 생산 투입시간

+10%: 87.5 x 1.1 = 96.25%의 생산 투입시간

결론: 100% − 96.25% = 3.75%(셋업을 할 수 있는 가능 잔여 시간)

3.75%의 시간 안에 5시간의 셋업 시간을 확보하기 위해서 다니엘은 CTI가 기본 예제의 24시간 또는 시나리오 2의 40시간보다 훨씬 긴 5.5일

이 되어야 함을 계산할 수 있었다.

기본 예제: 3시간의 셋업 = 24시간 중 12.5%

+ 10%의 추가 생산량 시나리오: 5시간의 셋업이 미지수 CTI인 X시간의

3.75%과 같아야 함

(5시간/X시간) x 100 = 3.75%

따라서 X = (5/3.75) x 100 = 133.3 시간 = 5.5일

이러한 분석내용에 대해서는 상당히 많은 해석의 여지가 있었지만 다니엘은 셋업 시간을 3~4배 정도(12.5%에서 3.75%) 줄이는 것이 사이클 타임을 3~4배(40시간에서 5.5일) 증가시킬 수 있음을 알 수 있었다.

다니엘은 공장이 두 가지 제품군을 추가생산하거나 10%의 생산량을 증대시키는 것을 결정하는데 있어서 마음이 놓였다. 셋업에 필요한 시간 비율이 줄어들면 제품 단위당 가공비 역시 줄일 수 있었다(왜냐하면 전체 노동원가는 변하지 않았으며, 전체 가공비 역시 바뀌지 않았다. 이런 원가들은 10%의 생산량 증가분에 분산되어 반영된 셈이기 때문에 단위제품당 가공비는 10% 감소되었다).

유일한 단점은 재고 원가가 CTI의 증가에 비례하게 늘어난다는 점이다. 기본 예제와 비교해보면 재고 원가가 5.5배로 늘어남을 알 수 있었다. 다니엘은 이 점에 있어서는 실망스럽다고 생각했으나 이 방법만이 추가적인 제품 확대에 필요한 생산량을 증가시킬 수 있는 유일한 길이었다.

다니엘은 시나리오 3에서 알 수 있었던 점들을 다음과 같이 요약하였다.

- 생산 단위당 원재료비는 상자당 28달러로 변하지 않는다.
- 생산 단위당 가공비는 상자당 50달러에서 45달러로 10% 줄어든다.

● 그러나 완성품에 대한 재고원가는 5.5배 증가하여, 상자당 기존의 2 달러라는 적은 원가에서 11달러로 9달러 증가하였다.

종합하면, 다니엘은 석류와 블랙베리 주스를 제품군에 추가하는 것이 전체 제품 원가를 80달러에서 84달러로 모든 제품군에 있어서 5% 증가시킴을 알 수 있었다. 본문에 기술했던 세 가지 시나리오에 대한 모든 분석결과가 표 H에 정리되어 있다.

몰리 농장 전체 관점의 영향도

벤 대표는 오퍼레이션 담당임원인 다니엘로부터 두 가지 제품군을 추가하고 10% 생산량을 증가시키면 5%의 단위제품당 원가가 증가될 것이라는 분석결과를 보고받고 적잖이 실망하였으나, 정말로 두 가지 주스를 추가 생산하는 것이 회사에 이익이 되는지 아닌지를 궁금해 했다. 대표 입장에서는 제품 단위당 추가 5%의 원가 증가를 통하여 10%의 매출 증대를 할 것인지 충분히 생각해야만 했다.

일단 이러한 대안이 그렇게 나빠 보이지는 않았다. 하지만 벤 대표는 단위제품당 원가라는 숫자의 증가와 매출이라는 숫자의 증가가 직접적인 비교가 어렵다는 것쯤은 알 수 있었다(첫 번째 숫자는 제품 단위당 숫자이고, 단위 자체는 늘어날 것이며, 두 번째 숫자는 전체적인 총원가이기 때문).

벤 대표는 이 문제를 보다 복잡하게 해석하기보다는 심플하게 정리된 전-후 비교표(표 G)를 살펴보기로 했다. 이 과정을 통하여 그는 약간 의외의 결과를 발견하였다. 주스 두 가지를 추가 생산하는 것이 매출 신장에는 도움이 될 수 있어도, 결국 몰리 농장 전체로는 이익을 감소시키게 될 것임을 알 수 있었다.

- 이전에 10개였던 판매량은 11개가 됨
- 매출은 확실히 증가한다고 볼 수 있으나, 제품 단위당 원가 증가로 인하여 이익은 제품 단위당 20달러에서 16달러로 감소함

| 표 G | 두 가지 추가 제품군과 매출 총이익

	이전	이후
판매량	10	11
총매출(@$100/개당)	$1,000	$1,100
개당 매출 총이익	$20	$16
매출 총이익 합계	$200	$176

결론: 벤 대표는 11상자를 판매하여 상자당 16달러, 총 176달러의 이익을 얻기보다는 10상자를 판매하여 상자당 20달러, 총 200달러의 이익을 거둘 것이다.

이러한 결과를 놓고 보면, 제품 단위당 총이익의 감소가 예상된다는 유익한 정보를 얻을 수 있었으며(제품 단위당 원가의 증가보다도), 석류와 블랙베리 주스를 추가 생산하는 것이 제품 단위당 총이익을 20달러에서 16달러로 20%나 감소시킬 수 있다는 것을 알 수 있었다. 본 방법을 재구성해보면, 벤 대표는 10%의 판매 증가가 유발하는 20%의 총이익 감소를 감수하지 말아야 한다는 결론에 도달한다.

벤 대표는 아직 포기하지 않으려 한다. 그는 제품군을 추가하고, 매출을 증가시키는 것이 단순히 증가된 매출의 이익률이 나빠지는 것이 아니라, 회사 전체 관점의 이익률을 악화시킬 수 있다는 사실에 적잖이 당황했다. 사실 판매량의 증가는 이익을 증가시킬 수 있지만, 벤 대표는 신규 제품군을 추가하는 것은 현재 판매량보다 많은 양임에도 이익률을 감소

| 표 H | 주스 제품군 추가에 따른 프로세스 성과와 제품 단위당 원가에 관한 효과 분석

항목	기본 예제	시나리오 1 동일한 CTI (불가능)	시나리오 2 셋업으로 인한 시간 손실 고정 (불가능)	시나리오 3 생산시간의 증가 (추진 가능)
주스 종류 가짓수	3	5	5	5
사이클 타임 간격(CTI)	24시간	24시간	40시간	5.5일
셋업으로 인한 시간 손실비율	12.5%	20.8%	12.5%	3.75%
생산 투입 시간 비율	87.5%	79.2%	87.5%	96.25%
제품 생산량 (기본 예제 상대수치)	1.00	0.90	1.00	1.10
전체 평균 재고량 (기본 예제 상대수치)	1.00	0.90	1.67	6.1
단위당 평균 재고 수준 (기본 예제 상대수치)	1.00	1.00	1.67	5.5
제품 단위당 원재료 원가	$28	$28	$28	$28
제품 단위당 가공비	$50	$55	$50	$45
단위당 완제품 재고 비용	$2	$2	$3	$11
제품 단위당 총원가	$80	$85	$81	$84

이 표는 기본 예제와 비교하여 5개의 주스 제품군을 모두 만들 때의 시나리오들을 비교한 것이다. 시나리오 1과 시나리오 2는 관련된 다이나믹스를 이해하는 데는 도움이 되나 10%의 생산량을 증가시킬 수 없는 예제로서 실행 불가능한 대안으로 판명되었다. 시나리오 3은 두 가지 제품군을 추가하면서 동시에 10%의 생산량을 증가시킬 수 있으나 모든 주스 제품군에 대하여 제품 단위당 5%의 원가를 증가시킨다.

시킬 수 있다는 것을 알게 되었다. 보다 구체적으로 이야기하면, 두 가지 제품군의 추가로 인하여 기존의 10상자의 판매로 얻을 수 있는 이익 중의 40달러가 사라진 반면, 추가로 판매된 11번째 상자로 인하여 16달러의 이익만을 기대할 수 있게 된 것이다.

벤 대표는 석류와 블랙베리 주스를 몰리 농장에서 추가 생산하는 것을 잠정 중단하기로 하였으며, 회사의 경영진과 함께 본 예제에서 살펴본 회사의 다이나믹스와 영향도에 대해 다 같이 검토해보기로 하였다.

몰리 농장 사례로부터 얻을 수 있는 추가적 교훈들

예제에서 살펴본 결과에 따르면, 새로운 제품군을 추가해야 한다는 의견이 잘못 판단한 것이라고 볼 수 있는 것일까? 새로운 제품들에 대한 실제 고객들의 수요라는 시장분석 자료는 또 어떻게 되는가? 이러한 질문들에 대한 해답은 제품 수명주기 관리product life cycle management, 프로세스 유연성, 자산 투자에 관련한 몇 가지 중요한 교훈들을 알려준다.

제품 수명주기 관리

석류 주스와 블랙베리 주스는 회사 입장에서 피해야만 할 불발탄dud이었을까? 반드시 꼭 그런 것 같지는 않다. 시장조사 결과는 최소한 판매량을 10% 증가시킬 수 있는, 시장에서의 분명한 수요가 있음을 보여준다. 반면, 본 예제에서는 특정한 제품의 조합이 아닌 전체 주스 종류 가짓수에 포커스하여 분석이 이루어졌는데, 몰리 농장이 처한 프로세스 능력과 제약, 자산 투자 상황 하에서는 5개의 제품을 생산하는 것이 기존의 3개를 생산하는 것보다는 올바르지 않은 선택임을 알 수 있게 해준다. 3개의 제품군을 판매하는 것이 회사의 이익 관점에서는 나을지 모르지만, 본 분석에서는 어떠한 3개의 제품군이 최적인지까지는 고려하지 않았다. 여기에서 알 수 있는 모든 것은 두 가지 주스를 추가하는 것이 기존 주스들에 대해서도 추가적인 원가를 증가시킨다는 것이다. 반대의 경우도 마찬가지여서 기존 주스들의 존재가 새로운 주스를 추가 생산할 때의 소요원가를 보다 과다하게 만들었다고 볼 수 있다. 만약 어떤 기존 주스가 제품 수명 관점에서의 쇠락기에 접어든 상태였다면 몰리 농장 입장에서는 이 제품을 다른 제품으로 교체하는 것이 더 나은 선택이었을 수도 있다. 하지만 이 회사는 쇠퇴기에 접어든 제품을 제품 포트폴리오에 계속 유지하는, 전통적인 관행에 머물러 있었고, 이는 가치 감소 없이 신규 제품을 제품 포트폴리오에 포함시키는 과정을 매우 어렵게 만들었다. 여기에서 우리는 회사가 신규 제품을 보다 성공적으로 자리매김시키기 위해 기존 제품 포트폴리오에 대한 가지치기 작업prunning에 보다 적극적으로 임해야 한다는 교훈을 얻을 수 있다.

두 번째 중요한 교훈은 제품 수명주기 관리에 어떻게 원가를 할당시켜야 할지 검토되어야 한다는 것이다. 이 책의 다른 부분에서도 언급하였지만, 본문에서 소개한 예제에서 볼 수 있듯이 대부분의 원가는 제품들 간의 조합combination이라는, 제품들 간의 관계 속에 존재한다는 것이다. 예제에서는 석류와 블랙베리 주스를 추가하는 것이 기존의 체리, 블루베리, 라즈베리 주스의 생산원가에 상자당 4달러씩의 추가 원가를 초래했다.

독자들은 두 제품들 간의 관계를 보여주는 분산covariance 원가가 어떻게 예전 제품들과 신규 제품들에 할당되는지, 혹은 기존-신규 제품들 사이에 흩어져 있는지에 따라 매우 다른 제품 포트폴리오 결정을 내릴 수 있을 것이다. 가령 몰리 농장의 경우 제품군을 3가지에서 5가지로 늘리는 것이 모든 주스들의 원가를 4달러씩 늘리는 결과를 낳았지만, 이 원가가 신규로 추가된 제품에 할당되어야 하는 것인지, 기존 제품들에 할당되어야 하는 것인지, 또는 모든 제품군들 사이에 공유되어야 하는 것인지에 대한 이슈가 있는 것이다.

저자들의 관점은, 일반적으로 이러한 원가들은 수명이 끝나가는 제품들에게 전가되어야 한다는 것이다(이 원가는 비록 나머지 제품 포트폴리오에 전달되어야 하지만, 예전 제품들을 유지하는데 필요한 원가를 의미). 그러나 이를 위해서는 기업의 제품 수명주기 및 제품들이 수명주기 중 어디에 위치해 있는지를 명확히 알아야 한다(본 내용에 대해서는 이 책의 제9장과 제10장의 '포트폴리오 최적화' 부분에서 보다 자세히 다룰 예정이다).

복잡성 원가의 할당 및 복잡성이 보정된 원가의 할당에 관하여 이야기하고자 하는 사람들은 보통 많이 팔리는 제품high-volume과 적게 팔리는 제품low-volume 간의 원가의 불균형을 지적하는 경우가 많다. 이러한 내용이 분명한 사실이라 할지라도, 어떠한 제품을 유지하고 또 잘라낼 것인지를 이러한 기준에 의해서만 판단해서는 안 된다. 즉, 제품의 초기단계에 매우 촉망받는 제품을 단지 판매량이 적다거나, 복잡성이 보정된 원가가 특정 제품의 이익이 낮다는 것을 보여준다는 이유로 해당 제품을 제외하는 것은 그야말로 나쁜 경영 의사결정이 될 수 있는 것이다. 이는 제품이 미래에 보여줄 퍼포먼스를 고려하지 못하는, 과거의 숫자에만 기반한 의사결정이 될 수 있다(이러한 점들이 기업들이 제품 포트폴리오 및 고객들의 니즈의 동적 변화에 대한 시각을 가져야 하고, 현재 시점의 비즈니스 상황뿐만 아니라 미래의 시나리오 역시 충분히 고려해야 하는 이유이다).

프로세스 유연성

본문에서 고려해볼 만한 다른 관점으로는 린Lean 혁신 방식에 관한 전통적인 응용방법 중 셋업 시간 단축에 관한 것들로서, 소개했던 예제와 같은 상황을 해결하도록 시도되어 왔던 방법이다. 본문의 예제에서는 셋업 시간(프로세스 유연성의 대표적인 측정단위이다)을 1시간으로 설정했었다. 셋업 시간을 60분에서 30분으로 단축시킬 수 있다면 문제해결 방식이 어떻게 달라질 수 있는지를 생각해보자. 다시 장문의 분석내용을 다루지는 않겠지만(관심 있는 독자들은 분석을 다시 해보아도 좋을 것 같다), 30분의 셋업 시간은 결론을 뒤집을 만큼 큰 차이를 보일 수 있음을 염두에 두어야 한다. 셋업 시간이 30분이라면 5개의 제품군을 판매하는 것이 기존의 3개 제품군을 판매하는 것보다 큰 총이익을 낼 수 있었을 것이다.

셋업 시간이 짧다는 것은 보다 프로세스가 유연해질 수 있음을 의미하며, 프로세스가 유연하다는 것은 제품군을 확장했을 때 원가에 대한 부정적 영향이 줄어듦을 의미한다. 프로세스 퍼포먼스 관점에서 제품군의 확장에 대한 영향력을 살펴보면 이 예제는 린 방식에서 이야기하는 셋업 시간의 단축을 보다 강조한다고 볼 수 있다(이 내용은 본문의 제13장인 '린 프로세스를 활용한 다양성 지원' 부분에서 보다 자세히 다뤄질 예정이다).

자산 투자

자산 투자 측면에서 얻을 수 있는 교훈들을 간략히 살펴보자. 본문에서는 보다 간략한 예제 구성을 위하여 생산능력을 확충하는 대안을 고려하지 않았다. 하지만 주어진 몰리 농장의 생산능력 하에서는 새로운 제품군을 추가하여 10%의 추가 매출을 기대하는 의사결정을 포기하는 것보다는 자본의 투자를 통하여 생산능력을 키워 새로운 기회들을 모색했어야 함은 명백한 사실이다(그러나 주의 깊게 보아야 할 것은 설비나 빌딩, 신규 시설 추가를 통한 추가 제품군에 대한 복잡성 수용이 바로 복잡성을 비즈니스에 뿌리내리게 할 수도 있는 방법 중의 하나라는 것이다. 이 내용은 제8장에서 다룰 것이다).

셋업 시간과 CTI, 생산량, 재고량들 간의 동적 변화 양태를 이해하지 않고서는 아예 투자가 불가능한 상황만 아니라면 어디에 타깃팅하여 투자해야 하는지를 알기란 어려운 일이다. 예를 들어 셋업 시간을 줄이기 위해서, 생산 라인의 속도를 빠르게 하기 위해서, 아니면 단순히 생산능력 확충을 위해서 투자할지 여부와 같은 것들이다.

이러한 의사결정은 보다 큰 문제들을 수반한다. 단지 복잡성 문제뿐만 아니라 사업 전반의 흐름을 이해해야 특정 설비에 투자해야 하는지 또는 전체 공장에 투자해야 하는지 등과 같은 보다 복잡한 요소들을 충분히 고려하여 의사결정할 수 있다.

결론

본문에서 소개한 간단한 예제는 비록 하나의 공장, 하나의 생산 라인에서 단지 3개에서 5개로 제품군을 확장하는 간단한 경우였지만, 벤 대표와 경영진들이 몰리 농장의 운영에 관련된 복잡성에 대한 동적 변화 양태를 이해하는 과정을 잘 볼 수 있었다. 수천 가지의 제품들과 수백 가지의 제품군의 확장을 다루며, 이들이 글로벌 공급망에 의하여 생산되는 실제 세계의 회사들에 있어서는 비즈니스의 동적 변화 양태를 관찰하기가 매우 어렵다. 이러한 사실은 많은 회사들이 매출 향상의 가능성이라는 꾐에 빠져(몰리 농장의 경우와 같이) 본인들의 의사결정이 옳다고 믿고 제품군을 추가하는 원인이 된다. 이 경우 많은 회사들은 매출 증대를 이룰 수는 있지만 많은 경우 종국적으로는 이익 감소의 함정에 고통 받는 모습을 발견할 수 있다.

드문 경우이지만 몰리 농장이 했던 방식과 같이 철저한 분석을 통하여 해당 의사결정이 이익을 갉아먹을 것을 알고 제품군을 확장하지 않는 것이 올바른 선택이라는 것을 아는 회사들도 있다.

광의의 의미에서 시사점을 요약하면 다음과 같다. 기업이 인정하든 그렇지 않든, 이해하든 못하든 이러한 동적 변화의 양태는 현실에 존재한다는 것이다. 다음 페이지들에서 다룰 상호작용interaction들에 대해 논의하는 목적은 복잡성을 제거하는 이슈를 쟁점화하여 복잡성 확대보다는 감축을 유도하고자 하는 것이다. 복잡성의 축들이 어떻게 상호작용하는지를 이해함으로써 독자들은 이슈와 이에 대한 돌파구, 전력을 다해야 할 목표가 무엇인지를 파악할 수 있을 것이다. 찾고자 하는 것이 무엇인지를 아는 것이 가장 중요한 첫걸음이다.

제6장

복잡성이 발생되는 곳

제품-프로세스 면

아래에 표시한 증상들을 독자들의 회사가 겪고 있다면 제품–프로세스 면이 원가 절감의 최우선 목표가 될 수 있다.

- 상당 수의 제품이 수익성이 좋지 않고, 회사 전체의 이익을 삭감시키고 있다.
- 과도하게 높은 재고 보유량이 운전 자본을 소진시키고, 원가를 증가시키고 있다.
- 재고 부족shortage으로 인해 판매 기회를 잃고 있다.
- 제품 과다surplus로 할인 판매, 재고 폐기 그리고 재고 유지비용 원가 증가가 발생된다.
- 긴 리드타임이 고객 불만 요인이 되고 있다.
- 생산제품 교체가 너무 잦아 생산능력을 감소시키고 있다.
- 납기 준수, 고객응대, 그리고 품질수준이 업계 평균을 밑돌고 계속 나빠지고 있다.
- 무슨 활동을 하든 조직 내 다른 부분에서 부작용이 발생할 것 같다.

제품–프로세스 복잡성의 사례를 보고 싶으면 바로 공급망supply chain을 보면 된다. 와튼 스쿨의 마셜 피셔Marshall L. Fisher 교수는 "지금까지 공급망의 퍼포먼스를 향상시키기 위해 이렇게 다양한 고급기술과 인력이 투입된 적이 없었다"라고 이야기했다. 그러나 그는 "그럼에도 많은 회사의 공급망의 수준이 이렇게 형편없는 수준에 머물렀던 적도 없었다"라고 덧붙인다. 실제로 많은 회사들은 위에 열거한 증상들로 고통 받고 있다.

〈하버드 비즈니스 리뷰〉의 한 연구결과는 "미국에서 많은 회사들의 공급망의 효율성이 증가되었음에도 불구하고, 부진재고 소진을 위해 할인 판매된 제품의 비중이 1980년대에 10% 미만에서 2000년대에 30% 이상으로 늘어났다. 그리고 제품 가용성에 대한 고객 만족률이 같은 기간 급속도로 하락했다"라는 사실을 보여주었다.

왜 생산능력, IT 시스템, EDI(전자정보교환)와 같은 신기술에 대한 투자가 증가하였는데도 불구하고 이러한 이슈들이 아직까지도 흔하게 발생되는 것일까? 피셔 교수에 따르면 "근본적인 원인은 제품의 유형과 공급망의 유형이 매치되지 않는 데" 있다고 했는데, 이는 복잡성으로 인해 나타나는 하나의 증상이라 볼 수 있으며, 이후로도 쉽게 개선되지 않을 것이다. 최근의 한 연구는 "공급망 리스크가 매우 빠르게 증가하고 있다. 제품 및 서비스 복잡성 증가는 경영자들이 공급망 전략에 가장 큰 영향을 준다고 이야기하는 요인들 중 수위를 차지하고 있다"라고 이야기하였다.

제품 복잡성이 늘어날수록 이는 비즈니스 프로세스에 부담을 준다. 문제가 지나치게 커지면 일부 회사는 제품/SKU 합리화나 부품 표준화 계획을 실행하기도 한다. 그러나 유감스럽게도 이러한 노력들은 보통 제품 측면에만 초점을 맞추고 있는 경우가 많다. 반대로 프로세스 개선을 통해 문제를 해결하고자 하는 노력들도 프로세스를 거치는 제품의 다양성에 대해서는 이야기하지 않는데(프로세스의 복잡성은 결국 제품 복잡성에 의해 증가하게 되는데도 불구하고), 이 때문에 원가 절감 기회가 간과되는 경우가 많이 발생한다.

낮은 수준의 프로세스 역량은 또 어떨까? 일반적으로 과도한 업무 떠넘김, 업무 조정 실패, 문제를 회피하는 상황이 복합적으로 발생하거나, 재작업 증가로 인한 리드타임 지연, 공정 중 재고 증가, 생산성 저하를 유발하여 품질과 원가 경쟁력을 약화시킨다. 이 모든 것들은 곧 운전 자본과 원가를 증가시킨다. 또한 이러한 원가들이 낮은 프로세스 역량의 결과이긴 하지만, 이런 원가는 프로세스가 만들어내는 제품에 기인한 것들이다.

따라서 제품의 수익성과 프로세스 성능은 불가분의 관계로 얽혀 있다. 제품의 다양성은 프로세스 성능에 영향을 미치고, 반대로 프로세스 성능은 제품의 수익성에 영향을 미친다. 이러한 점은 제품 원가가 제품 자체의 고유한 것이 아니며, 단순히 제품 설계로 인한 결과물이 아니라는 점을 의미한다. 보다 정확히 이야기하면 제품 원가는 프로세스의 성능 혹은 제품을 만들어내는 프로세스에 의해서도 결정된다는 것이다(이러한 사실이 너무 당연한 상식처럼 들릴지라도 제품의 수익성은 너무나 자주, 제품을 만들어내는 프로세스와 무관하게 평가된다).

우리들은 한 단계 더 매우 중요한 발걸음을 내딛어야 한다. 제품의 원가는 제품을 만들어내는 프로세스와, 동일한 프로세스에서 생산, 제공되는 다른 모든 제품들에 영향을 받는다. 제품의 복잡성은 프로세스 성능에 영향을 주고, 해당 프로세스에 의하여 생산되는 다른 모든 제품들의 원가에 영향을 주게 된다.

따라서 새로운 제품 하나를 추가하는 것은 단순히 새로운 제품 자체의 원가뿐만 아니라, 규모는 작을지라도 신규 제품과 동일한 프로세스를 거쳐 가는 다른 기존 제품들에도 일정 부분의 원가 증가를 초래한다(이러한 내용은 앞부분의 심층 탐구에도 소개되어 있는데, 2개의 신규 제품을 기존 제품군에 추가하는 것이 기존 제품군에 5%의 단위제품당 원가 증가를 발생시켰다). 역설적으로 SKU 합리화가 잘 실행되었을 때는 단종된 제품들에 직접적으로 연관된 원가를 줄여줄 뿐만 아니라, 프로세스 성능의 향상을 통하여 남아있는 기존 제품들에 대한 전체 원가 수준 또한 개선될 수 있다.

핵심 요점은 대부분의 제품과 프로세스 합리화의 접근 방법은 사실상 매우 정적인데 반해, 현실에서는 매우 동적인 관계를 가지고 있다는 것이다. 신규 제품이나 변경된 제품군이 포트폴리오에 추가되면 기존 제품을 생산하는 프로세스에 영향을 주는데, 이런 방식으로 복잡성이 발생하는 경우가 많다. 제품군을 추가하여 회사의 프로세스 효율이 저하되면, 이 프로세스를 통해 생산되는 모든 제품 포트폴리오의 수익성이 다시 악화되는 악순환 사이클에 빠질 가능성이 크다.

제품-프로세스 복잡성의 공통된 증상

제품-프로세스 면에 있는 복잡성은 어떤 모습으로 보일까? 이에 대한 해답은 회사마다 다를 수 있지만, 본문에서는 우리가 현장에서 목격한 공통적인 증상들을 소개하고자 한다.

- 상당 수의 제품이 수익성이 좋지 않고, 회사 전체의 이익을 삭감시키고 있다. 무분별한 신제품 개발이나 고객 요구에 대한 과도한 대응, 합병 후 통합 미흡 또는 이익보다는 판매나 매출에만 집중하는 관행이 통상 과도한 제품 및 서비스를 양산시키는 요인들이다. 회사의 생산능력과 조직의 에너지를 낭비시키는 과도하게 많은 수의 소규모 SKU들이 생겨나는 것이다. 그 결과 프로세스는 부담을 떠안게 되고, 퍼포먼스는 저하된다. 전통적인 원가회계 시스템이 제공하는 표준적인 이익 정보에서는 아마도 이런 문제의 규모를 파악하기 어려울 수 있다. 그러나 포트폴리오가 늘어남에 따라 수익성이 잠식된다는 사실은 매우 자명하다(원가의 원천the cost base은 매출보다 빠른 속도로 증가한다).
- 과다한 재고가 운전 자본을 소진시키고, 원가 증가를 초래하고 있다. 제품 복잡성이 늘어남에 따라 재고는 점점 쌓이고, 현금 흐름에 부담을 주며, 투자 수익률을 저하시킨다. 완성품 재고(계획생산 형태의 회사의 경우)와 원재료 재고량은 풍선처럼 부풀어 오른다. 공정 중 재고WIP 물량은 믿기 힘들 정도의 양이 되며, 개선될 기미를 보이지 않는다. 재고량이 늘어남에 따라 제품이 진부화되고 손상될 가능성도 커진다.

- 생산능력의 부담으로 인한 재고 부족shortage으로 매출 기회를 놓치는 일이 발생한다. 지나치게 다양화된 제품 포트폴리오는 제품 재고의 부족 가능성을 증가시킨다. 제품들은 시장에서의 가용성 때문에 서로 경쟁을 시작하고, 결국 생산능력의 부족현상이 나타나게 된다. 다수의 소량 제품들로 인해 수요 변동에 의한 오퍼레이션 부담은 증폭된다. 계획생산 방식이 당초 의도와 무관하게 실질적으로 주문생산 방식으로 바뀌게 되지만, 정작 많은 고객들은 이를 기다려 주지 않는다.

- 제품 과다surplus로 할인 판매, 재고 폐기 그리고 재고원가가 증가된다. 포트폴리오 상의 과도하게 다양한 제품들은 수요를 매우 세세한 세그먼트로 잘게 쪼개버리고, 이는 수요와 공급의 대응을 더욱 어렵게 한다. 그 결과 한 쪽 영역의 부족과 또 다른 영역에서의 과잉으로 나타난다. 이러한 과잉을 처리하기 위하여 회사는 가격 할인에 들어간다.

- 긴 리드타임이 고객들의 불만 요인이 되고 있다. 제품의 다양성은 제품생산 프로세스와 스케줄링에 부담을 준다. 다수의 제품들에 대한 생산계획을 실행하는 과정에서 어떤 제품들은 종종 계획량을 충족시키지 못하고, 고객들은 원래 원했던 제품을 얻기 위하여 다음 번 생산 시점까지 기다려야만 한다. 생산 중 재고가 늘어남에 따라 생산 리드타임 역시 늘어난다(생산관리에서 이야기하는 리틀의 법칙을 참조하면 생산 리드타임은 생산 중 재고를 제품 완성 비율로 나눈 것과 같다. 일정 속도로 제품이 생산된다고 가정하면 생산 중 재고가 늘어날수록 리드타임은 길어질 것이다). 리드타

임을 제품 구입의 가장 큰 고려요소로 생각하는 고객들은 경쟁 회사로 떠나버릴 것이다. 고객 이탈을 방지하기 위해 몇몇의 주문생산 방식의 회사들은 재고를 가져가는 계획생산 방식으로 변경하게 될 것이다.

- 생산제품 교체가 너무 잦아 생산능력을 감소시키고 있다. 제품 가짓수가 늘어남에 따라 한 번에 생산할 수 있는 물량product run은 줄어들 것이다. 생산 공장에서는 생산 라인에서 활용할 수 있는 많은 시간을 제품 간 품종 교체에 써버리게 될 것이다. 소품종 대량생산을 위해 만들어진 공장은 다품종 소량제품을 생산하는 데 많은 부담을 느끼게 될 것이다. 생산 자체가 어려움을 겪게 된다.

- 납기 준수, 고객응대 그리고 품질 수준이 업계 평균을 밑돌고, 이러한 상황이 개선되지 않고 계속 나빠지고 있다. 회사의 오퍼레이션이 과도한 다양성에 부담을 느끼게 되면 운영상의 균열crack이 나타나기 시작한다. 납기 충족, 최초 주문 충족률, 품질 수준에 문제가 발생된다. 판매 담당자들은 제품 포트폴리오의 수에 압도당하여 전체 제품들 중 일부에만 집중하게 되고, 이로 인하여 다양성으로 인한 혜택들의 일부가 무의미하게 된다. 이쯤 되면 회사의 오퍼레이션이 고객의 이슈들에 반응하는 속도가 떨어지게 된다. 회사의 브랜드 가치가 저하되고, 고객들은 이탈하게 된다.

- 무슨 활동을 하든 조직 내 다른 부분에서 부작용이 발생할 것 같다. 이러한 문제들은 모두 한데 얽혀 있어서 해결책들끼리 서로 충

돌하게 된다. 다른 영역의 퍼포먼스를 떨어뜨리지 않고 특정 영역의 퍼포먼스를 향상시키기 위한 방법은 없는 것처럼 보이기도 한다(재고량이나 리드타임, 제품 가용성, 생산능력, 고객 서비스 및 품질 수준 등 모든 영역에 해당된다). 기업은 오퍼레이션에 여유가 없다는 이유로 장기간의 효과에 앞서 가장 시급한 문제의 해결에만 전력을 다하게 된다(서양의 옛 속담과 같이 '마차에 가장 가까운 늑대'만 신경 쓰게 된다는 의미).

독자들은 아마도 설명했던 모든 증상들을 경험하지는 않았을 것이다. 그러나 이러한 증상들이 회사에서 나타난다면 복잡성 큐브에서의 제품─프로세스 면에서 일어나는 상호작용들 때문에 문제가 발생하고 있을 가능성이 있다.

제품─프로세스 면의 주요 상호작용

제품 복잡성은 생산 라인에서의 품종 교체를 하는 것과, 제품 전반에 관하여 영업/판매 담당자에게 주문을 해야 하는 것과 무관하게 프로세스에 부담을 안겨준다. 본문에서는 이해의 편의를 위하여 계획생산 방식의 예제를 중심으로 논의할 예정이다.

생산 공장에는 제품 복잡성, 제품의 생산능력, 재고 수준, 리드타임 등이 동적으로 상호작용을 하면서 변화하는 관계가 있다. 제품 복잡성의 증가는 생산 공정과 공급 프로세스에 보다 많은 제품의 흐름이 필요함을 의미하며, 이는 또한 관련 프로세스들의 유연성과 셋업 시간이 어떻게 결정되느냐에 따라 생산능력의 저하, 재고 수준의 증가, 리드타임의 증가, 그리고 이 모든 문제들이 복합된 또 다른 문제를 야기시키는 촉매제가 된다. 기업이 공장 투입, 생산 스케줄링과 같은 자사의 제조시설을 운영하는 방식에 따라 제품의 다양성이 어디에 악영향(생산능력, 리드타임 등)을 미치게 될지 결정된다(현명한 기업이라면 이러한 문제를 이미 알고 있을 것이고, 악영향이 회사 입장에서 가장 원가가 적게 드는 영역에서 미칠 수 있도록 회사를 운영하려 할 것이다).

본문에서 우리는 제품-프로세스 간에 발생하는 여섯 가지의 상호작용의 영향에 대해 설명할 것이다(사실 이러한 동적 상호작용의 양태는 서로 복잡하게 얽혀 있으나, 우리는 설명을 단순화하기 위해 이들을 각각 따로 설명할 것이다).

1) 제품 다양성의 증가는 재고 수준과 리드타임을 선형적인 관계로 증가시킨다.
2) 제품 다양성의 증가는 생산능력을 대폭 감소시키는 원인이 된다.
3) 소량 생산제품들은 재고 보유량과 생산능력에 비선형적인 효과를 미친다.
4) 수요의 다양성은 제품의 다양성에 의한 영향을 증폭시킨다.
5) 셋업 시간은 제품 복잡성을 지원하는 프로세스의 능력을 약화시킨다.
6) 제품의 다양성 때문에 제품의 단순성을 전제로 설계된 프로세스들이 망가져 버린다.

여섯 개의 상호작용 중 처음 네 개는 제품 복잡성이 프로세스 성과에 미치는 영향을 기술하고 있다. 상호작용 1과 2는 제품 다양성과 재고 수준, 리드타임 그리고 생산능력 간의 근원적인 영향 관계를 이야기하고 있으며(우리는 재고와 리드타임을 묶어서 설명했는데, 이 두 요소에 미치는 영향은 근원적으로 유사하다고 볼 수 있다), 상호작용 3과 4는 상호작용 1과 2에서 설명했던 나쁜 영향들을 더욱 악화시키는 제품 측면에서의 두 가지 중요한 특성(소량제품 및 수요의 변동성)에 대하여 설명하였다.

상호작용 1에서 4까지에 대하여 상세히 설명하는 과정은 기술적인 면이 많다. 본문에서는 상호작용 1에 대해서는 상세한 분석과정을 설명하지만, 나머지에 대해서는 요약된 분석내용을 제공할 예정이다(요약된 항목에 대한 상세한 설명은 부록 B에 첨부하였다). 상호작용 5와 6에 대해서는 다양성을 지원하기 위한 프로세스의 역량과 제품의 수익성 관점에서 핵심 프로세스의 특징들이 미치는 영향이 무엇인지를 설명할 것이다.

상호작용 1: 제품 다양성의 증가는 재고 수준과 리드타임을 선형적인 관계로 증가시킨다

복잡성에 관한 규칙 중 첫 번째는 전체 재고 수준이 제품의 가짓수에 따라 비례하여 증가한다는 것이다. 이는 그림 29에 나타난 바와 같이 제품에 대한 수요를 잘게 쪼개면 쪼갤수록 전체 재고 수준은 늘어나게 된다는 것을 의미한다.

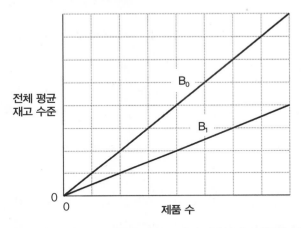

| 그림 29 | 제품 종류의 수에 따라 주어진 수요를 동일하게 할당 시
재고에 미치는 영향

전체 평균
재고 수준

B_0

B_1

0

제품 수

동일한 수요가 제품 종류 수에 동등하게 대응된다고 볼 때 전체 재고 수준은 제품 종류 수에 비례하여 증가한다. 이러한 관계에서 그래프의 기울기는 뱃치 크기(B)를 의미한다. 작은 뱃치 크기는 낮은 전체 재고량의 결과로 나타나지만, 재고량과 제품 가짓수는 여전히 비례관계임을 알 수 있다. 이 예제에서 뱃치 크기 B_1은 B_0의 절반에 해당한다(JIT 또는 Just-in-time 기법은 뱃치 크기를 효율적으로 최소화시킴으로써 재고 수준을 낮출 수 있다).

물론 기업 입장에서는 재고 수준을 낮추기 위하여 다양한 활동들을 수행할 수 있다. 기업은 보다 작은 뱃치 크기로 제품을 생산할 수 있지만, 이는 생산능력을 축소시키는 결과를 발생시킬 수 있다. 또한 기업은 재고의 부담을 고객들에게 전가시킬 수도 있으나, 이는 항상 가능하지 않을 수도 있다. 또 다른 방법으로는 협력업체와 함께 JIT 체계를 구축할 수도 있다. 하지만 이 방법은 많은 투자와 리스크를 수반한다.

이러한 모든 대응방법들은 재고 관리 수준을 더욱 개선시키려는 목적 하에 실행되어야 하지만, 제품의 다양성이 재고 수준에 어떻게 영향을 미치는가를 나타내는 선형적인 관계 자체를 변화시킬 수는 없다. 이러한 사실은 제품의 복잡성이 두 배가 되면, 다른 요소들이 모두 동일할 때 재고 수준이 왜 최소한 두 배가 되는지를 설명한다. 또한 리드타임이 공정 중 재고 물량에 전적으로 영향을 받는다는 점을 상기해보면 우리는 제품의 리드타임 역시 두 배가 될 것임을 예측할 수 있다.

이러한 사실은 많은 기업들이 왜 운전 자본을 소진하는 수준까지 재고량을 크게 늘려 왔어야 했는지에 대한 이유로 볼 수 있다. 재고 수준은 완성품이든 원재료이든 상관없이 뱃치 크기와 제품 또는 부품의 가짓수에 직접적인 영향을 받는다.

상호작용 1의 분석

이러한 주장이 사실인지 알아보기 위하여 제품 다양성이 재고량 증가에 어떻게 영향을 미치는지 살펴보자. 재고는 일종의 완충장치buffer이다. 재고의 목적은 새로운 원재료나 제품이 도착하거나 생산되기까지 대기하는 상태일지라도 수요를 충족시키게 해준다는 것이다.

어떠한 제품(이를 A향 제품이라고 부르도록 하자)의 수요 혹은 소진율이 항상 일정하다고 가정하면, 재고 수준을 나타내는 그래프는 시간에 따라 톱니 모양 형태가 된다(흔히 톱니 그래프라고 부른다. 그림 30 참조).

| 그림 30 | 톱니 모양 재고 물량 그래프

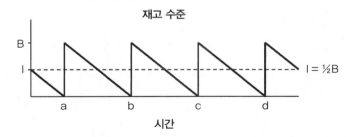

a, b, c, d 시점에 제품의 신규 뱃치가 완성 혹은 도착하며, 이에 따라서 재고 수준이 단계적으로 뱃치 크기와 동일한 양만큼 급증하게 되는 과정이 반복된다. 일정한 수요 혹은 재고 소진율이라면 재고량은 다음 뱃치가 생산되거나 도착할 때까지 선형으로 감소하게 된다. 이러한 톱니 모양 재고 물량 그래프에서는 평균 재고 물량(I)은 단순하게 평균 뱃치 크기(B)의 절반이 된다(설명의 용이성을 위하여 이 그래프에서는 안전 재고의 개념을 포함하지 않았다. 이 개념은 나중에 다룰 예정이다).

그래프의 a, b, c, d 시점에 A향 제품의 신규 뱃치가 도착하고, 생산 혹은 도착한 양과 동일한 크기만큼 재고 수준이 갑자기 증가하는 과정이 단계적으로 일어난다(우리는 이 수량을 뱃치 크기라고 부르며, 연속적인 흐름 생산 방식에서는 한 번에 생산하는 길이campaign length와 같다). 재고 물량은 곧 다음 뱃치가 도착하거나 생산될 때까지 꾸준한 수요에 의하여 선형적으로 감소하기 시작한다. 이러한 개념은 소매상의 선반, 물류 창고warehouse의 완제품, 물품 창고의 원재료에 모두 해당된다.

논의를 좀 더 단순화하기 위해 고정적인 생산과 수요를 가정한다면 이 분석에서는 안전재고는 무시해도 될 것이다. A향 제품의 평균 재고량은 단순히 뱃치 크기의 절반이 된다(수학을 좀 아는 사람이라면 삼각형의 면적은 밑변의 길이에 높이를 곱한 값의 절반이라는 것을 기억할 것이다).

이제 한 제품이 아니라 두 가지 향의 제품에 대하여 수요와 생산량이 동일한 경우에 대한 영향도를 고려해 보도록 하자(제품이 하나 늘어나면 수요 역시 늘어나겠지만, 종종 대폭적인 자기잠식효과 cannibalization가 발생되는 경우가 있다. 따라서 문제를 쉽게 이해하고, 재고의 영향도에 집중하기 위하여 우리는 전체 수요가 변화하지 않는다고 가정할 것이다). 시점 a, b, c, d에 A향 제품을 만드는 대신 A향과 B향 중 번갈아가면서 생산하게 되는 경우를 살펴보자. A향 제품은 기존의 절반 수준으로만 자주 제품을 생산하면 되며(a, c 시점), 절반의 속도로 제품이 소진된다. 그러나 A향 제품에 대한 생산량과 수요량이 기존의 절반이기 때문에 **평균 재고량은 변하지 않게 된다.** 왜일까? 평균 재고 수준은 여전히 뱃치 크기의 절반에 해당하는데, A향 제품의 뱃치는 기존보다 생산주기만 절반이 되었을 뿐 각 뱃치의 크기는 변하지 않았기 때문이다. 따라서 평균 재고량은 그대로 유지된다.

우리는 B향 제품에 대해서도 동일한 고려를 해야 한다. B향 제품의 재고 물량 그래프는 A향 제품과 시점이 조금 옆으로 밀려나 있다는 것만 제외하면 동일하게 보이는데, 시점 b, d에 제품을 생산하면 된다. 이 제품 역시 평균 재고 수준은 뱃치 크기의 절반에 해당하는데, 배치 크기는 A향 제품과 동일하다(수요 역시 동일하다). 전체 재고 수준은 단순하게 A향과 B향 각각의 합이기 때문에, 두 제품에 대한 전체 재고 수준은 기존의 제품이 하나일 때에 비하여 두 배가 된다 (그림 31과 그림과 함께 표시된 수식을 참조).

본문에서 살펴본 기본 예제에서는 전체 수요량이 변화하지 않아도 전체 재고량이 제품 가짓수가 두 배가 됨에 따라 두 배로 증가함을 볼 수 있었는데, 이는 이 장의 서두에서 밝힌 '제품 다양성의 증가는 재고 수준을 선형적인 관계로 증가시킨다'라는 명제를 설명한다. 바꿔 말하면, 운영상에서 비부가가치 원가NVA의 증가를 유발하는 재고의 증가 없이는 제품의 포트폴리오를 증가시킬 수 없다는 것을 의미한다. 이러한 고유한 특성 때문에 우리가 제품 포트폴리오를 증가시키는 것 자체에 반대한다는 의미는 아니지만, 매우 신중하게 의사결정해야 함을 주장하는 근거는 된다. 담당자는 전체 재고 수준의 증가를 막기 위해서 제품 포트폴리오를 축소시킬 수 있는지 조사해야 하고, 원가 측면에서 전체적인 효과를 항상 생각해야 한다.

상호작용 2: 제품 다양성의 증가는 생산능력을 대폭 감소시키는 원인이 된다

제품의 다양성은 지난 몇 십 년간 매우 크게 증가되어 왔는데, 이러한 증가는 일반적으로 제품을 생산하는 공장이나 시설이 건설된 후에 일어났다. 대량 소품종 생산에 적합하도록 만들어진 공장들은 오랜 시간에 걸쳐 이제껏 볼 수 없었던 제품의 다양성에 대응하느라 자신의 생산능력을 스스로 축소시킬 수밖에 없는 상황이다(생산능력이 축소되는 현상은 종종 오퍼레이션 방식의 개선이나 생산능력 증대를 위한 자본적 투자로 인해 그 실상이 일시적으로 은폐되거나 혹은 부분적으로 상쇄되어 왔다).

| 그림 31 | 제품이 하나일 때와 두 개일 때의 재고량 비교

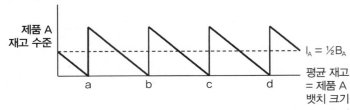

제품이 하나일 때

제품 A
재고 수준

$I_A = \frac{1}{2}B_A$

평균 재고
= 제품 A
뱃치 크기

a　　b　　c　　d

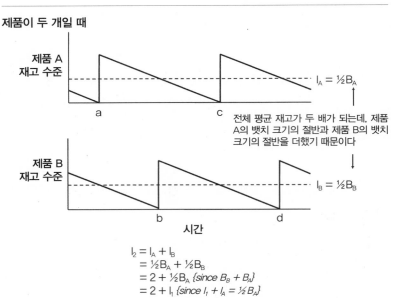

제품이 두 개일 때

제품 A
재고 수준

$I_A = \frac{1}{2}B_A$

a　　　　　　c

전체 평균 재고가 두 배가 되는데, 제품
A의 뱃치 크기의 절반과 제품 B의 뱃치
크기의 절반을 더했기 때문이다

제품 B
재고 수준

$I_B = \frac{1}{2}B_B$

b　　　　　　d

시간

$$I_2 = I_A + I_B$$
$$= \tfrac{1}{2}B_A + \tfrac{1}{2}B_B$$
$$= 2 + \tfrac{1}{2}B_A \ \{since\ B_B + B_A\}$$
$$= 2 + I_1 \ \{since\ I_1 + I_A = \tfrac{1}{2}B_A\}$$

한 제품만 생산할 경우, 제품 A의 평균 재고 수준은 a, b, c, d 시점에 생산되는 뱃치 크기의 절반과 같다. 두 제품을 생산하게 되면 A제품은 a, c 시점에 생산되고, B제품은 b, d 시점에 생산된다. 동일한 전체 수요량이 제품 두 개에 동일하게 나뉘어 반영되므로 재고량 그래프는 제품이 하나일 때 대비하여 두 개일 때 절반의 비율로 바뀌게 되지만, 뱃치 크기 자체는 변하지 않는다. 각 제품별 평균 재고량은 제품이 하나인 경우의 제품 A의 재고량과 동일하게 되는데, 이는 두 가지 제품에 대한 전체 재고량은 하나의 제품일 때에 비해 두 배가 됨을 의미한다.

앞에서 다룬 상호작용에서 우리는 어떻게 재고 수준이 뱃치 크기에 비례하는지를 살펴보았다. 기업은 보다 작은 뱃치 크기로 자주 생산함으로써 재고 수준을 줄일 수 있지만 이는 생산능력을 축소시키게 된다. 따라서 재고 수준과 생산능력은 반비례의 관계에 있다고 볼 수 있다. 다시 말해서 전체 재고 물량을 낮은 수준으로 유지하기 위해서는 낮은 수준의 뱃치 크기가 필요하며, 반대로 뱃치 크기를 늘리면 재고 수준이 증가되는 것이다.

제품 종류의 증가는 재고나 생산능력 모두에게 부담을 주게 되는데, 이는 상호작용 1에서 다루었던 대로 재고 보유량의 증가나 생산능력의 저하 혹은 이 두 가지의 복합적인 형태로 나타난다. 앞에서

| 그림 32 | 일정한 수준의 재고량에 대하여 제품의 복잡성이 전체 생산량에 미치는 영향 분석

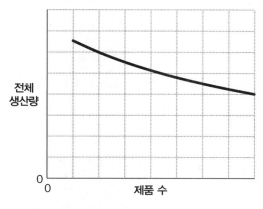

생산량은 제품 복잡성(즉, 제품의 가짓수)에 반비례하는 관계가 있다. 일정한 재고량을 유지하고자 할 때, 생산시설이 늘어난 제품 가짓수에 공통적으로 대응한다고 할 때 제품 가짓수가 늘어남에 따라 전체 생산량은 줄어든다.

논의하였던 상호작용으로 돌아가보면, 제품의 다양성이 재고 수준에 어떠한 영향을 주는지 분석할 때 우리는 전체 수요량을 일정하게 유지시켰었다. 반대로, 보다 증가된 제품 다양성에 대응하기 위하여 재고 수준을 일정하게 유지하는 것은 그림 32에 나타난 바와 같이 제품 다양성이 증가함에 따라 전체 생산능력의 감소를 발생시킨다는 것을 볼 수 있다.

상호작용 2의 분석

영아용 조제분유 시장을 예로 들어보자. 1950년대, 시장에서의 제품 다양성은 매우 적었다. 각 제조업체들은 우유를 원료로 하는 단일 제품만을 생산했는데, 가령 로스 연구소Ross Laboratories의 시밀락 Similac, 미드 존슨Mead Johnson 사社의 앙파밀Enfamil 등이다. 오늘날에는 각 제조업체들이 매우 다양한 제품들을 생산하고 있는데, 가령 유당 제거, 유기농, 두유 등을 첨가한 제품들이 판매되고 있다. 그리고 보통 이러한 제품군들은 동일한 공장에서 생산되는데 이는 잦은 품종 교체를 발생시키고, 범용화된 설비 그리고 매우 복잡해진 수요 예측과 생산 스케줄링을 필요로 하게 된다.

제품을 추가하는 것은 이를 생산하는 생산 프로세스에 품종 교체, 즉 한 제품을 특정 라인에서 생산하다가 다른 제품으로 변경하는 일련의 활동들을 발생시킨다. 품종 교체 혹은 셋업에 소모되는 시간은 명백히 고객 입장에서는 부가가치를 창출하지 못한다. 일반적으로 제품군의 수가 다양해지면 품종 교체 횟수가 늘어나고, 잠재적인 생산 가능시간 중 많은 부분을 품종 교체에 소모하게 된다.

독자들은 부록 B에서 이 이슈에 대해 보다 상세한 내용을 확인할 수 있을 것이지만, 그림 32에 나타난 바와 같이 **제품 종류 수가 증가함에 따라**(전체 재고량은 유지된다고 할 때) 생산능력은 감소함을 알 수 있다. 다른 말로 표현하면 **제품 복잡성이 증가하면 생산능력이 감소된다.**

이러한 효과는 실제의 기업환경에서 큰 문제를 일으킬 수 있다. 제16장에서 우리는 한 제약회사에 대한 예제를 다룰 텐데, 이 회사는 그들의 생산 제품군이 지속적으로 확장되어 오는 와중에 수년에 걸쳐 재고 수준을 낮추는데 집중해왔다(겉보기로는 매우 적절한 활동으로 보인다). 하지만 생산능력은 지속적으로 감소되었으며, 감소된 생산능력 때문에 제품 생산량 증가분을 어쩔 수 없이 엄청난 프리미엄을 주고 아웃소싱 해야만 하는 상황에 처했다(이러한 과정은 다음 장에서 다룰 프로세스와 조직 간의 상호작용에 의해서 사람들의 눈에 띄지 않게 진행되었다). 이 회사가 외주 생산을 위해 지불해야 했던 원가는 재고 절감을 통해 절감했던 원가의 15배에 해당했다.

상호작용 3: 소량 생산제품들은 재고 보유량과 생산능력에 비선형적인 효과를 미친다

제품 개당 원가의 관점으로 보자면 소량 생산제품들이 대량 생산제품들보다 생산능력을 더 많이 소진시키며, 그리고/혹은 더 큰 재고량의 증가를 유발한다. 그러나 대부분의 회계 시스템에서는 이러한 원가를 마치 땅콩버터를 바르듯이 넓게 뿌려 버리는데 이는 소량 제품들의 원가를 과소하게 보이도록 만드는 물량기준 배분 방식을 적용하기 때문에 발생하는 현상이다. 회계장부상에서 소량 제품들의 실제 영향력은 매우 왜곡되어 있다.

상호작용 3의 분석

지금까지 본문에서 다루었던 예제에서는 수요와 생산량이 모든 제품에 동등하게 나뉘어진다고 가정하였다. 이러한 가정의 단순화는 이전의 사례들에서 발생하는 복잡하고 동적인 움직임들을 이해하는데 도움을 주지만, 실제 현실은 이보다 더 복잡하고 혼란스러운 경우가 많다. 소량 생산제품에 관한 이야기를 하지 않고서는 제품과 프로세스에 관한 상호작용을 이야기하는 것 자체가 불합리하다고 볼 수 있다.

아래의 시나리오들을 고려해 보았을 때 소량 생산제품들이 재고량과 생산능력 측면에 주는 효과가 불균형적이라는 사실은 이론의 여지가 없다.

- 대량 생산제품과 비교하여 동일한 빈도로 생산된다고 하였을 때 소량 생산제품들은 동일한 횟수의 품종교체를 유발할 것이며, 따라서 동일한 분량만큼의 생산능력을 낭비하게 만든다.
- 대량 생산제품과 비교하여 동일한 뱃치 크기로 생산된다 하였을 때 소량 생산제품들의 재고 수준은 대량 생산제품들의 재고 수준과 동일하게 된다.

이 두 가지 예제에서 동일한 생산능력의 손실 및 동일한 재고 수준이라는 것은 이로 인한 부정적인 효과가 상대적으로 적은 생산량 때문에 발생됨을 의미한다(그 이유에 대해서는 부록 B에서 상세히 설명하였다).

▎왜 전통적인 뱃치 크기 설정 방식은 항상 미흡한 결과로 끝나는 것일까?

공장 운영 책임자가 소량 생산제품이 대량 생산제품보다 적은 빈도로 띄엄띄엄 생산되어야 한다는 사실을 알고 있다 해도 보다 어려운 문제는 과연 적은 빈도라는 것이 도대체 얼마만큼 되는 숫자냐 하는 것이다.

생산 빈도는 보통 뱃치 크기에 따라 결정되지만, 전통적인 방식으로는 생산제품들과 수요의 수준이 주어졌을 때, 재고와 리드타임을 최소화 할 수 있는 최적의 뱃치 크기를 도출할 수 없다. 다음과 같은 일반적인 방법들을 생각해보자.

- 경제적 주문량EOQ, Economic order quantity: 특정 제품에 대한 재고 유지 원가와 주문 원가를 최소화하기 위한 각 제품별 뱃치 크기를 결정한다.
- 셋업 대비 가동시간 비율: 각 제품에 대하여 특정 비율에 따른 셋업 시간에 기반하여 뱃치 크기를 결정한다(가령 매 1시간의 셋업에 대하여 10시간의 생산시간 비율).
- 활동 기준 원가계산ABC, Activity-based costing 계층화: 제품들을 생산량이나 다른 기준에 따라 계층화하고, 어떤 제품을 보다 자주 생산할지(가령 주 단위), 어떤 제품을 적은 빈도로 생산할지(가령 연 단위)에 따라서도 계층화한다.

그러나 앞에서 기술한 각각의 방법들은 모든 다른 제품들 간의 관계를 고려하지 못하고 각 제품들을 개별적으로만 고려하게 된다. 각각의 뱃치 크기를 결정하게 될 때 모든 제품들이 합쳐진 형태로 계산되어 공장의 생산능력 이상의 생산 스케줄, 혹은 생산능력을 놀리는 스케줄이 만들어지는 결과가 초래된다. 이는 보다 많은 품종교체에 활용될 수도 있었던 생산능력이라고도 볼 수 있는데, 이러한 품종교체는 높은 빈도수의 소량 뱃치들을 만들어내며, 따라서 짧은 리드타임과 적은 재고량이 가능했을

상호작용 4: 수요의 다양성은 제품의 다양성에 의한 영향을 증폭시킨다

우리는 본문의 예제에서 수요가 시간에 따라 전혀 변화하지 않는다고 가정하였지만, 이는 매우 드문 경우이다. 대부분의 경우 특정 제품에 대한 수요는 시간에 따라 변화한다. 얼마나 수요의 변동이 오퍼레이션에 큰 영향을 줄 수 있는지는 얼마나 제품 포트폴리오가 복잡하냐에 달려 있다. 상대적으로 단순한 포트폴리오인 경우라면 수요의 변동성은 복잡성 원가에 큰 영향을 주지는 않을 것이다. 하지만 제품 다양성이 매우 큰 경우라면 수요 변동성은 매우 크게 증폭되어 버릴 것이다.

우리가 여기에서 알 수 있는 것은 **제품 다양성**variety은 **변화**variation**를 야기한다는 점이다.** 제품의 가짓수가 늘어나면 수요의 변동 또한 늘어나게 되며, 이는 복잡성 원가가 대폭적으로 증가함을 의미한다.

상호작용 4의 분석

수요 변동의 효과는 안전재고(우리가 이때까지 고려하지 않았던 재고의 일부)에 대한 필요성의 여부에서 가장 명확하게 관찰할 수 있다. 안전재고는 수요가 일정하지 않을 때 재고 부족이 발생할 위험에 대한 완충재 역할로 활용되는 추가적인 재고를 의미한다. 즉 안전재고란 변동성에 대응하기 위해 필요한 재고를 의미한다.

그림 33이 제품 가짓수와 수요의 변화에 따른 총안전재고의 변화를 보여주고 있는데(총월간 수요에 대한 비율로 나타나 있다), 이는 변동성의 다양한 수준들에 대하여 제품 가짓수에 대한 함수로 나타나 있다. **제품들의 가짓수가 어떻게 되더라도 안전재고의 수준은 수요의 변동성 정도에 따라 비례함을 알 수 있다**(후자의 경우 COV 혹은 변동계수에 따라 나타나 있다).

제품의 가짓수와 수요의 변동 수준은 안전재고의 수준을 결정하기 위해 조합되어야 한다. 그림 33에 표시된 예제에서는 수요 변동폭이 상대적으로 적을 때(COV=0.1)는 제품 가짓수가 1에서 15가 되는 동안 안전재고 수준이 전체 월간 수요량의 3%에서 12%로 늘어났다. 반면, 수요의 변동폭이 상대적으로 클 때(COV=0.5)는 제품 가짓수가 1에서 15로 늘어나는 동안 총안전재고량이 월간 수요의 16%에서 60%로 늘어남을 알 수 있다.

그러나 소량 생산제품이 일반적으로 대량 생산제품에 비하여 수요의 변동에 크게 영향을 받게 된다. 대량의 제품은 일반적으로 다수의 주문 및 고객들이 관여되어 있고, 각 주문량은 보다 안정적인 경우가 많다. 작은 변화, 가령 주문이 취소 혹은 연기된 경우는 큰 물량에 대하여 그 영향력이 분산되기 때문에 작은 효과만이 나타날 수 있으나, 이러한 변화가 소량에 집중되었을 경우에는 변동 비율이 훨씬 클

| 그림 33 | 다양한 수요 변동에 대한 제품 다양성의 함수로 나타낸 총안전재고량

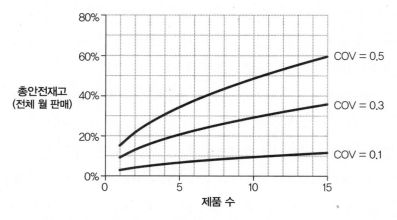

총안전재고량은 제품 가짓수와 수요의 변동에 따라 증가한다. 총안전재고 수준이 총월간 수요에 대한 비율로 나타나 있다. COV로 나타난 변동성은 전체 평균 수준과 비교했을 때 수요 수준이 얼마나 변화하는지를 보여준다. COV가 0.1이라는 의미는 상대적으로 수요가 안정적임을 의미하고, COV가 0.5라는 것은 수요가 폭넓게 변화함을 의미한다(본 분석에서 수요는 모든 제품들에 동일하게 할당된다).

것이다.

다시 그림 33을 보면 제품 가짓수가 1에서 15로 증가하는 것이 안전재고가 월간 수요의 3%(COV가 0.1일 때)에서 60%(COV가 0.5)로 증가하는 것과 매우 유사하다는 것을 알 수 있다(변동성은 계획생산 방식에서 재고에 영향을 미치는 것과 마찬가지로 주문생산 방식에서는 리드타임에 영향을 준다).

상호작용 5: 셋업 시간은 제품 복잡성을 지원하는 프로세스의 능력을 약화시킨다

생산 프로세스에 따라 흘러가는 제품이 하나밖에 없다면 생산제품을 교체할 필요가 없으며, 따라서 품종교체로 인한(셋업 시간이라고도 함) 생산설비 가동시간 손실이 발생하지 않을 것이다. 하지만 두 번째 제품을 추가 생산하고자 하면 다른 제품으로 전환하고자 할 때 셋업 시간이 발생될 것이다.

셋업 시간이 전혀 필요하지 않은 이상적인 경우를 가정했을 경우, 그런 생산 프로세스에 따라 다수의 제품을 생산하는데는 어떠한 생산성에 대한 불이익도 발생하지 않을 것이다. 하지만 모두가 이미 알고 있듯이 그런 꿈같은 상황은 존재하지 않는다. 셋업을 수행하기에는 시간이 소요되며, 동일한 생산 프로세스에서 보다 다양한 제품을 생산하려고 할수록 보다 많은 불이익이 발생할 것이다. 반대로 이야기하면 우리가 셋업 시간을 줄이면 제품 다양성으로 인한 불이익 역시 줄어들게 될 것이다.

제품 다양성이 프로세스에 얼마나 영향을 주는지를 결정하는 요소는 유연성과 프로세스 자체의 건전성robustness이다. 보다 유연한 프로세스가 그렇지 않은 경우보다 그 프로세스를 통해 흘러가는 제품의 다양성을 효율적으로 뒷받침할 수 있다. 제품 다양성이 프로세스에 얼마나 부담을 주는지를 결정한다면 셋업 시간은 프로세스가 이러한 부담을 다스리느냐를 결정한다.

상호작용 5의 분석

이미 심층 탐구 3에서 논의한 몰리 농장의 교훈을 다시 되새겨보자. 본래 시나리오에서 우리는 품종교체에 소요되는 시간을 1시간으로 설정했고, 두 가지 제품군을 추가할 때는 누적 품종교체 시간이 증가하여, 매출의 증대를 통한 잠재적 이익을 복잡성 증가에 따른 원가가 크게 상쇄해버리는 결과가 발생함을 알 수 있었다. 하지만 셋업 시간을 30분으로 줄일 수 있다면 상황은 완전히 달라진다. 두 가지 제품을 생산하는 과정에서 증가된 원가가 추가된 이익을 상쇄하는 일은 발생하지 않을 것이다.

왜 그럴까? 앞서 논의한 상호작용들에서 우리는 제품의 복잡성이 프로세스의 핵심 지수들(재고, 리드타임, 생산능력과 제품소진 등)에 영향을 준다는 사실을 알 수 있었다. 프로세스 유연성을 극대화 할 수 있는 돌파구는 바로 셋업 시간의 길이이다. 따라서 짧은 셋업 시간으로 대응할 수 있는 프로세스는 더 큰 제품 다양성을 지원할 수 있다. 재고의 경우를 한번 살펴보자. 우리가 알고 있듯이 재고 수준이 뱃치 크기에 비례함과 동시에 뱃치 크기는 셋업 시간에 비례한다(제13장 뱃치 크기에 대한 내용을 참조). 이는 셋업 시간을 반으로 줄이면 제품 복잡성이 재고에 미치는 영향을 반으로 줄일 수 있음을 의미한다(그림 34의 왼쪽 차트 참조).

생산능력이 축소되는 경우도 살펴보자. 우리는 제품의 가짓수가 늘어남에 따라 셋업에 따른 시간 손실이 발생하고, 따라서 생산에 필요한 시간이 줄어듦을 보았다. 그러나 셋업으로 인하여 손실되는 시간의 양은 셋업 자체가 얼마만큼의 시간을 소비하느냐에 달려 있다

(긴 셋업은 높은 셋업 대 가동시간 비율을 의미하며, 높은 셋업 대 가동시간 비율은 보다 많은 생산능력이 소진됨을 의미한다). 셋업 시간을 반으로 줄임으로써 우리는 제품 복잡성이 생산능력에 미치는 영향을 절반으로 줄일 수 있다(그림 34의 오른쪽 차트 참조).

보다 일반적으로 셋업 시간이 두 배가 되면 증가된 제품 복잡성에 대한 영향력 또한 두 배가 된다. 이는 셋업 시간을 반으로 줄이게 되면 제품 복잡성이 생산 중 재고, 리드타임, 생산능력에 미치는 영향력을 절반으로 줄일 수 있음을 의미한다. 바꿔 이야기하면 셋업 시간을 절반으로 줄이면(동일한 재고량, 리드타임과 생산량이라 할 때), 생산 프로세스가 지원가능한 제품의 가짓수를 효과적으로 두 배 늘릴 수

| 그림 34 | 제품 복잡성 측면의 영향에서 셋업 시간이 미치는 효과

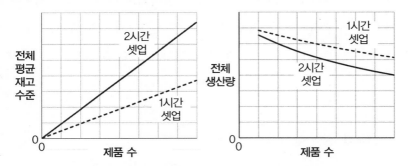

셋업 시간을 줄인다는 것은 제품 다양성을 보다 잘 지원할 수 있도록 프로세스를 개선한다는 것을 의미한다. 셋업 시간을 절반으로 줄이면(예를 들어 2시간에서 1시간) 생산 프로세스는 두 배의 제품 가짓수를 지원할 수 있다. 반대로, 동일한 제품 종류 하에서 보다 짧은 셋업 시간은 보다 적은 재고량과 보다 많은 생산량을 의미한다(주: 이러한 관계는 각 제품의 수량이 모두 동일하다는 전제 하에 성립한다).

있다. 이 내용은 제13장에서 보다 자세히 설명하였다.

상호작용 6: 제품의 다양성 때문에 제품의 단순성을 전제로 설계된 프로세스들이 망가져 버린다

회사의 수명주기에서 대부분의 프로세스들은 제품 포트폴리오가 단순하여 몇 가지 제품밖에 판매되고 있지 않던 시절에 모양을 갖추는 경우가 많다. 그렇다면 단순했던 시절에 만들어진 프로세스들이 제품 다양성을 처리하고자 할 때에는 어떤 일들이 발생할까? 일반적으로 이 결과는 프로세스 복잡성으로 나타나는데, 빙빙 도는 루프형 프로세스, 재작업, 예외처리, 한 번 하고 끝나는 업무와 같은 것들이 그 예이다. 표준 프로세스가 활동들로 엮어진 복잡한 형태로 교체되면 표준 프로세스가 무엇인지 확인하는 일 자체가 어려워진다. 이러한 환경 하에서는 프로세스의 효율은 급격히 저하되고, 리드타임은 크게 늘어나 버리며, 과도한 비부가가치 시간들과 생산 중 재고가 증가된다(우리는 이 현상에 대하여 제3장에서 이미 다룬 바 있다).

전투를 위한 핵심 시사점

제품-프로세스 면의 상호작용에 대해 이해한 후에 본 이슈를 해결하기 위한 올바른 접근법과 관련하여 우리가 기억해야 할 교훈은 무엇일까? 아래에 이 면에 발생하는 복잡성 원가를 축소하기 위한 다섯 가지 시사점들을 정리해보았다.

1) 원가의 진정한 원인을 향하여 조준adjust하라.

2) 남겨진 다른 제품에 집중하기 위하여 제품군의 수를 줄여라.

3) 매출을 늘리는 것보다는 이익이 나지 않거나 서로가 서로를 잠식하고 있는 제품들을 줄여라.

4) 프로세스들을 필수 제품군들에 맞도록 구조화해라.

5) 회사의 포트폴리오에 수반되는 적절한 복잡성 수준을 정하고자 할 때는 회사가 복잡성을 처리할 수 있는 수준이 어느 정도인지를 고려해라.

▌마음의 준비에 필요한 준비시간

준비시간은 단지 생산시설에만 해당되는 것이 아니다. 서비스 조직들도 준비시간으로 인하여 생산 공장 못지않게 많은 고민을 안고 있다. 생산 공장에서의 제품 품종 변경뿐만 아니라 서비스 산업에서 고객에게 서비스되는 다른 종류의 업무들 간에 전환이 필요할 때 언제나 시간, 노력 또는 자원들이 소모된다.

우리에게 이미 익숙한 생산 준비라는 개념과 유사한 마음의 준비시간에 대해서 많은 학자들이 그 현상들을 파악하기 위해 연구해왔다. 마음의 준비란 어떠한 일에 집중하다가 다른 일로 전환하기 위해 소요되는 시간 혹은 노력을 의미한다. 작업 아이템의 종류가 많거나(즉, 복잡도가 높거나) 업무 전환의 횟수가 많을 경우(즉, 작은 뱃치 크기) 사람으로 하여금 스트레스를 유발하고 작업효과의 저하가 심각하게 발생할 수 있다.

2007년에 발표된 〈한꺼번에 여러 일을 하는 사람의 가을The autumn of Multitasker〉이라는 월터 컨Walter Kirn의 논문에 아래와 같은 글이 있다.

한꺼번에 여러 가지 일을 처리하는 것은 여러 방면으로 머릿속을 복잡하게 만든다. 가장 기본적인 수준에서, 반복되는 작업 전환으로 인한 정신적인 평형을 되찾기 위해서는 뇌 속에서 시각적 처리와 물리적인 평형작용에 특화된 영역이 활성화energize되어야 한다. 그런데 이 와중에 기억과 학습에 관련되어 있는 고차원 영역higher areas에 혼란이 발생하는 것으로 보인다. 이 연구에서는 여러 작업을 동시에 하는 것이 스트레스에 관련된 코르티졸, 아드레날린과 같은 호르몬의 양을 급증시킨다는 것을 알아냈으며, 생물화학적 마찰 현상을 일으켜 우리 몸의 노화를 촉진시킨다는 것도 알 수 있었다. 간단히 헷갈림, 피로 그리고 혼란은 우리의 집중력과 분석능력을 방해하고, 장기적 관점에서 신체적 위축증atrophy의 원인이 될 수 있다는 것이다.

1) 원가의 진정한 원인을 향하여 조준하라

제품–프로세스 면에 대한 상호작용을 통해서 얻을 수 있는 가장 명백한 교훈은 수요에 큰 변동성이 있는 제품뿐만 아니라 소량 생산제품도 거의 항상 실제 원가에 비해 저원가로 평가되고 있다는 것이다(반대로 이야기하면 대량 생산제품들과 수요 변동이 적거나 없는 제품들은 거의 항상 실제원가에 비해 고원가로 평가되고 있다고 할 수 있다). 우리는 본문에서 소량 생산제품들과 변동이 심한 제품들이 보다 많은 오버헤드를 발생시키며, 제품 단위당 더 많은 생산능력을 소모시키고 있다는 사실을 보여주었다. 그럼에도 불구하고 전통적인 원가계산 방법들은 소량 생산제품들의 영향력을 거의 반영하지 못하고 있으며, 대부분 변동성을 고려하지 않고 있다. 따라서 제품의 수익성의 본질을 제대로 파악하기 위해서는(즉 어떤 제품이 가치를 창조하거나 파괴하는지를 파악하기 위해서는) 이러한 전통적 원가계산에 대한 수정이 필요하다(이 과정을 더욱 어렵게 만드는 것은 소량 생산제품들이 동시에 높은 수요 변동성으로 고민을 안기는 제품들에 속하는 경향이 많다는 것이다).

2) 남겨진 다른 제품에 집중하기 위하여 제품군의 수를 줄여라

특정 프로세스를 통해 만들어지는 제품군을 추가하는 것은 해당 프로세스에 부담을 주며, 이 프로세스를 따라 흘러가는 모든 제품에 추가적인 원가를 발생시킨다는 사실을 기억해야 한다. 제품의 수익성은 제품을 만들어내는 프로세스들의 결과물인 동시에 동일한 프로세스를 통하여 흘러가는 다른 모든 제품들의 결과물이기도 하다. 부가가치를 창출하지 못하는(즉 나쁜 복잡성) 제품군들을 줄이는 것으로 프로세스의 부담을 줄이고, 프로세스의 효율을 향상시킬 수 있으며, 남겨진 제품들의 원가 또한 줄일 수 있다. 이는 좋은 복잡성을 더욱 좋게 만드는 길이기도 하다.

3) 매출을 늘리는 것보다는 이익이 나지 않거나 서로가 서로를 잠식하고 있는 제품들을 줄여라

제품군을 늘리는 것은 단순히 보다 많은 제품을 더하는 것으로 끝나는 것이 아니라 보다 많은 제품들을 이익을 삭감시키는 소량 생산제품으로 만든다(소량 생산제품이 제품 단위당 원가가 크다는 사실은 이미 논의한 바 있다). 특정 제품들을(가령 매출은 향상시킬 수 있지만 상호자기잠식효과가 있는 제품들) 현명하게 줄이는 과정을 통하여 남겨진 제품들을 보다 대량 생산제품으로 만들 수 있고, 따라서 복잡성을 보다 경제적으로 만들어서 적은 원가로도 고래 모양 커브의 정점으로 이동하는 것뿐만 아니라 고래 모양 커브 자체를 이동시킬 수 있다.

4) 프로세스들을 필수 제품군들에 맞도록 구조화해라

오늘날의 많은 프로세스들은 애당초 설계된 것보다 훨씬 큰 다양성에 대응하고 있다. 프로세스의 설계와 그 프로세스가 다루어야 하는 다양성 간에 불일치가 발생하면 프로세스 효율성은 영향을 받게 된다. 복잡성 원가나 프로세스의 구조를 재조정하는 활동을 수행하는데, 재조정된 프로세스가 지원해야 하는 필수 제품군을 먼저 명확히 이해하고 이에 맞추어 프로세스 설계를 추진해야 한다.

5) 회사의 포트폴리오에 수반되는 적절한 복잡성 수준을 정하고자 할 때는 회사가 복잡성을 처리할 수 있는 수준이 어느 정도인지를 고려해라

회사의 포트폴리오에서 수반되는 복잡성의 적절한 수준은 단순히 경쟁자들이 무엇을 하고 있는지, 시장에서의 가치가 무엇인지 뿐만 아니라 회사가 복잡성 자체를 얼마나 잘 처리할 수 있는지에 달려 있다고 할 수 있다. 이는 다시 회사의 규모와 프로세스의 능력에 의해 결정된다(보다 큰 규모는 보다 큰 이익 규모에 회사의 복잡성을 희석시킬 수 있음을 의미하며, 보다 좋은 프로세스 성능은 복잡성이 보다 적은 원가를 발생시키고 따라서 보다 대응을 쉽게 할 수 있게 된다는 것을 의미한다). 회사의 규모나 능력에 걸맞지 않게 너무 많은 제품들을 내다팔려고 하면 회사의 전체 포트폴리오는 과도한 원가를 떠안게 될 것이고, 반면 너무 작은 포트폴리오는 시장에서의 가치를 방치해버리게 만들 것이다. 여기에서 너무 많다 혹은 적다를 판별할 수 있는 핵심 지표는 바로 회사의 수익성이다.

전투 전략 제안

우리는 이 장에서 복잡성 큐브의 제품-프로세스 면을 공략하기 위한 핵심적 고려요소들을 설명하였다. 제3부에서는 복잡성 원가를 줄이기 위해 추천하는 몇 가지의 상세한 방법론(전투 전략)들을 보여줄 것이다. 이 장에서 다루는 증상들이 독자에게 의미가 있는 것들이었다면 아래 강조 표시한 장들에서 제품-프로세스 면의 복잡성 원가를 공략하기 위한 특정 전략들을 참고하길 바란다. 제3부의 소개글에서 '영토 쟁취' 부분을 읽는 것부터 시작할 수 있다. 그 후 아래와 같은 장들에서 제품-프로세스 복잡성을 공략할 수 있는 최고의 방법들을 참고할 수 있을 것이다.

- 제9장과 제10장은 '포트폴리오 최적화'에 대하여 다룬다. 여기서는 SKU 제거를 위한 확실하고 단계적인 접근방식을 제공한다(가령 외부의 제품 복잡성 제거).
- 제12장에서는 '부품 합리화 및 공급사 통합'을 통해 달성할 수 있는 내부 제품 복잡성 제거방법에 대해 알아본다.
- 제8장에서 설명할 몇 가지 원인들을 위해 제9장과 제10장, 제12

장과 '물류 네트워크 및 생산 거점 통합'을 다루는 제11장을 묶어서 살펴보기 바란다. 여기서는 제품 복잡성을 제거함으로써 이익을 극대화하는 방법들을 확인할 수 있다.

- 제13장의 '린Lean 프로세스를 활용한 다양성 지원'과 제14장의 '프로세스 세그먼테이션: 다양성의 영향력을 최소화하기'에서는 제품 복잡성을 처리하기 위하여 어떻게 프로세스 성능을 극대화 할 수 있는지를 살펴본다.
- 마지막으로, 제16장의 '동적 오퍼레이션: 복잡성의 트레이드오프 최적화'는 주어진 제품 복잡성과 프로세스 유연성의 수준 하에서 복잡성 원가를 최소화 할 수 있는 방법과 생산능력, 재고, 물류 원가를 최적화하기 위한 방법들 간의 균형에 대한 상세한 예제들을 다룬다.

결론

2009년에 수행했던 윌슨페루말 사의 원가 절감 서베이에서는 응답자의 82%가 원가 절감을 위해 프로세스 최적화를 진행했다고 답한 반면, 응답자의 30%만이 제품이나 서비스의 제거를 염두에 두었다고 답했다. 그러나 이미 이야기한 바와 같이 프로세스를 통하여 흘러가는 제품의 다양성은 프로세스 자체의 성능에 큰 영향을 미친다. 사실 **프로세스를 통해 흘러가는 제품의 다양성은 프로세스 성능을 제약시키는 가장 큰 요인일 수 있다.** 이는 프로세스에 대응하는 제품의 복잡성을 떼어놓고서는 프로세스를 독립적인 방법으로 적절히 평가할 수 없음을 의미한다.

　이는 또한 보다 광의의 가능성들을 보여준다. 마치 '전략적인 무기'와 같이 복잡성을 이용했던 금융 서비스 회사의 경우를 생각해보자. 이 회사들은 경쟁회사보다 더 적은 원가로 포트폴리오에 대한 복잡성을 다루는 방법을 알고 있으며, 또한 경쟁자들조차 그 방법을 따라올 것이라 이야기한다. 이 회사들은 의도적으로 시장에 엄청나게 큰 복잡성을 가져온 후에 경쟁자들이 더 이상 손쓸 수 없는 복잡성 원가로 자체 붕괴되어버리는 과정을 지켜보고는 한다. 매우 공격적인 방법이기는 하지만 이 회사는 경쟁사에 비하여 복잡성과 복잡성의 영향력, 그리고 복잡성을 다루는 능력에 관한 굉장히 전략적인 관점을 가지고 있다고 이야기 할 수 있다.

제7장

복잡성이 숨는 곳

프로세스-조직 면

다음과 같은 증상이 여러분의 회사에서 나타난다면 프로세스-조직 면이 원가 절감의 첫 번째 타깃이 되어야 한다.

- 조직이 지나치게 복잡하고 비대해 보인다 – 회사의 직원들이 전체적으로 무슨 일을 하는지 알고 있는 사람이 없다.
- 하루면 충분한 의사결정이 몇 주씩 걸리고, 정보가 계층/조직 간에 매우 느리게 움직인다.
- 재고 부족 현상이 발생한다.
- 다른 조직과 연관되어 있는 사안에 대해 트레이드오프 효과를 종합적으로 파악하기도, 관리하기도 어렵다.
- 많은 활동을 수행하나 결과물은 상대적으로 적다(예. 신제품 개발 기간이 지나치게 많이 소요되고, 같은 일을 하는데 훨씬 많은 자원을 소모하며, 책임소재는 모호하고 의사결정 권한도 불명확하다).
- 고객 서비스 수준이 낮다(조직이 고객 만족을 중심으로 정렬되어 있지 않고, 프로세스는 복잡하여 조직이 프로세스를 제대로 수행할 수 없다).
- 잘못 구현되었거나 복잡하게 사용되는 IT 시스템이 프로세스와 의사결정을 지연시키고, 효율성을 떨어뜨린다.

어떤 대형 스낵 제조회사는 지역별로 조직이 분리 운영되고 있었고, 시장 점유율 재고를 위해 신제품을 개발하는 연구개발부서도 지역별로 별도로 운영하고 있었다. 지역우선주의의 결과로 각 지역은 상호중첩되는 관리, 프로세스, 재고를 각각 보유하였다. 제품 연구개발은 조직우선주의의 영향으로 각각의 조직이 서로 경쟁하게 되었다. 결과적으로 각각의 조직이 서로 경쟁하는 제품을 시장에 출시하기에 이르렀는데, 이로 인해 전체 비용 수준이 경쟁력을 유지할 수 없는 수준까지 증가하고, 각 지역의 제품 간에 자기잠식효과가 발생하였다.

이와 유사한 사례로, 1990년대 제록스는 매우 복잡한 제품−지역−시장 세그먼트별 매트릭스형 조직을 운영하였는데 비효과적인 프로세스 때문에 골치를 앓았다. CEO 앤 멀케이Anne Mulcahy의 말에 따르면 "그것은 악몽이었다. 회사 내에 명확한 책임과 권한을 가진 사람을 찾아볼 수가 없었다"고 한다.

제품−프로세스 면이 복잡성이 처음 발생하는 곳이라면, 프로세스−조직 면은 복잡성이 숨어들어가는 곳이다. 복잡성 큐브의 이 면은 기업이 어떻게 일을 하는가(프로세스)와 어떻게 이 일을 처리하기 위한 자원을 조직화하고 배치하는가(조직)가 상호작용하는 곳이다. 그러나 프로세스는 기능별로 분산되어 있고, 기능은 다시 사일로Silo처럼 분리되어 있기 때문에 이 차원이 서로 영향을 주고받는 관계를 파악하기는 매우 어렵다. 예를 들어 프로세스를 관리 가능한 작은 단위로 자르면 기능 간의 업무 처리가 보다 쉬워진다. 그러나 이는 어떤 한 사람이 전체 프로세스를 파악하기 어려워진다는 것을 의미하며, 또한 어떤 한 사람이 특정 프로세스를 지원하기 위해 배치된 모든 자원을 파악하기가 어려워진다는 것을 의미하기도 한다. 그렇기 때문에 프로세스-조직 복잡성을 파악하고 관리하기가 어려운 것이다.

프로세스-조직 면의 이슈는 통상 가장 안 알려졌지만, 가장 자주 발생하며, 다루기 까다로운 문제이다.

프로세스-조직 복잡성의 공통된 증상

프로세스-조직 면의 상호작용이 어떤 모습으로 나타날까? 최악의 경우 조직의 응집력이 훼손될 수 있다. 기능, 목표, 추진과제, 자원 등이 제대로 정렬되지 않는다. 조직과 프로세스가 서로 충돌하게 된다. 설사 공공의 목표가 존재하더라도 목표와 실제 현장에서 이루어지는 행위 간에 단절이 일어나고, 결과적으로 실행력 부족이라고 흔히 일컬어지는 상태가 된다. 그렇다면 응집력 부족이 어떤 모습으로 나타날까? 공통적인 증상은 다음과 같다.

- 조직이 지나치게 복잡하고 비대해 보인다. 각 조직이 어떤 일을 하는지 전체 그림을 알고 있는 사람이 없다. 불행하게도 프로세스-조직 복잡성 증상에 대한 많은 기업의 대응방안은 보다 많은 인력을 투입하는 것이고, 이는 흔히 더 많은 활동과 더 심각한 사일로 현상을 만들어낸다. 이런 악순환은 조직 내에 각각의 조각들을 어떻게 연결하여 조직 전체의 미션을 달성해야 하는지 아는

사람이 단 한 명도 남지 않을 때까지 진행되기도 한다. 복잡성을 조망하는 사람이 조직에 존재하지 않게 되는 경우 복잡성은 손쉽고 은밀하게 증식하게 된다.

- 하루면 충분한 의사결정이 몇 주씩 걸리고, 정보는 조직의 계층과 부서의 사일로 간에 매우 천천히 움직인다. 이런 프로세스 지연은 종종 제품과 시장 또는 이 둘의 매트릭스를 기준으로 설계된 지나치게 복잡한 조직구조 때문에 발생한다. 이 경우 의사결정 주체와 실행 주체가 분리되어 책임이 불분명해진다. 아무도 책임지지 않는 활동에 대한 간접비가 발생하며, 아주 간단한 의사결정 사항도 번번이 미루어진다. 그리고 그 결과로 합의를 위한 길고 복잡한 정보의 흐름과 의사결정 프로세스가 진행되고, 때로는 조직 간 알력으로 의사결정이 막다른 골목에 갇혀서 한정 없이 미루어지기도 한다.

- 조직 간 경계에 걸친 사안의 트레이드오프 관계를 파악하기도, 관리하기도 어렵다. 수많은 조직과 의사결정의 사일로는 사일로 간의 연결 관계를 관리는커녕 파악하기도 어렵게 만든다. 기업은 개별 파트의 단순 집합체가 되고, 각각의 파트는 각자의 관점에서 운영된다. 전체적 관점이 사라지자 조직 간 경계에서 발생하는 이슈는 종종 발견되지 못하고, 설사 발견되더라도 무시되는 경우가 흔하게 발생한다. 조직은 의도하지 않았던 결과와 트레이드오프의 균형 상실 때문에 발생하는 문제를 떠안게 된다(예를 들어 제16장에서 자세히 살펴보겠지만 재고 감축에만 집중하는 기업이 재고 축소를 위해 생산 뱃치 크기를 줄이게 되면 재고는 줄일 수 있

겠지만 생산 효율이 저하되어 생산능력Capa이 감소하게 된다. 그러나 프로세스─조직 복잡성으로 인해 생산능력에 미치는 영향이 고려되지 못한다).

- 많은 활동이 수행되지만 결과가 기대에 미치지 못한다(예를 들어 신제품 개발 기간이 지나치게 길고, 같은 일을 하는데 점점 더 많은 자원이 필요하고, 책임소재가 모호하며 의사결정 권한도 불분명하다). 프로세스─조직의 상호작용은 많은 활동의 덫을 만들어낸다. 직원들은 일에 짓눌리게 된다. 그러나 어떤 일이 정말 중요한지 판단할 수 있는 기준이 없고, 조직 전체 또는 고객의 관점에서 업무의 경중을 평가할 수 있는 방법이 없다. 그리고 점점 더 많은 사람들이 점점 더 많은 일을 하게 됨에 따라 같은 일도 완료되기까지 더 많은 시간이 소요된다(왜냐하면 덜 중요한 일이 고속도로를 막기 때문이다). 직원들의 관심사가 얼마만큼 조직과 고객에게 가치 있는 영향을 미치느냐가 아니라, 얼마나 많은 일을 하느냐 또는 얼마나 많은 수의 프로젝트를 하고 있느냐 하는 쪽으로 전환된다. 이런 환경에서 프로젝트 하나를 완료하는데 얼마나 많은 어려움과 시간이 소모되는지 알면서도, 관리자들은 프로젝트를 과감하게 줄이려고 하지 않는다. 우선순위를 결정할 수 있는 방법이 없는 것이다. 점점 더 많은 활동을 관리해야 하므로 관리자의 업무량이 증가한다. 실질적인 결과를 내지 못하는 '가짜' 일들이 조직에 만연하게 된다.
- 고객 서비스 수준이 저하된다(조직이 고객 만족을 중심으로 정렬되지 않거나 프로세스가 지나치게 복잡해서 조직이 이를 실행할 수가 없다). 수많

은 조직 간 프로세스 단절 현상, 프로세스 지체 및 임시방편적인 업무수행이 프로세스 흐름을 방해하고 리드타임을 심각하게 지연시키며 조직의 상황 대응력을 약화시킨다. 종종 프로세스와 조직의 복잡성이 발생시킨 부담이 의도하지 않게 고객에게 전가되어 고객과 기업에게 부정적인 영향이 동시에 발생하기도 한다(예를 들어 고객이 책임을 서로 회피하는 여러 부서에 전화 연락을 해야 하는 상황을 경험했다고 생각해보라. 또는 반복해서 여러 번 동일한 정보를 요구하는 의료보험 청구 프로세스를 생각해보라).

- **공급망의 원활한 조정 실패로 제품 가용성이 저하된다.** 공급망 참여자 간의 조정이 잘 되지 않아서 적시 적소에 필요한 제품을 제공하는데 어려움을 겪는 경우가 발생한다. 상황이 안정되고 좋을 때는 제품 공급에 별 어려움이 없을지 모르지만, 수요와 공급의 패턴 변화와 같은 상황 변화가 발생하면 이에 대한 대응이 느리거나 적절히 이루어지지 않는다. 왜냐하면 공급망을 운영하는 프로세스와 조직구조가 전체 시스템을 구성하는 하나의 파트가 아니라 개별적으로 독립된 주체처럼 행동하기 때문이다. 이 경우 가치 사슬을 넘나드는 일의 균형을 유지하기 어렵고, 높은 수준의 실행 역량을 확보하는 것이 불가능하다.

- **잘못 구현되었거나 잘못 운영되고 있는 IT 시스템이 프로세스와 의사결정을 지연시킨다.** IT 시스템이 종종 프로세스와 조직의 복잡성을 일거에 해결시켜줄 수 있는 만병통치약처럼 인식되는 경우가 있다. 그러나 IT 시스템이 이미 잘 운영되고 있는 오퍼레이션을 더 효율적으로 만들어줄 수 있을지는 몰라도 잘못된 오퍼

레이션을 올바르게 바로 잡지는 못한다. 오히려 잘못된 프로세스가 시스템에 하드코딩 되어 오퍼레이션의 복잡성만 가중시키는 것이 일반적이다.

여러분은 공통 증세의 리스트가 이전 장의 리스트와 상당히 다르다는 것을 눈치챘을 것이다. 몇 가지 예외가 있기는 하지만, 이 장에서 제시된 증세들은 제품-프로세스 면의 증세에 비해 훨씬 더 포착하기가 어렵다. 재고, 리드타임 및 생산량은 매우 명확한 지표이고, 그렇기 때문에 전형적인 공략의 대상이 된다. 트레이드오프 관리 역량 부족, 의사결정의 지연, 또는 복잡한 시스템과 같은 증세들은 수치화하기 매우 어렵다. 그러나 비록 덜 명확하다고 하더라도 이러한 현상과 문제점이 덜 심각한 것은 아니다.

프로세스-조직 면의 주요 상호작용

프로세스-조직 면의 상호작용은 지난 장에서 설명한 제품-프로세스 면의 복잡성보다 덜 직접적인 반면 정량화하기 더 어렵고, 더 다양하다. 그 이유는 프로세스와 조직구조가 매우 밀접하게 상호 연결되어 있기 때문이다. 이 면의 상호작용은 회사마다 각기 다른 양태로 나타나지만, 이런 양태 간에 공통된 유형이 있다는 것을 우리는 알게 되었고, 이를 몇 개의 카테고리로 분류할 수 있었다.

1) '예외'가 일상화되어 프로세스와 조직의 복잡성을 증가시킨다.

2) 프로세스와 조직의 상호작용이 회사를 관통하는 연관관계를 보이지 않게 만든다.

3) 높은 수준의 자원 가동률과 복잡성이 결합하여 프로젝트 리드 타임을 지연시키고 자원 생산성을 저하시킨다.

4) 프로세스와 조직의 복잡성이 상호 상승작용을 일으킨다.

상호작용 1: '예외'가 일상화되어 프로세스와 조직의 복잡성을 증가시킨다

복잡성이 증가하면 프로세스의 예외 또한 증가한다. 예외는 프로세스에 우회통로를 만들고, 정규 프로세스에 비해 더 많은 양의 자원을 소모하고, 전체적인 프로세스의 효율을 크게 저하시켜서 프로세스를 따라 흐르는 모든 제품/서비스에 영향을 미친다.

예를 들면 태풍 카트리나가 지나간 후 미국 연방 정부는 특별 예산을 편성하여 '지역개발정책CDBG; Community Development Block Grant'이라는 프로그램을 만들어서 가옥이 파손되거나 완전히 파괴된 주택 소유자를 지원하기로 하였다. 그러나 펀드가 최종 지원되기까지 소요되는 시간이 너무 길다는 비판이 쏟아졌는데, 피해가 발행한 후 1년이 지나도록 대기자 명단에 올라 있는 10만 명의 루이지애나 주州 주민 중 단 한 사람도 지원을 받지 못했다. 이러한 지연이 발생한 데는 많은 원인이 있지만, 그 중 하나는 자격 심사 프로세스에서 발생한 지나치게 많은 예외의 수 때문이다.

CDBG 프로세스는 신청자에게 주택 소유를 증명하도록 요구했다. 그러나 얼마나 많은 사람이 주택 소유 등기문서를 제시하는데 어려움을 겪을지 예상한 사람은 아무도 없었다. 예를 들어 저소득층이 사는 지역에서는 많은 주택이 가족 간에 세대를 넘어서면서 상속되었는데, 소유권 이전 등기 없이 이루어진 경우가 많았다. 많은 수의 '예외'는 프로그램 운영 직원들의 시간을 빼앗고, 프로세스를 지연시켰다. 더 심각한 것은 예외처리 때문에 프로세스에 병목구간이 생겨서 정상적인 소유권을 가진 주택 소유자의 처리도 지연되었다는 점이다(결국에는 프로그램의 규정이 변경되어 주택 소유 여부와 다른 요건을 충족시키는데 공중 진술서를 인정하기로 하였고, 이후에는 '예외' 사항이 줄어들고 신청 프로세스의 속도가 빨라졌다).

여러분의 회사에서 예외가 발생하는 원인을 이해하는 것이 프로세스와 조직 복잡성을 공략하는 첫걸음이다. 그렇지만 대부분의 프로세스 툴은 예외를 다루는데 부적합하다(참고자료 '왜 전통적인 프로세스 맵핑이 자주 실패로 끝나는가' 참조).

상호작용 2: 프로세스와 조직의 상호작용이 회사를 관통하는 연관 관계를 보이지 않게 만든다

지금쯤 독자들은 눈치챘겠지만 우리는 기업과 기업을 둘러싼 환경을 그 구성요소들과 프로세스들이 고도로 상호작용하는 복잡한 시스템으로 보고 있다. 이런 시스템에서는 한 파트에서의 행동이 다른 파트에 예상치 못한 결과를 일으킨다. 파트 간의 연결 관계가 눈에 보이지 않게 되고, 따라서 적절히 관리되지 않게 되면 조직은 이런저런 파트의 행동이 타 부문에 발생시키는 예상치 못했던 영향으로 곤란을 겪게 되고, 이에 따른 비용 증가도 발생한다.

우리는 프로세스 맵이 프로세스를 문서화하고 프로세스 지식을 발전시키는데 유용하다는 점은 인정하지만, 이 방법은 조직과 프로세스 복잡성의 주요한 발생 원인을 파악하는 데는 별로 도움이 되지 못한다.

첫째, **프로세스 맵은 일반적으로 프로세스의 예외사항보다는 '표준 프로세스'를 우선시 한다.** 예를 들면 어떤 금융기관에서 우리는 프로세스 맵핑 과정에서 예외가 얼마나 쉽게 무시되는지 발견하고 놀랐다. 프로세스 맵핑 과정에 참가한 직원들은 프로세스의 각 지점에서 어떤 일을 해야 하는지 정상적 상황에 초점을 두어 설명했다. 그러나 프로세스를 직접 관찰했을 때 '예외'적 상황들이 오히려 더 자주 발생하는 '정상'적 상황이라는 점이 드러났다.

그러나 왜 예외가 프로세스 맵핑 과정에서 쉽게 무시되는 걸까? 가장 명확한 이유는 많은 사람들이 예외가 프로세스의 효율성과 조직의 성과에 미치는 비대칭적 영향을 알지 못하기 때문이다. 예외가 미치는 파급효과를 알지 못하는 사람은 쉽게 예외를 무시할 수 있게 된다.

그리고 프로세스 맵핑은 일반적으로 깨끗하고 정리되고 이해하기 쉬운 프로세스 맵을 만드는 것을 목표로 한다. 그리고 프로세스의 종류가 많고 다양하면, 명확하고 정돈된 프로세스 맵을 어지럽히게 된다. 그러나 예외가 발생시키는 비대칭적 파급효과를 고려하면 이런 복잡한 프로세스 맵이야말로 가장 가치 있는 맵이다.

상호작용 2의 분석

복잡성은 명확한 연관 관계를 혼란스럽고 불명확하게 보이도록 만든다. 예를 들면 우리는 보급물품을 저장하고 운송하는 역할을 수행하는 정부기관과 프로젝트를 한 적이 있다. 오퍼레이션 과정에서 겉으로 보기에는 아무런 관련성이 없는 의사결정 사항들이 결합되어 필요 물자의 절반 정도가 북미 지역의 반대편에 있는 저장창고에서 배송되고 있었다. 해당 기관이 가지고 있는 과제 중의 하나는 전국에 있는 시설이 골고루 가동되도록 하는 것이었다. 그러므로 어떤 물품이 저장 또는 수리를 위해 해외에서 반환되면, 그 당시에 어떤 물류 센터의 가동률이 낮은지를 따져서 가장 가동률이 낮은 물류 센터로 물품을 보내는 것이다. 그러나 몇 달 혹은 몇 년 후에 해당 물품이 새로운 사용자에게 배송될 때는 사용자가 위치한 북미 지역의 반대편으로 배송이 되는 것이다. 반환, 업무 부하, 재고 위치 및 배송 간의 관계를 정확히 이해하지 못한 탓에 총물류비용이 지나치게 증가했다.

그러나 왜 현대의 기업에서 많은 연관 관계가 주목받지 못하는가? 우리는 다음의 이유들이 원인이라고 본다.

1) 프로세스 간 끊김과 조직의 사일로 뒤에 가려져 있다. 모든 산업에서 전문화가 진행되었다. 전문화는 일정 집단의 사람들을 매우 좁은 역량 또는 큰 프로세스의 일정 부분에 집중하여 전문성을 높일 수 있도록 하였다. 그러나 전문화가 가지는 효익에도 불구하고, 전문화에 따른 문제점도 발생하였다. 작게 보면 전문화는 기능 조직 간에 프로세스의 끊김 현상을 발생시켰다. 더 심각한 경우는 특정 기능이 조직의 사일로로 진화했을 때인데, 이때는 특정 기능이 전체 조직에 어떻게 연결되는지 이해하지 못하는 상태가 된다. 프로세스가 사일로로 쪼개지게 되면 보다 큰 연결 관계에 대한 인식과 감을 상실하게 되고, 이런 연결 관계에 대한

인식의 부재는 예측하지 못한 부문 간의 부정적 영향과 비용 문제를 보다 심각하게 만든다.

2) 엔드 투 엔드End-to-end 관점이 지나치게 단선적이다. 많은 기업들이 점점 더 그들의 사업을 엔드 투 엔드 관점에서 보려고 노력하고 있다. 특히 프로세스 맵을 전후방으로 확장해서 기능 간 연관 관계를 파악하고, 심지어는 타 조직과의 연관 관계까지도 파악하려고 시도하고 있다. 그러나 이런 시도들은 대부분 단선적 관점을 가지고 있다. 프로세스는 상류 또는 하류의 행위에 의해서만 영향을 받는 것이 아니라, 동시에 같은 자원을 활용하여 평행적으로 수행되는 다른 프로세스에 의해서도 영향을 받는다. 그러므로 **프로세스의 관계는 체인보다는 그물망 모양을 닮았다**고 볼 수 있다. 게다가 엔드 투 엔드는 통상 '처음부터 끝까지'를 의미하지만, 복잡한 시스템에서는 프로세스가 순환하는 경향이 있다. 한 세대의 결과물이 다음 번 사이클에 영향을 미치는 식의 양태가 발생되는 것이다.

3) 엄청난 양의 정보가 중요한 연관 관계의 파악을 방해한다. 많은 관리자들은 그들의 사업환경에 대한 전체 그림을 이해하는 것이 얼마나 중요한지 올바르게 인식하고 있다. 그러나 그들은 이러한 목표가 많은 양의 정보를 획득하는 것과 동일하다는 잘못된 인식을 가지고 있다. 그리고 우리 모두가 알고 있듯이 정보의 양이 커지면 명확한 파악이 어려워진다. 정보 과다의 예는 수없이 많다. 그리고 정보 과다가 초래하는 문제는 복잡한 시스템 내에서 증폭되는 경향이 있다. 1979년 스리마일Three Mile 원전 2

호기 사고 후에 정부의 검사관들은 적지 않은 영향을 미친 원인 중의 하나로 관련성이 낮으면서 지나치게 많은 정보를 직원들에게 제공했기 때문이었다는 것을 발견했다. 사고가 발생했을 당시 각기 다른 150개의 계기판에 경고 표시가 나타났다. 사고 발생 전의 생각은 많은 정보를 모니터링 할수록 좋다는 식이었는데, 실제로 원전에는 약 800가지 지표에 대한 경보체제가 운영되고 있었다. 그러나 사고가 발생하자 지나친 정보의 양은 오히려 진정한 문제가 무엇인지 파악하기 어렵도록 만드는 원인이 되었다. 이와 반대로, 미 해군의 핵추진 프로그램의 경우에는 경보의 수를 줄이고, 잠재적 사고 대응에 필요한 정보에 집중함으로써 흠잡을 데 없는 안전관리기록을 달성했다. 중요한 것은 적합한 정보를 확보하고, 이를 연결하는 것이다.

4) 정보 시스템이 블랙박스가 되어 있는 경우를 매우 흔하게 볼 수 있다. 경영자를 위한 정보를 관리하고 보고서를 산출하는 시스템의 경우, 실무자가 활용할 수 없는 경우가 흔히 있다. 예를 들어 어떤 전문 서비스 기업의 경우 결산작업을 보다 효율화하기 위해 프로젝트별 데이터를 수집하는 시스템을 새로 오픈하였지만, 결산 결과를 각 프로젝트 매니저에게 적기에 제공하지 않았다. 게다가 새로운 시스템 때문에 각 프로젝트 매니저들은 프로젝트 관련 정보입력을 위해 더 많은 시간을 소비하게 되었다. 결국 새로운 시스템 구축 이후 프로젝트 매니저들은 더 많은 시간을 시스템을 위해 소비하고 있지만 프로젝트의 재무성과에 대한 가시성은 오히려 저하되는 결과가 되었다. 블랙박스화된

IT 시스템 내부에 존재하는 복잡한 관계는 오프라인에 존재하는 관계보다 파악하기가 더 어렵다. 많은 경우 이러한 관계들은 회사 내의 관계가 반영되어 있는데, 이 관계에 대해 모르면 회사 운영 체계를 구성하는 파트 간의 관계를 파악하고 최적화하는데 필요한 구조적 지식을 확보하기가 어렵다.

▌왜 전통적인 프로세스 맵핑이 자주 실패로 끝나는가?(파트 2)

프로세스 맵핑이 실패하는 두 번째 이유는 **프로세스 맵핑은 회사 간의 연관 관계를 보여주는 방향으로 추진되지 않기 때문이다.** 프로세스 맵핑은 통상 포괄성보다는 정확성을 확보하는 방향으로 추진된다. 대부분은 순차적으로 정확성을 기해서 업무 단계, 활동 및 프로세스 간 연결 포인트를 프로세스 맵에 표시한다. 그러나 이러한 방식은 본질적 성격상 이질적인 점들을 연결하기 어렵게 만든다. 연관 관계를 파악하기 위해서는 불완전하더라도 전체적인 관점에서 사물을 바라보아야 한다. 우리가 프로젝트를 수행한 경험에 비추어볼 때 조직을 종이 한 장에 맵핑해보는 것이 도움이 될 때가 많다(각 조직이 무엇을 하는지, 어느 부분에서 가치를 증대시키는지, 어떻게 일하는지 등 포함). 표면적으로는 이것이 디테일을 포기하는 것으로 볼 수 있지만, 정확성을 희생시키는 대신 가시성과 투명성을 얻을 수 있다.

우리는 분명 프로세스 맵핑을 포기하라고 제안하는 것은 아니며, 프로세스 맵이 무엇을 제공할 수 있는지, 어떤 부분이 단점인지 이해할 때 프로세스 맵을 훨씬 유용하게 활용할 수 있다.

상호작용 3: 높은 수준의 자원 가동률과 복잡성이 결합하여 리드타임을 지연시키고 자원 생산성을 저하시킨다

아마도 프로세스 복잡성의 특징 중 가장 두드러진 것 중의 하나는 프로세스의 특정 업무를 처리하는 시간의 변동성을 들 수 있을 것이다. 매일매일 특정 업무를 처리하는 시간이 비교적 일정한 편인가? 아니면 보통 하루면 마무리할 수 있는 일이 4일이 걸리거나 10일이 소요되지는 않는가?(어떤 업무수행에 필요할 것으로 예상되는 시간과 실제 소요된 시간 간의 차이를 생각해보라.) 대부분의 조립생산 라인과 반복적 제조 프로세스는 매우 변동성이 작다(업무수행 시간이 거의 동일하다). 이에 반해 창의성이 요구되는 업무는 변동성이 상대적으로 크다.

업무수행 시간의 변동성은 복잡성의 영향을 가늠하는데 매우 중요한 요소인데, 왜냐하면 자원 활용과 리드타임 간의 관계를 결정하기 때문이다. 어떤 경우에는 회사에서 보다 많은 업무를 부과하는 것이 리드타임에 영향을 미치지 않을 수 있다. 그러나 어떤 경우에는 영향을 미친다. 어떤 경우에 왜 이런 일이 일어날까?

리드타임 변동성이 작은 프로세스는 — 업무나 프로세스 처리에 필요한 시간이 매우 일정한 경우를 의미함 — 자원의 가동률과 리드타임이 무관하다. 이 경우 자원(사람 및 기계)에 많은 업무를 부과하더라도 업무수행에 소요되는 시간이 늘어나지는 않는다. 그러므로 만약 업무 리드타임의 변동성이 작다면 높은 수준의 가동률이 될 수 있도록 업무량을 조금 과도하게 부여하는 것도 자원 사용의 효율을 높일 수 있는 좋은 방법이 될 수 있다.

반면에 만일 업무 리드타임의 변동성이 크다면 **자원 가동률이 올라**

갈수록 리드타임이 더 크게 증가하게 된다. 심지어 어떤 수준을 넘어서면 가동률 상승에 의한 생산성 증가 효과보다 리드타임 증가로 인한 생산성 감소 효과가 커지기도 한다. 즉, 매우 가변적인 리드타임을 갖는 업무를 수행하는 자원에 업무량을 추가로 부과하면 그 결과는 전체적으로 더 많은 양이 아니라 더 적은 양의 산출물이 나올 가능성이 크다.

이런 특성은 많은 조직들이 획일적인 문화와 일하는 방식을 적용하여 회사 내의 모든 프로세스를 관리하려는 경향을 가지기 때문에 문제가 된다. 대부분의 제조 또는 오퍼레이션 중심의 기업은 제조 프로세스를 관리하는 엄격한 방식으로 모든 프로세스를 관리하려는 경향이 있다. 반면에 창조적 업무가 중심인 기업은 모든 업무를 창조적 업무에 적합한 특성인 자유와 자율에 중점을 두어 관리하려는 경향을 가진다.

그러나 모든 기업들은 일정 정도의 저변동성 업무와 고변동성 업무가 혼합되어 있다. 저변동성 업무에 맞추어 조직이 구성되어 있는 경우, 업무의 성격이 예측하기 어렵게 바뀌었을 때 조직의 생산성이 급격하게 저하된다(앞부분의 '예외'에 관한 내용 참조). 고변동성 프로세스에 맞추어서 조직된 회사는 표준화되고 엄격한 관리가 요구되는 업무에 대해 적절한 예측가능성을 확보하기 어렵다.

프로세스의 성격과 맞지 않는 관리를 적용하여 발생할 수 있는 문제점을 가장 일반적이지만 극명하게 보여주는 예는 창조적 프로세스에 제조공정 업무관리 방식을 적용할 때이다. 통계적 프로세스 관리와 같은 엄정한 프로세스 관리기법이 저변동성, 고효율, 높은 수준의 자원 가동률의 특징을 갖는 반복적 업무에 줄 수 있는 효과를 생각해보라. 잘 정의된 반복적 업무에 적용되었을 때는 매우 큰 긍정적 효과를 발생시킬 수 있지만, 업무 수행시간의 변동이 큰 프로세스에 적용되면 그 효과는 오히려 반대 방향으로 발생할 수 있다.

창조적 프로세스를 조립생산 라인 업무로 취급함으로써 발생하는 문제는 대기이론Queuing Theory으로 접근해볼 수 있는데, 대기이론에 따르면 업무 리드타임의 변동성은 전체 리드타임에 중요한 영향을 미치고, 특히 자원 가동률이 높은 수준일 때 그 영향은 크게 증가한다(그림 35 참조). 이전에 한 것과 같이 여기서도 분산Coefficient of variation 을 활용하여 리드타임 변동성을 측정할 수 있다. 숫자가 작으면 업무 수행시간이 매우 일정하다는 것을 의미하고, 숫자가 크다면 업무 수행시간의 변화가 크다는 것을 의미한다.

그림 35에서 볼 수 있듯이, 매우 큰 변동성을 가지는 업무가 95% 가동률로 가동되는 자원에서 수행되는 경우의 리드타임은 65% 가동률로 가동되는 자원에서 수행될 때에 비해 4배가량 증가한다. 그러므로 엔지니어 한 명이 65%의 가동률로 일할 때 1주일 걸리는 설계 업무가 95% 가동률로 일하는 직원에게 할당되면 4주가 소요된다.

뒤집어 생각해보면 업무량의 1/3을 줄이면 업무 처리 속도가 4배 향상된다. 그리고 한 프로젝트가 빨리 끝나면 이어서 다른 프로젝트를 더 빨리 시작할 수 있게 된다. 요컨대 변동성이 큰 프로세스에서 가동률을 생산능력Capa 수준까지 올리게 되면 같은 일을 하더라도 더 많은 자원이 투하되어야 한다(제15장에서 이러한 효과에 대해 보다 자세히 다룬다).

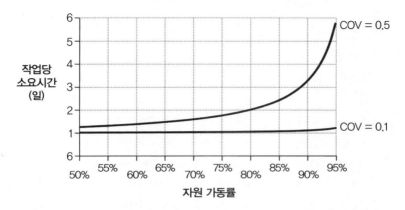

| 그림 35 | 변동성이 자원 가동률과 리드타임 간의 관계에 미치는 효과

위 표는 업무 수행에 평균 1일이 소요되는 업무의 리드타임을 보여준다. 업무 완료까지 소요되는 시간의 변동성 수준에 따라(즉 어떤 경우에는 1일 보다 더 소요되고, 어떤 경우에는 1일보다 더 적은 시간이 소요됨) 자원의 가동률이 증가할 때 대기시간이 증가하고, 그 결과로 전체 업무의 완료까지 소요되는 시간이 얼마만큼 증가하는지 볼 수 있다.

여기서 아주 상세한 분석내용은 다루지 않았지만, 변동성이 큰 프로세스에 충분한 자원을 배치하지 않을 경우 같은 수준의 결과물을 만들어내는데 정상적인 경우에 비해 두 배 이상의 자원이 소모될 수도 있다는 사실을 쉽게 알 수 있다. 기업이 인력 활용률을 극대화하고자 업무 할당량을 늘렸을 때, 업무의 리드타임이 늘어나고 프로세스가 느려지며 실제로 생산되는 결과물은 줄어들어서, 종국적으로는 프로세스에 수행 중인 과제 수와 사람 수가 동시에 늘어나는 현상이 발생한다는 것은 아이러니가 아닐 수 없다.

▌LA 고속도로 효과

높은 변동성과 자원 가동률이 리드타임에 미치는 영향은 종종 'LA 고속도로 효과'라고 불리기도 한다. LA 고속도로의 긴 출퇴근 시간을 빗대어 붙여진 이름인데, 러시아워가 가까워지면 고속도로가 차로 가득 차게 된다. 이 시간에 자원 가동률은 매우 높다고 볼 수 있는데, 만약 변동성이 없다면 고속도로에 차가 가득하지만 교통의 흐름은 평상시와 같은 속도로 흐르고 출퇴근 시간도 적정한 수준이 될 것이다(자동차들이 서로 연결되어 있지는 않지만 기차의 객차처럼 일정한 속도로 진행하는 모습을 상상해보라).

그러나 고속도로 운행 속도의 변동성은 매우 크다(한 운전자는 브레이크를 밟고, 다른 운전자는 속도를 내고, 톨게이트 주변에는 정체가 발생하고, 어떤 차는 차선을 변경하고, 접촉사고가 발생한 차도 있게 마련이다). 각 구간의 변동성이 결합되어 전체 고속도로가 거의 서 있는 것과 같은 효과가 발생되는데, 평소에 30분 걸릴 거리가 2~3시간이 소요되기도 한다.

교통 문제 전문가들은 이런 효과를 알고 있으며, 고속도로 입구에 주행 속도와 시간을 표시하는 전광판을 설치한 것은 고속도로 정체 시에 진입 차량을 줄여서 주행시간의 변동성을 줄이고자 하는 시도라고 볼 수 있다.

상호작용 4: 프로세스와 조직의 복잡성이 상호 상승작용을 일으킨다

그림 36과 같이 어떻게 프로세스 복잡성이 조직 복잡성을 발생시키고, 다시 조직 복잡성이 프로세스 복잡성을 증가시키는지 제3장에서 살펴보았다. 증가되는 다양한 업무를 수용하기 위해 프로세스가 증가하면 임시방편적인 업무처리가 만연하게 되고(공식적이든 비공식적이든), 이런 복잡한 프로세스 처리를 위해 조직이 생겨난다. 새로운 조직이 생기면 반드시 기능의 전문화가 발생되고, 이는 다시 기능

간의 업무 흐름에 대한 가시성을 떨어뜨려서 전반적 프로세스의 효율을 저하시킨다. 기능, 조직구조 및 IT 시스템은 다양한 프로세스의 상호작용을 지원하기 위한 과중한 업무 부하에 시달리게 된다.

| 그림 36 | 복잡성 증폭 과정

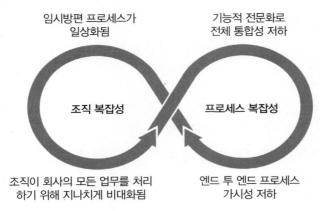

임시방편 프로세스가
일상화됨

기능적 전문화로
전체 통합성 저하

조직 복잡성

프로세스 복잡성

조직이 회사의 모든 업무를 처리
하기 위해 지나치게 비대화됨

엔드 투 엔드 프로세스
가시성 저하

전투를 위한 핵심 시사점

프로세스-조직 면 공략을 어떻게 해야 할까? 우리가 제시하고자 하는 시사점은 제품-프로세스 면 공략의 시사점과 크게 다르다. 제품-프로세스 면의 경우 제품 포트폴리오 복잡성과 제품이 개별 프로세스에 미치는 영향에 초점을 맞추는데 반해, 프로세스-조직 면은 전체 관점에서 어떻게 프로세스와 조직이 구성되어 있는지 조망하는데 초점을 맞춘다. 이 면의 복잡성을 공략하기 위한 시사점은 다음 4가지로 요약할 수 있다.

1) 기업 전체 관점, 통합 관점에서 시작하라.

2) 회사의 창의적 프로세스의 변동성에 맞추어 적정한 자원 가동률을 유지하라.

3) 사전에 잘 조율된 집중적인 공략을 통해 변화에 필요한 임계치 Critical Mass를 확보해야 한다.

4) 프로세스-조직 복잡성이 원가 절감 실행력에 미치는 영향을 측정하라. 그리고 원가 절감 추진과제 실행을 위한 대응책을 마련하라.

1) 기업 전체 관점, 통합 관점에서 시작하라

프로세스-조직 면의 많은 이슈는 기업 전반의 운영구조에 대한 이해부족 때문에 발생한다. 프로세스 예외가 가지는 의미를 이해하지 못하거나 회사의 파트 간 핵심 연결 관계를 파악하지 못하는 것 등이 그 예이다.

프로세스-조직 복잡성에 대한 공략은 전통적인 프로세스 맵이 제공할 수 있는 것보다 훨씬 심층적이고 정교한 접근법을 통해 프로세스와 조직 간의 상호작용을 명확하게 이해하는 것에서부터 출발한다.

명확한 이해를 위해 다음의 질문들에 대한 답을 해볼 것을 제안한다.

- 프로세스에서 예외 처리 업무가 차지하는 비중은 얼마인가? 왜 그런 예외사항이 발생하는가? 프로세스 효율성, 자원 소모 및 조직 설계에 미치는 영향은?

- 회사 내에 존재하는 연결 관계는 어떤 것이 있는가? 회사의 다양한 부문이 어떻게 상호작용을 하는가?(한 장의 종이에 회사의 조직을 그려보고, 주요한 연관 관계를 표현해보는 것이 도움이 될 수 있다. 상세한 내용은 중요 관계 파악 후에 정리해도 무방하다.)

- 어떤 부분에서 시스템의 도움을 받는가? 또 어떤 부분에서 시스템이 회사 내의 핵심적인 상호작용에 대한 이해를 방해하는 블랙박스가 되는가?(이러한 지식을 '구조적 지식'이라고 부르는데, 이에 대해서는 참고자료 '구조적 지식: 프로세스-조직 복잡성에 대한 최선의 방어책'에 자세히 설명되어 있다.)

- 당신의 회사는 어떻게 프로세스를 관리하고 있는가? 높은 변동성을 가지는 프로세스를 마치 낮은 변동성을 가지는 프로세스처럼 인식하고 지나치게 적은 자원을 배치하고 있지는 않은가? 리드타임이 일정한 프로세스에 대해 변동성을 축소하기 위해 엄정한 프로세스 관리 프로그램을 적용하고 있는가?

▍구조적 지식: 프로세스-조직 복잡성에 대한 최선의 방어책

프로세스-조직 복잡성에 대한 최선의 방어책은 회사 내의 다양한 파트들이 어떻게 상호 작용을 하고, 이것이 전체적으로 회사의 성과에 어떤 영향을 미치는지 명확하게 이해하는 것이다.

명확한 이해는 두 가지 관점에서 정의할 수 있다. 첫 번째는 외부 관점으로, 어떤 영역에서 회사가 차별화된 가치를 창출할 수 있는지 이해하는 것이고, 두 번째는 내부 관점으로, 조직의 구조적 지식(부문 간 연결 포인트, 동적 상호작용 관계 및 인과관계의 복잡한 네트워크)을 개발하는 것이다.

전자는 전략적 의사결정의 영역이고, 후자는 프로세스와 조직 복잡성의 영역이다.

구조적 지식을 얻기 위해서는 조직의 하향식 관점과 상향식 관점의 균형과 통합이 필요하다. 이는 곧 실제 사업 환경에서 **경영자의 성과는 디테일과 시야의 폭을 동시에 어떻게 확보하는가에 의해 결정된다는 것을** 의미한다.

록히드 마틴Lockheed Martin 사의 비밀 프로젝트를 담당했던 전직 사장 클라렌스 켈리 존슨Clarence 'Kelly' Johnson의 예를 살펴보자. 1960년대에 존슨은 전설적인 SR-71 블랙버드 기의 설계팀을 이끌었는데, 이 비행기는 현재까지 개발된 비행기 중 가장 혁신적이고 가장 빠른 비행기였다. 더 인상적인 것은 그가 이 비행기 개발을 소수의 팀을 이끌고 2년 만에 상대적으로 적은 비용으로 완수했다는 점이다.

디테일과 시야의 폭을 확보한 존슨의 역량이 성공의 열쇠가 되었다. 그는 공구 설계 엔지니어로 록히드 마틴 사에 입사해서 항공기 디자인의 각 분야(공기 역학, 항공기 동체 설계, 추진 엔진, 시험 비행 등)를 두루 섭렵한 후에 디자인 팀의 리더가 되었다. 그러므로 그는 항공기 설계에 참여하는 모든 파트의 업무 내용을 깊이 있게 이해하고 있었다. 그는 모든 사일로를 포괄하여 설계에 참여한 모든 부문이 통합적으로 일할 수 있도록 조율하였다. 그리고 경이적으로 짧은 기간에 적은 예산으로 혁신적인 항공기를 만들어낼 수 있었다.

존슨은 전체를 볼 수 있는 눈을 가지고 있었다. 시야의 디테일과 폭을 동시에 확보하여야 얻을 수 있는 이와 같은 혜안이 없으면, 세상 - 우리의 경우에는 회사와 같은 조직 - 은 상호 관련성이 모호한 수많은 파트들의 집합체로밖에 보이지 않는다. 이와 같이 제한적인 시각을 경영자가 갖게 되면 프로세스와 조직의 복잡성이 증가하기 마련이다.

2) 회사의 창의적 프로세스의 변동성에 맞추어 적정한 자원 가동률을 유지하라

우리는 앞부분에서 본질적으로 변동성이 큰 창조적 프로세스가 변동성이 작은 단순 제조 프로세스와 어떻게 다르게 움직이는지 살펴보았다. 특히 자원 가동률이 리드타임에 미치는 영향을 자세히 다루었다. 성공적인 조직들의 공통점은 그 조직이 오퍼레이션 중심적이든 창의 중심적이든 무관하게 프로세스의 성격에 맞추어 적합한 관리방식을 적용하는 프로세스 관리 능력을 확보하고 있다는 점이다.

이미 언급했지만 많은 기업들은 획일적인 프로세스 관리 방식을 적용하여 높은 변동성을 가진 창의 프로세스를 마치 낮은 변동성을 가진 제조 프로세스처럼 자원을 할당하고 관리한다. 이런 기업들은 엄청난 성과개선 기회가 있다고 볼 수 있는데, 특히 프로젝트 수행에 많은 자원이 투입되고 있다면 개선 여지가 아주 크다. 이런 기업들은 자원 가동률을 적정화함으로써 프로젝트 리드타임을 줄이고, 자원 생산성을 향상시킬 수 있다.

3) 사전에 잘 조율되고 집중적인 공략을 통해 변화에 필요한 임계치를 확보해야 한다

프로세스-조직 면의 많은 이슈들은 상호 간에 서로 상승작용을 일으키며 증가되는 경향이 있다. 이전에 논의한 증상들을 떠올려보면 이런 현상이 쉽게 이해될 수 있다.

예를 들어 비대하고 복잡한 조직은 조직 간 경계에서 발생하는 트레이드오프를 관리하는데 어려움을 겪게 되고, 이 때문에 이런저런 활동들은 늘어나지만 결과는 기대에 못 미치는 상황이 초래된다. 이것은 다시 자원 투입을 증가시키도록 유도하게 되며, 결과적으로 조직의 사일로가 더 많이 생기게 되는 결과가 된다.

이런 이슈를 공략하기 위해서는 악순환을 끊고 조직을 선순환의 방향으로 움직이는데 필요한 임계치를 넘길 수 있도록 다수의 공략 활동을 한 부분에 집중해서 동시에 추진해야 한다.

- **다수의 활동**은 단일 활동으로는 프로세스-조직 면에서 발생하는 다수의 상호작용에 유의미한 영향을 미치기 어렵기 때문에 필요하다.
- **집중적 활동**은 복잡성 제거를 위한 활동들을 여러 포인트에 분산시키기보다는 핵심적인 포인트에 집중할 때 효과를 극대화할 수 있으므로 필요하다.
- **동시적 활동**이 필요한 이유는 공략 시점도 매우 중요하기 때문이다. 예를 들어 악순환을 끊을 수 있는 6개의 활동이 동시에 추진되면 성공적이지만, 시점을 분산하여 추진하면 성공하지 못하는 경우도 있다.

4) 프로세스-조직 복잡성이 원가 절감 실행력에 미치는 영향을 측정하라. 그리고 원가 절감 추진과제 실행을 위한 대응책을 마련하라

테스코Tesco의 경우 이사회부터 매장의 계산대에서 근무하는 직원까지의 직급 단계가 6단계에 불과하고, 매장 책임자부터 이사회까지의 직급 단계가 대부분 2단계 이내이다. 이런 슬림한 조직구조 때문에 빠른 의사소통과 의사결정이 가능하다. 이런 조직구조에서는 변화가 매우 빠르게 일어난다.

그러나 이와 반대의 경우에는 어떻게 해야 하나? 예를 들어 만약 여러분의 회사가 지나치게 많은 중간 관리자 계층을 가지고 있으며 업무 책임이 분산되어 있고, 복잡한 프로세스를 가지고 있다면 어떻게 해야 하는가? 만약 프로세스−조직 복잡성이 일상적인 업무 실행을 방해한다면 동일한 문제로 복잡성을 제거하기 위한 여러분의 프로젝트 추진이 실패할 가능성이 크다.

일상적인 오퍼레이션에 영향을 미치는 동일한 이슈가 복잡성 원가 절감 수행을 방해할 것이므로 이를 해결하는 것이 매우 중요하다. 이 장애물을 극복하는 방법은 통상 경영진의 지원, 가시성 및 자원을 복잡성 원가 제거에 전적으로 할당하는 것이다. 역량의 집중 없이는 기존의 복잡성이 복잡성 제거 프로젝트 추진을 방해할 위험이 크다.

캐드버리Cadbury 사의 대표 토드 스티처Todd Stizter가 복잡성 제거를 위한 다차원적 공략을 시작했을 때, 그는 조직의 단순화를 통한 역량 집중(그는 이를 연합적 접근법joined-up approach이라고 불렀다)이 SKU 축소를 성공적으로 추진하는데 매우 중요하다고 주장했다.

우리는 우리의 경영층 조직구조에서 지역 담당 조직을 제거했다. 7개의 사업부가 나에게 직접 보고를 하게 되었고, 사업부장들은 이사회에 직접 참석하게 되었다. 결과적으로 우리는 한 테이블에 앉아서 의사결정하고, 신속하게 실행에 옮길 수 있게 되었다.

전투 전략 제안

이 장에서 우리는 프로세스-조직 면의 복잡성을 공략하는데 있어서 핵심적으로 고려해야 할 사항에 대해 살펴보았다. 제3부에서는 복잡성 원가를 제거하기 위해 우리가 추천하는 몇 가지 구체적 방법론 - 전투 전략 - 을 제시할 것이다. 프로세스-조직 면의 복잡성의 증상들이 여러분의 회사에 존재한다면 제3부 소개 '영토 쟁취'를 읽은 후 다음의 내용을 읽어볼 것을 권한다.

- 제15장의 '프로젝트 합리화: 더 적은 자원으로 더 많이, 더 빨리 일하기'와 제13장의 '린 프로세스를 활용한 다양성 지원'은 프로젝트 리드타임을 줄이고 자원 생산성을 높이기 위한 상세한 방법론과 단계를 다룬다.
- 제16장의 '동적 오퍼레이션: 복잡성의 트레이드오프 최적화'는 회사 내의 잘못 관리된 동적 오퍼레이션의 관계를 발견하고 해결하는 방법을 다룬다.
- 제14장의 '프로세스 세그먼테이션: 다양성의 영향력을 최소화하기'는 프로세스/조직 면의 상호작용의 영향을 최소화 할 수 있는 프로세스 세그먼테이션을 추진하는 손쉬운 방법을 다룬다.
- 제11장의 '물류 네트워크 및 생산 거점 통합'은 핵심 프로세스를 지원하기 위해 증가된 조직의 자산을 합리화하는 방법을 다룬다.

결론

우리는 이 장의 서두에서 최악의 경우 프로세스-조직 복잡성이 조직 응집력을 떨어뜨릴 수 있다고 이야기한 바 있다 - 기능, 목표, 프로젝트, 자원 등이 서로 정렬되지 못하고, 조직과 프로세스의 부분들이 서로 상충되는 방향으로 움직이게 된다.

반면에 복잡성이 정복되면 조직의 응집력이 나타나게 된다. 응집력이란 조직 전체에 걸쳐 목표와 행위가 정렬되는 상태를 말한다. 응집력은 투명성으로부터 시작되는데, 투명성이 '이해'를 의미한다면 응집력은 '행위'에 가까운 개념이다. 응집력이 강한 조직에서는 각 부분들이 의도적이고 합리적이며 일관된 관계를 형성한다. 조직 내 모든 일은 공유된 목표를 위해 추진되고, 모든 일에는 합리적 이유가 있으며, 모든 프로젝트들은 회사의 미션, 전략 또는 목표와 연계되어 있다.

▌응집력과 미 해군

미 해군의 핵 추진 프로그램은 경이로운 안전운행과 연속 운행 기록을 수립했다. 미 해군은 전 세계에서 단일조직으로 가장 많은 원자로를 보유하고 있으며, 운행시간도 가장 길지만 심각한 사고 없이 성공적으로 운영하고 있다. 성공의 핵심요인은 프로그램이 달성한 조직의 응집력 때문인데, 미 해군은 이를 유지하기 위해 불철주야 노력하고 있다. 예를 들면 해당 조직 내의 모든 일들은 두 가지 미션에 연계되어 있으며 - 원자로의 안전과 지속적 가동 - 조직 내에서 각각은 서로 끊임없이 상승작용을 일으키고 있다.

미 해군의 프로그램은 한 걸음 더 나아가 원자로의 안전과 지속적 가동을 가능하게 하는 5개 핵심 준칙Pillars을 정의하였다. 프로그램의 5대 준칙은 지식의 수준, 질문하는 태도, 강제적인 감시 팀 백업, 엄격한 격식과 성실성이다. 이 5대 준칙은 서로 상승작용을 일으킨다. 하나의 준칙을 양보하면 다른 준칙도 지키기 어려워진다. 준칙들은 조직이 가져야 할 문화와 가치관을 정의하였는데, 원자로 운영요원들을 이 준칙에 맞추어 훈련하고, 감독하고, 성과를 평가한다. 아무리 작은 위반이라도 심층 분석의 대상이 되고, 하나 또는 그 이상의 준칙과 연결된다.

'핵 전력 해군의 아버지'라 불리는 하이만 릭오버Hyman G. Rickover는 핵을 운용하는 해군 전全 조직에 이 응집력을 적용하였다. 그의 관점은 "어떤 일이 생각처럼 안 되었을 때 진정으로 책임져야 할 한 명의 개인을 찾아낼 수 없다면 아무도 책임을 지지 않는다는 것을 말한다."

제8장

복잡성이 고착화되는 곳

조직–제품 면

다음의 증상들이 여러분의 회사에서 나타난다면 그때는 조직–제품 면이 원가 절감의 초점이 되어야 한다.

- 물리적 생산 시설이 여기저기 분산되어 자산 가동률이 저조하거나 악화되고 있다.
- 빠르게 늘어나는 제품 라인을 지원하기 위해 오퍼레이션 조직이 어려움을 겪고 있다.
- 마케팅과 영업의 노력이 관리 불가능할 정도로 많은 수의 제품과 지역으로 분산된다.
- 지나치게 많은 공급사와 거래하고 있다.
- 유통망의 반대 때문에 제품 라인 축약이 어렵다.
- IT 시스템이 복잡한 그물망처럼 되었다.
- 물류 네트워크 합리화를 검토하였지만 고객 요구 대응문제 때문에 실천하지 못했다.

'복잡성을 제거하는 일의 복잡성complexity of reducing complexity'을 가장 극명하게 볼 수 있는 곳이 복잡성 큐브에서 조직과 제품 면의 상호작용이다.

앞에서 논의했지만 복잡성은 제품-프로세스 면의 상호작용으로 발생해서 프로세스-조직 면의 어둠침침한 심연에 눈에 띄지 않게 숨어 있다가 종국에는 조직-제품 면에 뿌리를 내린다.

이번 장에서는 독자들에게 이 뿌리를 캐낼 수 있는 방법을 알려주고자 한다. 우리는 기업이 고객 또는 소비자에게 제공하는 가치와 기업이 그 가치를 제공하기 위해 조직의 자원 – 물리적 시설(IT 시스템 포함), 조직구조, 협력사 및 인력 – 을 배치하는 구조 간의 상호작용에 대해 알아볼 것이다. 조직-제품 면에는 세 가지 핵심적 고려사항이 존재한다.

첫째, 조직-제품 면은 복잡성으로 인해 가장 큰 비용과 투자자본이 투입되는 곳이다. 빠르게 늘어나는 제품 포트폴리오를 지원하기 위해 공장과 물류 센터에 비용과 자본투자가 발생한다. 유통회사는 여러분이 비용을 부담하는 한 제품 다양성을 오히려 반기고, 공급사는 분산되고, 조직 내에는 부문 이기주의가 만연하게 되고, IT 시스템은 증가되는 제품 포트폴리오 지원을 위해 점진적으로 기능 추가를 거듭하다가 종국에는 엄청난 비부가가치 비용의 집합지가 되고 만다.

▍왜 조직–제품 면의 공략을 통해 투자자본이익률을 폭발적으로 증가시킬 수 있는가?

대부분의 독자들은 현금 흐름과 기업 가치를 결정하는 인자를 잘 알고 있을 것이다. 그러나 잠시 기억을 상기시키기 위해 투자자본이익률ROIC: Return On Invested Capital 공식을 적어 보았다.

투자자본이익률 = 세후 순영업이익 / 투자자본
단, 세후 순영업이익 = 순영업이익 − 조정 법인세
투자자본 = 운전자본 + 순유형자산(건물 구축물, 공장 및 기계 시설)
+ 기타 자산

조직–제품 면에 대한 개선효과는 분자(세후 순영업이익)를 대폭 증가시키 거나 분모(투자자본)를 대폭 감소시키는 효과를 발생시킨다.

간단하고 단순한 예를 들어보면, 복잡성 감소를 통해 여러분이 직접 소 유하고 있던 물류 센터를 폐쇄할 수 있게 되었다고 가정해보자.

- 첫째, 세후 순영업이익은 물류 센터 운영에 소모되었던 비용(세금 차감) 만큼 증가될 것이다. 비용에는 임금, 수도광열비, 사무용 소모품비, 보 험료 등이 포함된다.
- 둘째, 투자자본은 물류 센터의 순장부가액과 물류 센터에서 사용된 지 게차, 포장설비 등과 같은 기계시설의 순장부가액만큼 감소된다.
- 셋째, 물류 센터의 폐쇄로 재고 자산의 감소(특히 장기체화 재고)가 발생 할 가능성이 크다. 이는 운전자본의 감소를 통해 투자자본을 감소시키 는 결과를 발생시킨다.

그러므로 이 예에서 보면, 여러분의 회사는 세후 순영업이익(분자)이 증 가하고, 투자자본(분모)이 감소되어 종국적으로는 투자자본이익률과 현금 흐름이 대폭 증가하게 된다.

둘째, 조직-제품 면은 복잡성이 뿌리를 내리는 곳이다. 왜 우리는 이런 비유를 드는 걸까? 나무를 옮겨 심어본 적이 있는 사람이면 아무리 작은 묘목이라도 생각보다 뿌리가 깊이 박혀 있다는 것을 알 것이다. 그리고 뿌리처럼 조직의 자산들은 옮기는 것이 불가능한 것으로 취급되곤 한다(그림 37 참조). 또한 뿌리처럼 조직의 자산은 스스로 최적화를 추구하는 경향을 가진다. 뿌리는 생존을 위해 스스로 뻗어나가기도 하고, 서로 얽히기도 한다. 이로 인해 조직 복잡성이 더욱 공고하게 서로 연결되고, 더욱 개선하기 어렵게 되는 것이다.

고전적인 진퇴양난의 상황을 생각해보자. 어떤 기업은 제품을 축약하는 경우에 공장 설비의 가동률 저하를 우려하여 제품 라인의 대폭적 합리화를 고려할 수 없다. 또한 이 회사는 공장 폐쇄도 고려할 수 없는데, 회사의 제품을 어떻게 생산해야 할지 도저히 대안을 찾을 수가 없기 때문이다. 이런 사례는 아주 많다. 핵심 포인트는 제품 및 서비스 다양성이 일종의 닻을 만들어서 다양한 조직 구성요소들이 서로 묶이도록 한다는 것이고, 또 반대의 경우도 발생한다는 것이다. 이러한 메커니즘을 통해 자산이 점점 증가되고, 복잡성은 뿌리를 내리게 된다.

셋째, 비용을 절감하려는 여러분의 노력과 관련하여 중요한 고려사항은 조직-제품 면이 가장 큰 비용절감 기회가 숨어 있는 곳이라는 점이다. 조직-제품 복잡성의 뿌리내림 효과 때문에 복잡성이 이미 투자된 조직과 제품 안에 갇히게 되고, 결과적으로 엄청난 비용이 발견은 물론 제거도 어려운 상태로 깊숙이 묻혀 있게 된다. 그 결과 많은 조직에

| 그림 37 | 복잡성의 뿌리내림

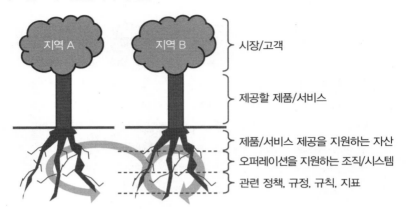

시간 흐름에 따라 반복적인 최적화
(예: 물류, 재고, 공장 할당, 생산능력)

조직 내에서 이루어지는 개별적 투자 의사결정은 어떤 식으로든 정당한 논리를 가지고 이루어지고, 또한 제품과 고객을 직접적으로든 간접적으로든 지원하기 위해 이루어진다. 그러나 종종 이러한 의사결정들은 다른 투자 의사결정을 고려하지 않고 독립적으로 이루어지는데, 이것은 마치 나무뿌리가 스스로 최적화를 하는 것과 같다고 볼 수 있다. 그 결과로 뿌리 체계는 조직을 한 지역에 못 박히도록 만드는데 고객과 시장이 이동한 후에도 특정지역을 떠나지 못하는 경우도 있다. 이는 왜 조직-제품 면이 점진적 사고와 조치로는 해결되지 않는지를 설명한다. 뿌리가 너무 깊이 박혀 있기 때문에 점진적 변화는 반발만 초래하며, 그 반발을 극복하는 것은 거의 불가능에 가까운 것이다. 조직-제품 복잡성을 공략하기 위해서는 크게 생각하고 과감하게 조치를 취해야 한다.

서 복잡성 큐브 중 조직-제품 면이 손익계산서와 대차대조표에 동시에 영향을 미치는 가장 큰 비용절감 기회를 제공한다.

▌혼돈이 복잡성과 충돌하는 곳

잠쉬드 가라제다지Jamshid Gharajedaghi는 그의 저서 〈시스템 사고 System thinking-혼돈과 복잡성 관리〉에서 다음과 같이 썼다. "조직의 발전이란 통합성과 차별성을 동시에 높이는 방향으로 의도적으로 변화하는 것을 말한다."(그림 38 참조). 이 두 가지 축이 이 장의 논의의 핵심에 있다. 우리는 관리자로서 우리의 회사가 시장에 차별적 가치를 제공하도록 하는 책임을 가지고 있는데, 이런 차별화에 대한 추구가 복잡성과 분권화를 발생시키게 된다. 그러나 우리는 또한 우리의 회사가 통합성, 즉 조직으로서의 응집력을 가지도록 해야 한다.

| 그림 38 | 통합성과 차별성

		차별성	
		단순	복잡
통합성	질서	질서정연한 단순성	질서정연한 복잡성
	혼돈	혼돈스러운 단순성	혼돈스러운 복잡성

차별성 축은 여러분이 제공하는 가치(제품/서비스)와 가치 제공의 대상(고객/시장)이 증가함에 따라 증가한다. 통합성 축은 여러분의 조직이 그러한 성장을 지원하기 위해 조직을 구성하는 방식을 의미하며 – 생산능력 Capa과 자산 규모, 직원들의 스킬 셋skill sets, 기술 및 리포팅 구조를 포함한다. 이러한 구성 요소들은 두 가지 방식으로 조합될 수 있는데, 첫 번째는 질서정연한 조직화의 방식으로 모든 구성요소들이 조직 전체의 목표와 우선순위를 향해 정렬되며, 그러므로 조직의 목표에 대한 추진이 용이하다. 두 번째 방식은 혼돈의 원리를 이용한 조직화로서, 이 방식 하에서는 의사결정은 그때그때 상황에 맞추어 이루어지며, 조직의 다른 부문에 대한 영향을 고려하여 결정되지 않는다는 특징이 있다.

대개의 기업은 '혼돈스러운 단순성'으로부터 시작해서 변화해 나가는데,

즉 이들 기업이 택할 수 있는 변화의 방향은 세 가지가 존재하게 된다.

- **질서정연한 단순성:** 이는 차별성 관점에서 미흡하고, 성과창출이 미흡한 수준으로 그칠 가능성이 있다.
- **혼돈스러운 복잡성:** 이는 현대의 많은 기업들의 조직구조 형태인데, 다양성 추구가 조직의 응집력을 깨뜨릴 수 있다.
- **질서정연한 복잡성:** 차별성과 통합성 간에 균형을 이루고 있는 상태이다.

현대의 많은 기업들에게 바람직한 조직 모델은 마지막 카테고리(질서정연한 복잡성)이다. 그들은 시장이 요구하는 다양성을 충족시켜야(차별성) 하지만 이를 효과적으로 하려면 통합성의 수준을 강화해야 한다. 쉬운 말로 하자면 이는 **시장의 다양성에 대한 요구가 커질수록 이를 제공하기 위한 조직(프로세스 포함)은 더욱 강하게 통합할 필요가 있다는** 의미이다.

조직-제품 복잡성의 공통된 증상

조직-제품 복잡성과 관련한 상당한 규모의 개선기회가 여러분의 회사에 존재하는지 아닌지 어떻게 알 수 있을까? 다음에 열거하는 공통 증상이 눈에 띄거나, 익숙하지 않은지 생각해보라.

- 물리적 시설(공장, 운송 거점, 창고 등)이 무계획적으로 확장되어 가동률이 낮은 수준이거나 저하되었다. 동시에 오퍼레이션은 제품 라인 폭증을 지원하는데 어려움을 겪고 있다. M&A의 결과, 빠른 유기적 성장 또는 지역 확장 추진의 결과로 여러분의 물리적 시설이

증가되었을 수 있다. 생산성이 낮은 오래된 공장과 자산은 유지되고 있다. 대량의 고마진 제품 생산에 사용되었을 수도 있는 생산능력의 상당 부분이 소량제품 생산에 잠식당하고 있다. 심지어 어떤 경우에는 회사 소유의 공장은 가치를 파괴하는 제품 생산에 투하되고, 동시에 외부에서 추가적인 생산능력Capa을 빌려서 제품을 생산하기도 한다.

- **마케팅, 영업 또는 다른 기능의 노력이 관리 불가능한 수의 제품 및 지역으로 분산된다.** 여러분의 영업과 마케팅 팀의 성과는 상당 부분 그들이 제공하는 제품의 범위에 의해 향상되기도 하고, 약화되기도 한다. 경영진은 몇 개의 핵심 브랜드가 회사 이익의 대부분을 벌어들인다는 것은 알고 있지만, 내부 자원을 이 핵심 브랜드에 대해서만 전담 배치하고 있지는 않다. 영업사원들은 포트폴리오에 있는 모든 제품의 상세 내용을 이해할 수 없기 때문에 각자 자신이 편안하게 느끼거나 회사에서 인센티브가 제공되는 제품에 집중해서 영업활동을 수행한다. 제품 범위를 줄이기 위한 회사의 공식적인 활동이 없기 때문에 영업이나 마케팅 부서의 직원들은 그들 스스로가 노력을 집중해야 할 제품, 서비스를 압축하여 업무 부담을 경감시키는 현상이 나타난다.

- **공급사가 지나치게 분산되어 있어서 구매 품목에 대한 공급사가 확보되지 않은 경우도 있고, 중복적으로 많은 공급사가 존재하기도 한다.** 회사 내의 서로 다른 부서가 같은 품목을 서로 다른 공급사로부터 공급받는 경우도 심심치 않게 발견할 수 있다. 공급사 8,000개를 관리해야 할 경우를 상상해보라. 이는 브리티시 항공이 공급사

의 3/4을 축소시키기 이전에 당면하고 있었던 실제상황이다. 정렬의 부족으로 공급사 수가 급증한 것인데 같은 품목이라도 부서가 다르면 각기 선호하는 공급사로부터 별도로 계약해서 구매를 진행하고 있었다.

- 영업조직 또는 외부 유통망이 특정한 고객 니즈 충족을 이유로 제품 라인의 축약에 반대한다. 당신은 지나치게 증가하는 제품에 대한 합리화를 추진하였지만, 내부 영업조직 또는 외부 유통망이 고객이 제품 A 또는 제품 B를 구매하고자 한다는 이유를 들어 합리화 추진을 반대하였다. 최근에 우리가 들었던 다른 예를 살펴보자. 우리가 아는 어떤 글로벌 IT 장비 제조기업은 저사양의 랩탑 컴퓨터를 공식 제품 카탈로그에서 삭제하였는데, 지구 반대편에 있는 영업조직에서 해당 제품에 대한 주요 고객의 주문을 접수하였다. 매출 확보 기회를 거절하는 대신 이 회사는 단종된 SKU에 대한 생산을 재개하였다.

- IT 시스템이 새롭게 대두되는 IT 지원 요구에 대응하여 점진적으로 증가하였고, 결국에는 복잡하게 꼬인 그물망과 같은 상태가 되었다. IT 기능은 전통적으로 기업에서 특정한 전략이나 마케팅 프로그램을 가능하게 하는 툴로 인식되어 기업의 성장과 함께 지속적으로 확대되었다. 그 결과로 복수의 ERP 시스템을 복잡하게 연결하여 사용하거나, 중요 의사결정을 위한 분석 데이터를 만들기 위해 엑셀Excel 작업에 많은 시간을 소비하는 경우가 허다하다. 이렇게 그물망처럼 복잡해진 시스템을 지원하기 위한 비용이 크게 증가하지만, 대부분의 비용은 시스템 개선보다는 현상 유

지를 위해 사용된다. 〈인포메이션 위크〉의 기사에도 나왔듯이 "CIO에게 그의 업무 중 가장 중요한 것을 꼽아보라면 복잡성 관리를 꼽는 CIO는 그다지 많지 않을 것이다. 그러나 그것이야 말로 CIO가 수행하는 업무의 전부라고 해도 과언이 아니다."

- 경영진은 네트워크 통합에 대한 필요성에 대해 논의해 보았지만 현재의 생산 요구 대응 때문에 실제로 실행에 옮기지 못했다. 과거에 여러분은 아마도 네트워크 통합과 같은 이슈에 대해 여러 차례 논의를 해보았을 것이다. 그러나 행동에 옮기는 것을 막는 합리적인 이유가 매번 있었다. 예를 들면 최근에 회사가 M&A를 하였다면 조직 간 통합에 장애가 되지 않을까라는 우려 때문에 네트워크 합리화를 꺼리게 될 수 있다. 또는 특정제품이 특정지역에서만 생산되기 때문에 통합이 어렵다고 느낄 수도 있고, 비록 생산 가동률이 현재는 낮지만 곧 가동률을 높일 수 있는 방안이 있다고 누군가가 주장했기 때문에 네트워크 통합을 미루었을 수도 있다. 이 모든 것들이 합리적인 이유가 될 수 있다. 그러나 경영진은 이 이슈들이 합리화를 하지 않아야 하는 정당한 이슈인지, 아니면 합리화를 추진하는 과정에서 극복해야 하는 이슈인지를 구분해야 하는 책무가 있다. 기억해야 할 점은 지역 거점 통합을 수행하는 아주 손쉽고 편리한 시기라는 것은 없다는 것이다.

위에 열거한 내용들은 일반적 시나리오들로서 이와 같은 현상들이 여러분의 조직에서 나타난다면 조직-제품 면으로부터 복잡성과의 전쟁을 시작하는 것을 고려해볼 수 있는 상당한 규모의 기회가 존재한다는 것을 의미한다. 이런 경우라면 빠르게 성과를 낼 수 있는 올바른 전투 계획을 개발하기 위해 어떻게 조직과 제품 복잡성이 상호작용하는지 이해하는 것이 매우 중요하다.

조직-제품 면의 주요 상호작용

조직-제품 복잡성 이면에 존재하는 기본적인 상호작용에 대해 전반적인 이해를 한 후에 전투 전략을 수립하는 것이 바람직하다.

1) 제품 복잡성이 조직 복잡성을 덫에 가둔다.
2) 조직 복잡성이 제품 복잡성을 덫에 가둔다.
3) 조직 복잡성이 책임의 공백과 맹점Blind Spots을 만든다.
4) 비동기적 시간의 흐름이 의사결정을 마비시킨다.
5) 사람들의 뿌리내리려는 경향이 조직과 제품 복잡성의 제거를 방해한다.

상호작용 1: 제품 복잡성이 조직 복잡성을 덫에 가둔다

이런 사고의 흐름은 비단 공장, 물류 센터 또는 물리적 시설에만 해당하는 것은 아니다. 동일한 사고의 흐름이 IT 시스템, 기능 구조, 외부 협력사 또는 물류 창고 등 모든 조직 구성요소에서 나타난다. 조직 복잡성이 제품 및 서비스 복잡성에 관한 가정에 의해 덫에 갇히게 된다. 경영진은 현재의 제품 서비스를 유지하고, 현재와 같이 제품을 생산하고 판매해야 한다고 믿는다. 이러한 믿음이 조직 복잡성을 여러분의 기업 구조 안에 영원히 갇혀서 움직일 수 없게 만드는 원인이 된다.

유럽의 한 소비재 기업은 16개의 공장을 절반 수준인 8개로 통합하고자 했다. 많은 공장들은 몇 년간의 M&A 추진 때문에 늘어났으며 – 브랜드 획득을 위한 M&A를 추진했으나 생산시설을 함께 취득할 수밖에 없었다 – 결과적으로 공급망의 복잡성이 크게 늘어났다. 그래서 회사는 이 문제를 해결하기 위해 각 공장의 상세 비용과 생산 데이터 분석을 시작했다. 최초의 통합 시도는 기술적 제약 때문에 실패로 끝났는데, 상이한 유형의 제품을 생산할 수 있는 4가지 종류의 공정을 지원하는 영국, 프랑스와 동유럽에 산재한 공장의 통합이 어려웠다. 결론적으로 실패 원인은 프로젝트의 범위를 너무 좁게 정의한 것이 원인이었다. 생산설비와 병행하여 제품 라인, 즉 제품 전략(그리고 이를 지원하는 기술)의 변화를 고려하지 않으면 생산 거점의 통합은 아주 미미한 개선효과밖에 거둘 수 없다.

불행하게도 많은 기업들에게 있어서 상당한 수준의 개선효과 확보가 어렵다는 점은 네트워크에 대한 진단과 분석이 끝난 후에야 발견되는데, 이 때 제품 포트폴리오 때문에 발생하는 한계점은 보고서의 '제약과 장애요인' 파트에 아주 짧게 언급되는 것이 일반적이다. 이 때는 이미 때가 늦었거나, 개선기회가 크게 축소된다.

제품 포트폴리오에 대한 의사결정이 그 자체만으로도 충분한 중요성을 가지는 사안이므로 조직 복잡성과 함께 거론하는 것이 이상하게 느껴질 수도 있다. 그러나 처음부터 프로젝트의 스콥을 확장함으로써 나중에 보다 효과적인(그리고 덜 고통스러운) 조치를 취할 수 있다.

상호작용 2: 조직 복잡성이 제품 복잡성을 덫에 가둔다

상호작용 1과 정반대되는 상호작용이 존재한다는 것은 상대적으로 덜 알려져 있다. 그러나 조직 복잡성은 제품 복잡성을 덫에 가둔다. 많은 기업에서 공장 또는 공정 레벨의 성과지표로 가동률 지표를 사용한다. 그러므로 SKU 축약과 같은 조치들은 관련 직원들의 목표 달성 관점에서는 부정적 영향을 미치게 된다. 재무 관점에서도 이와 유사한 현상이 발생하는데 오버헤드 비용을 줄이기보다는 더 많은 제품에 분산시키려는 경향이 그것이다. 실제 기업환경에서 전사적으로는 바람직한 제품 복잡성 축소에 대해 다음과 같은 이유로 반대하는 사례를 자주 볼 수 있다.

- 제품이 더 다양하고 생산량이 많을수록 생산성 지표가 개선된다.
- 제품을 축약하면 잔존 제품이 더 많은 간접비를 부담해야 하고, 이는 악순환을 일으킬 수 있다(이 논리는 물론 잘못된 논리이다). 생산량이 줄어들면 남아 있는 제품에 배분되는 단위당 간접비가 증가하고, 남아 있는 제품의 수익성이 악화되는 것으로 보이게 된다.

위의 두 가지 반대 논리는 물론 전사 관점에서 타당성이 없다. 공장의 가동률을 극대화하여 제품을 만들어내는 것은 좋겠지만, 고객이 구매를 원하지 않는 제품을 만들어내는 것이 무슨 의미가 있겠는가? 그럼에도 불구하고 이 같은 반응이 현재의 성과보상 체제에서 합리적인 반응일 수 있다는 점을 기억할 필요가 있다. 이런 유형의 덫에 빠져 있는 복잡성을 제거하기 위해서는 사람들의 행동을 바꾸어야 하고, 행동을 바꾸기 위해서는 성과보상 제도를 변화시킬 필요가 있다.

상호작용 3: 조직 복잡성이 책임의 공백과 맹점을 만든다

고객 대응 제품 포트폴리오와 이를 지원하는 조직 구성요소 간의 부조화가 존재하는 경우, 책임의 결여 또는 잘못된 계층에 책임을 부과하는 문제가 발생한다. 비용에 대해 책임지는 사람이 없으면 비용을 아무도 모니터링하거나 관리하지 않게 된다. 불행히도 간접비용의 상당 부분이 복잡성의 결과로 인해 통제받지 않고 증가한다. 이런 비용들은 대부분 최초에는 제품 라인 확장과 관련하여 발생한 조직 비용이었으나 현재는 오너가 없는 경우가 대부분이다.

이런 유의 '유기된Stranded' 비용은 관행적으로 유지된다. 예를 들어 제품 라인별로 신속한 시장 대응과 자율적 경영을 위해 인사 및 재무 기능을 분리 운영한 기업이 있었다. 그러나 회사와 제품의 성숙화 이후에, 분리된 기능의 관리 책임을 통합한 이후에도 각 조직에 낭비와 중복이 있다는 것이 발견되는 사례를 어렵지 않게 발견할 수 있다(책임 부재 또는 잘못된 계층에 대한 책임 부과가 유지되었다면 이런 낭비 요인이 드러나지 않았을 것이다).

상호작용 4: 비동기적 시간의 흐름이 의사결정을 마비시킨다

기업의 제품 개발 담당 관리자가 집에 퇴근할 때, 통상 그들이 완전히 업무를 잊어 먹는 것은 아니다. 그들은 고객의 행태에 관한 관찰과 학습을 지속하고, 이를 다음날 업무에 적용한다. 그들의 반응 속도는 매우 짧으며, 심지어는 제품 개발의 시장 대응 속도도 매우 빠르다. 변화하는 고객의 요구와 선호에 맞추어 개발 중인 제품의 크기와 모양을 변화시키는 것이다. 그러나 조직의 변화 속도는 매우 느리다. 기업의 공급망 네트워크 구성요소 또는 생산 거점은 변화시키기가 어렵고, 변화에 시간이 소요된다. 이것은 마치 전함의 방향을 바꾸는 것과 유사하다.

그러므로 많은 기업들은 다음과 같은 단절현상 때문에 어려움을 겪고 있다. 회사의 구조와 자산은 현재의 고객 요구가 아니라 과거의 고객 요구에 맞추어 구축되어 있다. 더욱 심각한 것은 변화에 많은 노력이 요구된다는 점 때문에 변화 자체를 시작하기가 어렵다. '천 리 길도 한 걸음부터'라는 말이 있지만 길 중간에 우회로가 있을지 모른다는 생각이 든다면 여러분은 과연 얼마나 걸어가겠는가?

예를 들어 공장의 가동률이 현재 안 좋을지 모르나 이것은 몇 년 전에 내린 의사결정의 결과로 발생한 현상이다. 또는 '미래 지향적 기술' 확보를 위해 새로운 IT 시스템을 구축하고자 하는 회사가 있다고 생각해보라. 현재 이 회사의 시스템은 대부분 독립적으로 구축된 개별 시스템을 새로운 사업, 새로운 제품 및 전략적 추진과제를 지원하기 위해 창의적으로 이어붙인 형태이다. 사실 이러한 현상은 '전략으로서의 기업구조Enterprise structure as strategy'의 IT 시스템이 어떻게 새로운 전략 과제 추진 지원에 실패하는지에 대한 설명을 머리에 떠오르게 한다.

이 프로세스가 실패하는 패턴은 다음의 세 가지이다.

첫째, 전략이 명확하게 정의되지 않아서 이를 기준으로 IT 시스템을 구축하기가 어렵다. '시너지 강화' 또는 '고객 중심'과 같은 일반적 문구를 기준으로 시스템을 구축하기란 쉽지 않다. 그러므로 기업들은 IT 역량을 구축하기보다는 IT 솔루션을 도입하는 것이다.

둘째, 전략이 구체적으로 정의되어 있다고 하더라도 회사가 이를 개별적이고 순차적으로 접근한다. 각각의 과제는 각기 다른 기술을 적용하여 구축된 독립된 시스템을 구축한다.

셋째, IT는 가장 최근에 수립된 전략 과제에 대응하여 구축하므로 IT가 언제나 병목구간이 된다. IT는 미래의 전략적 기회를 향한 길을 선도하는 자산이 되는 법이 없다.

그러므로 변화의 필요성은 명확하다. 그러나 기업들이 IT 시스템의 재구축을 추진할 때 통상적으로 미래 니즈의 불확실성과 변화를 추진하기 위한 비용과 혼란 때문에 처음의 거창한 계획이 용두사미처럼 축소되는 일이 많이 발생한다. 현재의 니즈의 시급성과 장기적 니즈 간의 간극 사이에서 고민하는 과정에서 소위 '분석적 마비 Analysis Paralysis'의 희생양이 되는 기업이 적지 않다.

상호작용 5: 사람들의 뿌리내리려는 경향이 조직과 제품 복잡성의 제거를 방해한다

사람의 행동을 결정하는 것은 보상체계만은 아니다. 사람들은 일에서 의미, 탁월함, 열정을 찾기를 바라며, 다른 사람과의 유대와 공동체 의식을 충족시킬 수 있기를 원한다. 그러나 사람들의 이런 경향은 부작용을 만들어낼 수도 있는데, 우리가 '뿌리 체계Root System'라 부르는 것이 그것이다. 이 장의 앞부분에서 제시되었던 나무 그림을 떠올려보자. 이 뿌리 체계가 형성되면 필요한 변화인데도 불구하고 변화가 느려지고 방해 받게 된다. 때로는 어떤 일이 실제로 발생하기 전에 예상되는 행위를 아는 것이 큰 도움이 된다.

- **독립적 운영 권리 주장**: 회사의 일부분이 공동체와 그 나름의 생태계를 형성하고 주관적인 시각과 해당 부문에 최적화된 프로세스와 시스템을 갖도록 성장한다. 공동체는 멀리 떨어져 있는 상위조직에서 나온 변화에 대한 지시에 따르기를 머뭇거린다.
- **신념의 고착**: 독립적 운영은 "이것이 우리가 항상 일하는 방식이다"와 같은 사고방식이 고착되도록 하며, 이런 경향은 시간이 흐를수록 강화된다. 사업부 또는 기능 조직 자체가 획기적으로 다른 미래와 조직구조를 상상하기 어려운 상태가 된다.
- **협상**: 권고되는 변화의 내용에 대한 옥신각신한 실랑이가 발생되어 조직의 발전 또는 어떤 경우에는 생존에 필요한 조직의 니즈는 무시된다.
- **의사결정 지연**: 이해관계자들의 이익과 회사의 니즈를 조화시키기 위해 지역조직은 합의에 기반한 의사결정을 하려고 하고, 결국 중요한 조치의 실행이 지연된다.

어떤 COO는 대규모 포트폴리오의 변화에 저항하는 것은 고객이 아니라 내부 직원이라는 말을 우리에게 한 적이 있다. 여러분이 변화를 추진한다면 내부로부터의 저항에 대비해야 한다. 여러분은 다음과 같은 감정 섞인 말들을 듣게 될 것이다.

"그렇지만 이 지역의 고객들은 특별한 요구사항을 가지고 있어서 다른 공장에서 이 제품을 생산한다면 그 요구사항을 충족시킬 수 없을 것입니다."

"이 제품은 아직도 이익을 내고 있고, 이 제품을 단종시킨다면 공장 가동률이 X% 저하될 것이고, 이 제품에 부과되었던 고정비가 다른 제품에 배분되어 수익성이 저하될 것입니다."

"우리는 전체 물류 시스템을 최적화해왔습니다. 이 제품을 다른 지역에서 생산한다면 고객 서비스 수준이 저하되고, 말할 것도 없이 물류비가 증가할 것입니다."

"맞습니다. 우리는 이 제품을 다른 공장에서 더 싸게 만들 수 있습니다. 그러나 관세와 수출/수입 비용 등 추가되는 비용을 고려해보았습니까?"

이 모든 감정 섞인 말들에 일리가 없는 것은 아니다. 그러나 하나의 단편적인 이슈 또는 목소리가 큰 이익집단에 의해 복잡성 제거 기회가 물거품이 되는 것을 허용해서는 안 된다.

전투를 위한 핵심 시사점

이러한 상호작용들은 복잡성 비용에 대한 여러분의 전쟁을 수행할 때 이해하고 감안해야 하는 실질적인 이슈들이다. 조직−제품 상호작용으로부터 직접적으로 발생하며 반드시 고려해야 하는 주요 시사점은 다음의 네 가지로 요약할 수 있다.

1) 조직−제품 양축에 대한 공략을 동시에 진행해야 한다.
2) 큰 비용을 덜어낼 수 있을 만큼 깊이 잘라내야 한다.
3) '여기, 지금'이라는 강박관념을 극복하라.
4) 트레이드오프 유형의 의사결정에 대비하라.

1) 조직−제품 양축에 대한 공략을 동시에 진행해야 한다

조직과 제품 복잡성이 상호 간에 덫으로 가두는 경향이 있으므로, 동시에 이 양축을 공략해야만 양축으로부터 개선효과를 얻어낼 수 있다.

이는 사실 제1장에서 언급한 폭넓은 시야를 가지되 공략은 특정 부분에 집중해서 하라는 원칙의 또 하나의 적용사례일 뿐이다. 이슈를 이해할 때는 가급적 넓은 시야를 가지고 접근하되(어떻게 각 축들이 상호작용을 하고, 어디에 가장 큰 개선기회가 있는지) 복잡성 제거를 위한 조치는 집중적으로 실행해야 한다. 예를 들어 조직−제품 복잡성을 전체적인 관점에서 파악함으로써 − 즉, 물류 네트워크와 생산 거점이 현재 제품 포트폴리오와 어떻게 상호작용하는지 − 이슈에 대해 폭넓은 이해를 하게 되고 어디에 핵심적인 기회가 있는지, 상당한 수준의 개선효과를 얻기 위해서는 무엇이 필요한지 알 수 있게 된다. 이러한 이해를 바탕으로 특정 제품과 그 제품이 덫처럼 옭아매고 있는 특정자산에 집중하여 프로젝트를 추진하는 것과 같은 보다 정밀하고 집중화된 프로젝트 추진이 가능하다.

2) 큰 비용을 덜어낼 수 있을 만큼 깊이 잘라내야 한다

제거 가능한 비용의 덩어리(고정자산)를 이해하고, 제품 합리화 관점에서 비용의 덩어리를 제거하기 위해 무엇이 필요한지 이해해야 한다.

이를 위해서는 맨 처음에 비용 관점에서 임계점을 명확히 정의해야 한다. 제품을 조금 줄이면 비용도 그만큼 조금씩 줄 것이라고 기대해서는 안 된다. 프로젝트가 끝났을 때 비용 구조를 개선하기 위해 무엇이 달라져 있을지 또는 자산과 제품 측면에서 무엇이 달라질 수 있는지 찾아내야 한다. 회사의 생산 거점을 줄일 수 있게 될 것인가? 또는 제품과 생산 설비의 정렬Alignment 상태를 개선할 수 있을 것인가? 재고를 축소할 수 있을 것인가? 만일 그렇다면 현재의 계획은 그런 결과를 이끌어낼 수 있는가? 만일 그렇지 않다면 비용절감 효과를 어디에서 창출할 것인가?

두 번째 주목할 점은 세상에는 손쉬운 공급망 네트워크 합리화, 조직 구조조정은 없다는 것이다. 그러므로 복잡성 제거 과정에서 발생하는 혼란이 감수할 만한 가치를 만들어낼 수 있을 만큼의 큰 비용절감 기회를 초기부터 찾아내고, 비용절감을 실현할 수 있는 다방면의 노력을 기울여야 한다.

3) '여기, 지금'이라는 강박관념을 극복하라

자산 감축에 소요되는 시간을 감안할 때 모든 계획은 현재의 상태를 개선할 뿐만 아니라 예상되는 미래의 상태에 맞추어 수립되어야 한다. 분명한 것은 미래를 확실히 알 수 없다는 구실이 회사를 무기력하게 만드는 것을 막아야 한다는 것이다. 실행 가능한 좋은 계획을 만들려면 다양한 미래 상태의 시나리오들을 만들어 보고, 어떤 시나리오의 미래가 오더라도 후회하지 않을 방향을 정해서 추진계획을 수립해야 한다(이것을 어떻게 해야 할지, 현재와 미래의 다른 시간대를 어떻게 조화시킬지가 제11장의 '물류 네트워크 및 생산 거점 통합'에서 중점적으로 다루는 내용이다).

4) 트레이드오프 유형의 의사결정에 대비하라

조직–제품 복잡성의 큰 덩어리를 목표로 설정하고 효과적으로 제거하기 위해서는 다음과 같은 트레이드오프 관계를 분석하고 관리해야 한다.

- 장기적 이익 vs 단기적 지표: 만일 회사의 지표가 단기적 사고를 강화시킨다면 그때는 장기적 이익에 대한 경영진의 신념을 보여줄 수 있도록 공식적인 선언이나 행위를 고려해볼 필요가 있다(예: "맞다. 제품 포트폴리오를 정리해가면서 발생하는 공장의 가동률 저하를 인정하고 받아들일 것이다.").
- 수익성 vs 성장(또는 시장 점유율): 수익성을 위해 시장 점유율 또는 어렵게 획득한 성장을 포기할 수도 있다.

- 로컬 vs 글로벌: 보다 집중적으로 로컬의 점유율을 높이기 위해 글로벌 진출을 희생할 수도 있다.
- 선별 고객 vs 모든 고객: 몇몇 '나쁜 고객(회사의 제품을 구매하지만 가치를 파괴하는 고객)'과의 거래를 중단함으로써 '좋은' 고객에게 더 나은 서비스와 더 강력한 고객관계 관리를 제공할 수 있다.

큰 덩어리의 비용을 제거할 수 있는 능력이 위의 트레이드오프에서 의사결정자가 어떤 위치에 서느냐에 의해 결정될 수 있다. 복잡성 제거를 본격적으로 추진하기 전에 트레이드오프 이슈를 발굴하고 충분히 논의하라.

전투 전략 제안

우리는 이번 장에서 복잡성의 조직-프로세스 면에 대한 공략 시에 감안해야 할 핵심 시사점들을 살펴보았다. 핵심적인 복잡성 이슈를 해결하기 위해 우리가 제안하는 몇 개의 특정한 방법론 - 전투 전략 - 이 있다. 우리는 그 중 몇 개를 이 책의 제3부에서 설명할 것이다. 만일 이 장에서 설명한 증상들이 여러분의 회사에서도 나타난다면(이 장의 서두 부분에서 강조했듯이) 특정 전투 전략에 대한 보다 상세한 정보는 아래 소개한 장에서 찾아보기 바란다.

우리는 여러분의 전투 계획이 성공요건을 충족하는지 확인하기 위해 제3부 소개 편인 '영토 쟁취'를 꼭 읽어볼 것을 권한다. 그런 연후에

- '포트폴리오 최적화'에 관한 제9장, 제10장과 제11장의 '물류 네트워크 및 생산 거점 통합'을 통해 이 면面에 대한 협공을 추진할 수 있는 강력한 기반을 확보할 수 있다. 포트폴리오 최적화에 대한 장들은 SKU 합리화를 추진하기 위한 결정적이고 단계적인 방법론을 제공하는데 – 이 장에서 제안했듯이 – 이 방법론은 생산 거점 통합과 함께 추진할 때 가장 효과가 크다.
- 제11장의 '물류 네트워크 및 생산 거점 통합' 역시 비동기적 시간의 이슈를 감안하여 단기에 상당한 수준의 비용과 투자자산을 감소하면서 동시에 장기 전략과 정렬시킬 수 있는 방법을 제공한다. 이 장에서 소개하고 있는 캐드버리Cadbury 사례는 배울 부분이 많다.
- 여러분의 복잡성 이슈가 부품 및 원료에 존재하는 경우에도 유사한 원칙이 적용된다. 제12장의 '부품 합리화 및 공급사 통합'은 이에 대해 상세하게 다룬다.
- 기업에서 잘 활용되고 있지 않은 주요 방법 중의 하나가 동적 오퍼레이션Dynamic Opertion이다. 이는 트레이드오프 유형의 의사결정 사항에 대해 정량적 분석을 통해 최적 의사결정을 유지하는 것을 말한다. 예를 들어 SKU 합리화는 제품 포트폴리오의 최적화를 추구하는데 반해, 동적 오퍼레이션은 한 가지 변수의 최적화를 추구하는 것이 아니며 여러 가지 변수들을 고려했을 때 어떤 것이 가장 바람직한 대안인지 분석한다. 제16장의 '동적 오퍼레이션: 복잡성의 트레이드오프 최적화'에서 보다 자세하게 이 내용을 다룬다.

만일 여러분이 이 면面에 이슈가 있다고 생각한다면 위에 소개한
장들을 먼저 읽어볼 것을 권고한다. 나머지 장들도 역시 적용이 가능
하지만, 통상 후속 단계에서 적용된다. 예를 들어 많은 기업은 생산
거점과 포트폴리오 이슈를 해결한 이후에 프로세스와 생산성 개선을
추진한다.

결론

제품 포트폴리오와 조직 간의 정렬은 정상적인 경제 환경에서도
중요하지만, 저하되는 영업이익률과 자본비용 증가가 이중으로 투자
자본이익률에 부정적인 영향을 미치는 경기 하강기에는 훨씬 더 중
요하다. 투자자본이익률에 대한 이중의 영향은 주주 가치에 대해 이
중의 영향을 미치게 된다. 보다 작은 사업 영역으로 가치 창출이 축
소되고, 필수적이지 않은 부가적 기능이나 서비스에 대해 추가적인

가격 프리미엄을 기꺼이 지불하고자 하는 고객의 수가 줄어들게 된다. 즉 제품 라인 – 그리고 이를 지원하는 비용과 자산까지 – 중 나쁜 복잡성으로 분류되는 제품의 비중이 증가되는 것이다. 상장회사의 경우에는 가치를 창출하지 못하는 제품에 많은 자산이 묶여 있는 기업에 대해 주주들이 급격히 투자 매력을 느끼지 못하게 된다. 요컨대 현재와 같은 경기 하강기는 조직–제품 복잡성을 전혀 용납할 수 없는 시기인 것이다.

제2부 요약

제2부에서 우리는 문제의 본질에 대한 이해의 폭을 넓히고 어디에 가장 큰 기회가 있는지 찾을 수 있도록 복잡성의 각 면에서 발생하는 상호작용에 대해 깊이 있게 살펴보았다. 증상과 상호작용을 읽어가면서 여러분들의 머릿속에는 아마도 하나의 면 또는 특정 상호작용이 떠올랐을 것이다.

물론 어디에서부터 시작할지 짐작하는 것부터 프로젝트 계획을 수립하기까지는 먼 길이 남아 있다. 그러나 여기서부터 시작하는 것은 올바른 방법이다. 거기에서 여러분은 당신이 목표로 한 시간 내에 가장 큰 효과를 거둘 수 있는 목표 영역을 두 개 또는 세 개의 가정에 근거하여 선정할 필요가 있다.

복잡성 원가를 축소하기 위한 최초 전략의 타당성과 기대효과의 진위를 확인하기 위해 검증작업을 진행하라. 예를 들어 여러분은 조직－제품 면의 증상과 상호작용을 보고 이 부분이 가장 잠재력이 크다고 판단했을 수 있다. 이후에 진행해야 할 것은 프로젝트의 상세 추진계획을 결정하기 위한 경영진 토의 － 그리고 이를 지원하기 위한 분석 작업 － 를 진행하는 것이다. 결정해야 할 내용에는 다음의 항목들이 포함된다.

- 집중해야 할 영역(예를 들면 생산 거점 통합과 포트폴리오 합리화 동시 추진)에 대한 합의
- 이들 영역에서 동시에 수행되는 조치들의 상호작용 및 통합 방안
- 개별 조치 과제들의 정확한 범위
- 일정 계획과 예상 기대효과

제2부의 복잡성의 상호작용에 대한 내용을 학습한 독자들이 계획 과정에 참여한다면 대부분의 회사에서 프로젝트 범위를 어려움 없이 정할 수 있을 것이다.

그러나 한 가지 공백이 남아 있는데 우리가 제6장, 제7장, 제8장의 끝부분에서 제안한 전투 전략의 상세 계획이다. 이 부분이 바로 제3부에서 우리가 다루는 내용이다.

독자들이 참고할 수 있도록 복잡성 큐브의 각 면별로 주요 증상, 주요 상호작용, 핵심 시사점 및 추천하는 전투 전략을 다음의 표로 정리하였다.

복잡성의 제품-프로세스 면	
증상	• 상당 수의 제품이 수익성이 좋지 않고, 회사 전체의 이익을 삭감시키고 있다 • 과다한 재고가 운전 자본을 소진시키고, 원가 증가를 초래하고 있다 • 생산능력의 부담으로 인한 재고 부족으로 매출 기회를 놓치는 일이 발생한다 • 제품 과다로 할인 판매, 재고 폐기 그리고 재고원가가 증가된다 • 긴 리드타임이 고객들의 불만 요인이 되고 있다 • 생산제품 교체가 너무 잦아 생산능력을 감소시키고 있다 • 납기 준수, 고객응대 그리고 품질 수준이 업계 평균을 밑돌고, 이러한 상황이 개선되지 않고 계속 나빠지고 있다 • 무슨 활동을 하든 조직 내 다른 부분에서 부작용이 발생할 것 같다
상호작용	1) 제품 다양성의 증가는 재고 수준과 리드타임을 선형적인 관계로 증가시킨다 2) 제품 다양성의 증가는 생산능력을 대폭 감소시키는 원인이 된다 3) 소량 생산제품들은 재고 보유량과 생산능력에 비선형적인 효과를 미친다 4) 수요의 다양성은 제품의 다양성에 의한 영향을 증폭시킨다 5) 셋업 시간은 제품 복잡성을 지원하는 프로세스의 능력을 약화시킨다 6) 제품의 다양성 때문에 제품의 단순성을 전제로 설계된 프로세스들이 망가져 버린다
시사점	1) 원가의 진정한 원인을 향하여 조준하라 2) 남겨진 다른 제품에 집중하기 위하여 제품군의 수를 줄여라 3) 매출을 늘리는 것보다는 이익이 나지 않거나 서로가 서로를 잠식하고 있는 제품들을 줄여라 4) 프로세스들을 필수 제품군들에 맞도록 구조화해라 5) 회사의 포트폴리오에 수반되는 적절한 복잡성 수준을 정하고자 할 때는 회사가 복잡성을 처리할 수 있는 수준이 어느 정도인지를 고려해라

전투 전략	• 제9장과 제10장 – 포트폴리오 최적화(제11장의 물류 네트워크 및 생산 거점 통합과 종종 병행) • 제12장 – 부품 합리화 및 공급사 통합 • 제13장 – 린Lean 프로세스를 활용한 다양성 지원 • 제14장 – 프로세스 세그먼테이션: 다양성의 영향력을 최소화하기 • 제16장 – 동적 오퍼레이션: 복잡성의 트레이드오프 최적화

복잡성의 프로세스–조직 면	
증상	• 조직이 지나치게 복잡하고 비대해 보인다. 각 조직이 어떤 일을 하는지 전체 그림을 알고 있는 사람이 없다 • 하루면 충분한 의사결정이 몇 주씩 걸리고, 정보는 조직의 계층과 부서의 사일로 간에 매우 천천히 움직인다 • 조직 간 경계에 걸친 사안의 트레이드오프 관계를 파악하기도, 관리하기도 어렵다 • 많은 활동이 수행되지만 결과가 기대에 미치지 못한다(예를 들어 신제품 개발 기간이 지나치게 길고, 같은 일을 하는데 점점 더 많은 자원이 필요하고, 책임소재가 모호하며 의사결정 권한도 불분명하다) • 고객 서비스 수준이 저하된다(조직이 고객 만족을 중심으로 정렬되지 않거나 프로세스가 지나치게 복잡해서 조직이 이를 실행할 수가 없다) • 공급망의 원활한 조정 실패로 제품 가용성이 저하된다 • 잘못 구현되었거나 잘못 운영되고 있는 IT 시스템이 프로세스와 의사결정을 지연시킨다
상호작용	1) '예외'가 일상화되어 프로세스와 조직의 복잡성을 증가시킨다 2) 프로세스와 조직의 상호작용이 회사를 관통하는 연관관계를 보이지 않게 만든다 3) 높은 수준의 자원 가동률과 복잡성이 결합하여 프로젝트 리드타임을 지연시키고 자원 생산성을 저하시킨다 4) 프로세스와 조직의 복잡성이 상호 상승작용을 일으킨다

시사점	1) 기업 전체 관점, 통합 관점에서 시작하라 2) 회사의 창의적 프로세스의 변동성에 맞추어 적정한 자원 가동률을 유지하라 3) 사전에 잘 조율된 집중적인 공략을 통해 변화에 필요한 임계치를 확보해야 한다 4) 프로세스–조직 복잡성이 원가 절감 실행력에 미치는 영향을 측정하라. 그리고 원가 절감 추진과제 실행을 위한 대응책을 마련하라
전투 전략	● 제11장 – 물류 네트워크 및 생산 거점 통합 ● 제13장 – 린 프로세스를 활용한 다양성 지원 ● 제14장 – 프로세스 세그먼테이션: 다양성의 영향력을 최소화하기 ● 제15장 – 프로젝트 합리화: 더 적은 자원으로 더 많이, 더 빨리 일하기 ● 제16장 – 동적 오퍼레이션: 복잡성의 트레이드오프 최적화

복잡성의 조직–제품 면

증상	● 물리적 시설(공장, 운송 거점, 창고 등)이 무계획적으로 확장되어 가동률이 낮은 수준이거나 저하되었다. 동시에 오퍼레이션은 제품 라인 폭증을 지원하는데 어려움을 겪고 있다 ● 마케팅, 영업 또는 다른 기능의 노력이 관리 불가능한 수의 제품 및 지역에 분산된다 ● 공급사가 지나치게 분산되어 있어서 구매 품목에 대한 공급사가 확보되지 않은 경우도 있고, 중복적으로 많은 공급사가 존재하기도 한다. 회사 내의 서로 다른 부서가 같은 품목을 서로 다른 공급사로부터 공급받는 경우도 심심치 않게 발견할 수 있다 ● 영업조직 또는 외부 유통망이 특정한 고객 니즈 충족을 이유로 제품 라인의 축약에 반대한다 ● IT 시스템이 새롭게 대두되는 IT 지원 요구에 대응하여 점진적으로 증가하였고, 결국에는 복잡하게 꼬인 그물망과 같은 상태가 되었다 ● 경영진은 네트워크 통합에 대한 필요성에 대해 논의해 보았지만 현재의 생산 요구 대응 때문에 실제로 실행에 옮기지 못했다

상호작용	1) 제품 복잡성이 조직 복잡성을 덫에 가둔다 2) 조직 복잡성이 제품 복잡성을 덫에 가둔다 3) 조직 복잡성이 책임의 공백과 맹점을 만든다 4) 비동기적 시간의 흐름이 의사결정을 마비시킨다 5) 사람들의 뿌리내리려는 경향이 조직과 제품 복잡성의 제거를 방해한다
시사점	1) 조직–제품 양축에 대한 공략을 동시에 진행해야 한다 2) 큰 비용을 덜어낼 수 있을 만큼 깊이 잘라내야 한다 3) '여기, 지금'이라는 강박관념을 극복하라 4) 트레이드오프 유형의 의사결정에 대비하라
전투 전략	● 제9장과 제10장 – 포트폴리오 최적화 ● 제11장 – 물류 네트워크 및 생산 거점 통합 ● 제12장 – 부품 합리화 및 공급사 통합 ● 제16장 – 동적 오퍼레이션: 복잡성의 트레이드오프 최적화

제3부

복잡성 원가
제거를 위한
전투 전략

제3부 소개

영토 쟁취Taking ground

"모든 가능한 반대를 극복하기 전까지는 아무것도 시도할 수 없다!"
– 사무엘 존슨

이 책의 제2부에서는 이슈를 완벽히 이해하고 이를 해결하기 위해 어디에서부터 출발하여 어떻게 진행하는 것이 최선인지 파악하기 위하여 제품, 프로세스 및 조직 측면의 복잡성의 상호작용을 깊이 있게 살펴보았다.

제2부가 폭넓은 이해라는 측면에서 살펴보았다면, 제3부에서는 집중된 행동이라는 측면을 설명하고자 한다. 이러한 연계를 통해 어디(큐브의 어느 면)에 가장 큰 이슈가 존재하며, 복잡성 원가 제거를 위해 무엇을 해야 하며, 어떻게 효과Prize를 창출할 수 있는지에 대한 올바른 인식을 할 수 있을 것이다.

다음 장들에서는 각각의 전투 전략에 대해 좀 더 깊이 있는 논의를 하고자 한다. 다만 여기에서 강조하는 7가지의 전투 전략은 결코 모든 전략을 망라하지는 않았다는 점을 말하고 싶다. 그러나 80/20

원칙을 감안한다면 아래의 전략들은 가장 합리적이면서도 즉각적으로 높은 가치를 이끌어낼 수 있는 전형적인 접근방법이라고 할 수 있겠다.

- 포트폴리오 최적화(SKU 감축)(제9장, 제10장)
- 물류 네트워크 및 생산 거점 통합(제11장)
- 부품 합리화 및 공급사 통합(제12장)
- 린Lean 프로세스를 활용한 다양성 지원(제13장)
- 프로세스 세그먼테이션: 다양성의 영향력을 최소화하기(제14장)
- 프로젝트 합리화: 더 적은 자원으로 더 많이, 더 빨리 일하기 (제15장)
- 동적 오퍼레이션: 복잡성의 트레이드오프 최적화(제16장)

이들 중 어떤 것들은 이미 널리 알려져 있으나 과도한 수준으로 복잡하게 전개되는 반면(예로서 린Lean), 어떤 것들은 널리 알려져 있으나 불완전하게 설명되고 적용되고 있다(예로서 SKU 감축). 또한 동적 오퍼레이션과 같이 매우 효과적이지만 거의 활용되지 않는 것들도 있다. 우리는 이 책에서 위에 열거된 전략들에 대하여 한편으로는 직접적 경험의 산물을 통해, 다른 한편으로는 이 책에서 설명한 독창적 아이디어에 의거하여 차별화된 관점을 보여주고자 한다. 어떠한 전투 전략을 조합하고 우선할지는 실제 여러분이 처한 비즈니스 복잡성의 특성과 원인에 따라 달라진다. 우리는 앞서 제2장의 마지막 부분에서 여러분이 처한 이슈가 복잡성 큐브의 어느 면에 해당하는가에 따라

적합한 전투 전략을 제시하였지만, 이는 여러분이 수행할 전투 계획을 수립하기 위한 참고 정보를 제공하기 위함이지 당신이 취할 조치를 한정하기 위한 것은 아니라는 것을 다시 한 번 강조하고자 한다.

전투 계획 수립

전투 계획 수립에서 우리의 강조점은 프로젝트 관리에 있지 않다. 이러한 역량은 충분하다고 가정한다. 여기에서 우리는 어떠한 측면이 전투 계획을 좋고 나쁘게 만드는지를 말하고 싶다. 일반적으로 복잡성 원가를 제거하기 위한 좋은 전투 계획은 아래와 같은 5가지 특성을 가진다.

1) 최고경영진C-Level의 스폰서십 확보: 복잡성 원가와의 전쟁에서 흔히 요구되는 변화(예로서 제품 라인업 또는 조직 변경)를 이끌어 가는데 최고경영진으로부터의 리더십은 필수적이다. 만약에 여러분이 분석을 통해 도출한 잠재적 기대효과에 대하여 최고경영진이 동의하지 않는다면 복잡성과의 전투를 처음부터 시도하지 않는 것이 나을 수 있다. 왜냐하면 여타 다른 과제와는 달리 복잡성 이슈는 앞서 보았듯이 기업 전반에 있어서 상호복합적으로 연계되어 있기 때문에 전체적 관점에서 동시에 제거하지 않으면 안 되기 때문이다. 더군다나 복잡성이 갖는 특성상 이를 제거하려는 노력에 대하여 저항이 크기 때문에 최고경영진의 적극적 지원 없이 실현하기 어렵다(제8장에서 논의한, 복잡성이 어떻게 조직-제품 측면에서 고착화되는지를 회상해보라).

또한 최고경영진의 리더십이 단지 장애물을 제거하는 것만이 아니라 새로운 길을 이끄는 역할도 수행한다는 점을 간과해서는 안 된다. 제록스를 회생시킨 앤 멀커시는 "로마가 불타는 와중에도 로마 시민은 로마의 미래가 어떻게 될지 알고 싶어 했다"라는 말로 리더십의 중요성을 강조하였다. 실제로 멀커시는 제록스가 하루하루 급박한 원가 절감에 집중함과 동시에 회생 이후의 제록스의 청사진을 제시함으로써 조직이 변화에 대한 동기 부여가 되도록 하였다.

2) **통합된 일련의 작업으로 구성**: 동시에 일괄적 조치가 필요하다는 것을 인지하면서도 실제로 전략이 실천되지 않는다면 결과는 실망스러울 수밖에 없다. 개념을 도입하고 작업이 진행되는 것만으로는 충분하지 않다. 각 영역을 지원하는 일련의 작업들이 실행 수준에서 통합되는지를 확인해야 한다. 예를 들어 포트폴리오 합리화를 위해서는 제품생산을 하나의 설비에서 다른 설비로 재배치하는 것과 같은 상세한 이전계획이 필요하다(생산 거점 통합). 이러한 상세한 계획이 미흡하다면 협공작전의 효과가 저하될 수밖에 없다.

3) **퀵 윈**Quick-Win **추진**: 복잡성과의 전쟁을 수행하는 것은 큰 목적을 가진 야심찬 모험이라 할 수 있다. 그렇다 하더라도 6~12개월을 아무런 성과 없이 진행하는 것은 피해야 한다. 좋은 계획은 퀵 윈에 대한 명확한 기회를 제시해야 한다. 당신은 조직의 역학을 진단하고 기회를 찾는 과정에서 많은 퀵 윈을 도출해낼 수 있을 것이다. 이들은 재무적 성과를 빠른 속도로 창출하고

복잡성 제거의 효과를 가시화하는 중요한 수단이 된다.

4) 후속과제에 대한 인식: 앞서 논의하였듯이 어떤 복잡성을 제거하기 시작하면 향상된 데이터, 노이즈 감소, 핵심 장애물 제거 등으로 인해 추가적인 기회를 볼 능력이 생기게 된다. 따라서 좋은 계획은 초기에서 시작해서 새로운 것을 파악하고 비전이 확장됨에 따라 새롭게 적용해나갈 수 있어야 한다. 처음부터 2단계가 무엇이 될지는 알기 어렵다. 그러나 2단계가 있을 거라는 것은 알 수 있다. 더군다나 초기 단계의 범위를 효과적으로 통제하기 위해 어떤 사안은 차후로 미루는 것이 유용하다는 것을 인지해야 한다. 수행능력을 넘어서는 과도한 범위 확장은 프로젝트 일정을 끊임없이 지연시킬 뿐이다. 예를 들어 초기 단계에서는 복잡성과 복잡성 원가를 제거하는 작업에 집중하였다면 다음 단계에서는 복잡성 원가를 적정한 수준에서 관리하기 위한 작업을 할 수 있을 것이다(적정 수준에서 복잡성 원가를 관리하는 전략은 제4부에서 다룬다).

5) 명확한 재무적 기대효과 산출: 제1부에서 우리는 복잡성 원가와의 전쟁을 수행함으로써 얻는 총량적 기대효과를 산출하는 방법을 소개하였다. 이는 신속하게 기회의 규모를 파악하기 위해 의도적으로 하향식Top-down 접근을 하였다. 그러나 모든 전투 계획은 재무적 효과를 산정할 수 있도록 상향식Bottom-up 분석이 필요하다. 재무적 기대효과 산출을 위해서는 예상 이익, 투자, 투하 자원 및 이익 실현까지의 일정 등이 규정되어야 한다. 특히 현재 재무 시스템이 실제 운영 원가를 반영하지 못할 경우에는

명확하게 주요 가정과 리스크를 문서화하는 것이 중요하다. 또한 이번 과제를 통해 추진될 예상 기회들을 명시하여야 한다. 재무적 기대효과는 일련의 전투 전략을 추진하여 얻을 수 있는 전체 기대효과의 일부분을 구성한다.

강적Difficult Foe으로부터의 영토 쟁취

비록 이해를 편리하게 하기 위해 각각의 전투 전략을 별도의 장으로 나누어 설명하지만 실제에서는 일련의 전투 전략이 복합적으로 적용되어야 강력해진다는 점을 간과해서는 안 된다(제5장의 예에서 가장 큰 원가 절감이자 가장 큰 운영이익은 포트폴리오의 복잡도를 줄이면서 복잡성 원가를 줄이는 전략을 동시에 추진함으로써 얻어진 점을 상기하라). 아래와 같은 조치를 동시에 진행하여 고래 모양 커브의 꼭짓점을 상향 이동시켜서 최적의 운영 포인트에 도달할 수 있다.

1) 고래 모양 커브에서 보다 나은 위치를 확보하기 위한 복잡성 제거
2) 고래 모양 커브의 형태를 바꾸기 위한 복잡성 제거(개별 제품에 대한 추가적 증분 가치를 확보함으로써 적은 복잡도에서도 동일하거나 더 큰 매출을 확보)
3) 복잡도를 관리하는 역량을 향상시킴으로써 고래 모양 커브의 형태를 바꿈(적은 원가로 효과적 복잡성 관리)

또한 동시적 공략의 중요성을 강조함에 덧붙여 전쟁을 시작함에

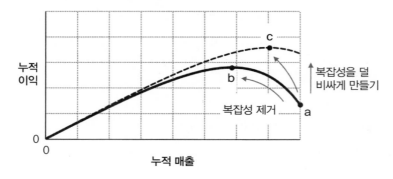

| 그림 39 | 고래 모양 커브의 형태 바꾸기

누적
이익

복잡성을 덜
비싸게 만들기

복잡성 제거

0

누적 매출

있어서 되새겨야 할 교훈은 다음과 같다.

- 행동하기 전에 완벽한 정보를 기다리지 말라. 앞부분에서 소개한 〈해병대의 일하는 방식The Marine Corps Way〉의 저자는 80% 이상의 정보가 확보되었는데도 의사결정을 늦추는 것은 우유부단일 뿐이라고 단언하고 있다. 마찬가지로 복잡성과의 전쟁에서도 80%의 정보에 기반하여 전진하는 것이 완벽한 데이터를 기다리는 것보다 낫다고 할 수 있다.

- 80/20 핵심 동인을 찾아서 자원의 수용능력을 관리하라. 우리는 이 책에서 공급망 파이프라인에 있어서 지나치게 많은 과업의 부작용(긴 소요 기간)에 대하여 논의한 바 있다. 제15장에서 다루겠지만 높은 자원 가동률은 한편으로는 예상하지 못한 상황을 초래시킨다. 일반적으로 자원 제약은 인적 역량의 수준에 의하여 결정되기 때문에 이를 조심스럽게 관리하여 가장 가치 있는 목

표에 집중하여 활용해야 한다.

결론

앞서 언급했듯이 복잡성 원가와의 전쟁은 현재의 경제적 어려움에서 생존하는 것뿐만 아니라 미래에 성장하기 위한 전략적 위치를 확보하는데 목적이 있다. 따라서 리더들은 미래의 비전을 명확히 밝히고, 그렇게 함에 있어서 원가 경쟁력 있는 조직(이는 고객 중심으로 린lean한 조직이어야 함)을 만드는데 신명이 나도록 북돋워야 하는 책임이 있다. 전투 전략을 수행함에는 조직원의 시간, 노력 그리고 헌신이 필요하며, 조직원들이 복잡성 원가라는 거대한 전쟁을 수행함에 있어서 각 전략의 핵심적 역할을 이해함으로써 전쟁에서 승리할 가능성이 커진다는 점을 인지해야 한다. 그러나 무엇보다도 중요한 것은 첫발을 내딛는 것이다. 실행 - 개전 - 이 궁극적으로 모든 일의 성패를 결정한다. 목적을 향한 전진은 매일 매일의 활동 여하에 따라 결정된다. 토머스 제퍼슨Thomas Jefferson의 다음 경구와 같이.

"행동하라! 행동은 당신을 설명하고, 정의해줄 것이다."

제9장

포트폴리오 최적화(A)
무엇이 진정 중요한가?

우리는 이 책에서 단순한 제품 복잡성과 SKU 감축을 넘어서는 복잡성에 대하여 폭넓게 논의하였다. 제품 라인업이나 SKU 제거만이 전투 전략이 아니지만, 복잡성 원가와의 전쟁에 있어서 여전히 핵심적인 역할을 차지한다. 우리가 강조하고자 하는 점은 단지 포트폴리오의 감축이 아니라 최적화에 있다. 후자는 SKU 감축을 이루었으나 적정 규모의 포트폴리오를 통해 얻을 수 있는 충분한 이득을 달성하지 못한 기업에게 의미가 있다(이 장에서는 제품에 한하여 포트폴리오 최적화를 다루고 있지만, 이 장 및 그 다음 장에서 설명할 원리들은 점포, 딜러, 지역 등과 같이 모든 매출을 창출하는 대상에 대하여 적용할 수 있다. 단지 단순하고 명확한 이해를 위해 이 장 및 그 다음 장에서는 제품 포트폴리오 최적화만을 다루고자 한다).

이러한 전투 전략이 독자들에게 적용 가능할까? 만일 아래와 같은 질문에 대하여 "예"라는 답변을 한다면 독자에게 이 전투 전략은 유효하다고 하겠다.

- 제품 포트폴리오 중 소수의 제품이 매출과 특히 이익에 있어서 대부분을 차지하는가?(이는 극단적인 고래 모양 커브 형태로 나타날 것이다).
- 프로세스가 제품 포트폴리오 복잡성으로 인해 곤란을 겪고 있는가?
- 다양한 제품, 서비스가 제품 가용성, 서비스 수준, 가격 등의 측면에서 경쟁력을 상실하게 하고 있는가?

아래의 예시적 기업(가칭 ABC사)의 경험을 생각해보자.

여러 해 동안 ABC 사는 고객을 만족시키고 매출 증진을 위해, 그리고 더 많은 시장 점유율 확보를 하고자 끊임없이 신규 제품을 출시해왔다. 고객 대응력을 높이기 위해 영업 조직은 이러한 혁신에 상당히 매진하였고, 특정 고객을 위해서는 여러 가지 유사 제품이나 일회성 제품으로 대응하였다. 신제품 개발은 분산되었고, 신제품을 출시하는 데 어려움은 없었다. 오래된 제품은 거의 퇴출되지 않았다.

근본적으로 고객에게 다양성을 제공하는 것이 고객을 더 만족시키고, 회사를 더 빨리 성장시키는 것이라 여겨왔다. 실제 이러한 고객 지향적 혁신은 경쟁우위를 확보하는 방안으로 여겨졌다. 고객에게 새로운 제품이나 선택을 늘리는 것이 어떻게 나쁠 수 있겠는가?

그러나 수년간 고객 대응과 혁신에 노력해온 ABC 사는 현재 제품 포트폴리오의 복잡성으로 인해 회사 전반의 공급망 원가는 높아지고, 고객에 대한 서비스 수준은 낮아지는 상황에 처하게 되었다. 회사의 제조 및 공급망 프로세스는 다양한 제품 포트폴리오를 대응하느라 곤경에 처하였고, 재고는 과거에 비해 4배나 증가하여 비정상적 수준의 운전자본이 묶여 버렸다. 과거에는 문제되지 않았던 제품 가용성이 낮아져서 판매는 저하되고, 잠재적 고객 이탈 원인이 되었다.

더욱 문제인 것은 최근의 불황으로 인해 ABC 사는 경영상의 긴축을 경험하게 되었다는 점이다. 과거와 동일한 수준의 제품 복잡성을 유지하고 있으나 이제 매출 감소로 인해 복잡성 원가는 영업 마진에 부정적 영향이 커짐에 따라 경영에 더 큰 압박을 주고 있다(지속적 제품 포트폴리오 확장과 같은). 한때는 경쟁우위 전략이 현재의 환경에서는 회사가 더 이상 감당할 수 없는 사치가 되어 골칫덩어리가 되어버린 것이다.

더군다나 제품 가격이나 가용성이 고객의 중요한 구매 요인이 되면서 더욱 심각한 상황이 되었다. ABC 사는 혹독한 경험을 통해 고객이 원하는 것과 고객이 구매하는 것은 항상 일치하지 않는다는 교훈을 얻었다. 그러나 복잡성으로 인한 고원가 구조로 인해 회사는 가격 경쟁력을 상실하였고, 제품 가용성을 향상시키는데 투자할 여력이 없었다. 회사가 할 수 있는 조치는 심각한 경기 침체에 따른 공급 능력 감축을 하는 정도이다.

어떻게 ABC 사는 이러한 상황에 도달하게 되었고, 어떻게 정상화시킬 수 있을까? ABC 사는 경기 침체로 유발된 악순환의 고리에 빠져버렸다. 그리고 이 악순환의 고리는 호황기에 제품 포트폴리오를 과다하게 늘린 것이 원인이 되었다. 이러한 악순환을 끊기 위해서는 회사가 오퍼레이션에 있어서 어느 정도 숨을 쉴 수 있는 여유 공간을 확보하는 것이 필요하며, 이를 위해서는 상당한 양의 복잡성을 제거해야 한다.

위의 예제가 독자가 겪고 있는 상황과 유사한가? 만일 몇 가지 자가진단 후 제품 포트폴리오는 경영상에 있어 문제가 되지 않는다고 판단한다면 당신은 다른 전투 전략에 집중해야 한다. 그러나 만일 가상의 ABC 사가 겪은 경험이 익숙하게 들리거나 또는 이 장의 도입부에 있는 질문에 "예"라고 답변하였다면 독자에게 있어 포트폴리오 최적화는 복잡성 원가와의 전쟁에 있어서 핵심 전투 전략이 될 것이며, 어떻게 공략해서 승리할 수 있는지 배울 수 있도록 이 장을 읽기 바란다.

이 장과 다음 장에서 우리는 다음과 같은 내용을 살펴볼 것이다.

- 전형적인 제품 감축 활동이 빠지기 쉬운 함정들(예를 들어 SKU 분석 시 쉽지만 잘못된 지표에 집중하게 되는 이유 등)은 무엇인가?
- SKU 분석에 진정 필요한 정보는 무엇이고, 이러한 정보를 얻기 위한 효율적 접근방법은?
- 현명한 SKU 감축을 위한 직관적이지는 않지만 합리적인 개념('현명'하다는 의미는 복잡성 큐브 상에서 복잡성과 상호작용을 이해한다는 의미임)은 무엇인가?

- 어떻게 현명한 SKU 감축이 기존 방식에 비해 매출 감소를 최소화하면서 더 큰 원가 감축과 수익성 향상을 달성할 수 있는가?
- 어떻게 제품 포트폴리오 최적화가 매출 증대를 위한 기반이 될 수 있는가?

그러나 이에 앞서서 우선 제품 감축의 전형적인 계기는 어떠하고, 왜 많은 제품 감축 노력이 실패하는지를 살펴보자.

왜 전통적 제품 감축 노력이 실패하는가?

왜 전통적인 제품 감축 노력이 효과적이지 못했는지를 이해하기 위해 우선 추진 과정을 6단계로 나누어서 살펴보자.

| 그림 40 | 합리화 프로세스 추진 단계

접근 〉 분석 〉 선정 〉 단종/전환 〉 이익 실현 〉 유지

1) 접근Approach: 기업 경영진 또는 프로젝트 팀은 제품 포트폴리오 복잡성을 공략할 원칙과 방법을 결정해야 한다(예를 들면 예상되는 전망과 관점은 무엇인가? 목적은 무엇인가? 어디에서 원가 절감 및 그 밖의 개선효과가 나타나는가?).
2) 분석Analysis: 어느 SKU가 더 매력적이고 그렇지 않은지를 비교하기 위하여 다양한 데이터를 수집, 분석하여 실제에 근거한 일

련의 정량적 수치를 산출한다. 일반적으로 프로젝트 수행 시 분석과정에 가장 많은 시간을 소요한다.

3) 선정Selection: 목적, 추진방안, 분석결과에 기반하여 프로젝트 팀은 단종 또는 전환할 SKU 리스트를 제안하고 관련자의 검토를 거쳐서 최종적으로 경영진의 승인을 득한다.

4) 단종/전환Deletion/Transition: 계획을 실행한다. SKU 단종과 동시에 관련 매출은 잔존 제품으로 전환시킨다. 경우에 따라 매출 저하와 고객 유실과 같은 현실에 직면할 수도 있다.

5) 이익 실현Benefit Capture: 복잡성 감축으로 얻게 될 이익을 실현하기 위한 조치들을 실행한다.

6) 유지Sustainment: 나쁜 복잡성이 다시 증가하는 것을 막기 위한 프로세스, 행동 방식, 규범을 정립한다.

이와 같은 일련의 과정에서 한 단계의 실패가 전체적 성과에 악영향을 미친다는 점을 간과해서는 안 된다. 우리는 일련의 제품 감축 과정에서 여러 측면에서 실패한 사례를 보아왔다. 성공을 위해서는 6단계 모두가 효과적으로 수행되어야 하나, 실패 사례를 보면 단지 몇 가지 단계에만 집중하고 나머지 과정을 소홀히 한 경우가 많다. 관찰된 전형적인 문제점들을 살펴보면

- 1단계(접근) 생략: 많은 회사들은 복잡성에 대한 충분한 이해와 어떻게 문제를 공략할지에 대한 논의 없이 바로 분석 단계로 돌입하곤 한다. 그러나 일반적으로 올바른 기초작업이 없으면 정

작 선정(3단계)에 중요한 분석은 외면한 채(경쟁 제품 대비 특징/성능분석과 같은) 성과 없는 분석 작업에 귀중한 시간과 자원을 낭비하게 된다.

- **2단계(분석)에서 지체:** 불확실한 상황에서 프로젝트 팀은 대부분 분석 단계에 안주하려 한다. 적합한 방법이 없는 상황에서 추가로 획득한 정보는 만병통치약처럼 느껴지며 더 많은 분석을 할수록 생산적이라는 느낌을 준다. 그러나(1단계에서 필요한) 복잡성 큐브 상의 제품-프로세스 면의 상호작용에 대한 이해 없이 이 단계에 들어서면 팀은 복잡성의 영향을 제대로 이해하지 못하거나 SKU 단종에 따른 효과를 주관적으로 판단하게 된다.

- **3단계(선정) 시 충분한 삭감 규모 확보 미흡:** 제품 복잡성이 제공하는 장점(매출 증대, 자원 가동률 향상, 고객 만족)은 복잡성의 단점(상호작용 원가, 프로세스 효율 저하, 이익률 감소, 고객의 과다 선택)에 비해 특정 SKU와 직접 연관시키기 수월하다. 그러므로 '현 상태를 유지'하고자 하는 경향이 자연스럽게 나타나고, 특정 단종 대상 SKU를 선정할 때에 이에 대한 저항이 나타나게 된다. 이는 협공작전에 대한 계획 미흡과 결부되면서(예로서 어떻게 복잡성이 복잡성 큐브 상의 조직-제품 면에 닻을 놓게 되는지에 대한 이해 없이) 실제 회사가 흐름을 바꾸기에 필요한 규모에 훨씬 못 미치는 삭감안이 만들어지게 된다. 비록 프로젝트 팀이 과감한 SKU 조정안을 내놓는다 하더라도 4단계에서 위와 같은 문제를 극복하지 못할 것이다.

- **4단계(단종/전환)에 대한 두려움:** 4단계에 대하여 두려움이 발생하

는 원인은 3단계에서 충분한 삭감대상을 선정하지 못한 데 기인한다. 심판의 순간이 다가오면 위험 회피 그리고 관계자의 반발이 커지게 된다. 명확한 추진방안의 결정이 없었기에 위험은 매우 실제적인 듯 보이는 반면, 효과는 일시적이고 불명확하게 보여지게 된다. 만일 경영진 및 프로젝트 팀이 SKU 감축으로 얻게 될 이익보다도 감축 대상 SKU의 수에 집착할수록 위험이 적은 SKU를 제거하는데 주력하게 되고, 결국은 얻게 되는 이익도 적을 수밖에 없다. 우리는(감축되는 SKU 수에 근거하여) 성공이라 선언하였으나 실제적 이익을 실현하는데 실패한 경우를 많이 보았다(이러한 마인드를 바꾸기 위해서는 기대효과의 규모와 이를 달성하기 위해 필요한 조치에 대하여 확고한 이해가 선행되어야 한다).

- **5단계(이익 실현) 무시:** 복잡성 감축은 이익을 재고할 수 있는 여러 기회를 제공하지만, 이를 실현시키기 위한 실천 활동이 반드시 수반되어야 한다. 그렇지 않으면 복잡성 감축으로부터 얻는 이득은 쉽게 사라지게 된다(제1장에서 소개한 설비제조기업의 실패 사례를 상기하라). 이익 달성을 위한 올바른 기초작업을 하기 위해 초기에 SKU 감축을 통해 얻는 이득이 어디에서 나타나는지(인원 감축, 재고 수준 감축, 공장 폐쇄 등), 그리고 무슨 조치가 이루어져야 하는지 명확히 해야 한다.

- **6단계(유지) 망각:** 포트폴리오 최적화는 '일회성으로 해결할 문제'가 아니라 '지속적으로 관리해야 할 이슈'이다. 6단계 없이는 복잡성 문제는 다시 재발하고, 또다시 SKU 감축을 추진해야 하는 상황에 직면하게 된다. 그러나 반복적인 SKU 조정 작업은 기업

과 고객을 혼란스럽게 하고, 상당한 조직의 에너지를 소모시킨다. 따라서 평소에 과도한 복잡성을 조정해가는 것이 중요하며, 이는 이 책의 제4부에서 소개하겠다.

요컨대 포트폴리오 최적화의 모범적 과정과 실제 SKU 감축 활동의 모습에는 큰 차이가 있다(그림 41 참조).

| 그림 41 | 이상적 포트폴리오 최적화와 실제 SKU 합리화의 비교

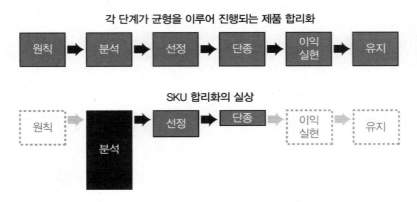

전통적인 합리화 추진 방법은 기업에 크고 지속적인 영향을 주는 것을 방해하는 전체 프로세스 위험 요소들을 제대로 고려하지 못한다고 확신한다. 또한 1단계에서 원칙과 방법을 명확히 하였더라도 이후 단계를 제대로 진행하지 않는다면 성공을 보장하기 어렵다. 실제로 확고한 기초작업 없이는 제반 과정에 있어서 난관에 직면하게 될 것이다.

그리므로 이제 우리는 SKU 축소를 위해 포트폴리오 분석에서 무엇이 정말 중요한지 SKU 축소를 위한 적합한 방안에 대한 주제로 넘어가고자 한다(적합한 방안은 이 책의 앞에서 설명한 관점, 원칙, 권고안에 기초한다. 이 장에서는 이 중에서 포트폴리오 최적화에 관련된 내용만을 발췌하여 설명한다).

3가지 주요 요소들

많은 경우에 단종할 SKU 선정 시 표준 마진, 판매량 또는 매출을 주요한 판단 기준으로 고려한다. 표준 마진이 신뢰할 만하지 않은 경우에는 다양한 지표들(고객 의견, 특정 성능, 부품 공용성, 시장 점유율, 서비스 수준, 사용 패턴, 회전율 등)이 고려되는 경우도 있다.

그러나 결국에는 다음 3가지가 중요한 판단기준이 될 수밖에 없다.

- **증분 매출**: 특정 SKU를 포트폴리오에서 제외 시에 감소되는 매출
- **증분 원가**: 특정 SKU를 포트폴리오에서 제외 시에 감소되는 원가
- **수명주기 관점**: 제품 수명주기 상에서 특정 SKU가 다른 SKU와 비교하여 미래 성과에 의미를 갖는 위상

이와 같은 요소들은 매우 결정적이기에 SKU 감축 대상 선정 시에 하나의 특정 요소나 기타 요소를 세밀하게 감안하는 것보다 훨씬 합리적인 결과를 산출할 수 있다.

비록 이들만이 고려하여야 할 유일한 항목은 아니지만(특정산업에서는 소매업자의 진열공간 활용률과 같은 추가적인 인자를 반영한다), 결

국 이들로 귀결되고, 다른 항목들은 이들에 대한 좀 더 올바른 평가를 위한 보조 지표로 활용된다.

앞의 '증분'이란 수식어가 붙은 2개 요소가 핵심인데, 왜냐하면 SKU가 기업에 가져다주는 순수 가치는 실제 매출과 표준 원가가 아니라 증분 매출과 증분 원가에 의하기 때문이다(그림 42 참조). 증분 매출과 증분 원가를 측정하기 위해서는 포트폴리오의 다른 SKU와

| 그림 42 | SKU 순수 가치

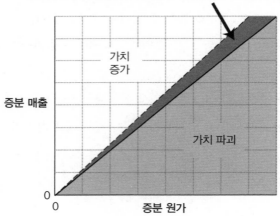

이 영역에 속한 제품들은 매출 총이익이 늘어나기는 하나 순수 가치가 매우 적어서 전체적인 포트폴리오 수익성에는 악영향을 미친다

가치 증가

증분 매출

가치 파괴

0

0   증분 원가

특정 SKU의 가치는 이의 증분 매출에서 증분 원가를 차감함으로써 결정된다. 만일 증분 매출이 증분 원가보다 크다면(이는 SKU를 단종 시에 원가 경감보다 더 큰 매출 감소를 초래할 수 있다) SKU는 순수 가치를 증가시킨다고 할 수 있다. 반면, 그 반대의 상황이라면(증분 원가 〉 증분 매출) SKU는 가치를 파괴한다고 할 수 있다. 어떤 제품들은 순수 가치가 매우 작은 좁은 영역에 속하게 되는데, 이들은 금액적으로는 이익을 증가시키나 이익률 측면에는 수익성을 저하시키게 된다.

연계하여 대상 SKU를 검토하는 것이 필요하다. 그러나 대부분의 분석에 있어서 SKU는 개별적으로 평가되어지기에 증분 매출과 증분 원가를 구하기 위한 최선의 대용치로 매출 및 표준원가를 활용하게 된다.

증분 이익에 대한 평가 예제

표 I의 사례를 고려해보자. 이 표에서는 2가지 시나리오를 보여주고 있다.

1) A제품 단독의 포트폴리오
2) A, B 두 제품의 포트폴리오

| 표 | | 증분 매출, 원가, 마진의 예

	제품 A 단독	제품 A & B			제품 B 분석	
	A	A	B	합계	전형적 접근법	증분가치 접근법
매출	$100.00	$70.00	$40.00	$110.00	$40.00	$10.00
원가	$80.00	$57.40	$33.20	$90.60	$33.20	$10.60
이익($)	$20.00	$12.60	$6.80	$19.40	$12.60	($0.60)
이익(%)	20%	18%	17%	18%	17%	(6%)

이 표에서는 한 제품(A)만의 포트폴리오와 두 제품(A, B)으로 구성된 포트폴리오를 비교하고 있다. B제품의 증분 성과(증분 매출, 원가, 이익)는 A제품만의 포트폴리오를 A, B 두 제품의 포트폴리오와 비교함으로써 이루어진다. A제품의 영향을 고려하지 않는 일반적 분석에서는 B제품이 17% 정도의 이익을 가지는 것으로 보인다. 그러나 증분 관점에서 보면 실제

로는 6% 손실을 가져다준다. 예컨대(전통적인 비중분적 분석에 비해) 증분 관점에서 보면 제품 성과는 크게 달라지게 되는데, 이는 증분 가치가 기업에 미치는 실제 매출과 원가에 미치는 영향을 나타내기 때문이다.

표에서 보았듯이 포트폴리오에 B제품을 추가함으로써 (A제품만 있는 경우에 비해) 총매출은 (100달러에서 110달러로) 10% 향상되지만 A제품의 매출을 30% 잠식하게 된다. B제품을 분석하는 전형적인 방법에서는 B제품이 40달러의 매출과 17%의 이익을 가진다고 판단한다. 그러나 증분 방법을 사용하면 이의 증분 매출은 10달러이고, 증분 총이익은 6% 손실로 매우 다른 결과로 인식된다. B제품을 보유하는 것이 제거하는 것 – 제품 감축 – 에 비해 가치를 파괴하지만 실제에는 전통적 방식의 매출과 이익에 이러한 점이 반영되지 않는다.

제품 수명주기의 추가 고려

세 번째 고려요소인 제품 수명주기 관점은 다음 2가지 이유로 고려되어야 한다.

1) 포트폴리오 최적화는 포트폴리오 상의 미래 성과를 최적화하는 데 목적을 가지나 재무적, 운영적 데이터는 단지 과거의 성과만을 보여준다.
2) 더욱 중요한 측면은 SKU 평가 순서를 결정하는데(예: 어떤 제품을 다른 어떤 제품의 증분으로 봐야 하는가?) 수명주기 관점이 필요하다. 만일 제품 포트폴리오 상에서 A제품이 B제품에 비해 하

향세라면 B제품을 우선적으로 고려한 후에 A제품을 추가 또는
유지함에 따른 증분 영향을 판단해야 한다. 만일 A제품이 상승
세인 반면, B제품은 제품 수명주기 상의 마지막 단계라면 그 반
대로 분석해야 한다.

표 J에서는 두 개의 제품 포트폴리오를 각각의 단독 제품 포트폴리
오와 비교하고 있다.

| 표 J | 단독 제품 대비 양제품 비교(제품 수명주기는 고려하지 않음)

	제품 A 단독	제품 B 단독	제품 A & B		
	A	B	A	B	합계
매출	$70.00	$70.00	$50.00	$50.00	$100.00
원가	$60.00	$60.00	$44.00	$44.00	$88.00
이익($)	$10.00	$10.00	$6.00	$6.00	$12.00
이익(%)	14%	14%	12%	12%	12%

A나 B제품만의 포트폴리오는 70달러의 매출을 올리나 두 제품을
동시에 한 포트폴리오는 100달러가 된다. 따라서 어느 제품이든 다
른 제품에 비해 30달러의 증분 매출을 가진다고 할 수 있고, 따라서
어느 제품이든 열등하다는 판단 하에 모두 단종 후보로 반영하는 실
수를 범할 수 있다. 그러나 증분성을 결정하는데 있어서 우선순위(제
품 그룹 내에서 또는 제품 그룹 간에 좋은 제품에서 나쁜 제품으로의 순서)
를 정립하는 것이 필요하다. 이렇게 순서가 결정되면 좀 더 매력적인
제품에 대한 덜 매력적인 제품의 증분 매출을 산출할 수 있다.

그러므로 우선순위는 증분성을 결정하는데 핵심이 되며, 이는 제품 간의 의존성과 상대적 매력도에 의해서 결정된다.

　　의존성은 하나의 제품이 다른 제품 없이는 존재할 수 없음을 의미한다. 일례로 시보레Chevrolet는 신형 카마로Camaro 없이는 새로이 개선된 바퀴를 출시할 수 없다. 개선된 바퀴는 차에 종속되어 있기에 카마로는 바퀴의 관점에서 우선순위에 있다(이와 같은 사례는 바비 인형에 사용되는 액세서리, 아이폰 용 앱과 같이 무수히 많다). 종속성은 다소 직관적이면서 선호도를 결정하는데 좀 더 용이한 판단기준이다.

　　종속성이 존재하지 않는다면 – 이는 제품 간에 독립적이라는 의미가 됨 – 우선순위는 제품 간의 상대적인 미래 매력도에 근거하여 결정하게 된다. 미래 매력도를 결정하기 위해서는 제품 수명주기 상에서 제품의 위치를 정해야 한다. 그러나 어떤 제품은 수명이 매우 짧은 반면, 어떤 제품은 상대적으로 매우 긴 수명을 가지기 때문에 단지 제품 수명주기 단계만을 가지고 비교하는 것은 의미가 없다. 반면 향후 수년간 제품의 판매가 어떻게 될 것인가 – 지속 유지, 증가, 감소 – 를 감안하는 것이 중요하다.

　　표 K를 보면, 앞의 표 J에서의 예에 제품 수명주기 관점을 추가하였다. 만일 A, B제품이 같은 성과를 보이나 A제품은 쇠퇴, B제품은 성장세라면 B제품을 더 매력적이라 판단하여 이의 선호도를 높이는 것이 합리적이다. 따라서 B제품의 증분 매출은 70달러이고(다른 제품이 없는 상태에서의 증분), A제품은 30달러가 된다(B제품이 있는 상태에서의 증분). 이 경우 포트폴리오 상에 A제품을 유지함으로써 얻는 기업의 순수 가치는 2달러로 B제품의 순수 가치 10달러에 비해 매우 적다고 하겠다. 실제로 증분성과 선호도가 상호결합하면서 제품 간의 가치의 차이가 매우 뚜렷해지는데, 이는 실제 모습을 훨씬 더 정확하게 보여 주고 있다.

| 표 K | 증분 분석이 추가된 제품 구성

	제품 A 단독	제품 B 단독	제품 A & B			증분 분석	
	A	B	A	B	합계	B(증가)	A(감소)
매출	$70.00	$70.00	$50.00	$50.00	$100.00	$70.00	$30.00
원가	$60.00	$60.00	$44.00	$44.00	$88.00	$60.00	$28.00
이익($)	$10.00	$10.00	$6.00	$6.00	$12.00	$10.00	$2.00
이익(%)	14%	14%	12%	12%	12%	14%	7%

이 표는 표 J에서 A제품은 제품 수명주기 상에서 쇠퇴기인 반면, B제품은 (향후 판매가 늘어날 것이라는 예측 하에) 제품 수명주기의 좀 더 초기 단계에 있다고 가정하여 증분 분석하였다. 전통적 방법에서는 A, B제품 모두 동일한 성과를 나타내고 있으나 제품 수명주기를 반영하면 B제품이 A제품에 비해 우선순위에 있다는 것을 명확히 알 수 있다. (두꺼운 선으로 둘러친) 표에 추가된 열을 보면 (아무 제품이 없는 상태에 비해) B제품만의 포트폴리오와 (제품 B + 제품 A)의 복합된 포트폴리오 상에 A제품의 증분 분석 결과를 알 수 있다. 이러한 새로운 분석을 통해 B제품은 '현상 유지'하는 반면, A제품은 단종을 위한 후보군으로 판단 가능하다.

결론

이 장에서는 포트폴리오 최적화 6단계를 고찰하였고, 왜 많은 SKU 감축 노력들이 일련의 과정에서 실패하였는지를 살펴보았으며, 또한 각각의 SKU 가치를 판단하는 가장 중요한 3가지 요소를 알아보았다. 그러나 진정 어려운 것은 상세하게 들어가봐야 알 수 있다. 다음 장에서는 제품의 증분 매출과 증분 원가의 좀 더 구체적인 사항과 SKU 단종 또는 추가를 통해 제품 포트폴리오를 최적화하기 위해 정보를 어떻게 활용할지를 살펴보겠다.

제10장

포트폴리오 최적화(B)

SKU 분석 및 선정

제9장에서는 SKU별로 단종을 위한 대상으로 선정할지 아니면 유지할지를 결정하기 위하여 제품 수명주기와 더불어 왜 증분 매출 및 증분 원가를 고려해야 하는지를 설명하였다. 이 장에서는 올바른 SKU 분석을 위해 필요한 계산식을 살펴보고, SKU 단종에 관한 다양한 개념 및 이와 관련한 제반 정보의 종합적 분석 방법을 설명하겠다. 이를 통해서 복잡성 원가를 획기적으로 제거하기 위한 명확한 포트폴리오 최적화 계획을 수립할 수 있다.

증분 매출 이해하기

주어진 제품 또는 SKU에 대하여 증분 매출은 다음 3가지 요소에 의해 결정된다.

1) **매출**Revenue: 제품 또는 SKU의 실제 판매

2) **대체성**Substitutability: 제품이 더 이상 판매되지 않을 때 그 제품의 판매가 해당 기업의 다른 판매 제품의 판매로 이전되는 규모

3) **연계성**Linkage: 제품이 더 이상 판매되지 않을 때 해당 기업의 다른 제품의 판매 감소를 유발하는 규모

이와 같은 요소와 증분 매출 간의 관계는 다음의 식으로 표현된다.

증분 매출 = 매출 × (1 − 대체성) + 연계 매출

매출은 회계 시스템에서 쉽게 도출할 수 있다. 그러나 대체성과 연계성은 흔히 사용되는 값이 아니기 때문에 이에 대해 좀 더 상세히 살펴보고자 한다.

대체성Substitutability

대체성이 높다는 것은 제품 매출의 상당 부분이 다른 제품으로 이전된다는 것이기에 증분성이 낮다는 의미이며 − 예를 들어 대체성이 높을수록 해당 제품이 단종되어도 매출 감소는 크지 않으며, 결국 해당 제품 때문에 발생한 증분 매출이 크지 않았다는 것을 의미한다. 그러나 대체성이 증분 매출과 반비례 관계라고 하더라도 그 역의 관계도 성립하는 것은 아니다(즉, 높은 대체성은 낮은 증분 매출을 의미하지만, 낮은 증분 매출이라고 높은 대체성을 의미하는 것은 아니다).

이는 SKU 선정 시에 중요한 의미를 부여한다. 앞서 증분 매출을

구하는 계산식에서 증분 매출이 작아지는 2가지 원인을 알 수 있다.

1) 제품 자체의 매출이 작은 경우(제품 자체의 현금 가치가 낮음)
2) 높은 대체성이 있는 경우(제품이 사라지면 고객은 자사의 다른 제품 선택으로 전환할 것임)

비록 두 경우 모두 SKU 단종 시에 매출 감소는 크지 않겠지만, 잔여 제품에 미치는 원가 감소 효과에서는 고래 모양 커브에 매우 다른 영향을 미치게 된다. 각각의 사유를 살펴보자.

증분 매출이 작은 제품 중에서 해당 제품 판매 자체가 부진하기 때문에 단종하는 경우에는 고래 모양 커브의 형태를 바꾸지는 않는다. 낮은 대체성을 갖는 매출부진 제품을 단종시키면 고래 모양 커브 상에서 기업의 포트폴리오의 위치를 좀 더 나은(높은) 지점으로 이동시킴으로써 원가 절감이 발생하지만, 기존 제품의 매출 변동이 없기에 고래 모양 커브의 형태가 바뀌지는 않는다.

따라서 높은 대체성을 가지면서 일정한 규모의 매출을 갖는 SKU를 단종하는 것이 훨씬 큰 기회를 가져다준다. 일견 일정 규모의 매출을 갖는 SKU를 단종 대상으로 한다는 것은 SKU 감축 논리에 상반되는 듯이 보인다. 그러나 중요한 점은 증분 매출이기에 매출 규모가 크더라도 증분 매출이 작은 제품(앞의 식에서 알 수 있듯 높은 대체성에 기인함)을 단종하는 것은 해당 제품의 매출 감소에만 그치지 않고, 기존 잔여 제품에 신규 매출을 가져다준다. 이는 원가는 획기적으로 줄이면서 적은 다양성으로 수요를 만족시킬 수 있기에 이를 일컬어 매출 확대를 위한 좋은 복잡성의 '확장' 또는 '확산'이라 말할 수 있다.

> **대체성 추정**
>
> 많은 경우, 특히 상호 얽혀 있는 복수 제품 포트폴리오에 있어서 대체성을 정확히 산정하기 어렵다고 포기하지 말라. 파악된 정도에서만 대체성을 감안해도 된다. 만일 대체성을 평가하기 망설여진다면 대체성이 없다고 가정하고 총매출 기준으로 SKU를 선정하는 것도 가능하다. 비록 정교하지 않은 방식일지라도 큰 성과를 거둘 수 있다.

그림 43에서 보여주듯이 동일 복잡성 수준에서 매출 확장을 통해 복잡성 원가 커브와 고래 모양 커브에 복잡성의 단위원가를 낮추는 효과를 가져다준다. 높은 대체성을 가지는 SKU 단종을 통해 매출을 나쁜 복잡성에서 좋은 복잡성으로, 또는 좋은 복잡성을 더 좋은 복잡성으로 이전시킴으로써 복잡성 원가 커브를 우측으로 확장시키고, 고래 모양 커브 상의 최대 이익을 우상향시키게 된다. 이는 매출 감소에 국한되지 않고 전반적인 원가 절감 기회, 경우에 따라서는 매우 큰 절감 기회를 창출한다.

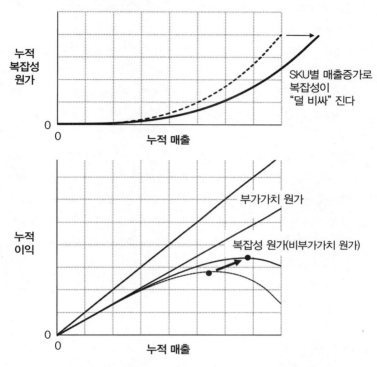

| 그림 43 | 복잡성에 대한 매출 확장의 영향

누적
복잡성
원가

0

누적 매출

SKU별 매출증가로
복잡성이
"덜 비싸" 진다

부가가치 원가

누적
이익

복잡성 원가(비부가가치 원가)

0

누적 매출

복잡성에 대하여 매출 확장은 복잡성 원가 커브(위 차트)를 우측으로 확장시키게 되고, 고래 모양 커브(아래 차트)도 우측으로 확장시킨다. 고래 모양 커브 상의 새로운 최대 이익 지점에서는 이전 최대 이익 지점에 비해 더 높은 이익(원가 절감)과 증대된 매출을 확보할 수 있다.

▌제품 포트폴리오의 건전성 지표, SKU당 매출

이제 SKU당 평균 매출이 복잡성에 대한 핵심 지표가 된다는 것은 명확히 이해하였을 것이다. 복잡성 관점에서 보면, 이는 기업 포트폴리오에 대한 전반적 건전성을 알려주는 지표라고 할 수 있으며, 다음과 같은 3가지 방법으로 개선시킬 수 있다.

- 나쁜 복잡성에서 좋은 복잡성으로 매출을 이동(높은 대체성을 갖는 나쁜 제품의 단종)
- 좋은 복잡성(높은 대체성/낮은 증분 매출)에서 다른 좋은 복잡성으로의 매출 이동
- 포트폴리오 전반에 걸친 유기적 매출 성장: 오늘날 경영 환경에서 대부분의 산업에서 어려움을 겪고 있음

그러나 최근 경영 분위기는 판매 감소를 겪는 많은 기업들이 매출 기여가 낮은 영역의 복잡성을 줄이기 위해 이익에 악영향을 끼치는 복잡성 원가 문제에 집중하고 있다. 다행스러운 것은 포트폴리오 최적화가 이러한 문제의 많은 부분을 – 3가지 방향에서 앞의 2가지 경우 – 단기간에 해결해줄 수 있으며, 장기적으로 성장(3번째 방향)을 위한 기반을 제공할 수 있다는 것이다.

매출 연계성

증분 매출을 결정하는데 사용되는 마지막 요소는 매출 연계성이다. 만일 특정제품이 단종되었을 경우 다른 제품의 매출 상실이 발생한다면 이를 해당 제품의 연계 매출이라고 정의한다. 높은 연계 매출을 갖는 SKU를 흔히 도어 오프너Door Opener라 일컫는다. 도어 오프너 제품의 경우 제품 자체의 매출보다도 연계 매출이 훨씬 큰 경우가 흔하다.

그러나 진정한 도어 오프너라 할 수 있는 제품은 흔히 생각하는 것에 비해 그렇게 많지는 않다. 우리 경험에 의하면, 기업들은 고객들이 생각하는 것보다 스스로 더 많은 SKU가 도어 오프너라고 여긴

다. 너무 많은 SKU를 도어 오프너로 취급하지 않도록 엄격한 관리
를 해야 한다. 실제로 합리적 증명이 되지 않는다면 해당 SKU는 연계 매
출이 없다고 전제하는 것이 옳다. 일반적으로 연계 매출이 얼마인지 너
무 자세히 파악하려고 하는 것은 바람직하지 않다. 그보다는 연계 매
출에 대한 간단하지만 실효성 있는 평가 방법을 활용하는 것이 진짜
와 가짜 도어 오프너를 선별하는 효과적인 방법이다.

이러한 제반 증분 매출 개념을 감안하여 표 L에 보여준 4가지 제
품 사례를 살펴보자.

| 표 L | 4가지 제품 시나리오에 대한 증분 매출

	제품 A	제품 B	제품 C	제품 D
매출	$1,000	$1,000	$50	$50
대체성	0%	95%	0%	0%
연계 매출	$0	$0	$0	$500
증분 매출	$1,000	$50	$50	$550

A제품은 대체성이 전무한 대량 제품이기에 높은 증분 매출을 가진다. B
제품은 A제품과 유사한 매출을 갖지만 매우 높은 대체성을 갖기에 이의
증분 매출은 A제품에 비해 매우 낮다. C제품은 B제품과 동일한 증분 매
출을 가지나 이는 단지 매출이 작기 때문이다. 증분 원가 측면에서 보면
B, C제품 모두 동일한 매출을 가지지만 B제품 단종 시에는 C제품에 비
해 높은 대체 매출이 발생하기 때문에 나머지 제품의 포트폴리오에 더
큰 효과가 있다. 마지막으로 D제품은 낮은 실제 매출을 보이지만 상당한
연계 매출이 있기에 B, C제품보다 훨씬 큰 증분 매출을 가진다.

증분 원가 이해하기

증분 매출을 이해하는 것은 SKU가 기업 경영에 어떻게 기여하는지에 대한 정확한 모습을 보여주기 때문에 SKU 감축에 있어서 핵심 아이디어라 할 수 있다. 그러나 다른 측면에서 의문점은 '증분 매출에 대한 원가는 어떻게 될 것인가?'이다.

특정제품 또는 SKU의 증분 원가는 다음의 합계로 표현할 수 있다.

1) **검토 대상 제품의 증분 매출에 대응하는 제품 자체의 원가:** 이를 명시적 원가라고 부르며, 해당 제품을 개발, 제조, 공급, 지원하기 위한 제반(부가가치 및 비부가가치 포함) 원가를 포괄한다(따라서 '명시적'이라는 것은 명확히 정량화될 수 있다는 의미가 아니라 특정제품과 직접 관련되어 발생되었다는 의미로 이해해야 한다). 전 제품에 대한 명시적 원가의 합이 회사의 총원가와 동일하다.

2) **제품 포트폴리오 및 공급망 상에 해당 제품이 존재함에 따라 다른 제품에 추가되는 원가:** 이를 내재적 원가라 부르며, 이는 제2부에서 설명한 복잡성의 상호작용에 의하여 특정 SKU가 원인이 되지만 다른 SKU에서 원가가 발생하는 경우에 해당한다. 내재적 원가의 대부분은 복잡성 큐브 상의 제품-프로세스 면에 나타나며(예를 들면 다른 제품에 명시적 원가로 영향을 주지만 이의 원인은 문제가 된 SKU에 내재한 것이다), 복잡성의 중추에 있는 비부가가치 원가가 된다. 내재적 원가는 상호 간에 상쇄 가능하나 — 근본적으로 원가를 재할당함으로써 제품 포트폴리오 상의 내재적 원가를 없앨 수 있다 — 실제 개별 제품의 증분 수익성에 지대한

영향을 미치기 때문에 SKU 감축을 통한 원가 절감에 중요한 고려요소가 된다.

3) **연계 매출이 존재하는 경우 관련된 원가:** 이는 어떤 제품의 매출이 다른 제품의 증분 매출 결정 시에 연계 매출로 반영될 경우 감안해야 하는 원가다. 이를 고려하는 것은 증분 이익을 결정할 때 연계 매출에 대응되는 원가를 차감해주기 위해 필요하다.

제품 포트폴리오의 원가를 산출하는 단계적 과정은 다음과 같다.

1. 기업이 보유한 SKU별 단위 표준 원가를 이용하여 부가가치 원가와 비부가가치 원가를 구분한다.
2. 비부가가치 원가(대부분이 간접비)를 실제 원가에 대한 동인에 따라 재할당함으로써 복잡성 조정 표준 원가 및 복잡성 조정 단위당 이익을 산출한다.
3. 제품의 의존성 및 매력도(증분 매출, 2단계의 결과로 수익성, 수명 주기의 고려 등)에 따라 제품 간의 우선순위를 정한다.
4. 우선순위에 기초하여 증분 매출을 산출한다.
5. (증분 매출, 조정된 단위 이익을 감안하여) SKU 감축 범위에 대한 가이드라인을 설정한다.
6. 내재적 원가(나쁜 제품들로 인해 좋은 제품에 부가적으로 발생한 원가로, 우선순위 및 가이드라인을 활용하여 산출한다)를 감안하여 비부가가치 원가를 재분배한다.
7. 연계 매출이 있는 경우 이의 원가를 추가한다.

최종적 결과는 복잡성 조정 증분 원가다. 이러한 과정을 구체적으로 이해하기 위해 다음 예제를 살펴보자(좀 더 상세한 계산은 부록 C에 설명되어 있다. 여기서는 개념과 이에 따른 결과만을 기술하겠다).

1, 2단계에 대한 예

표 M의 예를 살펴보자. 이 회사의 제품 포트폴리오는 한 개의 대량 판매제품, 한 개의 중간 판매제품 그리고 두 개의 소량 판매제품이 있다(고객 수요와 생산량을 제외한 다른 특징에서는 제품 간 차이가 없다).

부가가치 원가는 완제품 생산을 위해 소요된 재료비 및 직접 가공비를 나타낸다. 예에서의 4개 제품은 모두 수요만 다를 뿐 동일한 부가가치 원가를 가진다. 덧붙여서 이 회사는 재고 원가 및 간접비 산출을 위해 제품 생산량에 비례하여 원가를 일정하게 배분하는 전형적인 땅콩버터형 배분법을 취하고 있다. 결과적으로 전 제품에 걸쳐서 단위제품당 표준원가는 0.9달러로 동일하며, 표준 마진율도 10%로 동일하다. 그러나 제6장에서 보았듯이 **판매량이 적은 제품은 생산자원, 재고 원가 및 기타 간접비를 불균형하게 소비한다.** 따라서 제품과 생산자원에 대한 합리적 추론을 통해 비부가가치 원가에 대한 실질적 동인을 반영함으로써 조정된 표준 이익을 산출할 수 있다. 이는 기존 방법에 비해 매우 다른 결과값으로 제품에 따라 +12.2%에서 −4.5%까지 차이가 발생한다(상세한 내용은 부록 C 참조).

여기서 원가를 정확히 산정하기 위해 완벽한 활동 기준 원가 분석 Activity-Based Costing을 하거나 개별 SKU에 대하여 엄격한 원가 분석을 하는 것은 필요치 않다. 그보다 중요한 것은 독자들이 파악한 비

| 표 M | 복잡성 조정 원가

	표준원가*				복잡성 조정 표준원가*				합계
	A	B	C	D	A	B	C	D	
물량(개수)	70	22	4	4	70	22	4	4	100
가격	$1.00	$1.00	$1.00	$1.00	$1.00	$1.00	$1.00	$1.00	$1.00
매출	$70.00	$22.00	$4.00	$4.00	$70.00	$22.00	$4.00	$4.00	$100.00
개당 원가									
재료비	$0.30	$0.30	$0.30	$0.30	$0.30	$0.30	$0.30	$0.30	
가공비**	$0.40	$0.40	$0.40	$0.40	$0.40	$0.40	$0.40	$0.40	
오버헤드	$0.15	$0.15	$0.15	$0.15	$0.14	$0.15	$0.20	$0.20	
재고	$0.05	$0.05	$0.05	$0.05	$0.04	$0.06	$0.15	$0.15	
합계	$0.90	$0.90	$0.90	$0.90	$0.88	$0.92	$1.04	$1.04	
부가가치	$0.70	$0.70	$0.70	$0.70	$0.70	$0.70	$0.70	$0.70	
비부가가치	$0.20	$0.20	$0.20	$0.20	$0.18	$0.22	$0.34	$0.34	
합계	$0.90	$0.90	$0.90	$0.90	$0.88	$0.92	$1.04	$1.04	
총비용									
부가가치	$49.00	$15.40	$2.80	$2.80	$49.00	$15.40	$2.80	$2.80	$70.00
비부가가치	$14.00	$4.40	$0.80	$0.80	$12.43	$4.81	$1.38	$1.38	$20.00
합계	$63.00	$19.80	$3.60	$3.60	$61.43	$20.21	$4.18	$4.18	$90.00
이익									
$	$7.00	$2.20	$0.40	$0.40	$8.57	$1.79	($0.18)	$(0.18)	$10.00
%	10.0%	10.0%	10.0%	10.0%	12.2%	8.1%	(4.5%)	(4.5%)	10.0%

* 반올림으로 인해 일부 합계는 일치하지 않는다.

** 총생산에서의 직접 가공비(제조 간접비, 교체, 비가동 등은 포함하지 않음)

이 표는 4개 제품 포트폴리오에 대한 복잡성 조정 표준 원가를 산출하기 위한 비부가가치 원가의 재할당 과정을 설명하고 있다.

부가가치 원가의 동인을 활용하여 의사결정에 필요한 수준까지만 조정하여 원가를 측정함으로써 SKU 감축 결정을 위한 보다 나은 정보를 신속히 확보하는 것이다(참고자료 '80/20 원가 계산 고찰' 참조).

3~6단계에 대한 예

다음의 몇 단계는 우선순위를 결정하고 우선순위에 의거하여 증분 매출을 결정한 후 단종을 감안해야 할 SKU의 경계선으로서 가이드라인을 결정해야 한다. 다시 예제를 보면, 수명주기 이슈나 연계 매출이 없다는 가정 하에서 A제품이 높은 복잡성 조정 표준 이익을 가지기에 가장 선호도가 높으며, 이어서 B제품 그리고 마지막으로 C와 D제품이 가장 낮은 선호도를 가진다.

완벽하게 하기 위해서 다른 요소를 평가한 결과 C제품이 D제품에 비해 선호된다고 가정하자. 또한 한시적으로 제품 간의 대체성도 없어 한 제품을 단종하더라도 고객이 다른 제품으로 옮겨 가지 않는다고 가정하자(여기서는 간략히 가정하고 나중에 대체성을 추가적으로 고려함으로써 분석결과에 얼마나 큰 차이가 발생하는지를 보겠다). 또한 연계 매출도 없다고 가정함으로써(즉, 네 제품의 판매는 각각 독립적이다) 증분 매출은 단순히 실제 매출과 동일하게 된다.

위와 같은 가정들이 진단에 어떤 영향을 미치는가? 주어진 분석방법에 따르면 경계선은 유지되어야 할 A, B제품과 단종해야 할 C, D제품 사이가 될 것이라 여겨진다. 그러나 최종 결정을 하기 전에 C, D제품의 비부가가치 원가가 A, B제품에 얼마나 반영되었는지 ─ 이는 C, D제품이 유지됨에 따라 A, B제품에 발생하는 내재적 원가가

된다 — 재무적 영향을 평가함으로써 좀 더 개선된 분석이 가능하다.

　이러한 내재적 원가 분석의 상세 내역은 부록 C에 기술되어 있다. 요약하자면, 판매량이 적은 C, D제품은 생산 자원, 간접비, 재고 원가를 불균형하게 소비할 뿐만 아니라 단지 제품이 유지됨에 따라 C, D제품에 비부가가치 원가를 유발시킨다. 이는 복잡성 조정 표준 원가에 대하여 A, B제품의 포트폴리오를 A~D제품의 포트폴리오와 비교하면 쉽게 파악할 수 있다. 표 O는 이의 조정 결과이다(비록 C, D제품이 간접비를 흡수함으로써 단위 간접비를 낮출 수는 있지만 A, B제품에 미치는 재고 원가가 더 큰 원가 발생을 유발한다).

▍80/20 원가 계산 고찰

80/20 원가 계산의 원리는 20%의 조정을 통해 80%의 답을 얻는 것이다. 예를 들어 재고 원가를 생각한다면 대부분의 회사는 재고 원가(예를 들면 창고 관리비)를 창고를 거쳐간 제품 각각의 단위에 일정하게 나누어 반영한다. 그러나 물량에 대한 고려 없이 각 단위제품에 또는 각 제품에 동일한 원가를 분담하는 것은 잘못된 것이다.

전형적인 공급망에서 물량이 적은 제품은 낮은 재고 회전율을 가진다. 왜냐하면 물량이 적으면 창고에서 더 많은 시간을 보내기 때문이다. 따라서 물량이 적은 제품에 대하여 단위제품당 더 많은 재고 원가를 부담시키는 것이 합리적이라 하겠다. 그러나 얼마나 더해야 하는가? 이를 알기가 쉽지 않기에 대부분의 회사들은 손쉬운(그러나 잘못된) 땅콩버터형 방식을 계속 사용하게 된다.

프로세스와 제품 간의 상호작용을 이해함으로써 우리는 좀 더 나은 가정을 할 수 있다. 일반적으로 물량이 많은 제품은 그렇지 않은 제품에 비해

총액에 있어서는 더 많은 창고 원가가 들지만 단위원가에 있어서는 작은 원가를 소모한다. 적정한 원가 분담 수준은 두 가지 방법(동일 총원가 대비 동일 단위원가)의 어느 중간 지점에 있게 된다.

예를 들어 한 제품이 다른 제품에 비해 물량이 16배 많다고 가정해보자. (적절히 운영되는) 전형적 상황에서 보면 물량이 많은 제품은 물량이 적은 제품에 비해 대략 1/4의 시간만 창고에 머문다. 그러므로 물량이 많은 제품의 단위당 재고 원가는 대략 물량이 적은 제품에 비해 1/4이라고 말할 수 있다. 그러나 물량이 많은 제품의 총량은 물량이 적은 제품에 비해 16배 많기 때문에 총재고 원가는 4배가 된다.

| 표 N |

	제품 1	제품 2	비율
물량(개수)	16,000	1,000	16:1
전체 재고 원가	$4,000	$1,000	4:1
개당 재고 원가	$0.25	$1.00	1:4

동일한 개당 재고 원가를 할당하거나 – 예를 들면 매출액 – 또는 제품별로 동일하게 할당을 하더라도 상대적인 재고 원가 비율 – 제품 간의 생산 물량비인 16의 제곱근인 4 – 을 제대로 반영하지 못한다.

이를 통해 우리는 매우 유용한 경험법칙을 도출할 수 있다. **다른 조건이 동일하다면 두 제품 간의 재고 원가 비율은 제품별 수요의 제곱근값에 비례한다.** 이러한 법칙은 땅콩버터형 배분법만큼이나 쉽게 적용 가능하면서도 제품별 실제 원가에 대한 훨씬 올바른 추정을 가능하게 한다.

| 표 O | 복잡성 조정 증분 원가의 계산

	A&B 제품만의 포트폴리오		복잡성 조성 증분 원가*				
	A	B	A	B	C	D	합계
우선 순위	1	2	1	2	3	4	
증분 매출	$70.00	$22.00	$70.00	$22.00	$4.00	$4.00	$100.00
개당 원가							
재료비	$0.300	$0.300	$0.300	$0.300	$0.300	$0.300	
가공비**	$0.400	$0.400	$0.400	$0.400	$0.400	$0.400	
간접비	$0.157	$0.182	$0.144	$0.156	$0.196	$0.196	
재고비용	$0.019	$0.034	$0.035	$0.062	$0.147	$0.147	
합계	$0.876	$0.916	$0.878	$0.919	$1.045	$1.045	
부가가치	$0.700	$0.700	$0.700	$0.700	$0.700	$0.700	
비부가가치	$0.176	$0.216	$0.178	$0.219	$0.345	$0.345	
합계	$0.876	$0.916	$0.878	$0.919	$1.045	$1.045	
총원가							
부가가치	$49.00	$15.40	$49.00	$15.40	$2.80	$2.80	$70.00
비부가가치(외재적)	$12.33	$4.76	$12.43	$4.81	$1.38	$1.38	$20.00
비부가가치(내재적)			($0.10)	($0.05)	$0.07	$0.07	$0.00
합계	$61.33	$20.16	$61.33	$20.16	$4.25	$4.25	$90.00
이익							
$	$8.67	$1.84	$8.67	$1.84	($0.25)	($0.25)	$10.00
%	12.4%	8.4%	12.4%	8.4%	(6.3%)	(6.3%)	10.0%

* 반올림으로 인해 일부 합계는 일치하지 않는다.

** 총생산에서의 직접 가공비(제조 간접비, 교체, 비가동 등은 포함하지 않음)

이 표는 4개 제품 포트폴리오에 대한 복잡성 조정 증분 원가를 산출하기 위해 어떻게 내재적 비부가가치 원가를 재할당하는지 설명하고 있다.

예를 들어 표 M에서의 A제품의 복잡성 조정 표준 비부가가치 원가는 12.43달러였다. 그러나 표 O에서는 A, B 두 제품만의 포트폴리오에서 12.33달러가 됨을 알 수 있다(C, D제품의 제품 포트폴리오에서 빠짐으로서 0.1달러 더 싸진다). A제품의 0.1달러 원가 차이는 C, D제품의 존재 여부에 따라 결정된다(따라서 0.1달러는 A제품의 명시적 원가이지만 C, D제품의 내재적 원가가 된다). 이러한 내재적 원가는 복잡성 원가이며, 따라서 제품 수에 따라 기하급수적으로 증가하게 되어 다수의 제품으로 구성된 포트폴리오에 지대한 영향을 미치게 된다.

이 예제에서 알 수 있듯이 비부가가치 원가를 조정함으로써 감축 경계선 안의 제품과 밖의 제품 간의 총이익 차를 넓힐 수 있다. 표 P 는 총이익에 대한 분석 결과이다.

| 표 P | 총이익에 대한 복잡성 조정

	A	B	C	D	Overall
			경계선 →		
표준 이익률	10.0%	10.0%	10.0%	10.0%	10.0%
복잡성 조정 표준 이익률	12.2%	8.1%	(4.5%)	(4.5%)	10.0%
복잡성 조정 증분 이익률*	12.4%	8.4%	(6.3%)	(6.3%)	10.0%

* 매출 대체성은 없다고 가정

복잡성 조정 원가들을 보면 C, D제품에 대하여 부정적 영향을 미치며, 이에 따라 표준 원가나 표준 이익들에 비해 SKU 감축에 있어서 매우 다른 의사결정을 유도하게 된다. 이는 복잡성 조정 원가 계산에 큰 영향을 준다(실재하는 역학 관계에 대한 근본적 이해 없이 소모적이고 정밀한 분석을 진행하는 것보다 올바른 요인에 대하여 합리적 추정을 하는 것이 훨씬 나은 결과로 인도한다는 점을 다시 한 번 강조하고 싶다).

시나리오에 대체성을 추가

다음 주제로 넘어가기 전에 잠시 매출 대체성의 효과를 살펴보고 자 한다. 우리는 앞에서 높은 대체성을 가지는 SKU를 단종함으로써 나머지 SKU의 수익성을 높일 수 있다는 것을 알 수 있었다. 더 나은 SKU에 대한 수익성 재고 – 또는 올바르게 말하자면 부적합한 SKU 를 유지함으로써 발생하는 수익성의 저하 – 가 또 다른 내재적 원가 가 된다.

만일 앞의 예제에 추가하여 두 개의 성과가 낮은 SKU(C, D제품)가 50%의 대체성을 갖고 있다고 가정한다면 표 Q(표 P의 재계산 결과)에 서 보여주듯이 이익 차이는 극적으로 커지게 된다.

| 표 Q | 50% 대체성을 가정한 경계선

	경계선 →				
	A	B	C	D	Overall
표준 이익률	10.0%	10.0%	10.0%	10.0%	10.0%
복잡성 조정 표준 이익률	12.2%	8.1%	(4.5%)	(4.5%)	10.0%
복잡성 조정 증분 이익률 (대체성 없음)	12.4%	8.4%	(6.3%)	(6.3%)	10.0%
복잡성 조정 증분 이익률 (50% 대체성*)	12.6%	9.0%	(30.9%)	(30.9%)	10.0%

* A, B, C, D 제품의 매출이 70, 22, 4, 4달러에서 A, B 제품만 존재하는 경우 각각 72, 24 달러로 늘어난다.

매출 대체성은 원가를 제거하고 높은 이익을 확보하기 위한 SKU 감축에 있어 극적인 영향을 미친다(본 예제에서는 고정자산의 변동은 없다고 가정함). 표 R은 C, D제품에 대하여 대체성이 없을 경우와

50% 있을 경우에 대하여 두 제품을 단종 전과 후로 나누어 총이익과 매출을 분석한 결과이다.

| 표 R | 제품 단종에 따른 영향

	매출	이익($)	이익(%)
초기 상태(A, B, C D 제품)	$100.00	$10.00	10.0%
C, D 제품의 단종(대체성 없음)	$92	$10.51	11.4%
C, D 제품의 단종(50% 대체성)	$96	$11.23	11.7%

C, D제품의 50% 대체성은 이들을 단종함에 따라 50%의 매출 감소가 발생하는데, 반면에 이 시나리오에 따르면 총이익의 증가는 두 배 이상이 된다(50%의 대체성은 8달러에서 4달러로 매출이 감소되지만 이익 상승은 0.51달러에서 1.23달러로 늘어난다).

매출 대체성은 SKU 감축으로부터의 얻을 수 있는 이익을 상당 수준 증가시키며, 복잡성 조정 원가계산을 통해 이러한 이익을 파악할 수 있다. 이에 올바른 SKU 감축 분석은 두 가지 관점이 모두 필요하다. 어느 하나만을 가지고는 근시안적인 결과로 귀결될 수 있다.

이제 앞에서 논의한 바 있는 SKU 선정을 위한 올바른 SKU 분석이 무엇인지에 대하여 설명하고자 한다.

영향: SKU 단종의 범주

어떤 SKU는 다른 것들에 비해 단종을 결정하기 용이하다. 의사결정이 쉬운 제품이 우선 대상이 되어야 하는 것은 맞으나 표면에서 깊이 파고든 대상이 훨씬 큰 효과가 있다(표면적으로 문제없어 보이는 SKU가 추가적 분석을 통해 포트폴리오에 도움을 주기보다는 오히려 해악을 미치는 경우를 흔히 볼 수 있다).

또한 깊이 잘라낸다는 것은 나쁜 매출(앞서 보았듯이 증분 매출에 집중함으로써 실질적인 매출 손실을 최소화 할 수 있도록 현명하게 SKU를 선정할 수 있다)을 감축하기 위해서가 아니라 고정자산을 감축할 정도의 의미 있는 수준의 원가 감축 목표에 도달할 수 있도록 확신시키는 데 있다. 이는 다시 포트폴리오 상에서 간접원가를 줄이게 함으로써 수익성 없는 SKU를 수익성 있도록 전환하고, 나쁜 매출의 규모를 감축시키게 된다.

중요한 점은 매출이 얼마나 축소되는가보다는 이익을 최대화하기 위해 제품 포트폴리오 상에서 어느 정도의 SKU를 단종시켜야 하는지 찾는 데 있다(그림 44 참조). 이것이 핵심이다. 포트폴리오에 대한 면밀한 분석을 통해 매출을 보존하면서 많은 원가 절감을 이룰 수 있는 기회를 발굴해야 한다.

이제 표 S에서 보여주듯이 SKU 감축의 몇 가지 범주에 대하여 설명하고자 한다. 이러한 범주와 증분성에 대한 동인을 이해함으로써 일련의 작업을 빠르게 구조화시키고, 증분 분석을 본격화하기 전에 대략의 SKU 분류가 가능하다.

| 그림 44 | 최적화의 모습

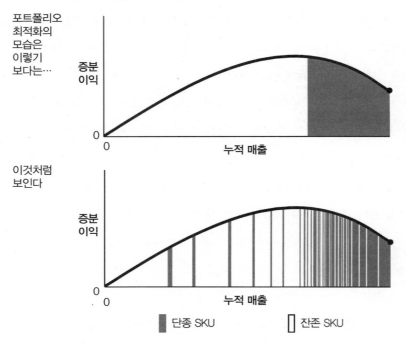

포트폴리오
최적화의
모습은
이렇기
보다는…

증분
이익

0
0   누적 매출

이것처럼
보인다

증분
이익

0
0   누적 매출

■ 단종 SKU   □ 잔존 SKU

포트폴리오를 깊이 잘라낸다는 것은 그림의 위쪽 그래프와 같이 얼마나
많은 매출을 삭감하기보다는 아래쪽 그래프와 같이 제품 포트폴리오 상
에서 감축해야 할 SKU를 얼마나 깊은 곳에서 발굴하는가를 의미한다.

| 표 S | SKU 합리화의 유형

SKU 감축 유형	SKU 유형		감축해야 할 비중	감축해야 할 SKU의 특징	감축에 따른 영향
	수익성	SKU 당 매출			
'다락방 청소'	매출이 발생하지 않는 SKU		전부	전부	잡음 제거
'작은 실패자' 제거	수익성이 매우 나쁨	적음	거의 전부	전부*	고래 모양 커브에서 더 나은 위상 달성

'희생양' 제거	수익성 나쁨	중간	다수	다른 SKU를 제거하여도 수익성이 나아지지 않음*	고래 모양 커브에서 더 나은 위상 달성 또는 고래 모양 커브를 이동
				높은 매출 대체성**	
'조용한 킬러' 제거	수익성 좋음	많음	일부	매우 높은 매출 대체성**	고래 모양 커브를 이동

* 미래 전망이 좋거나 (예를 들면 수명주기상 초기) 진정한 '도어 오프너'는 예외
** 매우 적은 증분 매출

범주 1. 다락방 청소

SKU 감축 시에 가장 손쉬운 범주는 실질적으로 이미 판매가 일어나지 않는 것을 처리하는 것이다. 우리는 이를 **다락방 청소**라 부르겠다. 이들은 시스템이나 카탈로그 상에는 남아 있지만 실질적인 활동은 없는 SKU에 해당한다. 다락방 청소는 성과창출에 대한 여유와 분위기 제공을 통해 추가적 동기부여를 일으키는데 도움을 준다.

이 책에서 여러 차례 언급하였듯이 여기서의 해악은 SKU 감축을 통한 효과보다는 감축한 SKU 수에만 집착하는 경우이다. 기업은 다락방 청소를 하고 나서 - 시스템에서 많은 수의 SKU를 삭제 - 성공했다고 말하겠지만 실제 효과는 거의 없다고 하겠다.

범주 2. 작은 실패자

다음 범주는 소위 '작은 실패자'라는 명칭으로 특징지을 수 있다. 이들은 판매량과 매출 규모가 작은 반면에 수는 많고, 수익성이 대부분 낮다. 이들은 고래 모양 커브 상의 우측에 집중되어 있으며 - 진

정한 도어 오프너의 경우 예외 – 전부는 아니지만 대부분은 제거되어야 한다. 이는 많은 SKU 감축 추진 시에 논의의 대상이 되는데, 이들을 제거하는 것이 고래 모양 커브 상에서의 위치를 개선하는 효과가 있으나 커브 자체를 본질적으로 이동시키지는 못한다(왜냐하면 이들의 제거가 나머지 SKU의 매출 향상으로 연계되지 않기 때문이다).

범주 3. 희생양

세 번째 범주는 수익성은 있으나 크지 않고 모호한 경우에 해당한다. 이들은 많은 경우에 기업의 표준 원가나 이익에 따르면 수익성이 있어 보이는데 복잡성 조정 원가 계산을 하면 수익성이 없는 것으로 나타난다. 이들은 대부분 '작은 실패자'보다는 더 큰 매출을 보인다(참고자료 '주계열성' 참조). 여기에는 좋은 점과 나쁜 점이 공존한다. 매출이 어느 정도 되기에 내부 또는 고객으로부터 감축에 대한 저항이 있을 수 있다. 그러나 해당 제품의 수요는 다른 제품으로 이전될 기회가 크기에 고래 모양 커브를 좀 더 좋은 방향으로 이동시킬 수 있다(고래 모양 커브의 최대치를 높이면서 우측으로 이동시킴). 전형적으로 이런 제품의 상당수는 제거되어야 하는데, 매출 대체성과 대체 시에 다른 제품들의 수익성 개선 효과를 감안해서 결정해야 한다.

우리는 이를 '희생양'이라 부르는데, 왜냐하면 이들은 수익성이 없지만 이들을 제거함으로써 수익성 없는 다른 제품들을 수익성 있게 전환시킬 수 있기 때문이다. 이 범주에서 높은 대체성을 갖는 제품들이 제거되어야 할 주된 후보가 되는데, 이는 이들이 비록 제거되더라도 매출 감소는 적으면서 다른 SKU가 개선되도록 기여하기 때문이다. 그러나 낮은 대체성을 갖더라도 수익성이 개선될 여지가 없는(그리고 연계 매출이 없는) 제품들도 제거되어야 한다.

범주 4. 조용한 킬러

마지막 범주는 가장 논란이 될 수 있는데, 이는 수익성도 있고 일반적으로 매출 규모도 상당한 경우에 해당한다. 그러나 이 범주는 실제 거의 전부 대체 가능한 것들로서 포트폴리오 상에서 '조용한 킬러'가 된다. 조용한 킬러는 거의 모든 표준 지표 상에 괜찮은 것으로 보이는데 실상은 증분 매출에 별 기여를 하는 바 없으면서(광고, 생산설비, 제품관리 등에 있어 막대한 자원이 소요됨에 따라) 원가를 발생시킨다. 이러한 조용한 킬러는 앞에서 설명한 범주에 비해 극히 적은 수이지만(이 범주의 규모는 산업이나 기업에 따라 차이가 크다) 각각의 영향은 훨씬 크다고 하겠다. 따라서 조용한 킬러를 찾아내 제거함으로써 기업의 고래 모양 커브를 재설정하고 매출을 보존하면서 대단위 원가 절감을 이룰 수 있다.

> **▌주계열성主系列星, main sequence**
>
> 판매량이 적은 제품은 일반적으로 불균형하게 원가를 사용하게 한다. 반면 판매량이 많은 제품은 효율적으로 원가를 사용할 수 있다. 따라서 대부분 회사의 경우 매출–마진 차트 상에 SKU를 산포시키면 대부분의 SKU들이 낮은 매출과 이익에서 높은 매출과 이익으로 이어지는 선상에 분포하게 된다 – 높은 매출과 이익보다는 낮은 매출과 이익에 훨씬 많은 제품들이 분포되어 있다.

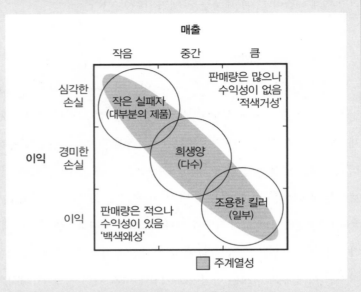

| 그림 45 | 주계열성

SKU 감축 범주는 주계열성에 놓여 있다. 전형적으로 대다수 많은 SKU들이 하/하 분면에 속한 '작은 실패자'에 해당하며, 한가운데 분면에 속한 많은 SKU들은 '희생양', 상/상 분면에 속한 소수의 SKU는 '조용한 킬러'에 해당한다.

만일 당신이 천문학에 관심이 있다면, 이 도표가 별의 온도와 밝기에 관한 헤르츠스프룽—러셀 도표Hertzsprung-Russel diagram와 유사하다는 것을 알 수 있을 것이다. 실은 주계열성主系列星이라는 용어도 여기에서 인용한 것이다. 헤르츠스프룽—러셀 도표에서 대부분의 별들은 낮은 온도/낮은 밝기에서 높은 온도/높은 밝기로 이어지는 주계열성에 위치하고 있다.

그러나 SKU든 별이든 일부는 주계열성에서 벗어나 있는 예외적인 것들이 존재한다. 주계열성에 속하지 않는 예외적 별들은 적색거성 및 백색왜성이 있는데 천문학자들은 이들을 연구함으로써 별의 탄생과 소멸에

- 대한 풍부한 정보를 획득할 수 있었다.
- 유사하게 SKU의 주계열성에서 벗어난 예외적 사례는 매우 중요한 정보적 가치가 있다 ─ 시스템적 이슈에 대한 지표이거나 미래 성장에 대한 가이드로서. 예를 들어 판매량이 많으면서도 수익성이 없는 제품이 많다면('적색거성'에 속함) 사업상의 판매가격 책정 체계에 문제가 있을 수 있다. 이러한 제품은 대량으로 구매되지만 가치를 획득하는데 실패한 경우로 대부분 가격에 문제가 있다. 이런 제품들은 잘못된 가격 체계를 보완함으로써 매출은 일부 희생되지만 잠재적 수익성을 확보하여 주계열성으로 회복시킬 수 있다.
- 또한 판매량이 적으나 높은 수익성을 갖는 제품('백색왜성'에 속함)은 주계열성의 일반적 물량─이익 관계에 반하는 경우로서 이들은 고객에게 특별한 가치를 제공하는 제품이라 할 수 있기에 연구를 통해 추가적 활용과 확장 노력이 필요하다.

포트폴리오 최적화 계획 수립하기

깊이 잘라내기는 위에 설정한 모든 범주를 반영하는 것이 필요하다. 기업에 따라 SKU 감축에 대한 분석 및 선정에 있어서 섬세함이 다를 수 있다(다시 강조하자면 섬세함을 통해 더 나은 해답을 얻을 수도 있지만 해답에 이르는데 저해 요인이 될 수도 있다). 어떤 기업은 좀 더 섬세한 증분 매출과 원가 분석을 통해 개별 SKU에 대한 증분 이익을 산출하고 다음 단계로 나아가기 전에 예상되는 효과를 정확히 산정하고자 한다. 다른 기업은 SKU 감축의 이면에 있는 요인을 이해함으로써 SKU 감축의 범주들에 대하여 바로 돌입하여 ─ 80/20 방식으로 ─ 작은 실패자, 희생양 그리고 조용한 킬러에 대한 기회를 찾는다.

그러나 포트폴리오 최적화는 포트폴리오에서 단지 SKU만 잘라낸다고 끝나지 않는다(앞장의 SKU 감축을 위한 6단계를 상기하라). 이익에 충분한 영향을 미치도록 깊이 잘라내는 다른 이면에는 참고자료 '더 큰 효과를 이끌어내는 협공작전'에서 설명하듯이 깊이 잘라냄과 동시에 이를 통한 효과를 획득하기 위해서이다. 포트폴리오를 면밀히 관찰하고 4가지 범주(다락방 청소, 작은 실패자, 희생양 그리고 조용한 킬러)에 대하여 공략하고 동시에 조치를 취함으로써 복잡성 원가의 상당 규모를 제거할 수 있을 것이며, 포트폴리오의 성과를 극적으로 개선하고(나쁜 복잡성을 단지 제거할 뿐만 아니라 남아 있는 좋은 복잡성을 더 좋게 만든다) 매출 성장을 위한 기반을 다질 수 있다.

매출 증대

이 책에서는 포트폴리오 최적화를 통한 원가 감축에 초점을 맞추어 설명하고 있으나 이의 장기적 목적은 매출(그리고 이익) 성장에 두어야 한다. 더군다나 매출 감소에 대한 두려움이 기업의 SKU 감축 노력에 대한 심각한 장애요인이 된다는 것도 알고 있다.

(이 장 및 이전 장에서 논의하였듯이) 현명하게 SKU 감축을 추진하면 다음과 같은 방향에서 포트폴리오 최적화가 성장에 기여하게 된다.

- 고객 가치에 맞추어 포트폴리오의 초점을 조정함으로써: 수익성 있는 제품들은 고객에게 가치를 제공하기 때문에 수익성이 있다.

수익성 없는 제품을 제거함으로써 고객이 가치를 두지 않는 것들을 제거할 수 있다. 따라서 남은 상품들이 고객들에게 훨씬 더 집중적이고 효과적으로 제공될 수 있다.

- **부족한 자원을 집중함으로써:** 모든 자원은 한정되어 있다. 성과가 저조한 제품을 제거하는 것은 훨씬 가능성이 있는 제품에 핵심 자원(홍보 및 프로모션, 경영진의 관심, 영업시간 등)을 집중시키게 한다. 이는 지렛대와 같은 연쇄 효과가 있을 뿐만 아니라 '힘의 집중'을 통해 훨씬 큰 효과를 발휘할 수 있다.

▎더 큰 효과를 이끌어내는 협공작전

SKU 감축은 대부분 원가 제거에 관한 것이며, 따라서 단지 SKU만 관련된 것이 아니라 원가가 투입되는 모든 항목을 다룬다(예를 들면 복잡성 큐브에서 제품─조직 면).

그러므로 협공작전은 SKU보다 더 많은 요소들을 SKU 감축 노력에서 다루는 것을 말한다. 즉, 네트워크와 거점 통합을 수반해서 SKU 감축을 추진하는 것을 의미하는데(다음 장 참조) 왜냐하면 복잡성이 충분이 제거되면 창고나 공장을 제거함으로써 막대한 규모의 원가를 제거하고, SKU 감축을 통해 얻을 수 있는 효과를 극대화 할 수 있다.

이는 제 얼굴에 침 뱉기가 절대 아니다. 여기서의 목적은 시설을 폐쇄할 수 있도록 단지 나쁜 매출을 줄이는 것만이 아니다. 그보다는 훨씬 강력하다. 우리의 추진 방법은 SKU 감축을 실행함에 있어 매출 감소는 제한하면서 포트폴리오를 집중하고 오퍼레이션 효율을 향상시킬 수 있는 복잡성을 선별적으로 제거하기 위함이다. 이는 오퍼레이션 효율을 끌어올림으로써 더 적은 자산이 필요하게 된다. 핵심은 포트폴리오를 고객 및 오퍼레이션과 일치시킴으로써 기업이 가지고 있는 것으로 더 많은 일을

하게 한다(그러므로 자산은 덜 필요하다). – 단지 감축함에 따라 덜 일하고,
수요가 감소하는 방식의 소극적인 것이 아니다.

이는 앞에 서술한 대체성 및 복잡성 조정 원가와 다음 장에서 설명할 네
트워크 및 생산 거점 통합이라는 조치가 동시에 요구된다.

또한 이는 감축할 SKU 선정과 이를 통한 효과 및 효과를 실현하기 위해
필요한 조치를 명시적으로 연계하는 것의 중요성을 알려준다. 우리는 이
것이 SKU 감축 과정의 초기단계에서 진행되는 것으로 권장한다. 협공작
전을 함으로써 효과의 원천과 이를 획득하기 위한 조치 간의 연결이 명
확해진다. 그러나 많은 노력들이 SKU 감축 후에 진행됨에 따라 나중에
효과가 사라지는 것을 보게 된다. 이는 삭감이 너무 얕았을 뿐만 아니라
삭감을 통해 얻을 수 있는 효과를 책상 위에 방치하였기 때문이다(제1장
에서 설명한, 설비제조기업이 40%의 제품 수를 감축하였으나 효과를 실현할 조치
를 취하지 못한 사례를 상기하라).

- 프로세스 성능을 향상시킴으로써: 포트폴리오 복잡성을 제거하면
  프로세스 성능 개선을 통해 소요시간, 품질, 납기 준수 및 주문
  정확성 등이 향상된다. 고객의 핵심 구매 결정 요인과 연계된
  다면 이러한 성능 개선은 매출 향상에 지대한 기여를 할 수 있
  다. 모토롤라 컴퓨터 그룹은 복잡성을 감축했을 때 납기 준수
  율이 70%에서 78%로 개선되는 것을 경험하였다. 이제는 고객
  에게 적기에 제품을 공급함으로써 고객 만족도가 27%에서 55%
  로 증가되었다. 전반적 결과는 포트폴리오 감축에도 불구하고
  총매출이 40% 증가하였다.

- 단위제품당 매출 향상을 이끌어냄으로써: 이전에 핵심 복잡성 지표

는 제품당 평균 매출이라고 언급한 바 있다. 높은 매출 대체성을 가지는 제품을 제거하면 남은 제품들의 제품당 매출은 향상된다. 이러한 방식으로 포트폴리오 최적화는 수익성 없는 제품 원가를 없앨 뿐만 아니라 수익성 있는 제품의 원가도 낮추어 시장에서 가격 경쟁력을 가지게 한다.

- **포트폴리오에서 공백을 노출시킴으로써:** 포트폴리오 최적화는 단지 SKU 감축만을 의미하는 것이 아니다. 포트폴리오 상에 너무 많은 SKU가 있다고 추정하였지만 실제로는 공백이 있을 수 있으며, 이러한 공백을 메우는 것도 포트폴리오 최적화에 포함된다. 제품 커버리지에 대하여 샷건 방식처럼 과다한 확산이 이루어지면 – 어떤 영역은 중복이, 어떤 영역은 공백이 발생 – 이러한 포트폴리오 복잡성은 기업과 고객 간에 혼돈을 일으킬 수 있다. 포트폴리오를 감축하면 이러한 공백을 노출시킬 수 있다. 더군다나 SKU 감축을 추진하면서 동시에 커버리지 상의 공백을 메우는 것은 상호 도움이 된다. 부진한 SKU를 제거함으로써 만들어진 여력을 활용하여 고객에게 새로운 부가가치 있는 제품을 제공하는 것은 쉽게 적용할 수 있다. 단지 제거하기보다는 대신에 뭔가를 제공할 수 있다.

단순하게 말하자면, 포트폴리오 최적화는 기업의 포트폴리오를 훨씬 더 경쟁력 있게 만든다.

제11장
물류 네트워크 및 생산 거점 통합

더 적게, 더 빠르게, 더 크게, 더 좋게! 이것은 과자 제조업체인 캐드버리Cadbury 사가 수익성이 기반이 되는 성장을 위해 주창한 슬로건이다.

캐드버리 사의 CEO 토드 스티처Todd Stitzer는 복잡성을 해소하기 위한 과제를 시작하면서 "사업이 발전해온 방식을 감안할 때, 캐드버리의 조직 구성, 공장 설비, 생산되는 제품의 다양한 형태 등 모든 상황들이 필요 이상으로 복잡하다"라고 말하였다.

이러한 현실에 대응하여 캐드버리 사는 자산을 통합하고 SKU를 감축하면서 동시에 조직의 계층을 단순화하는 다방면의 노력을 추진하였다. 캐드버리 사는 이 책의 제8장에서 강조한 협공작전의 중요성을 잘 보여주고 있다. 기업들은 SKU 감축과 생산 거점 통합을 동시에 추진함으로써 광범위한 원가 개선을 달성할 수 있었다. 뿐만 아니라 기업의 공장, 거점 및 기타 물리적 자산들이 공급망의 유효성에 결정적 역할을 담당하기 때문에, 최적화된 공급망 구성을 위해서는 기업 프로세스 관점에서 생산 거점 구조를 면밀히 분석할 필요가 있다.

협공작전은 또한 부수적 이점이 있다. 이는 미래 시장전략과 미래 운영전략에 대한 명확한 고려가 요구된다. 그러므로 기업은 현재의 문제에만 국한하여 대응하는 것이 아니라 미래의 생산 거점 구조에 초점을 맞추게 된다. 기업은 단지 생산능력의 축소뿐만 아니라 성장을 위한 리포지셔닝Repositioning을 위해 생산 거점 조정의 필요성을 인식하게 된다.

이와 같은 사례로 굿이어 타이어 앤 러버Goodyear Tire & Rubber(이하 굿이어) 사의 경우를 참조할 수 있다. 세계 자동차 산업의 침체는 굿이어 사와 같은 공급업체에 심각한 영향을 미치게 되었다. 이에 매출이 20% 정도 하락하였을 때 굿이어 사의 CEO 로버트 키간Robert Keegan은 "낮은 수준의 시장 판매를 반영하여 고객 수요에 연동한 생산능력 할당"에 집중하였다.

우리는 향후 2년간 생산능력을 1,500만에서 2,500만 단위 정도 감축하는 것을 계획하고 있다. 우리는 이러한 원가 절감 활동을 통해 향후 반등이 확실시 되는 세계 타이어 시장에서 필요한 투자 재원을 최대한 확보하고자 한다. 우리는 핵심 활동에 좀 더 집중함으로써 손익분기점을 낮추고자 한다.

이는 일반적인 현상이다. 경기 침체기에는 수익이 사업의 매우 작은 부분에서만 집중적으로 창출되는 반면, 확장기에는 소규모의 자본투자만으로도 예기치 않은 큰 수익을 확보할 수 있다. 많은 기업들에 있어서 성장 지향은 너무 많은 공장, 창고, 판매 거점, 조직 계층, 기능 분화와 난해한 IT 시스템을 야기시킨다. 매출 감소에 있어서 대부분의 기업은 동일한 상황에 처해 있다. 기업들은 손익분기점을 낮추기 위해 더 이상 매출에 기여하지 않는 영역을 제거함으로써 자산 감축이 필요하게 된다.

▎왜 기업들은 생산 거점 통합을 꺼리는가?

많은 기업들이 물류 네트워크 및 생산 거점 통합에 어려움을 겪는 데는 여러 가지 이유가 있다.

현재 대비 미래: 생산 거점의 변경은 그 결과가 지속적인 반면, 어떤 변경이라도 쉽지 않으며 많은 원가가 소요된다. 따라서 경영진이 네트워크 최적화에 뛰어드는 것을 주저하는 것은 결코 놀라운 일이 아니다. 단기적 원가 절감이 장기적 측면에서는 기회를 소멸시키는 전략적 실수가 되지 않을까 걱정하게 된다. 결과적으로 분석 마비 현상Analysis paralysis 이 발생한다.

고객 선호도에 대한 불충분한 이해: 제품이 급증함에 따라 고객들의 구매 성향과 기대가 무엇인지 정확히 이해하지 못하는 경우가 자주 발생된다. 따라서 그들은 가급적 더 많은 제품을 보유하는 경향이 생기고, 거점 폐쇄와 같은 일들이 고객 서비스 수준에 나쁜 영향을 미치지 않을까 걱정하게 된다.

재고의 주인 부재: 재고가 가치사슬에 걸쳐서 펼쳐져 있지만 아무도 그 원가에 대한 책임이 없다면 바람직하지 않은 행태가 발생하게 된다. 영업은 더 빠른 배송을 위해 자신에게 가까운 거점에 더 많은 제품을 쌓아 두고자 한다. 생산은(설비 가동률을 높이고 교체를 줄이기 위해) 실제 필요 이

상으로 더 많은 제품을 생산하려 한다. 각 부문은 부문 최적화를 추구하기 때문에 전사 관점의 생산 거점 합리화를 꺼리게 된다.

예산 이슈: 단기 매출 및 원가에 미치는 부정적 효과로 인해 때때로 재무 임원은 시설을 폐쇄 또는 개선하거나 설비, 제품, 파트를 다른 곳으로 이전시키는 투자를 꺼려한다.

법적 규제에 의한 제약: 기업들은 많은 경우에 지방정부와의 계약 또는 리스 방식에 의하여 장기적 고용 합의를 한 상태이기에 해당 시설의 폐쇄 시 위약에 따른 막대한 원가 지불이나 부채 상환이 요구된다.

변화에 대한 두려움: 변화에 대한 경영진 및 근로자의 우려를 변화관리 방법에 의거해 관리하지 않으면 기업의 생산 거점 변경 추진 시에 강력한 저항에 직면하게 된다.

단순히 공급능력을 줄이는 것이 아니라 성장을 위한 사업 전환을 추진한다면 생산 거점 통합은 전략적 결정이 된다. 실제 기업들이 이러한 이슈를 다루는 데 있어서 시급히 공급능력과 원가를 삭감해야 한다는 필요성과(이는 대부분 좀 더 신속한 해결책으로 귀결된다) 좀 더 나은 경쟁우위를 위해 전반적 생산 거점에 대한 근본적인 개선을 해야 한다는 필요성 간의 대치 국면이 발생한다. 말할 필요도 없이 후자를 뒷받침해줄 강력한 근거가 없이는 시급하고 신속한 방법으로 결정된다.

네트워크 통합은 기업의 자산, 구조, 인력 및 기술을 어떻게 배치하여 사업을 영위하는지에 대한 조직적 복잡성을 다루는 핵심적인 방법이다. 이러한 전투 전략은 많은 복잡성 원가 ─ 제8장에서 설명한 뿌리를 내리는 것들 ─ 를 제거하는 핵심 툴이 된다. 그러므로 이를 통하여 원가 개선 및 자본 유동화의 이득을 동시에 가질 수 있다.

비록 복잡성의 '뿌리내림'이 조직구조를 합리화하는 것을 어렵게 하지만, 원가의 본질을 이해하고 적합한 방법으로 접근한다면 원가 감축과 자본효율 개선을 동시에 추진하면서 기업의 미래 사업을 지원하도록 생산 거점을 전환시킬 수 있다.

이 장에서는 우리가 어떻게 이에 도달할지 – 어떻게 물리적 생산 거점의 무차별적 확장을 종지부지을지 – 와 왜 기업들이 물류 네트워크 및 생산 거점 통합에 어려움을 겪는지 논의하고자 한다. 덧붙여 어려운 적과의 전투 개시를 위해 앞서 언급한 방안을 논의하면서 캐드버리 사의 사례를 통해 그들이 무엇을 했는지, 그리고 어떤 효과를 봤는지 재조명하고자 한다.

필요 이상으로 복잡한 현실

캐드버리 사가 필요 이상으로 복잡해지고 있다는 것을 주목한 것은 단지 CEO만이 아니었다. 대부분의 임원진들은 소비자 수요에 따라 공급망이 어떻게 성장하고 확장되었는지, 그리고 이러한 것들이 어떻게 공급과 구매 파트너 관계에 있어서 심각한 복잡성을 발생시켰는지 잘 인식하고 있었다.

결과는 자명했다. 더 많은 공급자들, 판매 거점, 창고, 소매점, 제품, 특정제품만을 생산하는 공급처 또는 공장으로부터의 지역 간 이동이 필요해졌고, 시간이 지남에 따라 이 모든 것을 운영하기 위해 관리 체계의 다층화가 이루어졌다.

소위 '릴리 패드 전략lily pad strategy'처럼 고성장 기업들은 그들의 목적에 따라 생산 거점 개발을 추진하다가 나중에 정신을 차리고 나면 서로 간에 복잡하게 얽힌 모습을 발견하게 된다(참고자료 '생산 거점에 있어 복잡성의 증대'와 그림 46 참조).

대부분의 경우 지난 10년간 기업 인수합병을 통해 생산 거점의 능력이 부진한 상태에 있다. 경기 긴축 상황이 아닌 이상, 인수한 기업의 통합 과정에 발생할 수 있는 문제를 걱정하여 설비, 공장, 거점 등을 합리화하는 것을 미루는 것은 흔한 일이다(비록 많은 거래가 잠재적 시장 성장을 감안해서 시작되지만 인수의 결과는 결국 많은 물리적 공장 및 자산의 인수를 포함한다).

그러나 현재의 경기 침체기에 통합을 더 이상 지연시킬 수 있는 여유는 없다. 2009년 발표한 제조 전망Manufacturing Outlook for 2009이라는 보고서에 따르면 기업들은 원가와 자본구조를 개선하기 위해 그들의 규모를 신속히 축소하고 있다. 기업조사기관인 매뉴팩처링 인사이트Manufacturing Insights에 의하면

다가오는 해는 적어도 매우 도전적이라고 할 수 있겠다. 높은 실업률, 낮은 소비자 신뢰지수 등은 개선되기는커녕 더욱 악화될 것이다. 그러나 지난 6년간 견고한 수익 성장기 이후 맞이하는 지금의 정체기는 많은 제조업체들에게 있어 **그들의 비즈니스 모델을 재검토하는 기회로 보아야 한다.**

보고서는 기업들이 수익성을 고려하여 공급망 규모를 조정해야 한다고 결론내고 있다.

▌생산 거점에 있어 복잡성의 증대

많은 고성장 기업들은 생산 거점 개발을 위해 연잎lily Pad 접근법을 사용한다. 기업들은 상세한 경영계획을 준비하여 인구통계적 그리고 사회 경제적 특성에 부합하는 목표 고객에 집중한다. 제품과 서비스는 그들의 필요에 맞게 설계된다. 공장(또는 소매 점포) 그리고 배송 센터들은 지도상에 원형 또는 연잎을 닮은 모양 형태로 구성되어 수송, 배송 원가를 절감하고 광고, 마케팅 및 관리가 효율화되도록 한다. 시간이 흐름에 따라 기업들은 동일한 방법을 다른 지역에서도 적용한다. 결과적으로 기업들은 전국 또는 세계적으로 제품을 공급할 수 있는 규모의 경제를 달성하고, 그들의 생산 거점을 확장해간다.

이 방법에는 여러 이점이 있다. 물류 거점Distribution Center이 증가함에 따라 제품 인도 시간은 단축되고 고객 서비스 수준은 향상된다. 물류 거점이 고객과 가까워질수록 평균적 판매 물류 원가는 낮아진다. 물류 거점에서 다수의 주문을 함께 공급함에 따라 선적 횟수는 줄어들고 물류비는 더욱 절감된다.

그러나 물류 거점의 수가 어느 한도 이상을 초과하면 선적량이 적은 주문이 많아짐에 따라 거래처나 공장에서의 유통 물류 원가는 커지게 된다. 물류 거점의 증가로 고정비도 늘어나게 된다. 더군다나 각 물류 거점은 제품 재고 및 관련된 안전재고를 보유해야 한다. 결과적으로 재고 보유 원가(예를 들면 도난, 손상, 자본원가, 불용화 등)가 동시에 증가하게 된다 – 안전재고 수준과 재고의 중복은 네트워크 상의 시설들이 많아질수록 더욱 빠른 속도로 늘어난다.

이는 어떻게 성장 전략이 필연적으로 복잡성 원가를 발생시키는지를 잘 보여준다. 우리는 릴리 패드 전략을 부정하는 것은 아니나 만일 이를 사용할 경우에는 어느 정도의 규모에 도달하였을 때 비용과 효과성 관점에서 생산 거점 통합의 기회를 살펴보기 바란다.

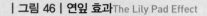

| 그림 46 | **연잎 효과** The Lily Pad Effect

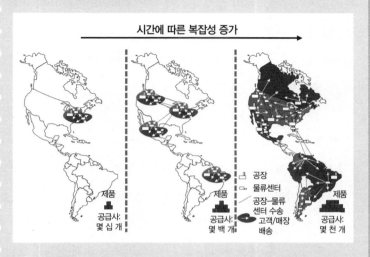

고성장 기업들은 자주 연잎 전략을 사용한다. 이는 지역 내에서 관리, 배송, 수송 원가 및 마케팅, 광고를 효과적으로 수행하게 한다(패널 1). 이후 기업들은 동일한 전략을 다른 지역에도 적용해감에 따라 전국 또는 세계적 규모에서 수익성 있게 제품을 공급할 수 있는 규모에 도달하게 된다(패널 2). 그러나 기업이 지속적으로 성장함에 따라 제품 수의 확산, 지역 간 이동 및 관련 원가가 극적으로 늘어나게 된다(패널 3).

복잡성과 고객 수요의 변화로 인해 어느 시점에 기업의 생산 거점 및 공급망 네트워크를 재평가할 필요가 발생한다.

미래와의 만남

많은 기업에 있어 적정 규모로의 조정 필요성이 조정을 위한 최적의 방법론보다 더 명확하다. 현재의 공급 능력 문제 및 생산 거점 통합은 단기적 성과를 위해 몇 가지 특별한 조치를 요구하지만 많은 경우에 "내가 취할 조치들이 장기적 전략 목표에 부합하는지 어떻게 확신하는가?"와 같은 의문에 놓이게 된다.

실제로 성공적인 생산 거점 진단을 위해서는 다음과 같은 두 가지의 상호 수렴하는 접근들이 요구된다.

1) 현재 네트워크의 복잡성과 선택 가능한 옵션을 파악하기 — 원만한 네트워크 변경 조치를 취하기 위해 필수적으로 요구되는 실제 데이터 확보 — 위해 현재 네트워크 상태를 상세하게 진단
2) 네트워크가 미래 시장 전략 혹은 최종적 경쟁 판도를 감안했을 때 5~10년 후 네트워크의 모습을 그려보는 미래 상황의 조망

현황에 대한 분석은 풍부한 데이터에 근거해야 하는 반면, 미래에 대한 설계는 가정과 전략에 근거한다. 두 가지 접근법 모두 미래 전략적 필요성에 부합되는 동시에 효과적이고 실행 가능한 계획을 수립하기 위해 필수적으로 요구된다. 두 부분의 퍼즐을 각각 완성하고, 이를 결합하여 미래로 가는 길을 만드는 것이 매우 중요하다.

1) 기업 네트워크에 대한 현황 진단

기업의 현황 진단을 위해서는 공급망의 상세 구조에 대한 깊이 있는 전략적 이해가 필요하다. 이는 기업들이 — 제조업체, 소비재업체, 유통업체 등 — 고객 요구에 부응하기 위해 수천 가지의 변수들을 다뤄야 한다는 사실을 의미한다. 이때 중요한 점은 현재의 생산

거점이 어떻게 구성되어 있는지 파악하는 것뿐만 아니라 성공적으로 계획을 실행 - 재고, 공장 설비, 생산량 등의 원만한 이전 - 하는데 필요한 현황 정보를 확보해야 한다. 네트워크의 모습은 매우 복잡할 수 있다.

- 전형적인 제조업체는 수백에서 수천 개에 이르는 공급업체로부터 수천 가지의 자재를 구입한다. 공급처로부터의 단가 차이뿐만 아니라 공급 지점과 생산 공장 간의 거리가 늘어남에 따라 운송비는 증가하게 된다.

- 기업들, 특히 저스트-인-타임Just-In-Time 생산 방식을 취하는 제조업체들은 공급망 전반에 걸친 소요시간에 대한 고려가 필요하다.

- 각 제조공장은 서로 다른 원가 구조를 가진다. 고정원가는 공장의 연한, 위치, 설비 및 시설에 대한 투자에 의해 결정된다. 제품당 변동비는 각 공장별 노무비, 사용되는 기계의 유형 및 재료비에 의해 결정된다. 원가 절감 기술에 대한 투자를 통해 공장의 원가구조를 개선시킬 수 있다.

- 만일 특정제품에 대한 고객 수요가 특정지역에 집중되어 있다면 운송 원가와 주문~인도 주기 시간을 줄이기 위해 제품 생산을 가장 가까운 공장에서 하는 것을 고려해야 한다.

- 물류 거점까지의 운송은 제품을 생산하는 공장으로부터의 거리와 운송 수단에 따라 달라진다. 제조업체는 운송수단을 소유할 수도 있으나 일반적으로 전담 계약한 운송업체나 혼적混積화물

운송Less-than-Truck-Load, LTL에 의존한다. 유사하게 소매업체는 일반적으로 수십 개의 물류 거점이나 창고에서 수천 가지의 제품을 보유하면서 수백에서 수천 개의 점포에 제품을 공급하게 된다.

- 원가는 고객 서비스 수준과 함께 고려되어야 한다. 일부 고객은 그들의 저스트-인-타임 생산체계를 지원하기 위해 잦은 제품 공급을 원하게 된다.

- 고객 서비스 수준과 원가는 제품의 특성에 영향을 받는다. 어떤 제품은 낮은 재고 회전율을 가지고 있기에 중앙물류센터에서 보유하고 있다가 크로스도킹Cross-docking 운영을 통해 지역물류센터를 통해 공급된다. 예를 들어 고객이 화요일에 판매 빈도가 낮은 제품을 주문하면, 제조업체는 해당 제품을 수요일에 중앙물류센터에서 운송하고, 다시 지역물류센터는 목요일에 제품의 도착과 동시에 크로스도킹을 통해 배송 트럭에 제품을 분배하여 선적하게 된다. 최종 고객은 소매점 또는 제조업체의 공급 시설에 좀 더 가깝게 됨에 따라 상대적으로 짧은 시간에 제품을 인도받을 수 있다.

현황 진단이 일반적으로 어떻게 이루어지는가?

설명한 모든 유형의 관계를 이해하려면 기업의 조직과 공급망에 대하여 많은 데이터를 수집해야 한다. 공급망 네트워크를 설계하려면 먼저 팀을 구성하여 가장 논리적인 방안(청사진)을 정의하라. 그리고 관련 데이터 추출에 집중하라.

모델에서 반영되어야 할 변수들은 전형적으로 다음과 같은 유형이 있다. 고정 제조비 및 변동 제조비, 설비, 제품별 노무비, 생산능력, 물류 거점DC, 간접비, 노동시간 및 단위 부품당 또는 물류 거점별 원가, 물류 거점 능력, 단위 운송비(예: 부품 공급처에서 공장까지, 공장에서 물류 거점까지, 물류 거점에서 고객 또는 점포까지), 공급 지점에서 고객까지의 거리로 정의되는 고객 배송시간, 공급처, 공장, 물류 거점, 고객 인도처 등과 같은 장소별 이송 건수 시스템으로부터 데이터를 추출하게 되면 오류를 반영하고 빠진 정보를 감안하기 위한 가정이 이루어진다.

이렇게 만들어진 '베이스 케이스Base case' 모델에 대하여 유효성 테스트를 진행함에 따라 주요한 관계자들의 동의를 얻게 된다. 다음으로는 고객 서비스 수준을 달리하면서 제품을 생산하고 수리하고 보관하기 위한 거점들에 대하여 이를 운영할지 아니면 폐쇄할지와 같은 시나리오를 수립한다. 또한 시나리오 검토 시에 시설을 폐쇄하더라도 향후 5~10년 정도의 미래 수요를 감안하여(미래 모습을 예측하면서) 적합한 수용 능력을 갖는지 확인하는 게 일반적이다. 모델이 수립되면 원가 절감에 대한 비교와 함께 여러 다른 요소들도 평가하게 된다. 현재의 노무협약, 임대차 계약, 설비 재배치에 따른 원가, 숙련된 인력의 가용성, 설비 폐쇄 원가, 추가적 투자, 수요 증가를 대응할 수 있는 공급 유연성, 그리고 새로운 생산/물류 거점의 구축 등이 고려해야 될 요소들이다.

현황 진단은 현재의 거점에 대한 면밀한 이해를 통해 새로운 기회들 - 예를 들어 재고의 재배치, 물류설비의 기능 변경(예: 저회전 재고를 위한 전담 거점), 수요 접점에 좀 더 가깝게 공장 간 생산 설비를 이전, 물류 또는 생산 기지의 폐쇄 – 을 찾아내려는 의도가 있다.

2) 미래 모습에 대한 '후회 없는' 결정내리기

만일 기업이 (a) 미래에 대한 확신이 부족하거나, (b) 생산 거점 통합에 따른 고통을 감수할 의지가 분명하지 않다면 기업은 전략적 맥락에서 의사 결정을 확고히 할 수 있도록 확장된 시야로 현황을 파악하고 미래에 대한 진단을 진행해야 한다. 이 둘을 조합함으로써 기업은 공급 능력의 최적화라는 단기적 의사결정이 장기적 전략 관점에서도 바람직하다는 확신을 가질 수 있다. 미래 상태에 대한 진단은 기업의 전략적 비전에 있어서 잠재적 네트워크 및 생산 거점 결정에 대한 판단의 근거가 된다. 이것이 어떤 의미인가 하면, 대부분의 기업은 공장과 자산이 고정화되어 있고 마케팅 전략과는 무관한 것으로 생각하지만, 미래를 위해 공장과 자산의 위치를 변경하고자 할 때는 미래 사업의 모습과 이것이 미래의 생산/물류 거점에 어떤 의미를 갖는지를 재검토해야 한다는 것을 의미하게 된다.

이는 기업들에게 생산 거점에 대한 결정을 내리는 데 있어 두 번째 관점을 제공한다 – 그리고 "장기적 기업 전략과 일치하면서 중·단기에 취해야 할 조치는 무엇인가?"와 같은 근본적 질문에 도달한다. 이는 많은 경우 불편할 정도로 모호한 조치들에 대한 장기적 고려가 필요하다. 그러나 미래를 예측하는 것은 불가능하더라도 미래 10년을 내다보는 두세 가지 미래 시나리오를 구성하는 것이 이후 장기적 통찰력을 3~5년의 실행 가능한 전략으로 전환시키는 데 있어 좀 더 자유롭게 사고할 수 있게 한다.

먼저, 현황에 대한 진단이 완료되었거나 또는 적어도 시작되었다면 미래에 대한 전망이 진행될 즈음에는 기업의 현재 생산 거점과 거점별 원가 구조, 생산 현황, 수익성, 생산능력에 대하여 상세히 알게 될 것이다. 다음 단계는 경영진이 갖고 있는 믿음과 지향에 따라 전략적 관점을 부여하는 것이다.

예를 들면 크래프트 사의 핵심 지향점은 그들이 규정한 '제품 다양성의 조화'에 있었다. 국가별로 개별적인 토블론 초콜릿 바를 양산하는 것이 아니라, 미래 전략은 좀 더 통일된 생산에 의하여 통일된 공급이 가능하도록 하는 데 있었다. 캐드버리 사의 경우, 기저에 있는 핵심 지향점은 포트폴리오에서 선호 브랜드(예: 비非범용 제품)의 수를 늘리는데 있다. 이러한 측면에서 볼 때 이익이 적은 브랜드를 위해 새로운 신규 거점을 세우는 것은 합당하지 않다.

전략적 지향을 유발하는 다양한 사례들은 매우 많다. 필요한 것은 기업의 시장 전략에 대한 비전을 중심으로 전략적 지향점을 구체화하는 데 있다.

이 단계에서 명확한 것은 기업의 제품 포트폴리오에 관련된 건전성과 기회에 대한 확고한 인식 없이는 기업의 비전과 지향에 근거한 전략적 관점을 부여하는 것은 불가능하다는 점이다 – 이는 우리가 동시화된 관점의 접근을 강조하는 이유이다. 물리적 생산 거점의 형태를 설명하기 위해서는 우선 생산 필요성을 정의하는 것이 필요하다. 비전의 완성을 위해 필요한 일반적 요소는 다음과 같다.

- 미래의 포트폴리오의 규모와 형태(핵심 시장, 핵심 고객 그룹, 목표 시장 점유율)
- 차별화 수단(어떻게 시장에서 승리할지에 대한 방안)
- 노동 수단(노조/비노조 인력, 노동 비중)
- 조직에 대한 가정(통합 제조 조직, 집중화/분산화)
- 제조에 대한 가정(세계화, 표준 양식/공정, 자동화 수준, 전략적 외주화 여부)
- 거점 수 및 요구되는 기술
- 최고 수준Best-in-class 원가

위에 열거된 사항은 미래 비전을 개발할 때 논의가 필요한 주제 유형에 대한 사례이다. 이 중에 많은 것들이 분석과 고찰, 때로는 정보에 기반한 추정이 필요하다.

미래를 예측하기는 불가능하나 이러한 일들의 중요성은 (1) 제반 과정의 미래 전망을 반영하고, (2) 미래에 대해 경영진이 생각하는 가정을 명확하게 제시함으로써 이후 과정에 대한 확고한 결정이 가능하게 하는 데 있다. 실제로 경험에 의하면 기업의 현재 상태와 미래 방향을 상호 일치화시키는 노력이 진행 과정상에 도출된 어떤 비전만큼이나 가치 있다는 것을 알 수 있었다. 일단 비전을 일치화 하면 유의미한 중간 단계의 – 말하자면 3~5년의 – 목표를 수립하는 것은 훨씬 용이해진다.

우리가 하는 일의 목적이 미래와 중간 정도의 거리에서 만나는 데 있다는 것을 기억하자. 만일 기업의 미래 10년의 최종 모습을 설정하게 된다면 — 그리고 비전의 일부에 대하여 단지 50%의 확신밖에 없더라도 — 향후 5년에 대해서는 후회 없이 조치할 수 있는 많은 일들을 정의할 수 있다(이는 나중에 입수되는 새로운 정보와 무관하게 생산 거점을 전개할 수 있는 내용들이다). 후회 없는 의사결정의 내용을 규정하는 것은 중요한 의미를 가지는데, 이를 통해 생산 거점 합리화 추진의 근거가 되는 중기의 생산 거점 청사진이 명확해지기 때문이다. 이는 현재 상태에서 출발할 수 있는 관리 상태의 첫 번째 단계이다. 그러나 이는 기반이 되는 사고, 분석 및 사업의 장기적 필요성에 대한 논의를 통해 결정될 수 있는 과도기적 단계이다.

생산 거점의 복잡성을 줄이기 위한 과정에서 다음과 같은 상황에 당면할 가능성이 높다.

- 특정설비는 단기적 원가 절감 기회를 가지나 장기적 최종 비전에는 부적합하다.
- 특정활동(예: 업무 중복)은 두 말 할 필요 없이 제거하는 것이 합당하다.
- 전략적 외주화 기회는 미래 필요성에도 부합되지만 단기적 생산 이슈도 해결한다.

이 모두는 기업의 새로운 목표 거점으로 나아가기 위한 중요한 디딤돌로 반영된다.

사례 연구: 캐드버리 사의 명확한 선택, 증가된 집중

협공작전의 구체적 효과에 대하여 앞의 장에서 소개한 캐드버리 Cadbury 사가 좋은 사례가 된다.

우선, 배경에 대하여 살펴보자. 2007년 5월 과자 부문과 음료 부문의 사업을 분리하기로 한 결정 이후에 캐드버리 사는 과자 사업 부문만을 위한 새로운 전략 계획(일명, 실행하는 비전Vision to Action)을 추진하였다. 이의 목적은 복잡성과 원가를 줄여서 글로벌 차원에서의 규모의 경제 효과를 강화하는 것이었다.

CEO 토드 스티처는 이와 관련하여 동료들에게 원가를 예로 들면서 "우리는 사업의 모든 측면에서 우리가 하는 방법을 단순화함으로써 수익성을 매우 높일 수 있다는 것을 인지하였습니다"라고 말하였다.

스티처는 복잡성을 설명하기 위해 영국 캐드버리 사의 운영을 예로 들었다. 영국 캐드버리 사는 30% 정도의 시장 점유율과 연간 10억 파운드의 매출을 올리고 있었다. "복잡성은 어떠했을까요?"라는 질문에, 그는 "2007년 8개의 생산기지, 18개의 재고 보유 거점, 6천여 명의 직원, 초콜릿, 사탕, 껌 등에 있어 30개의 주요 브랜드를 보유하고 있었습니다. 그리고 연간 1천여 종류의 포장 단위 또는 SKU를 취급하였습니다"라고 답했다.

이와 같은 복잡성 문제를 해결하기 위해 캐드버리 사는 다음과 같은 세 파트의 통합된 접근을 추진하였다.

1) 거점 재구성: 물류 거점을 18개에서 5개로 감축

물류 거점을 줄이는 것뿐만 아니라 생산 공장에 있어서도 미래의 자동화 필요성, 노동수단의 변화를 감안하여 생산 물량의 1/4을 생산성에 따라 생산 거점을 이전하는 등 다수의 과제를 추진함으로써 생산 공장을 재구성하였다.

2) 조직 간소화: 브랜드와 제품군별로 분리된 조직구조에서 제품군(초콜릿, 사탕, 껌)으로 계층을 간소화시킴

'제품군별로 영업, 마케팅, 제조, 재무 조직을 운영함'에 따라 의사결정이 더욱 빨라지고, 의사결정에 있어서 매출이나 마진 성장에 대한 상호 조정 노력을 통해 결속력이 높아졌다. 캐드버리 사는 조직 간소화를 통해 일반 관리 인력을 15% 감축하였고, 성공적인 SKU 감축에 있어서도 결정적 역할을 하였다고 주장한다.

"우리는 기업의 관리구조에 있어서 지역 단위 계층을 제거하였습니다. 이제는 7개의 사업 단위에서 바로 나에게 보고하고 있고, 임원회의를 지역 리더들과 같이 대면하면서 진행합니다. 이것은 매우 중요합니다. 이 때문에 한 테이블에 앉아서 의사결정을 하고, 신속하게 이를 실행할 수 있게 되었습니다"라고 스티처는 말했다.

3) SKU 감축: 75%의 SKU 제거

캐드버리 사는 또한 SKU 복잡성을 축소하는 작업을 진행하였다. "엄청난 규모의 제품 수를 줄이면서, 동시에 고객들에게 실질적인 다양성을 제공할 수 있도록 바꾸는 것은 쉬운 작업이 아니었습니다"라고 스티처는 술회한다. 그러나 그들은 성공하였다. 한 제품군에서 75%까지 SKU를 제거하였고, 계절적 포트폴리오와 연계하여 이익을 높였다(2008년 캐드버리 사 전체적으로 약 10%의 SKU

감축이 이루어졌다).

결론

캐드버리 사의 프로그램 결과는 현재까지 매우 긍정적이다. 기업은 15%의 공장 감축을 전망하면서 이익에 있어서는 10~15% 정도의 개선과 함께 매출은 향후 4년간 4~6% 성장을 지속할 것으로 내다보고 있다. 목표 대비 7% 상승하였으며, 영업이익률은 목표를 2% 초과 달성하였다. 그러나 무엇보다도 핵심 성공 요소는 현황에 대한 연구와 함께 미래 전략적 방향에 대한 이해를 동시에 고려하여 네트워크 및 생산 거점에 대한 의사결정이 이루어졌다는 것이다.

이는 네트워크 및 생산 거점 통합이 큰 기회를 가져다준다는 것을 의미한다. 기업은 귀중한 자본을 유동화하고, 유동성을 침해하는 자원으로부터 부담을 줄이게 된다. 또한 많은 경우 필수적인 조치여야 하며, 어떤 기업도 구조적 불이익을 감내할 여유가 있지 않다. 이는 장기적으로 지속가능하지 않으며, 사업을 해치게 된다.

더군다나 생산 거점 통합은 기업의 성장을 도모하는 경우 - 특히 기업이 제품 포트폴리오에 대하여 동시에 고려하고 있다면 - 현재의 상황과 미래 모습에 대한 관점을 서로 연계함으로써 사업을 재설정하는데 도움이 된다. 생산 거점을 개선하기 위해서는 경기 침체기를 전략적으로 이용해야 한다. 추진이 쉽지 않으나 올바로 이루어진다면 수요 회복기에 강력한 도약판으로서 기여할 것이다.

제12장

부품 합리화 및 공급사 통합

"나는 더 이상 매번 새로운 바퀴를 만들지 않을 것이다"라고 이탈리아의 자동차 회사인 피아트Fiat의 설계 책임자 헤롤드 웨스터Harold Wester가 말했다. 그는 CEO 세르지오 마치오네Sergio Marchionne를 도와서 턴어라운드를 주도한 인물이다.

새로운 바퀴를 만들지 않는 것이 합리적이라고 많은 사람들이 동의하기는 하지만, 이와 반대되는 일을 하는 기업을 어렵지 않게 볼 수 있다. 이런 기업들은 그야말로 매번 새로운 바퀴를 만드는데, 같은 품목이라도 다른 조직에서 다른 공급사에게 구매해서 다른 버전의 제품을 만든다. 그 결과 공급사 수가 늘어나고 부품, 제품 및 서비스 품목의 종류가 급격히 증가한다. 이런 현상을 복잡성의 이중 충격이라고 부를 수 있는데, 동일한 수준의 제품 복잡성을 지원하기 위해 조직 비대화와 프로세스 복잡화가 동시에 발생한다.

예를 들면 웨스터가 부임하기 이전에 피아트 사의 각 브랜드는 독립적으로 운영되었고, 모든 부품들도 각자 독립적으로 설계하고 생산하였다. 피아트 사의 스틸로와 알파 로메오 149 모델은 서로 비슷한 크기에 비슷한 성능을 가진 차이지만 공용 부품은 전혀 없었다. 19개의 독립적 차종 중에서 오직 2개 차종만 공조 시스템을 공유하고 있었다. "고객은 연료소비가 적고, 기능이 좋은 공조 시스템을 원하고 있습니다." 2010년까지 85%의 차종에 4개의 공통 공조 시스템을 적용하는 계획을 실행하고 있는 웨스터가 한 말이다. "4개의 차종이 같은 공조 시스템을 쓴다고 해도 고객은 전혀 신경 쓰지 않습니다." 웨스터는 부임한 지 2년이 채 안 돼서 2006년에 피아트 사를 흑자 전환시켰는데, 이는 2000년 이후 최초로 흑자 전환을 기록한 것이었다.

고객이 신경 쓰지 않는다는 사실 때문에(이 경우 같은 공조 시스템을 여러 차종이 공유하는지 안 하는지에 대해) 부품 합리화를 통한 비용절감 기회가 만들어진다. 부품의 다양화로 인해 증가하는 비용은 고객이 차별적 가치를 인지하지 못하는, 즉 비부가가치 비용으로 분류할 수 있으며 공급사 집약과 프로세스 개선까지 가능하도록 만든다. 이 방법은 SKU 합리화와 공통되는 특성을 가지고 있는데 SKU 합리화와 부품 합리화는 통합적으로 추진되는 것이 일반적으로 바람직하다.

부품 합리화 개념 정의

피아트 사는 부품의 불필요한 다양성을 줄임으로써 원가를 절감할 수 있었던 구체적인 사례의 하나이다. 그러나 일반적인 관점에서 우리는 부품 합리화란 '고객이 인지하지 못하거나 상관하지 않는 제품 또는 서비스의 요소를 단순화, 표준화 및 제거할 수 있는 기회'라고 정의한다. 이런 기회를 찾아내는 것이 통상 그리 어렵지는 않다.

- **데이터베이스에 등록된 부품이 지나치게 많다:** (사용할 수 있는) 기존 부품 코드를 찾기가 어렵기 때문에 매번 새로운 부품 코드를 생성시킨다.
- **모든 제품 설계를 백지에서 시작한다:** 기존의 부품을 활용하는 것을 검토하기보다 모든 것을 새로 설계한다.
- **사업 부문별로 각자 부품을 구매한다:** 그 결과 재고 과다, 관리 비용 증가 및 공급사 수가 증가하게 되고, 종국적으로는 제조원가의 증가가 발생한다.
- **재고 관리의 어려움이 증가한다:** 제조 및 수리/서비스 능력에 영향을 미치며, 불필요한 재고는 과다하고 필요한 재고는 부족한 현상이 발생한다.
- **창고 운영의 복잡성과 비효율이 증가한다:** 통상 이 결과로 IT 시스템의 업그레이드를 위한 투자가 증가된다.
- **설계 및 구매 조직의 규모가 증가한다:** 대부분의 증가된 인원이 부품, 모듈 및 모델 간의 복잡성을 관리하는 업무에 투입된다.

SKU 합리화 또는 축약(제9장, 제10장의 중점 검토 내용)을 추진할 때 고객의 반응을 중요하게 고려해야 하는 데 반해, 부품 합리화는 이러한 문제로부터 상대적으로 자유롭다. 그 결과 이 영역의 프로젝트는 보다 빨리 진행되고, 적은 리스크로 더 빠른 비용절감 효과를 거둘 수 있다. 두 가지 방법의 비교를 위해 그림 47을 참조하기 바란다.

> **▎부품 복잡성 증가를 예방하는 것이 더 바람직하다**
>
> 이 장은 부품 복잡성이 이미 발생한 경우를 가정하여 부품 복잡성을 제거하는 방법을 다루고 있다. 그러나 부품 복잡성을 축소하는 가장 좋은 시점은 설계 시점이다. 설계 단계에서 제조원가의 60%에서 75%가 결정된다. 특정제품에 어떤 부품, 어떤 플랫폼을 사용할 것인지에 대한 의사결정이 전체 제품원가에 심대한 영향을 미친다(이런 종류의 이슈를 예방하기 위한 방법은 제17장의 '제품 및 서비스 복잡성의 통제'에서 자세히 다루고 있다).

| 그림 47 | **제품 포트폴리오 복잡성과 부품 복잡성 비교**

	제품 복잡성	본 장의 초점 부품 복잡성
추진 방향	– 시장 대면 – 최종 제품 – 가치 제안 – 이익	– 시장 비대면 – 모듈, 부품 및 플랫폼 – 품질 및 성능 – 원가
복잡성의 원천	– 고객 다양성 – 시장 선택 기회 확대 – 경쟁자 대응	– 내부 사일로Silo – 디자인 지향 – 소싱 이슈
복잡성 제거 방식	– 제품, 제품 라인 제거 – 지역, 시장, 고객 합리화 – 더 적은 수의 조합과 옵션	– 부품 표준화 및 대체 – 부품 통합 – 공용화를 위한 설계

140종의 배터리와 25,000개의 수요 계획 아이템: 부품 복잡성에 관한 사례 연구

대부분의 상황에서 기업은 먼저 기존의 부품 복잡성을 해결할 필요가 있으며, 그 후에 다시 증가하는 것을 예방할 수 있도록 전략을 수립한다. 데레사 메티Theresa Metty가 2001년에 모토롤라의 글로벌 공급망 담당 임원으로 부임했을 때, 그녀 역시 이런 기회를 볼 수 있었다.

"기회가 어디에 있는지 너무나 분명했습니다." 그녀는 모토롤라의 플랫폼(100), 부품(140 배터리) 및 소프트웨어(전화에만 30종)의 복잡성을 열거하면서 말했다. "문제는 어떻게 전 직원들을 움직이느냐와 어떻게 모든 사람이 쉽게 이해할 수 있도록 복잡성에 대해 이야기하느냐에 있었습니다."

"다음과 같은 상황이라고 생각해보세요." 그녀가 말했다. "매달 100명의 영업사원이 10개 제품의 매출 계획을 수립해야 하고, 각 제품은 25개의 다른 옵션을 가지고 있다고 상상해 보세요. 이는 매달 매출 계획을 위해 25,000개의 데이터 항목을 입력해야 한다는 것을 의미합니다."

그녀가 모토롤라에서 부품 합리화를 시작했을 때, 그녀가 정한 두 가지 과제는 그녀의 통찰력이 얼마나 날카로운지를 말해준다. 첫째, 그녀는 복잡성 원가와의 전쟁을 시작했으며, 이와 병행해서 차세대 공급망 구축에 집중하였는데, 이 둘은 서로 연계되어 있으며 높은 효과를 얻을 수 있는 영역이다.

"우리는 세 가지 영역에서 복잡성 지수와 공급망 효율 개선을 추진했습니다." 모토롤라의 개인 통신기기 섹터의 총괄 기술담당 임원인 랄프 피니Ralph Pini가 말했다. "부품 수를 줄이려면 일정 수준의 부품 공용화가 필요합니다. 부품 수를 줄일 수 있으면 관리해야 할 재고의 종류가 줄어들기 때문에 공급망이 단순화됩니다. 또한 산업 표준 부품의 활용은 부품 수 축소에 도움을 줍니다. 이 모든 활동이 결합되면 효과는 매우 빠르게 상승작용을 일으키면서 증가됩니다."

메티 역시 복잡성과 공급망을 동시에 공략하는 것의 장점을 체험했다. "복잡성과의 전쟁과 차세대 공급망 구축은 우리가 소위 말하는 만루 홈런과 같았습니다."

초기 2년간의 성과는 눈부셨다. 예를 들면 플랫폼의 수는 100개에서 2개로 줄어들었고, 배터리 부품 수도 140개에서 30개로 줄었다. 이와 같은 활동들의 결과로 회사는 운영/구매 비용을 26억 달러 절감하였고, 재고 보유금액도 14억 달러가 감소하였다. 재고 회전기간 역시 22개월 동안 3배가 증가하였고, 생산능력Capa의 40%가 증가하였으며, 공장과 물류 센터를 줄일 수 있는 여지가 발생했다.

부품 합리화의 효과

위의 예에서 볼 수 있듯이 부품 합리화는 원가 절감을 위한 강력한 전략의 하나이다. 부품 합리화는 다양한 직접적 효과를 가지고 있다(그림 48 참조).

| 그림 48 | 부품 합리화의 직접적 효과들

고객	오퍼레이션

● 고객 가치 증가
  − 제품 가용성 증가
  − 제품 공급 리드타임 단축(리드타임 감소)
  − 비용 감소
	● 공급망의 단순화/간소화
	  − 생산 효율성 및 유연성 증가
	  − 공급사 효율성 및 유연성 증가
	  − 설계/테스트 기간 단축

손익계산서	● 재료비 감소(매출 총이익 증가)
	  − 저가 공급처 활용
	  − 구매물량 증가
	  − 재고 폐기 손실 및 품질보증 비용 감소
	● 가공비 감소(매출 총이익 증가)
	  − 생산 효율 증가
	● 판매관리비 감소(영업이익 증가)
	  − 구매 횟수 감소
	  − 생산/구매 계획 활동 비용 감소
	  − 물류비용 감소

대차대조표	● 재고 감소(운전자본 감소)
	  − 원료 재고 감소
	  − 공정 중 재고 감소

효과적인 부품 합리화의 효과는 광범위한 영향을 미치는데, 회사의 공급망부터 고객까지, 재료비 및 노무비부터 대차대조표까지 영향을 미친다.

또한 부품 합리화를 통해 다양한 간접적 효과가 발생된다.

● **공급사 통합의 기회가 증가한다**: 사업부/부문 간의 가시성이 낮으면 동일한 종류의 부품 수가 증가하게 마련이다. 각 조직은 각자 공급사를 선정해 계약을 추진하고, 그 결과로 구매 처리 및

관리 비용이 증가하고 물량 할인의 기회도 축소된다. 부품 통합은 조직 간의 가시성을 필요로 하는데, 이를 통해 공급사 통합의 기회가 만들어진다.

- **공급망 협업 기회가 증가한다**: 협업적 판매생산계획, 공급사 재고관리Vendor managed inventory, 위탁판매와 같은 형태의 협업 가능성이 증가한다. 특정 공급사와의 거래금액이 증가함에 따라 그 공급사는 이와 같은 협업 프로그램 참여를 거부하기 어렵게 된다.

우리가 공급사 통합을 이야기할 때 많은 독자들은 즉각 '1차 공급사(여러분의 회사에 직접 납품하는 공급사)'를 떠올릴 것이다. 그러나 1차 공급사를 통합하면 그 영향이 2차 공급사(1차 공급사에 납품하는 공급사)에도 발생된다. 상류 공급망으로 더욱 깊이 들어가는 것은 프로젝트의 부담을 증가시키지만, 보다 넓은 범위의 공급망을 조화롭게 운영하고 최적화시킬 수 있다면 재고 수준, 고객 서비스 수준 및 고객 만족도 등에 긍정적 영향을 미칠 수 있다.

▎어떻게 부품 합리화가 보다 심도 있는 기회를 만드는가?

이 책의 제2장에서 우리는 복잡성과의 전쟁이 진행되면서 복잡성 큐브의 공략 면을 전환해야 하는 필요성에 대해 논했었다. 부품 합리화는 이 아이디어를 가장 완벽하게 보여주는 사례이다(그림 49 참조).

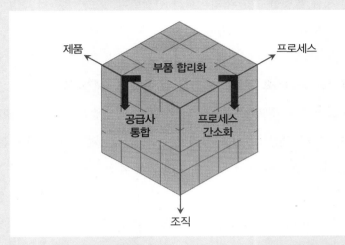

| 그림 49 | 부품 합리화를 통해 추가적 기회를 향한 문이 열리다

공통 부품을 찾아내는 과정을 통해 부품 합리화 측면의 단기 비용절감뿐만 아니라, 공급사 수를 줄이고 조직의 낭비를 제거할 수 있는 기회가 만들어진다. 우리의 큐브 개념으로는 제품–프로세스 면(부품 합리화)에서 시작하였지만, 부품 합리화를 달성하고 나면 초점을 바꾸어서 조직–제품 면(공급사 통합) 또는 프로세스–조직 면(프로세스 간소화)을 통한 비용절감을 추진할 수 있는 것이다.

부품 합리화를 통한 투자효과 극대화

이 전략을 추진할 때 시간, 노력 및 재무적 투자의 효과를 극대화할 수 있는 방안을 고려하는 것이 중요하다. 다음의 세 가지 시사점을 고려할 것을 권고한다.

1) 부품 합리화의 조직적 측면을 정공법으로 해결하라.

2) 제품 플랫폼 수준의 합리화를 견지하라.

3) 부품별로 과제를 나누어 병행적으로 추진하라.

1) 부품 합리화의 조직적 측면을 정공법으로 해결하라

프로젝트의 규모가 얼마가 되든 조직 측면에 대한 고려 없이 부품 합리화를 성공적으로 마무리할 수는 없다. 부품 복잡화의 근본 원인 중의 하나는 회사 내의 각 조직이 개별적으로 비슷한 일을 수행하기 때문이라는 점을 고려하면, 조직 문제를 어느 정도 해결하지 않고 효과를 거두기는 어렵다는 것이 자명하다. 조직 문제 해결의 방법은 구매 프로세스 표준화, 새로운 조직 설계, 부서 간 견제와 균형 체계 수립, 프로세스의 오너십 변경, 인센티브 체계 개선 또는 정보 공유 강화 등의 다양한 방법을 고려해볼 수 있다.

2) 제품 플랫폼 수준의 합리화를 견지하라

플랫폼은 복수의 최종 제품 생산의 기반이 되는 부품의 집합을 말한다. 그러므로 동일한 플랫폼은 동일한 부품과 하위 시스템으로 구성된다. 그러므로 회사가 부품 합리화를 추진하기로 결정하였다면 가장 좋은 출발점은 플랫폼 수준이라고 할 수 있다. 좋은 경험법칙 중의 하나는 대략적으로 모든 제품이 90% 이상의 부품을 차지하는 단일의 플랫폼을 고려해보라는 것이다. 만일 여러분의 회사에서 관련 제품 간에 90% 이상의 부품이 공유되고 있지 않다면, 이 목표를 달성할 수 있는 합리화 기회가 존재하는지 개별 부품들을 검토해볼 필요가 있다.

개별 부품 레벨에서 합리화 기회를 당연히 검토해보아야 하겠지만, 플랫폼/모듈 레벨에서 어디에 집중해야 할지 정한 후에 검토하는 것이 바람직하다. 이를 통해 합리화 프로젝트의 진행 속도를 높일 수 있다.

일단 어떤 플랫폼에 합리화 노력을 집중할지 정했으면 개별 부품을 검토해야 한다. 플랫폼은 그 제품 구조에 의해 정의되는데, 제품 구조는 다시 부품과 전체 제품의 기능을 결정하는 부품 간의 상호작용으로 구성된다. 일반적으로 제품을 구성하는 부품은 다음의 세 가지 유형으로 정의된다.

- **전략 부품**은 경쟁사 대비 차별화 요인이라고 회사가 생각하는 부품 또는 부품 간 인터페이스를 말한다.
- **기본 부품**은 전략적 가치가 없어서 경쟁사나 기타 외부 기업과 자유롭게 공유하는 부품을 말한다.
- **원재료**는 핵심 소재를 말한다.

위의 세 가지 종류의 부품들은 각기 다른 전략을 요구한다. 예를 들어 기본 부품과 원재료 유형은 통합이 보다 용이하며, 전략적 초점이 비용 분석(종종 퀵 윈의 기회가 여기서 발견된다)에 맞추어진다. 그러나 전략 부품의 경우에는 이와 다르며, 비용 외에도 공급사의 신뢰성, 품질 등 다양한 요소를 고려해야 한다.

❚ 재사용의 힘

모든 부품 합리화의 핵심에는 '재사용'이라는 개념이 있다. 이 책의 제9
장, 제10장에서 우리는 제품과 서비스에 적용되는 대체성Substitutability
이라는 개념에 대해 설명했었다. 이와 동일한 개념이 ─ 게다가 동일한
효과를 가진다 ─ 고객 비접점 영역에서도 적용이 된다. 부품에 적용되는
대체성에 집중함으로써 ─ 부품 대체성을 재사용이라 부르기도 한다 ─
기업들은 재고 비용을 줄이고, 품질을 향상시키고, 리드타임을 단축시킬
수 있다. 플랫폼은 부품의 공유 범위를 확대하기 위해 사용하는 수단이
다. 도요타의 설계 중 60~80%는 기존의 원재료, 부품, 조립 라인을 재
사용하는데, 이를 통해 비용과 제품 개발 기간을 대폭 단축할 수 있었다.
재사용에 집중하기 위해서는 훈련이 필요한 데, 통상 많은 기업에서 제
품개발부서의 문화는 백지에서 다시 설계할 수 있는 데도 불구하고 기존
설계를 재사용하는 것을 부끄럽게 여기는 경향이 있다. 그러나 제품 설
계 조직의 역량을 차별화된 가치를 창출할 수 있는 영역에 집중하는 것
이 보다 바람직하다. 포르쉐 사는 공통 부품 사용을 확대하고, 제품설계
인력을 엔진 성능, 외관 및 주행 성능 등 고객이 차별적 가치를 느낄 수
있는 분야에 집중 배치하였다.

3) 부품별로 과제를 나누어 병행적으로 추진하라

부품 합리화를 추진할 때 그 프로젝트의 규모 때문에 전체 프로젝
트의 단계Phase를 나누고 ─ 추진 범위 정의, 계획수립, 실행 ─ 각 단
계에 다른 팀을 구성한 후, 한 단계가 끝났을 때 다음 단계를 추진하
고자 하는 유혹에 빠지기 쉽다. 이러한 순차적 접근법의 문제점은 사
일로Silo 현상이 발생할 수 있다는 것이다(한 팀이 수행한 내용을 다른
팀에 일방적으로 전달하고 업무를 종결하는 방식이 문제가 된다). 이런 방

식으로 합리화를 추진하게 되면 추진 과정에서 확보된 지식과 통찰력을 활용하여 초기에 갖고 있던 가정과 가설을 다듬고 발전시키는 피드백 프로세스가 작동되기 어렵다. 성공하는 부품 합리화 프로젝트들은 웨이브 방식으로 추진되는데, 퀵 윈 과제 실행, 1차 부품 통합 웨이브, 2차 통합 웨이브(첫 번째 웨이브 추진의 경험과 지식을 활용)와 같은 방식으로 추진된다(그림 50 참조).

이런 부품별 순차 추진 방식은 성공 가능성이 높을 뿐만 아니라, 보다 빨리 효과를 창출할 수 있다. 나중에 한 번의 큰 성과를 내는

| 그림 50 | 순차적Serial vs 병행적Staggered 부품 합리화

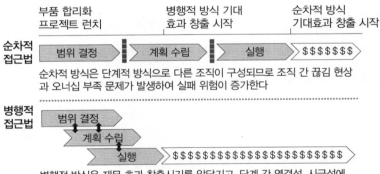

순차적 접근법은 단계적으로 다른 조직이 구성되므로 조직 간 끊김 현상과 오너십 부족 문제가 발생하여 실패 위험이 증가한다. 이 방식은 재무적 효과 발생을 지연시키고, 조직 간 사일로를 부추기는 경향이 있다. **병행적 접근법**은 팀 간의 협력을 통한 문제 해결, 실행단계에서 학습한 지식을 활용한 전략 수정, 조기 효과 창출 등의 효과가 있다. 이 방식은 재무 효과 창출 시기를 앞당기고, 단계 간 연결성, 시급성에 대한 인식 및 오너십 강화 측면에서 유리하다.

것보다 여러 번의 웨이브에 걸쳐서 성과창출을 추진하는 방식이 보다 빨리 가시적 성과를 볼 수 있는 방식이다. 대부분의 경우 작더라도 가시적 성과를 조기에 창출하는 것이(시간의 흐름에 따라 효과는 누적됨) 나중에 큰 효과를 약속하고 추진하는 것보다 여러 가지 측면에서 유리하다.

실패를 통한 교훈 얻기

부품 합리화의 가치는 매우 분명하지만, 어떻게 이 가치를 실현시켜야 할지 알기는 쉽지 않다. 그리고 사실 많은 기업들은 이를 아는데까지 적지 않은 값을 치러야 했는데, 예를 들면 조직 간의 장벽에 막혀서 몇 달을 허비하다가 결국 상위 임원이 개입을 하고 나서야 진행할 수 있었다. 내구재를 생산하는 글로벌 대기업(이 책에서는 이 회사의 실명 대신에 DuraGoods라는 가명을 쓰기로 한다)의 사례를 살펴보자. 다른 많은 기업과 같이 DuraGoods는 기존 사업의 점진적 성장과 M&A를 병행하면서 성장해온 역사를 가지고 있다. DuraGoods는 제품군과 브랜드 내에 플랫폼 관리를 도입하여 제품 구조 단순화를 강력하게 추진해온 회사다. 각 플랫폼은 많은 수의 공유 부품과 독립적 부품의 조합으로 구성되어 있다.

과거 몇 년간 플랫폼과 모듈을 지원하고 적극적으로 관리하기 위한 조직의 규모가 크게 성장하였다. 제품 매니저와 플랫폼 매니저가 의사결정의 중심이 되었으며, 제품 변경이 있을 경우 이들이 모든 결정을 담당하였다. 대부분의 제품/플랫폼 매니저들은 고객/소비자의 지역별 차이를 감안하여 지역별로 담당을 구분하였다. 제품 계층에 따라서 부품과 모듈 설계자들이 배치되었다. 구매와 관련해서는 일부 품목 그룹은 지역별로 소싱과 구매업무 처리를 분리하여 처리하고, 일부 품목은 글로벌 통합 구매를 실시하고 있었다.

요컨대 DuraGoods의 조직은 수조 원의 회사를 구성하고 있는 제품 수만큼 또는 그 이상으로 복잡한 구조를 가지고 있었다. 회사가 전사적 부품 합리화 프로젝트를 추진하기로 결정했을 때, 이 문제가 명확하게 드러났다.

작은 의사결정 하나를 하는 데에도 방을 가득 채울 정도의 각 지역 및 기능을 대표하는 20~30명의 이해관계자가 모여야 했다. 프로젝트 추진계획은 조직 복잡성 문제를 더욱 심각하게 만들었다. 회사는 프로젝트를 범위정의Scoping, 추진계획수립Planning, 실행Execution의 3단계로 나누어서 추진했다. 각 단계는 각각 다른 팀이 수행하였는데, 예를 들면 부품 그룹 A의 범위정의 담당 팀은 범위정의와 관련된 모든 과업을 팀 자체 내에서 완결한다. 다음으로 다른 직원들로 구성된 추진계획수립 팀이 업무를 이어받는다. 그리고 마지막으로 지역/기능 담당 설계자들이 부품 표준화 계획을 실행한다.

당연하게도 프로젝트의 진행은 매우 더디고 힘들었다. 약 6~8개월간 실질적인 원가 절감 효과가 발생하지 않았고(심지어 단기에 확실히 절감할 수 있는 가시적 기회조차 발굴되지 않았다), 이 때문에 최고경영진의 인내심이 점점 소진되어 갔다. 몇몇 팀은 추진계획수립 단계에서 더 이상 나아가지 못하고 시간을 보내다가, 결국 구매비용 절감에 집중하는 방향으로 길을 벗어나기도 했는데, 공급사를 변경하거나 기존 공급사와 가격 조건을 재협상하는 등의 활동에 노력을 집중하였다.

이런 활동들이 분명 비용을 절감시켜 주기는 하지만 경영진들은 점점 냉소적이 되었으며, 나중에는 '공급사 쥐어짜기'밖에는 현실적으로 가능한 것이 없다고 믿게 되었다.

그러나 결국 최고경영진은 진정한 장애물이 무엇인지 알게 되었다. 우리 사업은 그렇지 않다는 식의 반발, 조직 간 장벽 및 효과 없는 조치들이 그것이었다. 경영진은 얼마나 많은 요인들이 성공적으로 부품 합리화를 추진하는데 영향을 주는지 따져보기 시작했다. 조직구조, 참여와 주인의식, 성과평가와 보상, 직원들의 역량 수준, 지역 대 글로벌 경영진 간의 알력 등등 많은 이유들이 발견되었다.

결국에 이 회사는 수렁에서 헤매던 프로젝트를 구해내었는데, 최고경영진은 이 과정을 대규모 조직의 장애요인과 정면으로 대결한 혁신의 과정이었다고 회고했다. 더불어 이 회사는 어떻게 프로젝트 수행 팀을 구성하고 관리할 것인지에 대해 재검토하였는데, 전체 프로세스에 대해 책임지는 간소화된 팀을 프로젝트 시작부터 구성하여 범위정의 단계부터 추진계획수립과 실행을 염두에 두고 진행될 수 있도록 하였다. 결국 시작은 순탄치 않았지만, 이 회사는 부품 합리화를 통해 엄청난 비용절감 효과를 거둘 수 있었다.

중요 질문: 포괄적 접근법 vs 선별적 접근법

부품 합리화를 통해 얻을 수 있는 기대효과와 고객 입장에서는 합리화 여부가 눈에 띄지 않는다는 점을 감안하면, 부품 합리화를 할 것인가 말 것인가가 아니라 얼마만큼의 범위로 할 것인가가 문제라고 할 수 있다. 프로젝트의 규모와 범위와 관련하여 두 가지 방식을 생각해볼 수 있다.

- **포괄적 접근법**: 대부분의 부품을 프로젝트 범위에 포함시켜 큰 비용절감과 조직차원의 변화(부품 합리화 효과의 지속을 위해)를 추진하는 방법
- **선별적 접근법**: 상대적으로 비용절감 효과가 큰 기회를 선별하여 프로젝트를 추진하고, 빠른 원가 절감을 목표로 효과가 크고 실행이 용이한 부품에 집중한다

포괄적 접근법

부품 합리화의 추진 방법으로 흔히 활용되는 포괄적 접근 방법은 전체 또는 대부분의 부품을 프로젝트 범위로 포함한다. 전형적으로 프로젝트는 출발선Baseline 결정 단계부터 시작하는데, 이 단계에서 모든 부품들의 규모를 확인하고 추진 우선순위를 정하기 위해 기대효과/추진 용이성 매트릭스를 활용하여 부품별로 포지션을 정의한다(그림 51 참조).

이후에 프로젝트 팀은 우선순위가 높은 부품에 대해 심층분석을 진행하는데, 분석은 부품 속성 분석(공통 부품이 다른 이유에 대해 분석), 공급사 분석(공급사별 구매 금액, 물량, 품질 등 성과 및 역량을 평가), 원가 절감을 위한 글로벌 소싱 평가(검토 품목이 제품 차별성이 극

| 그림 51 | 잠재적 부품 합리화 목표 평가

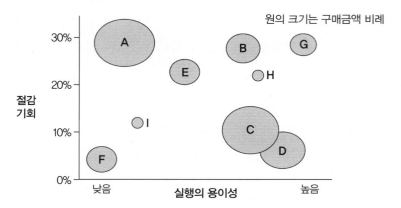

위의 개념적 도표는 상이한 부품(A, B, C 등)이 절감 기회와 부품 합리화 추진의 용이성 관점에서 어디에 위치하는지를 표시하고 있다. 추진의 용이성은 데이터 확보 가능성, 커스터마이제이션customization 수준, 대체 가능 공급사 존재 여부, 시험 요건, 부품의 기능 및 표준화 수준 등을 고려하여 결정한다. 절감 기회가 크고 추진이 용이한 부품 그룹이 통상 우선순위에서 상위를 차지하게 된다.

히 낮은 커머디티인 경우, 어떤 국가로부터 소싱할 때 가장 비용이 절감될지 검토하는 것이 필요) 등이 있다.

분석 후에는 소위 '승인' 또는 타당성 검토 단계가 진행되는데, 이 단계에서는 제품 설계, 제조 및 마케팅 등 현업부서와 긴밀하게 일을 하게 된다. 만일 부품 변경이 타당하다면 오너십의 이관과 실행 단계가 시작된다.

이런 추진 방식은 매우 큰 효과를 발생시킬 수 있다. 그러나 기업들은 이 방식의 실상을 이해할 필요가 있는데, 말하자면 이 방식은

- **엄청난 데이터 지원이 필요하다:** 공급사별 구매 금액 분석은 그래도 쉬운 일에 해당된다. 그러나 모든 구매자재를 찾아내고 사용처, 기능, 도면 및 사양 항목 정의 등을 찾아내는 것은 대부분의 중견기업과 대기업에게는 결코 쉬운 일이 아니다. 이미 구축되어 있는 통합 DB가 없다면, 일반적으로 포괄적 접근 방법의 부품 합리화 프로젝트를 추진하기 위해 시스템을 구축해야 할 필요가 있다.
- **다양한 부서의 많은 인력들의 참여를 필요로 한다:** 처음에는 구매, 재무 및 IT 부서 직원들이 많은 시간을 할애해야 하고, 프로젝트가 진행되면서 마케팅 및 생산부서 직원들의 업무 부하가 늘어난다.
- **공급망의 외부 에이전트와 일하는 방식에 영향을 미친다:** 예를 들어 과거에는 1차 공급사만을 활발하게 관리하고 모니터링 하였다면, 포괄적 추진 방식에서는 2차 공급사까지 직접 접촉하고 관여하게 된다(이런 방식을 1차 공급사는 아마도 싫어할 것이다).

선별적 접근법

스펙트럼의 다른 쪽 끝에는 선별적 접근 방법이 위치한다. 무수한 부품들을 모두 분석하는 대신에 이 방법은 가설-검증 방식을 적용하여 선정된 매우 적은 수의 부품에 집중하여 프로젝트를 수행한다. 기존 경영진의 지식을 활용해서 어디에서 시작할지 합리적인 추정Best-guess을 하고, 데이터를 활용하여 추정의 타당성을 검증한다. 예를 들면 과거 X년 동안 경쟁 입찰 방식으로 구매되지 않은 품목은 없는가? 생산 라인에 문제(품질, 가공시간 등)를 일으키는 자재는 무엇인가?

선별적 접근 방법에서 분석의 초점은 극도로 정확하게 분석하거나 전체 기회의 100%를 찾아내겠다는 것이 아니라, 가장 빠르고 수월한 부품 합리화의 길을 찾는 것이다. 선별적 접근법을 성공적으로 추진하기 위한 몇 가지 핵심 포인트가 있다.

- 기대효과를 창출하는 방식에 대해 유연한 마인드를 가져라. 대량 구매 할인 또는 구매가격 재협상, 설계 변경, 제조 공정에서의 효율 향상 또는 위의 방식의 조합 또는 전체를 종합적으로 추진하는 방식으로도 기대효과가 발생할 수 있다.
- 제품 플랫폼 레벨을 정하고, 해당 제품 플랫폼에서 어떤 부품이 비용절감의 우선순위가 될지 정하라. 예를 들어 어떤 모듈이 설계 변경되고 있다고 하면, 해당 모듈의 어떤 부품이 합리화의 대상이 될 수 있는지 정하라(해당 모듈은 어쨌든 설계 변경 대상이기 때문에 프로젝트 수행에 부담이 적다).
- 처음부터 전략 부품 중의 일부를 선정해서 부품 합리화를 추진해보라. 초기 단계에서 기업들은 통상 전략 부품에 대한 합리화를 꺼리는 경향이 있는데 '전략 부품으로 분류된 데는 그만한 이유가 있겠지… 그 부품들은 건드리지 말자'와 같은 식이다. 어쨌든 이런 가정들의 일부에 대해 의문을 제기하고 비판적으로 검토하면 전략 부품 중의 일부는 기본 자재로 재분류될 수 있을 것이다.

포괄적 접근법과 반대로 선별적 접근법은 하나의 목표를 가지고 있다. 최대한 빠르고 고통스럽지 않게 기대효과를 창출하는 것이다.

포괄적 접근법과 선별적 접근법 중 택일하기

두 방법 모두 적절히 실행되기만 한다면 회사에 긍정적 효과를 창출할 수 있다. 그러나 현실적인 제약을 똑바로 인식할 필요가 있다.

포괄적 접근법을 택해서 대부분의 부품에 대해 합리화를 추진한다면, 전사적 혁신 활동Transformation event으로 인식하여 프로젝트를 진행할 필요가 있다. 이렇게 함으로써 문제점을 인식하고, 새로운 방법에 대해 학습하고, 전체적인 프로젝트 추진계획에 대해 동의를 구하는 일련의 과정을 경영자들이 좀 더 느긋하게 열린 마음으로 받아들일 수 있으며, 이 과정을 통해 회사가 긍정적인 경험을 갖게 된다. 결론적으로 포괄적 접근법을 통한 부품 합리화는 두 가지 목표를 지향한다. 첫 번째는 저가격 부품, 공급사의 수 축소, 가격 재협상 및 오버헤드 축소를 통한 비용절감 효과이다. 두 번째는 대형 전사 혁신 프로젝트를 통한 운영체계의 개선이다.

그러나 만일 시간의 제약이 있다면 부품 합리화를 위해 선별적 접근법을 택하는 것을 검토해야 한다. 선별적 접근법은 가설적 추정 방식을 통해 합리화 추진 용이성이 큰 부품 그룹을 정한다.

종국적으로 부품 합리화를 통해 개선효과를 창출하는데 성공한다면, 결국에는 어떤 시점에는 포괄적 접근법을 통한 전사적 부품 합리화의 추진이 불가피한 시점에 도달하게 된다.

결론

부품 합리화는 복잡성을 축소하기 위해 오래 전부터 활용되었으며, 또 매우 인기 있는 방식이다. 복잡성 비용과의 전쟁을 추진할 때는 시간 제약을 고려하지 않을 수 없으므로, 많은 기업들은 선별적 접근법을 선택하여 시작해 성공을 거둔 후에 남아 있는 개선기회를 포괄적 접근법으로 전환하는 방식을 택한다. 어떤 방식을 택하든 부품의 복잡성은 정당화될 수 없다는 것을 확실히 인식할 필요가 있다. 왜냐하면 부품 복잡성은 제품 내부의 복잡성이고, 따라서 고객에게는 보이지 않는 복잡성이기 때문이다. 부품 복잡성은 회사를 짓누르는 추가적인 비용이고, 무관용Zero-tolerance 원칙에 따라 철저히 제거해야 한다.

제13장

린 프로세스를 활용한
다양성 지원

 여러분이 노트북 컴퓨터와 서버 및 가전제품을 생산하는 회사의 오너라고 가정해보라. 회사의 이익률은 낮고, 글로벌 경쟁 심화로 매출은 줄어들고 있다. 여러분의 고객들은 그들의 니즈에 최적화된 노트북 컴퓨터를 원하고, 더 다양한 선택 옵션을 가지기를 원한다. 또한 그들은 주문 후 배송까지 2개월을 기다리고 싶어 하지 않는다. 여러분은 무엇을 해야 할까?

 제품 종류의 다양성과 고객별 커스터마이제이션Customization은 둘 다 고객이 당연히 기대하는 것이므로 축소할 수가 없다. 다른 대안은 단순하다. 회사를 린Lean하게 만드는 것이다. 낭비를 없애고, 보다 유연화하고, 공정 중 재고를 최소화해서 적은 비용으로 다양성을 빠르게 제공할 수 있는 역량을 가지는 것이다.

 린Lean은 전사에 걸쳐 프로세스 비용을 줄이는 합리적인 개선활동이다. 그러나 린이 프로세스의 전환비용을 줄이는 이점이 있다는 사실은 종종 간과되는데, 린을 통해 프로세스가 유연화 되면 복잡성의 영향에 대한 민감성이 줄어들게 된다.

많은 책들이 린을 주제로 씌어졌고, 우리는 여러분들이 그 책들을 추가적으로 읽어보기를 권한다. 그러나 복잡성 원가의 절감과 관련한 몇 개의 특별한 원칙들이 있다. 우리는 이번 장에서 더 많은 복잡성을 수용할 수 있는 프로세스의 유연성을 확보하는데 초점을 맞추어 린과 관련된 원칙들에 대해 살펴보고자 한다.

린의 기초 이론

린은 도요타 생산 시스템으로부터 발전한 경영철학과 프로세스 개선 툴을 말하는데, 제조 프로세스뿐만 아니라 서비스 프로세스에도 폭넓게 적용 가능하다. 린의 핵심적인 목적은 더 적은 일로 더 많은 가치(고객에 대한 가치를 말하며, 궁극적으로는 회사의 가치도 증대된다)를 창출하는 것이다. 린은 프로세스의 '낭비Waste'를 제거하여 이 목표를 달성할 수 있다고 보는데, 낭비란 고객이 인식하지 못하고 추가적인 가격을 지불할 용의가 없는 비부가가치 활동을 말한다(린은 낭비를 7가지 유형으로 분류하는데, 이는 참고자료 '프로세스 낭비의 7가지 유형'에 기술되어 있다).

린은 문화적 시스템이고 경영철학이며, 낭비와 낭비의 근본 원인을 제거하기 위한 툴을 가지고 있다. 프로세스에서 낭비가 제거되면 매우 근본적이고 획기적인 효과가 나타난다.

- 리드타임이 50%에서 80% 가량 단축된다.
- 리드타임이 줄면서 비용이 감소한다. 프로세스에 필요한 재고와 인력이 줄어들며, 재작업이 덜 발생된다.
- 투자 규모가 줄어든다. 프로세스의 속도 증가로 발이 묶여 있던 투자 자산이 자유로워진다(예를 들면 린 프로세스와 공급망의 속도를 저하시키는 재고가 없어지면서 델 컴퓨터는 오퍼레이션을 위해 물류창고를 보유할 필요가 없어졌다).
- 프로세스가 고객의 요구를 보다 빨리, 안정적으로, 적은 원가로 충족시킴에 따라 고객 만족도 수준이 올라간다.
- 직원들의 참여와 주인의식이 향상된다. 린의 효과를 극대화하기 위해서는 프로세스에 참여하는 직원들이 그들의 프로세스가 조직 전체의 큰 그림에서 어디에 위치하는지 이해해야 하며, 이러한 이해는 업무의 낭비를 줄이고 보다 의미 있는 일로 만드는 효과가 있다.

요약하면, 린은 복잡성으로 인한 비용을 감소시키는 효과가 있다. 도요타가 미국 경쟁사에 비해 더 많은 사양과 옵션의 자동차를 생산하는 데도 불구하고 원가가 상대적으로 낮다는 점을 생각해보라. 도요타의 자동차는 제이디파워J.D. Power에서 발표하는 자동차 품질 순위에서 지속적으로 상위권을 기록하고 있으며, 렉서스는 고급 자동차 시장의 선도 브랜드로 자리잡았다. 그러나 동시에 도요타의 투자수익률은 산업평균보다 8배 정도 높은 수준을 기록하고 있다.

> **║ 프로세스 낭비의 7가지 유형**
>
> 1) **운송 또는 운반:** 불필요한 자재의 이동
> 2) **과잉 재고:** 고객을 위한 생산에 필요한 수준을 넘어서는 재공품 또는 원자재 재고
> 3) **불필요한 동작:** 활동 수행에 필요하지 않은 사람 또는 기계설비의 움직임
> 4) **대기 및 지연:** 한 프로세스 단계가 끝나고 다음 프로세스 단계가 시작될 때까지의 지연 및 대기
> 5) **과잉 생산:** 수요를 초과하는 생산량
> 6) **과잉 처리:** 고객이 원하거나 지불할 용의가 있는 것보다 서비스 또는 제품의 가치를 지나치게 부가
> 7) **불량 생산:** 불량품을 검사하거나 바로잡기 위한 노력

린은 또한 성장을 위한 기반이 되기도 한다. 린을 적용한 기업은 다른 기업에 비해 새로운 시장에 보다 많은 판돈bet을 보다 빨리 걸 수 있는데, 왜냐하면 시장기회에 대한 대응 리드타임이 적기 때문이다. 그리고 린 적용 기업들은 기존 제품의 플랫폼을 활용해서 새로운 기회를 활용할 수 있는 방법을 이해하고 있다.

우리는 실제 사업의 맥락 속에서 이 기회를 살펴봐야 한다. 개선이 미진한 프로세스 ─ 수많은 점진적 개선 프로젝트를 통해 효율화되지 않은 ─ 는 전체 리드타임의 5% 이하만 부가가치 활동에 투입된다. 이는 95% 이상의 시간이 재작업이나 지연과 같은 낭비 또는 비부가 가치 활동에 소모되고 있다는 의미이다. 어떤 프로세스도 0%의 낭비를 가질 수는 없지만, 95% 안에 개선할 수 있는 기회가 풍부하다는

것만은 분명하다(이것이 여러분들이 제품 복잡성을 줄이는 것에만 의존해서는 안 되는 이유인데, 프로세스 복잡성 제거까지를 고려한 다면적인 전략을 활용할 때 대부분의 기업의 경우 훨씬 큰 효과를 거둘 수 있다).

▌수박 겉핥기식 린

얼마나 많은 기업들이 자신의 기업이 '린Lean' 하다거나 또는 '린'의 기업 문화를 가졌다고 스스로 주장하는지를 생각하면, 외부인의 관점에서 보면 도요타와 같은 놀랄 만한 성과를 창출하는 기업이 매우 드물다는 사실이 의아스러울 수밖에 없다. 문제는 린의 자질구레한 세부사항들이 린의 본질을 흐려 놓을 수 있다는 것이다. 이런 현상은 우디 앨런Woody Allen의 영화 〈사랑과 죽음Love and Death〉에서 나온 명대사를 생각나게 한다.

> "나는 모든 작은 세부사항들을 찾아냈습니다. 만일 내가 주요 포인트를 생각해낼 수만 있다면, 우리는 뭔가 대단한 것을 가지게 될 겁니다!"

〈도요타 웨이The Toyota Way〉의 저자 제프리 라이커Jeffrey Liker는 말했다. "불행히도 많은 기업들에게 품질 향상의 본질이 관료적 또는 기술적 세부사항 때문에 흐려졌다. 품질계획 부서는 가장 최신의 통계 분석 방법을 통해 분석된 데이터 꾸러미로 무장하고 있다. 식스 시그마의 실시로 수많은 블랙 밸트들이 회사 안을 어슬렁거리게 되었으며, 이들은 최신의 기술적 방법론을 무기로 무장하고 있다."
그는 이런 상황과 문제를 단순화하는 도요타를 비교했다. 그는 도요타의 품질 전문가는 단 네 가지의 핵심 툴만 보유하고 있다고 말했다.

1) 직접 가서 보라.
2) 환경을 분석하라.
3) 문제를 드러내어 시각화하기 위한 한 장의 흐름도를 활용하라.
4) 'Why'를 다섯 번 질문하라.

미국의 기업들이 툴에 지나치게 집중하여 시스템 내에서 그것들이 함께 작동하는데 무엇이 필요한지 이해하지 못한다고 그는 주장한다. "종종 수박 겉핥기식의 린을 벗어나지 못하는 기업을 볼 수 있다. 린Lean 생산 셀을 도입하고, 풀Pull 생산 방식도 도입하고, 새로운 제품 생산을 위해 금형을 교체하는 시간도 줄인다. 하지만 도요타와 유사한 것은 여기까지 이고, 도요타와 같은 혁신적인 성과는 창출되지 못한다. 교훈으로 삼아야 할 점은 기업은 린 도입으로 인한 성과를 깊이 있게 분석해보아야 한다는 것이다. 만일 결과가 인상적이지 않다면, 어떻게 린을 더 효율적으로 레버리지 해야 할지 재검토해야 할 때일지 모른다."

그러므로 린이 거의 종교적인 믿음을 가진 많은 사람들에 의해 채택되는 동시에 또 거의 동일한 숫자의 사람들에게 거부되고 있다는 사실은 그리 놀랄 일이 아닐지 모른다. 이것은 매우 불행한 일이다. '린' 이라는 라벨에 대한 호/불호를 떠나서 이번 장에서 설명된 핵심적인 아이디어는 모든 기업의 핵심적 경영 방식으로 채택될 수 있다.

획기적 개선을 위해 린을 활용하기: 6가지 핵심 레슨

많은 기업들이 다양성을 지원하고 성과를 획기적으로 개선하기 위해 린 방식을 도입하는 것을 도와주면서 우리는 실제 경험을 통해 배울 수 있는 기회를 가질 수 있었다. 본론으로 들어가서 다양성을 지원하기 위해 린을 활용하는데 중요한 핵심 레슨을 여기서 제시하고자 한다.

레슨 1: 품질과 가치는 고객이 정의한다

종이에 씌어진 위의 글귀를 받아들이는 것은 쉽지만 조직 전반에 이런 원칙을 심는 것은 쉽지 않은 데, 이는 우리의 일의 내용과 일하는 방식을 근본적으로 재검토하지 않으면 안 되기 때문이다. "제품 관점에서 보면 품질을 우선시 할 수가 없는데, 왜냐하면 이는 만들기도 어렵고 비용이 소모되기 때문이다"라고 피터 드러커Peter F. Drucker는 말했다. "고객은 그들에게 사용가치가 있는 것에만 값을 지불하며, 사용가치가 없는 것에는 값을 지불하지 않는다. 이외에는 아무 것도 품질이라고 할 수 없다."

그러므로 여러분의 프로세스의 가치를 평가하는 일은 매우 중요하다. 그러나 고객 관점에서 무엇이 진정한 부가가치가 있는지 명확하게 판단하기 위해서는 규율, 자신감 및 리더십이 요구된다. 고객은 어떤 프로세스와 활동을 그들에게 가치가 있다고 말을 할까? 이 질문에 대한 답을 아는 것이 린 프로세스 도입의 전제조건이다. 왜냐하면 이 질문에 대한 답이 결국 새롭게 설계되는 프로세스의 뼈대를 구성할 것이기 때문이다. 이 평가를 제대로 하지 못하면 결국 조직의 비용은 증가하고 생산성은 떨어지게 되는데, 그것은 회사 내에 '가짜 일Fake Task'이 만연하게 되기 때문이다(참고자료 '가짜 일: 프로세스 낭비의 또 다른 예' 참조).

고객이 정의한 가치에 중요성을 부여하는 것은 마인드셋의 변화이며, 더 적은 비용으로 다양성을 제공할 수 있는 강력한 프로세스를 구축할 수 있는 주춧돌이다. 그러나 이러한 변화가 당연히 추진되어야 하지만 변화를 완성하기 위해서는 다음과 같은 도전을 극복해야 한다.

- **무엇이 가치를 부가하는지 판단하기**: 통상 린에서는 프로세스 활동을 부가가치, 비부가가치, 비즈니스 부가가치 활동으로 분류한다. 정의는 다르지만 우리는 다음과 같이 분류할 것을 권고한다.
  - **부가가치 활동**은 고객이 자신의 활동이 구매가격의 일부를 구성하고 있다는 것을 알았을 때 기꺼이 추가되는 가격을 지불할 용의를 가진 활동을 말한다. 예를 들어 포르쉐의 특별한 외관을 설계하는 활동은 포르쉐의 외관 때문에 차를 구매하는 고객에게는 분명히 부가가치 활동이 된다.
  - **비즈니스 부가가치 활동**은 기업이 유지되기 위해서는 반드시 필요한 활동이지만 엄격한 의미에서 고객의 관점에서의 부가가치는 아닌 활동들을 말한다. 비즈니스 부가가치 활동의 이와 같은 정의의 문제점은 각종 잡동사니를 담는 주머니가 될 수 있다는 점이다. 비정상화된 프로세스에서는 비록 비부가가치 활동이지만 전체 기업의 유지를 위해 필요한 활동들이 많이 늘어난다. 그러나 이들을 비즈니스 부가가치 활동으로 정의하게 되면 문제가 드러나지 않고 숨어버린다. 그러므로 우리는 좀 더 좁게 개념을 정의할 것을 권고한다. 비즈니스

부가가치 활동은 법률 또는 외부 규정에 의해 강제적으로 유지해야 하는 활동이다(이렇게 정의하면 많은 활동들이 비부가가치 활동으로 정의되지만, 문제는 없다. 프로세스를 재설계하게 되면 – 그리고 현재의 비정상적인 프로세스 기능을 유지하기 위한 주요한 상호작용의 집합들로부터 자유로워지면 – 부가가치 활동만을 중심으로 전체 프로세스를 설계하는 것이 바람직할 수 있다).

– 비부가가치 활동은 부가가치 또는 비즈니스 부가가치 활동이 아닌 모든 활동을 포함한다. 이것들은 고객이 추가적인 가격을 지불할 용의가 없는 활동들이다. 예를 들어 고객은 재작업이나 처리되지 않은 주문을 찾아서 문제를 해결하는데 투입되는 인력에 대한 비용을 지불할 의사는 없다.

▌가짜 일: 프로세스 낭비의 또 다른 예

가짜 일Fake Work은 생산적인 것처럼 느껴지지만 가치를 증대시키지 못하는 일을 말한다. 브렌트 피터슨Brent D. Peterson과 게이런 닐슨Gaylan W. Nielson은 그들의 책 〈가짜 일Fake Work〉에서 프로세스 낭비와 비부가가치 활동을 직원들의 관점에서 접근했다. "왜 사람들은 더 열심히 일하지만 더 적은 성과를 낼까?"

책에서 그들은 "가짜 일은 마치 진짜 일처럼 느껴지기 때문에 제대로 이해되지 못한다"고 주장했다. 가짜 일이란 비부가가치 활동을 가리키는 개념인데 "열심히 일하는지 여부는 가짜 일을 판명하는 기준이 되지 못한다. 여러분은 열심히 도로를 만들지만 목적지가 없는 도로를 만들 수 있다. 어떤 경우에는 지시를 받았기 때문에 가짜 일을 할 수도 있고, 어떤 경우에는 가짜 일에 보상이 주어지기도 한다."

왜 가짜 일이 계속해서 유지되는 것일까? 저자는 "가짜 일은 오래 되고 더 이상 쓸모없는 프로세스가 존재할 때 발생한다. 가짜 일은 회사가 정확히 어떤 결과를 업무로부터 산출해야 하는지 명확히 하지 않을 때 증가한다. 그리고 직원들과 관리자들이 그들이 하는 일이 과연 가짜 일인지 아닌지 진지하게 질문해보지 않을 때 증가한다"고 말한다.

추천하는 대안은 이 현상의 가시성을 높이는 것이다. "가짜 일은 쉽게 눈에 띄지는 않지만 기업을 전복시킬 수 있고, 조직의 프로세스를 붕괴시켜서 엄청난 양의 낭비를 만들어낼 수 있다." 우리는 가짜 일이 매우 중요한 골칫거리라는데 동의한다. 우리의 경험에 비추어 보았을 때 가짜 일을 해결하는 가장 좋은 방법은 가짜 일의 증상을 쫓기보다는 핵심 동인을 공략하는 것이다.

● 모호한 고객의 의견을 특정한 프로세스에 대한 요구사항으로 해석하는 것: 효과적인 프로세스는 고객 만족이라는 다소 모호한 기준을 충족시키는 특정 수준의 속도, 비용 및 품질을 제공한다. 예를 들어 글로벌 식료품 유통회사인 테스코Tesco 사는 고객이 계산대의 대기선에서 본인 앞에 1명을 초과하는 고객이 기다리고 있을 때 짜증스러워 한다는 것을 알게 되었다. 줄이 길어지면 테스코 매장은 계산대를 늘려서 소위 '앞에 한 명One-in-front'이라는 체크아웃 속도기준을 충족시킬 수 있도록 하고 있다. 모호하고 심지어 어떤 경우에는 상호 충돌하는 고객의 니즈를 실천 가능한 고객 지표로 전환하는 것은 쉽지 않은 일이다. 상이한 고객 세그먼트는 상이한 수준의 프로세스 성과를 요구한다. 예를 들어 페덱스Fedex를 이용하는 고객들은 언제 우편물이 도

착해야 하는지 다양한 옵션을 가지고 있다. 우편물은 반드시 도착하기는 하지만 어떤 사람들은 다음날 안에 도착하는 것이 가장 중요할 수 있고, 또 어떤 사람들은 당일 오후에 도착해야 한다. 게다가 기준은 고정되어 있는 것이 아니다. 고객의 기대수준은 지속적으로 증가한다. 어제는 충분히 빨랐던 것이 내일은 기대를 충족하지 못하게 된다. 또한 이런 관점에서 정의해보면 고객의 요구(속도, 품질 또는 비용 관점에서 정의되는)는 현재 프로세스의 성과수준과 대비해보면 도저히 충족시킬 수 없는 것으로 보인다. 그러나 어떤 고객의 요구를 비현실적이거나 허황된 소리라고 무시해버리고 싶은 욕구에 굴복해서는 안 된다. 누군가는 그러한 요구를 충족시킬 것이고, 이 과정에서 고객을 빼앗아 갈 것이다. 그 '누군가'가 여러분의 회사가 되는 것이 좋지 않겠는가?

▎비부가가치 활동은 사람이 아니라 프로세스와 관련되어 있다

어떤 고객이 비부가가치라는 단어보다 덜 공격적인 단어가 없는지 우리에게 질문한 적이 있었다. "직원들이 맡은 업무에서 얼마나 열심히 일하는지 생각하면 비부가가치라는 단어는 너무 공격적입니다"라고 그가 말했다. 맞는 말이다. 자신이 하고 있는 일이 가치 없다는 소리를 듣고 싶은 사람은 없다. 그리고 여기에는 소통 시에 유의해야 할 기준이 있다. 직원들은 그들이 수행하도록 지시받은 일을 하거나 그들의 시야 안에 있는 일에 대해 반응한 것이다. 그러므로 책임은 프로세스에 있는 것이지 사람에게 있는 것이 아니다.

그러나 해결책은 비부가가치 활동에 다른 이름을 붙이거나 숨기는 것이 아니고, 여러분의 직원들이 새로운 프로세스를 설계하는데 참여하도록 하는 것이다. 부가가치 업무는 일반적으로 덜 부산스러우며, 보다 큰 만족감을 준다. 누가 같은 문제를 계속 반복적으로 풀고 싶겠는가? 프로세스 안에 있는 사람들은 이 이슈에 대해 가장 명확하게 알고 있고, 비부가가치 활동을 제거하는데 있어서 최고의 변화관리 요원이 될 수 있을 것이다.

레슨 2: 프로세스의 처음부터 끝까지 좋은 흐름을 만들기 위해 고객의 관점에서 거꾸로 설계하라

만일 여러분이 어떤 프로세스 활동이 부가가치 활동인지 알고, 품질, 비용 및 속도 관점에서 프로세스에 대한 고객의 요구수준을 안다면 이제 새로운 프로세스를 정의하기 위한 뼈대를 확보했다는 의미이다. 또는 적어도 과거 프로세스와 질적으로 다르고 개선된 프로세스를 설계할 수 있는 기반을 확보한 것이다. 여러분은 고객의 요구수준을 충족시킬 수 있는 방식으로 부가가치 활동을 수행하기 위한 이상적인 업무 흐름을 고객으로부터 거꾸로 설계해야 한다(궁극적으로 여러분은 거꾸로 업무를 설계하여 공급사에까지 도달하게 되는데, 왜냐하면 공급사에서 고객까지 이어지는 전체 체인의 속도와 효율성은 가장 약한 연결고리와 동일하기 때문이다). 최고의 프로세스는 이런 '고객의 관점'에서 거꾸로 설계하는 방식을 통해 만들어질 수 있다. 사실, 고객 관점에서 회사 내부를 바라보는 것은 '린'의 기본적인 사상이다. 이러한 원칙을 견지함으로써

- 프로세스의 민첩성Agility, 고객 대응력, 고객 기호의 변화와 기대 수준의 증가에 선행적으로 대응할 수 있게 된다.
- 여러분이 하는 일이 고객에게 가치를 제공하는 일인지 상시적으로 평가하도록 유도한다.
- 조직 전체를 프로세스의 입력물, 활동 및 결과물에 집중하도록 해서 회사 전체를 관통해서 제품과 서비스가 무리 없이 흐르도록 한다(내부조직 간의 논쟁과 부문 내 최적화와 반대의 결과이다).
- 오퍼레이션 담당 조직과 부서가 이익률보다 고객을 우선시하도록 유도한다.

예를 들면 테스코 사는 고객으로부터 시작해서 고객의 핵심적 요구사항을 반영하는 몇 개의 핵심지표를 발굴했다. 우리는 '앞에 한 명One-in-front' 지표에 대해 앞에서 논의했었다. 또 다른 핵심지표 중의 하나는 제품의 가용성이다. "내가 원하는 것을 살 수 있다"가 테스코가 이 지표에 대해 정의한 개념이다. 이 개념은 매대 충족률 지표로 측정할 수 있는데, 경쟁이 심한 식료품 소매업에서는 핵심 경쟁 지표 중의 하나이다. 테스코는 여기서 출발해서 거꾸로 분석해 들어갔다. 우리의 고객이 매대에서 본인이 원하는 제품을 항상 찾을 수 있도록 하기 위해서는 우리의 공급망이 어떤 모습이 되어야 할까? 그리고 여러 기능들을 관통해서 이 프로세스가 부드럽게 흘러가게 하기 위해서 어떻게 해야 할까? 잠시 테스코가 고객으로부터 시작해서 고객으로 끝나지 않았다고 상상해보자. 고객이라는 중심점과 이어지는 매대 충족률에 대한 지식이 없었다면, 그리고 이 지표를 충족시키기 위한 내부 오퍼레이션의 재검토가 없었다면 테스코가 고객을 행복하게 하고 더 많은 재구매를 유도할 수 있는 방안이 있었을까? 특히 경쟁사 간에 생사를 건 경쟁이 진행되고 있는 영국의 식료품 유통업에서 고객 확대가 가능했을까?

레슨 3: 눈으로 볼 수 없는 것을 개선할 수는 없지만, 프로세스 맵핑과 지표 측정이 개선활동의 발목을 잡도록 해서는 안 된다

우리 모두는 새로운 도시에서 길을 찾거나 전체적인 지형을 이해하거나 또는 특정지역을 빠져나가는 가장 빠른 길을 찾기 위해 지도를 이용한다. 지도가 없었다면 거리 곳곳을 헤매야 하는 관광객들은 목적지에 도달하는데 많은 시간이 소모될 것이다. 기업도 어떤 의미에서는 대도시와 같다. 그들은 역사적 사건을 겪으면서 현재의 규모와 구조로 성장했다. 그들은 논리적이거나 계획적으로 만들어지지 않았고, 그보다는 유기적 성장과정의 결과로 형태가 결정되었다. 그리고 길을 찾기 위해서는 지도가 필요하다. 전체를 이해하고, 여러분들이 가야 할 길을 찾기 위해서.

'린'이 보유하고 있는 가장 훌륭한 툴 중의 하나가 그림 52에 보여지고 있는 가치흐름맵Value Stream Map이다. 가치흐름맵은 기업의 엔드 투 엔드End-to-end 프로세스를 문서화 하는데, 프로세스의 입력물, 상세 수행 단계 및 결과물을 포함하고, 정보와 제품의 흐름 및 중요 프로세스 정보(리드타임, 지연, 공정 중 재고 등)를 표시한다. 가치흐름맵은 프로세스가 실제로 어떻게 작동하는지 이해하고, 부가가치 분석(어떤 프로세스 활동이 부가가치인지 비부가가치인지 평가)을 수행할

| 그림 52 | 과일 주스 회사의 가치흐름맵

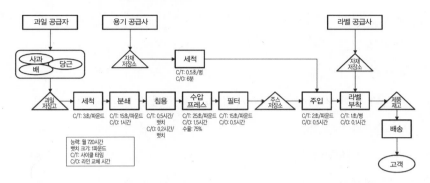

이 회사는 신선과일 공급업체로부터 원재료를 공급받는다. 주스 생산 공정은 세척 구역에서 시작하는데, 여기서 과일에 붙어 있는 먼지나 이물질을 제거하기 위한 세척이 이루어진다. 과일은 분쇄기에서 잘게 쪼개어지고, 이후 주스 추출을 극대화하기 위해 효소가 첨가된다. 잘게 분쇄된 과일은 침용 저장소로 옮겨진 후에 수압 프레스 안으로 관을 통해 이동한다. 수압 프레스 내부의 거친 필터는 껍질, 줄기 및 잎사귀를 거르고, 이후 주스는 정제를 위해 좀 더 고운 필터를 통과하게 된다. 용기 주입 프로세스에서는 용기가 세척되고, 주입 공정으로 옮겨져서 주스가 주입된 후 뚜껑을 씌운다. 이후 병에 라벨이 부착되고, 운반 대기 구역으로 옮겨진다. 위의 가치흐름맵을 작성한 후 우리는 수압 프레스 공정이 병목 공정이라는 것을 밝혀내었는데, 왜냐하면 이 공정의 처리시간과 준비시간이 가장 길기 때문이다.

수 있는 기초가 된다.

프로세스의 모든 참여자들이 가치흐름맵을 만드는데 함께 참여하고, 처음으로 전체 프로세스가 어떻게 작동하는지 이해하는 경험을 갖는 것은 놀랍도록 강력한 효과를 발생시킨다. 마이크 로더Mike Rother와 존 슈크John Shook는 이 방법론을 다룬 〈관찰을 통해 배우기

Learning to see〉라는 책을 썼는데, 이런 제목을 붙인 이유는 가치흐름맵이 프로세스 참여자들에게 씌어져 있던 눈가리개를 벗기는 것과 같은 효과를 발생시키기 때문이라고 한다. 신의 계시를 받은 느낌이 특별히 강력한 곳은 다른 지역 심지어 다른 국가에 위치하고 있는 동료들과 함께 처리해야 하는 거래 처리 프로세스이다. 이런 프로세스의 참여자들은 다른 지역의 동료들이 어떤 일을 하는지에 대해 장님과 같은 상태라고 할 수 있다. 만일 전체 프로세스가 어떻게 작동하는지 이해하는 사람이 존재하지 않으면 개선과 협업을 위한 기회는 제대로 활용되기 어렵다. 왜냐하면 대부분 이런 기회는 서로 다른 프로세스 간의 정렬 문제로 인해 야기되는 프로세스의 문제가 발생하는 지점이기 때문이다.

사실 '린'으로부터 핵심적으로 배워야 할 점은 볼 수 없는 것을 개선할 수는 없다는 것이다. 그러나 다른 모든 툴과 마찬가지로 가치흐름맵은 과도한 남용 문제가 발생할 수 있다. 어떤 기업들은 가치흐름맵에 매몰되어 있는 경우도 있다. 가치흐름맵을 만들고 현행화하기 위해 전담 부서가 조직되기도 한다. 우리의 지도 비유로 다시 돌아가면, 만일 여러분이 박물관을 찾는 관광객이라면 여러분은 어디에 어떤 박물관이 있는지 보여주는 가이드 지도를 선택해야만 할 것이다. 그러나 처음에는 호텔로부터 출발해서 박물관까지 어떻게 가야 하는지 이해하기 위해서 전체 도시 지도가 필요할 것이다. 우리의 충고는 많은 데이터를 필요로 하는 상세 가치흐름맵과 폭넓은 시야를 제공하는 광폭의 가치흐름맵 간의 균형을 유지하라는 것이다.

우리의 도시 지도 버전은 가치흐름맵의 변형이다. 기능과 부서 간에 어떻게 프로세스가 관통해서 흘러가는지를 보여주는 가치흐름맵을 작성하라. 그리고 이를 이용해서 개선기회가 있는 영역과 심층 분석이 필요한 영역을 가설적으로 정하라. 폭 넓은 프로세스의 진단을 위해서는 조직 관점의 맵(제14장의 '프로세스 세그먼테이션: 다양성의 영향력을 최소화하기'에서 설명하는 경로 배정 매트릭스와 유사)으로부터 시작하라. 특정 프로세스에 대한 통찰을 얻기 위해서는 가치흐름맵을 활용하는데, 어떤 방법을 활용하든 분석 활동 자체에 매몰되어 프로젝트가 지연되지 않도록 주의해야 한다.

레슨 4: 프로세스는 '물리학 법칙'에 의해 결정된다

많은 사람들이 프로세스가 물리학 법칙만큼 정밀한 법칙에 의해 결정된다는 데 놀랐다. 이 법칙들은 프로세스의 양태를 예측한다. 여러분은 프로세스 성과를 대폭적으로 변화시키는 혁신을 하기 위해 이 법칙들을 이해해야 한다.

제1 법칙: 프로세스에 있는 '개체들Things'의 수가 늘어나면 리드타임도 늘어난다(리틀의 법칙)

$$리드타임 = \frac{공정\ 중\ 재고의\ 양}{시간당\ 평균\ 완성제품\ 수}$$

방정식 안의 '개체들Things'은 프로젝트, 제품, 부품, 보고서 또는 심지어 사람이 될 수도 있다. 예를 들면 디즈니랜드에서 놀이기구를 타기 위한 줄의 대기를 생각해보라. 만일 100명이 놀이기구 탑승을 대기하고 있고, 2분 간격으로 5명이 탑승한다면 여러분은 얼마나 대기(리드타임)하게 될지 예측할 수 있을 것이다. 여러분은 꽤 오랜 시간을 기다려야 할 것이다.

$$\frac{100인}{(5명/\,2분)} = 40분$$

리틀의 법칙이 주는 시사점을 이해하는 것은 린 혁신을 추진하는 데 기초가 된다. 공식이 우리에게 이야기하는 것은 리드타임을 개선하는 데는 두 가지 방법이 있다는 것이다.

1) 시간당 평균 완성제품 수를 늘리는 것인데, 보통은 보다 많은 인력, 기계설비 또는 어떤 종류의 자원을 추가로 투입해야 한다.
2) 공정 중 재고를 줄이는 것인데, 린의 방법론을 활용하여 이 부분을 추진할 수 있다.

달리 표현하면 비싼 방법(프로세스의 속도를 증가시키는 것)과 스마트한 방법(공정 중 재고 축소)이 있는 것이다.

'린'한 운영방식으로 유명한 델Dell 사는 공정 중 재고를 속도의 적으로 인식한다. 델 사의 전직 북미 지역 공급망 총괄임원이었던 딕 헌터Dick Hunter에 의하면 델은 재고를 무지無知가 발현된 형태라고 본다고 한다. 그는 〈패스트 컴퍼니Fast Company〉와의 인터뷰에서 기업들은 부족한 수요 예측력과 공급망을 꿰뚫어보지 못하는 무능함을 감추기 위해 재고를 보유한다고 주장했다. "대부분의 기업들은 주문 백로그backlog가 쌓여가는 것을 긍정적으로 생각합니다. 반도체 산업의 경우 6개월분의 주문이 백로그에 쌓여 있고, 반도체 생산 기업은 이를 기쁘게 생각합니다." 그가 말했다. "만일 내가 3일치 백로그를 가지게 되면 분명 마이클CEO, Michael Saul Dell이 곧바로 전화할 겁니다."

그림 53에서 보여지듯이 공정 중 재고를 줄이고 제한하면 시간당 평균 완성제품 수가 변화되지 않더라도 프로세스에 엄청난 개선효과가 발생한다.

그러므로 재고 감축은 프로세스 리드타임을 단축하고 낭비를 제

| 그림 53 | 공정 중 재고를 반으로 줄이면 리드타임이 절반이 된다

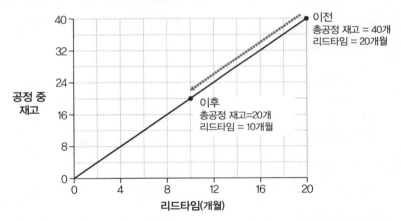

위의 단순화된 예에서 20개월의 리드타임은 회사를 경쟁 열위상태에 놓이게 했는데, 산업 평균 리드타임은 14개월 정도였다. 이 회사는 이슈 해결을 위해 '공정 중 재고WIP: Work In Process'를 줄이기 위한 린 혁신활동을 추진하였다. 결과는 공정 중 재고를 반으로 줄여서 주문 리드타임을 절반 수준으로 줄였고, 그와 관련하여 비용, 낭비 및 고객 만족도의 향상이 발생하였다.

거하는 핵심 레버이다. 공정 중 재고가 쌓이면 공정 지연이 발생하고 리드타임이 늘어난다. 이 문제를 생각하면 너무나 논리적으로 보이지만, 동시에 매일매일 사람들이 일하는 방식에 비추어보면 직관에서 벗어나는 것이기도 하다. 만일 여러분의 책상 위에 새로운 일이 도착하였다면 새로운 일을 시작하기 때문에 더 나아지는 걸까? 대답은 '그렇지 않다'이다. 새로운 일의 도착으로 기존의 모든 일들의 완료시간이 늘어날 뿐이다.

다른 말로 표현하면 만일 여러분이 여러분의 프로세스 안에 있는 공정 중 재고의 양에 대해 지식이 없거나 통제를 하고 있지 않다면, 여러분은 여러분의 리드타임에 대해서도 지식이 없거나 통제하지 못한다는 의미이다. 언제 새로운 일이 프로세스에 추가되어야 할지 통제함으로써 ─ 그리고 전체 공정 중 재고를 안정적으로 유지함으로써 ─ 여러분은 즉각적인 효과를 체감할 수 있을 것이다. 이제 프로세스를 결정하는 제2의 물리학 법칙으로 주제를 옮겨가 보자.

제2 법칙: 프로세스의 변동성이 클 때 높은 자원 가동률은 리드타임을 기하급수적으로 증가시킨다

거의 모든 기업에는 상대적으로 예측 가능한 리드타임을 가지는 프로세스가 있다. 이 리드타임은 적정 수준보다 긴 경우가 많은 데(우리가 비부가가치 활동 제거를 강조하는 이유이다) 대개 이 시간은 예상 범위 이내인 경우가 많다. 반면에 다른 프로세스 ─ 신사업 개발, 연구 개발, 영업 및 소프트웨어 설계 등 ─ 들은 매우 변동성이 큰 리드타임을 가지고, 종종 예측하기조차 어렵다. 이 프로세스들에 내재되어 있는 창조적 측면은 리드타임 예측을 더욱 어렵게 만든다. 이런 환경에서 리드타임을 결정하는 일반적 규칙이 적용되지 않는다는 사실을 인식하는 것이 중요하다. 사실 변동성이 큰 프로세스에서는 자원 가동률과 리드타임 간의 관계가 리드타임의 예측 가능한 선형성(일이 두 배 증가하면 리드타임도 두 배만큼 증가)을 예측하기 어려운 비선형성(일이 두 배 늘어나는 것이 리드타임을 4배 또는 10배 증가시킬 수 있다. 그림 54 참조)으로 변화시킨다.

| 그림 54 | 자원 가동률을 낮추면 리드타임이 급격히 감소한다

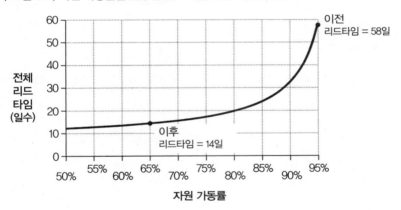

실제에서 이는 변동성이 큰 프로세스에 가동 부하를 높이면 안 된다는 것을 의미한다. 이것은 직관에 반대되는 관계이다. 관리자들은 팀의 생산능력Capa을 측정한 후 업무를 생산능력만큼 부과하도록 교육받았다. 그러나 이 두 번째 법칙이 주는 시사점은 자원 가동률을 95%에서 65%로 낮춤으로써 관리자는 업무 수행시간을 1/4로 줄일 수 있다는 것이다(그림 54의 '이전'과 '이후'의 포인트를 비교해보라).

중요한 점은 예측하기 어려운 고변동성의 프로세스를 마치 예측 가능한 제조 프로세스처럼(제조 프로세스는 가동률을 높이는 것이 바람직하다) 관리해서는 안 된다는 것이다. 창의적이고 고변동성을 갖는 프로세스의 속도를 높이기 위해서는 다음과 같은 린의 혁신 방식들을 참고해볼 필요가 있다.

- 프로세스의 재사용 수준을 높여라. 예를 들면 설계 프로세스에서 설계 요소의 재사용을 확대하여 백지에서부터 다시 설계하는 비중을 최소화하는 것이다. 영업사원이 사용할 수 있는 베스트 프랙티스를 정리하여 새로운 잠재 고객을 만날 때 이를 활용할 수 있도록 하는 것도 하나의 방법이다. 이러한 종류의 활동들은 프로세스의 수행시간을 단축시키고, 본질적으로 전체 프로세스의 변동성을 줄여준다.
- 교차 훈련을 강화해서 프로세스의 특정 영역이 병목 자원이 되는 것을 방지하라.

레슨 5: 정상을 향해 점프하라(기어오르지 마라)

대부분의 프로세스는 5%의 부가가치 활동으로 구성되어 있으므로, 개선기회는 당연히 매우 거대하다. 우리가 전달하고자 하는 하나의 핵심 시사점은 유의미한 성과를 낼 수 있도록 큰 목표를 가지고 프로젝트를 추진하라는 것이다.

적정한 수준의 목표를 정하는 하나의 방법은 프로세스의 부가가치 활동과 관련된 정보를 활용하는 것이다. 경험법칙을 적용하자면 세계적 수준의 프로세스의 리드타임은 약 30~50%의 부가가치 활동으로 구성되어 있다(이와 대비하여 1%도 안 되는 부가가치 활동을 가진 프로세스도 허다하다). 아래의 예에서 경험법칙을 활용하여 어떻게 적절한 스트레치 목표를 수립하는지 살펴볼 수 있다.

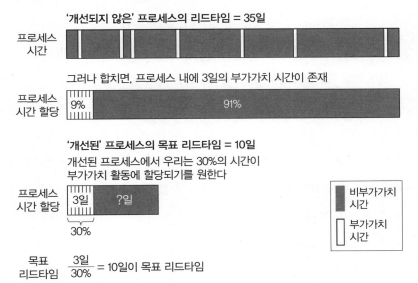

| 그림 55 | 리드타임 단축을 위한 비부가가치 활동 제거

'개선되지 않은' 프로세스의 리드타임 = 35일

프로세스
시간

그러나 합치면, 프로세스 내에 3일의 부가가치 시간이 존재

프로세스
시간 할당   9%   91%

'개선된' 프로세스의 목표 리드타임 = 10일
개선된 프로세스에서 우리는 30%의 시간이
부가가치 활동에 할당되기를 원한다

프로세스
시간 할당   3일   ?일
         30%

비부가가치
시간

부가가치
시간

목표   3일
리드타임   ── = 10일이 목표 리드타임
          30%

이 목표를 가지고 여러분은 여러분의 프로젝트가 충분히 도전적인 목표를 가지고 추진되도록 할 수 있는 것이다. 이런 형태의 '당위적' 목표 설정을 통해 단지 현재 상태를 부분적으로 개선하는 것이 아닌 프로세스를 근본적으로 재설계하는 방식의 추진이 가능해진다. 델 사의 전직 CEO인 케빈 롤린스Kevin Rollins는 다음과 같이 말했다. "나는 우리 조직이 전통적으로 적용되었던 해결방안으로는 풀 수 없

는 비상식적인 목표를 수립합니다. 우리가 10% 또는 15%의 생산성 향상 목표를 수립하면 직원들은 전통적인 해결책을 수립합니다. 그러나 우리가 생산성 두 배 향상을 주문하면 직원들은 모든 것을 다시 생각해보게 됩니다. 다른 말로 하면 델 사는 당위적 목표를 수립해서 혁신적인 사고를 유도하고 점진주의Incrementalism를 회피한 것입니다."

레슨 6: 여러분의 프로세스에 규율을 세우는데 집중하라(일이 잘 진행될 때도 중요하고, 일이 잘 진행되지 않을 때는 더더욱 중요하다)

린을 적용한 회사에 방문한 한 방문객은 공장이 너무 지루하다는 논평을 했다. "직원들은 그저 천천히 서 있기만 했다." 방문객의 시각에서 그렇게 보이는 것이 놀랄 일은 아니다. 린을 적용한 조직은 프로세스에 규율이 잡혀 있고, 부산하게 불을 끄는 것 같은 린을 적용한 기업의 특징이 나타나지 않도록 잘 관리되기 때문에 지루할 수밖에 없다. 프로세스의 성과를 논할 때 지루하다는 것은 문제없이 잘 움직이고 있다는 것을 나타낸다.

그러나 많은 기업들이 낭비를 없애기 위해 프로세스 맵을 작성하고 지표를 측정하였지만, 그들이 종종 간과했던 하나의 핵심 레슨은 일이 엉망이 되었을 때 이를 감당하기 위한 규율을 세워야 한다는 것이다. 프로세스에 발생한 문제에 대해 예측가능하고 종합적인 방식으로 대응함으로써 기업은 (1) 이슈를 보다 효율적이고 빠르게 해결할 수 있고, (2) 무엇이 정말 잘못되었는지 학습할 수 있다. 기업들은 보통 (1)에 집중하고 (2)의 가치는 잊어버리는 경향이 있다. 프로세스 내에서 무엇이 발생해야 하는지 (표준 업무 및 프로세스 맵핑과 같은 메커니즘을 통해) 이해함으로써 기업은 이슈 발생 시보다 신속하게 알아차리고 (이슈가 아직 작은 규모였을 때) 조치를 취할 수 있다. 게다가 이슈의 근본 원인을 잡아내고 조사하는 명확한 절차를 갖춤으로써 린은 회사 전체가 특정 지역에서 확보한 지식의 혜택을 공유할 수 있도록 한다. 또는 통상 이야기되듯이 모든 결함이 보물이 되는 것이다.

〈토끼몰이 Chasing the Rabbit〉라는 책에서 설명되었듯이 이런 과정이 수천 번 반복되면 그 결과로 차별성과 비범함을 얻게 된다.

미 해군에서 새로운 승무원이 배에 배치되어 임무를 맡으면, 이 승무원이 마주치는 모든 것은 ─ 배의 설계, 업무 처리 절차의 설계, 문제 발견 및 해결 순서의 설계, 훈련 등 ─ 전체 해군이 축적한 경험으로부터 얻어진 것이다.

어떻게 린이 다양화를 가능하게 하는가?

린이 프로세스를 획기적으로 개선할 수 있다는 것은 분명하다. 그러나 우리가 이 책에서 관심을 갖는 것은 린이 어떻게 다양성을 지원하는가이다. 이것은 다양성을 저렴하게 만듦으로써 이루어진다. 다양성의 값이 싸지면 어떤 경우에는 나쁜 복잡성(이익을 파괴하는)이 좋은 복잡성(이익을 개선하는)으로 변화되기도 한다. 린은 다음의 두 가지 방법으로 이런 작용을 한다.

첫째, 린은 전체적인 프로세스 원가와 자원 소모를 줄인다. 린이 적용된 프로세스에서는 과거의 프로세스에 존재했던 유실된 오더를 찾아서 문제를 해결하기 위한 자원 또는 필요하지도 않은 결과물을 만들어내기 위한 자원 또는 비부가가치 활동과 관련된 자원의 소모가 일어나지 않는다. 정보 흐름의 문제로 발생되었던 재작업이나 폐기가 더 이상 발생하지 않는다. 린 프로세스는 린이 적용되지 않은 프로세스가 소모하는 자원의 극히 일부만으로도 운영되므로 결과적으로 다양성을 추구하고 제공할 수 있는 기업의 능력이 증가되는 것이다.

둘째, 린은 다양성의 영향(그리고 비용)을 축소한다. 분명하게 더 큰 다양성을 다뤄야 하는 프로세스는 적은 다양성을 다루는 프로세스에 비해 보다 자주 왔다갔다 변경해야 한다. 제품 또는 부품을 교체하기 위해 소요되는 시간은 고객 관점에서는 비부가가치 활동인데, 가능하면 이 교체시간(준비시간으로 불리기도 한다)을 줄여야 한다는 의미이다.

예를 들어 생산 공정을 따라 흐르는 제품군을 상상해보라. 공정이 B제품을 생산하다가 A제품 생산을 준비해야 할 때, 각 설비는 교체 작업이 필요하다. A제품과 B제품 간의 차이가 크면 클수록 오류 발생 가능성이 커지는데, 근로자들이 다른 제품의 여러 가지 파라미터들을 조정해야 되기 때문이다. 그리고 라인 변경에 소모되는 시간이 길어지면(변경시간 동안 아무것도 생산되지 않으므로) 생산과 리드타임에 미치는 영향도 더 커진다.

간접적으로는 이런 라인 교체 현상이 재고 증가를 가져온다. 긴 라인 변경시간에 대한 통상적인 대응은 생산적 가동시간을 늘리는 것이다. 논리는 한 번 A제품에 대해 셋업을 하면 가능한 한 많은 제

품을 생산해서 A제품 생산을 위한 라인 교체주기를 최소화한다는 것
이다. 그러나 물론 우리는 운전 중 재고의 수준이 증가하면 리드타임
이 늘어난다는 리틀의 법칙을 알고 있다.

█ 생산 준비시간의 함수인 생산 뱃치 크기 batch size

최적 뱃치 크기 결정 방정식(부록 A에서 상세 설명)에 따르면 최적의 생산
뱃치 크기는 생산 준비시간의 함수이다.

$$B_i = \left(\frac{\sum_{j=1}^{m} \sqrt{D_j \cdot h_j \cdot s_j}}{s} \right) \cdot \sqrt{\frac{D_i \cdot s_i}{h_i}}$$

B_i = 아이템 i의 뱃치 크기　　　　　D_i = 아이템 i의 총수요
H_i = 아이템 i의 보유 비용　　　　　s_i = 아이템 i의 생산 준비시간
S = 생산 준비에 가용한 전체 시간　　m = 제품 수

만약 생산 준비시간이 모든 제품에 대해 동일하다면, 이때는 방정식이
다음과 같이 단순화된다.

$$B_i = \left(\frac{\sum_{j=1}^{m} \sqrt{D_j \cdot h_j}}{s} \right) \cdot \sqrt{\frac{D_i}{h_i}} \cdot s$$

이는 만일 수요, 보유기간 및 생산 준비 가용시간이 상수라면 생산 뱃치
크기는 생산 준비시간에 비례한다는 것을 의미한다.

뱃치 크기(B) ∝ 생산 준비시간(s)

그러므로 라인 교체 또는 준비시간을 단축하는 것이 바람직한 방
법이다. 라인 교체시간이 0에 가까워질수록 프로세스가 지원할 수
있는 제품 복잡성이 증가하고, 적은 비용으로 높은 다양성을 제공할
수 있는 역량이 확보되는 것이다.

▌라인 교체시간 축소 및 유연성 증가

린은 '라인 교체시간 축소'라는 잘 검증된 툴을 가지고 있다. 여기서 간략하게 소개하면

1) 생산 준비시간을 측정하고, 무엇이 이를 소모하는지 분류하라

프로세스를 관찰하고 시간을 측정해서 얼마만큼의 시간이 '내부 생산 준비'를 위해 소요되는지 측정하라. 내부 생산 준비란 모든 생산 공정이 정지되거나 속도가 감소되는 시간을 말하는데, 생산이 정지되기 전에 사전적으로 진행할 수 있는 '외부 생산 준비'와 대비되는 개념이다.

2) (가능하면) 내부 생산 준비를 외부 생산 준비로 전환하라

더 많은 생산 준비작업을 외부로 전환할수록 라인 교체시간은 단축된다. 내부 생산 준비활동을 분석하고 외부로 전환하기 위해 무엇이 필요할지(새로운 정보 또는 입력물 등) 검토하라.

3) 내부 생산 준비 프로세스를 간소화하라

여전히 남아 있는 내부 생산 준비시간을 단축하기 위해 무엇을 할 수 있는지 검토하라. 예를 들면 무엇이 비부가가치 활동인지, 재작업 등 프로세스를 지연시키고 있는 것이 무엇인지 찾아내야 한다.

4) 정상가동 Ramp-up time **리드타임을 단축하라**

제조공정에서 정상가동 리드타임은 라인 변경 직후의 몇 번의 프레스 작업이 해당될 수 있는데, 이를 통해 폐기품이 발생되고 설비 파라미터의 조정을 하게 된다. 많은 기업들은 이런 시행착오적인 프로세스를 없애기 위해 라인 변경 후 작업자와 설비가 바로 제품생산을 시작할 수 있도록 보다 정확한 입력 파라미터 제공을 추진하고 있다.

린이 다양성을 지원할 수는 있지만, 린에도 한계가 있다는 것을 인식하고 종합적 관점의 복잡성 원가 절감의 일환으로서 합리적으

로 활용하는 것이 중요하다. 린 하나만으로 복잡성을 해결할 수 있다고 – 그리고 회사가 고객에게 제공하는 다양성을 제멋대로 확장할 수 있다고 – 믿는 것은 다음과 같은 몇 가지 이유에서 잘못된 판단이다. 첫째, 프로세스는 자주 복잡성에 압도된다. 여러분의 프로세스에 변종이 넘쳐난다면 프로세스를 충분히 '린'하게 만드는데 소요되는 비용이 감당할 수 없을 만큼 증가한다. 이론적으로는 여러분은 거의 무한대의 다양성을 감당할 수 있도록 프로세스를 '린'하게 만들 수 있다. 그러나 윌리엄 버클리 주니어William Buckley Jr.가 말했듯이 "이상주의도 좋다. 그러나 그것이 현실에 가까워지면 비용이 감당할 수 없을 만큼 증가한다." 그러므로 먼저 제품 복잡성의 수준을 낮추고, 그 이후에 조정된 수요와 복잡성을 처리하기 위한 잔존 프로세스에 대해 린을 적용하는 것이 가장 바람직하다.

다른 이유는 린을 만병통치약처럼 여기고 집중하는 것이 종종 보다 시급한 제품 포트폴리오 진단을 미루는 핑계가 된다는 점이다. 이런 일이 발생하면, 이런 회사는 지구상에서 가장 효율적으로 시대에 뒤떨어진 물건을 생산하는 기업이 될지도 모른다.

결론

우리가 이 책의 앞부분(제3장의 '프로세스 및 조직 복잡성의 증가')에서 논했듯이 기업들은 증가하는 고객 요구 다양성과 프로세스의 조율 문제에 직면해 있다. 린은 빠르게 적응할 수 있고, 네트워크의 파트너와 이음매 없이Seamless 연결되는 프로세스를 만들도록 함으로써 기업을 지원한다. 단기적 관점에서 린 원칙의 적용은 이번 장에서 다루었듯이 프로세스와 프로세스 비용을 구조적으로 개선하는데 매우 효과적인 전투 전략이다. 그러나 이 길을 따라간 많은 기업들이 알고 있듯이 린은 이것 이상의 의미를 가진다. 린은 민첩성, 속도 및 고객 반응을 향상시키는 플랫폼이며, 한마디로 말하면 성장을 지원하는 혁신 방법이다.

제14장

프로세스 세그먼테이션

다양성의 영향력을 최소화하기

이 책의 시작 부분에서 우리는 30여 년 동안 지속적으로 식료품 공급망을 변화시키고 개선해온 유통회사의 예를 소개했었다. 이 유통회사는 눈물겨운 노력에도 불구하고 새롭게 등장하는 평면 TV, 가구 및 의류와 같은 제품 카테고리 때문에 혼란에 빠지곤 하였다. 이러한 제품 카테고리는 매출 비중으로 보면 작았지만(그러나 성장은 하고 있었다) 오퍼레이션 효율과 수프 캔과 같은 기존의 대량 판매상품의 원가에 적지 않은 영향을 미쳤다.

대량 판매상품이 아닌, 소량의 천천히 판매되는 제품으로 인한 공급망의 붕괴 비용을 부담하고 싶은 기업은 없을 것이다. 그러나 동시에 이런 천천히 판매되는 상품들이 만일 고객에게 점점 더 중요해지는 새로운 카테고리라면 제품 포트폴리오에서 중요한 위치를 차지할 수도 있다. 그러므로 SKU 합리화를 고려할 수 없을 때는 – 제품 종류를 줄여서 대량 판매상품에 대한 영향을 줄이기 위한 방법으로 - 다른 방법이 필요하다.

대량 생산제품과 소량 생산제품이 혼합되어 있는 경우에 이를 다루는 방법은 **가치 흐름별 프로세스 세그먼테이션**인데, 이는 제품 및 서비스를 프로세스의 유사성을 기준으로 분류하여 공급망을 분리 운영하는 것이다. 전통적인 시장 세그먼테이션 방법은 고객의 유형이나 시장의 인구 구성 등을 기준으로 시장을 구분하지만, 프로세스 세그먼테이션은 제품이나 서비스가 조직 내에서 어떤 프로세스가 어떤 방식으로 흐르는지를 기준으로 제품을 구분한다. 이를 통해 대량 생산제품과 소량 생산제품이 별도의 프로세스로 운영되고 상호 간섭하지 않음으로써 소량 생산제품의 비용이 대량 생산제품에 전가되는 것을 막는다.

프로세스 세그먼테이션의 가치는 복잡성으로 인한 비용을 감소시키는 힘에 있다. 프로세스 세그먼트를 활용하면 매출에 영향을 미치지 않으면서 지엽적이지만 SKU 합리화와 유사한 효과를 얻을 수 있다.

왜 이런 일이 가능한지 이해하기 위해 복잡성 큐브의 제품-프로세스 면에서 발생하는 상호작용을 상기해보자. 이 면의 복잡성 비용은 특정제품 카테고리 또는 제품 기능과 관련된 추가적인 작업과 공정으로부터 발생한다. 모든 제품들이 동일한 프로세스를 타고 흐를 때는 대량/저원가의 조립공정과 유사한 프로세스를 가지게 된다. 그러나 대부분의 제품과 서비스 포트폴리오가 동질적인 것은 아니다. 제품 특성에 따라 프로세스를 분리하면 제품의 일정 부분을 조립 공정처럼 운영할 수 있으면서 동시에 소량의 변동성이 큰 제품은 별도로 처리할 수 있다.

프로세스 세그먼테이션을 적용하면 특성이 다른 제품을 하나의 프로세스에서 처리하는 대신 제품별 특성에 맞는 가장 효과적이고 효율적인 방식으로 프로세스를 통과하게 할 수 있다.

비용-절감 관점에서 프로세스 세그먼테이션은 많은 장점을 가지는 방법이다. 프로세스 세그먼테이션은 복잡성 원가와의 전쟁에서 사용할 수 있는 훌륭한 전투 전략의 하나이지만, 복잡성 축소를 하지 않더라도 관심을 가져볼 만한 방법론이다. 프로세스 세그먼테이션의 장점은 다음과 같다.

1) 비용 및 투자 감소: 위에서 살펴보았듯이 프로세스 군들을 분리함으로써 매출 및 단종될 제품이 창출할 수도 있는 미래의 성장기회를 포기하지 않고도 SKU 합리화 효과(소량 생산제품이 대량 생산제품에 미치는 영향 제거)를 창출할 수 있다. 또한 프로세스 세그먼테이션을 통해 수요 변동성이 낮은 제품을 분리해서 처리하게 되면 재고수준을 축소할 수 있고, 결국 대차대조표에도 긍정적인 영향을 미칠 수 있다.

2) 리스크 경감: 프로세스는 시간이 경과함에 따라 프로세스에 부여되는 다양한 요청사항과 요구를 충족시키기 위해 점점 확장되고 복잡화되며, 이는 비용 증가를 유발한다. 프로세스의 리스크도 이와 유사한 양태를 보인다. 실제 예를 살펴보도록 하자. 어떤 회사는 구매 오더~지불까지의 복잡성 해결을 추진했었다. 회사가 성장함에 따라 공급사가 수행하는 업무의 종류와

양도 늘고, 공급사의 숫자도 크게 증가하였다. 이러한 양적 증가에 대응하여 회사는 몇몇 공급사를 우수공급사로 선정하였는데, 약 80%의 청구서가 약 30%의 우수공급사와 관련된 것이었다. 그러나 모든 청구서는 동일한 프로세스로 처리되었기 때문에 처리 대기시간은 길어지고, 정작 꼼꼼하게 점검해야 할 리스크가 큰 청구서는 제대로 검토되지 못하는 현상이 발생했다. 프로세스 세그먼테이션을 실시한 이후에는 공급사별(우수공급사 30개와 기타 공급사로), 청구 금액별, 리스크 요인별(청구서에 대한 지급 전에 특정한 확인 절차가 요구되는지 여부)로 프로세스가 분리 운영되었다. 결과는 우수공급사는 빠르게 지급 처리가 진행되었고, 주의 깊게 검증해야 할 청구서는 별도의 프로세스로 철저하게 관리되었다.

3) 서비스 향상: 위의 예에서 우수공급사들은 자주 대금 지급이 늦는다는 점에 대해 불만을 토로했다. 이런 현상은 변동성이 낮은 프로세스에 높은 변동성을 주입할 때 흔히 발생하는 현상으로 충분히 예측가능하다. 대기시간은 증가하고, 병목현상은 항상 발생한다. 변동성을 증가시키는 아이템을 구분하여 별도로 분리하면 리드타임을 경감시키고 서비스 품질을 향상시킬 수 있다. 또한 계획과 스케줄링이 개선되어 리드타임과 서비스 수준에 대한 통제력이 향상되는 효과가 발생한다.

4) 부서 간 정렬Alignment 향상: 프로세스 세그먼테이션을 도입할 때 기대 이상으로 발생하는 효과 중 하나는 마케팅과 오퍼레이션 기능이 서로를 이해하게 된다는 점이다. 마케팅 부서는 자신이

기획한 제품 또는 서비스의 특성이 프로세스에 어떤 영향을 미치게 되는지 이해하게 된다. 만일 마케팅 부서의 직원들이 자신이 기획한 판촉행사가 오퍼레이션 효율성에 얼마나 심각한 영향을 미치는지 이해할 수 있게 되면, 과연 판촉행사를 진행할 만한 가치가 있는지 다시 한번 생각해 보게 될 것이다. 프로세스 세그먼테이션은 어떤 제품의 속성이 불필요한 리드타임과 비용 증가를 유발하는지 두드러져 보이도록 하고, 이것이 과연 고객 가치를 위해 필수적인 것인지, 프로세스에 영향을 미치지 않고 유사한 가치를 제공할 방법은 없는지를 신중하게 검토하도록 유도한다. 반면에 오퍼레이션은 고객에게 무엇이 정말 중요한 것인지에 대한 명확한 인식을 가지게 되고, 이러한 필수 요구사항을 가장 잘 제공할 수 있도록 프로세스 구조를 설계할 수 있게 된다.

5) 성과 가시성: 많은 경우에 고변동성 제품이 저변동성 제품에 대한 영향이 대량/저변동성 제품의 비효율성을 숨기고 정당화하는 핑계거리로 이용된다. 사실 저변동성 제품은 높은 효율성으로 처리되어야 하지만 고변동성과 저변동성 제품을 별도 세그먼트로 분리하지 않으면 프로세스가 성과목표를 달성하고 있는지 판단할 수가 없다.

프로세스 세그먼트 진단

금융 위기 이전의 대부분의 금융회사가 그랬듯이, 어떤 기업은 과거 20여 년간 제품의 범위와 고객 세그먼트의 범위를 빠르게 확장시커 오고 있었다. 처음에는 지역 고객을 대상으로 한 몇 개의 단순한 은행 상품에서부터 시작하여 금융상품 중개, 건강 및 의료보험 등 북미 고객 전체를 타깃으로 한 다양한 상품들을 추가하였다. 그러나 이러한 확장의 결과로 늘어난 제품의 다양성이 회사의 프로세스가 감당하기에는 어려운 범위로까지 증가되었고, 결국 프로세스의 지연과 대기가 발생하고 고객의 불만이 증가되었다.

이에 대응하여 이 회사는 대량 청구와 높은 변동성을 유발하는 청구 건을 분리 처리하기 위한 프로세스 세그먼테이션을 추진했다. 예를 들어 보험 사업부의 경우 이전의 모든 피보험 범위 확대 청구는 모두 전문성은 높지만 많은 비용이 수반되는 의료손해사정 팀에 보내어져 처리되었다. 그러나 프로세스 분석 결과 50%의 청구는 매우 반복적이고 차별화된 특징이 없어서 보다 처리비용이 낮은 계좌검토 팀이 처리할 수 있다는 것이 밝혀졌다. 복잡도가 높은 나머지 청구 건들은 여전히 의료손해사정 팀이 처리하였지만 절반가량의 처리 물량이 줄어들면서 처리시간이 줄어들었고, 이에 따라 고객만족도는 증가하고 비용은 감소하였다. 리드타임 감소의 결과로 손해사정인 수가 감소하였고, 서비스 수준이 증가하였다. 결국 청구 처리시간이 75% 줄어들었고, 청구 건당 처리비용은 절반 수준이 되었다.

이것은 단순반복적 업무와 맞춤형 업무로 나누어서 접근하는 것을 보여주는 예인데, 프로세스 복잡성을 해결하는데 있어서 가장 쉽고 또 가장 효과적인 전략의 하나이다. 이 방법은 프로세스 전체를 변경하기보다는 업무를 특성에 맞추어서 다른 채널로 처리함으로써 같은 업무라도 보다 효율적으로 진행하는 것을 추구한다. 위의 사례에서는 단순반복 업무에 대해서는 저비용 프로세스를 할당하고, 맞춤형 업무에 대해서는 고비용 프로세스를 할당하여 전체적인 자원 효율을 향상시켰다.

어떤 경우에 프로세스 세그먼트는 매우 명확하다. 만일 여러분이 공장에 새로운 생산설비를 설치하는 업무를 담당하고 있다면, 여러분은 프로세스의 흐름과 어떤 제품이 얼마만큼의 주기로 생산될지 등을 매우 정확하게 알고 있을 것이다. 그러나 많은 경우에, 특히 거래처리 프로세스의 경우 세그먼트가 명확하지 않고, 또 정적으로 고정되어 있지도 않다.

제1부에서 언급했던 건강보험회사를 떠올려보자. 가입 청구서의 상당 부분(95%)이 표준 프로세스에서 제외되어 맞춤형 청구(일회성)로 처리되었는데, 이 경우에는 별도의 처리 번호가 부여되고, 개별적으로 관리되었다. 비록 양은 많았지만 일회성 처리로 인식되었던 맞춤형 청구 처리업무에는 표준 프로세스가 존재하지 않았다. 그러나 심층 분석을 통해 고객 청구서의 상당 부분이 공통된 특징을 가지고 있다는 것이 밝혀졌다. 사실 맞춤형 업무 처리 프로세스에는 상당한 수준의 표준 프로세스 처리가 가능한 업무가 포함되어 있었던 것이다. 이 업무량을 별도로 분리하여 새로운 프로세스를 만듦으로써 5천만 달러의 비용이 절감되었다. 또한 정말 맞춤형 청구 처리에 필요한 업무처리 능력이 확보됨으로써 리드타임이 감소하고, 고객 서비스 수준이 향상되는 효과가 발생하였다.

여기서 어려운 점은 – 그리고 이것은 여러분의 회사에도 동일하게 적용될 것이라고 보는데 – 이 세그먼트들이 자연발생적으로 생겨났다는 점이다. 이 업무 세그먼트는 회사에 의해 설계된 것이 아니다. 이것은 고객 기호가 어떻게 공통된 형태로 유형화되는가를 반영하는 것이다. 여러분의 제품이나 서비스가 고객이 선택할 수 있는 옵션을 가지고 있고, 높은 수준의 고객 지향적 문화를 가지고 있는 경우에는 자연발생적으로 나타나는 세그먼트를 찾아낼 수 있는 가능성이 있다.

예를 들면 많은 PC 제조업체들은 풀 커스터마이제이션(하드디스크, 배터리 용량, 메모리, 모니터 해상도 등)의 기회를 제공하는 동시에 효율성을 재고하기 위해 위의 아이디어를 활용하고 있다. 우리는 대부분 PC 구매를 할 때 어디에 컴퓨터를 사용할지를 기준으로 의사결정을 한다. 그러므로 고객을 사용 의도에 따라 채널로 나누어서 기성 사양의 PC 구매를 유도한다면 기업은 고객의 구매시간을 단축시킬 뿐만 아니라, 규모의 경제 효과도 달성할 수 있다. 이런 방식은 고객의 요구를 충족시킬 수 있는 PC를 구매하도록 유도할 수 있다면 효과적이다. 그리고 고객이 무엇을 원하는지 이해하기 위해서는 많은 양의 과거 구매 이력과 데이터를 필요로 한다. 그러나 맞춤형 옵션을 요구하는 사업 환경에서 80%의 수요를 충족시킬 수 있는 공통의 20% 사양을 찾아낼 수 있다면 충분한 가치 창출이 가능하다.

회사들은 전체 프로세스에 대한 이해도가 없기 때문에 종종 프로세스의 유형을 찾아내는데 실패한다. 극단적인 경우에 우리는 특정 기능이 블랙박스처럼 운영되는 것을 보았는데, 업무 요청이 들어가면 무언가 내부에서 처리가 일어나고, 얼마 후에 요청 건이 처리되어 나온다. 아무도 그 블랙박스 안에서 어떤 일이 일어나는지 알지 못하고, 후속 기능에 대해서도 마찬가지인 상황이 벌어졌다.

▎린 혁신 활동의 플랫폼을 구축하기 위한 프로세스 세그먼테이션

린은 전통적으로 계획생산 방식의 기업이 프로세스 성과와 수익성을 획기적으로 개선하는 것을 지원하였지만, 주문생산 방식(주문설계 방식의 기업 포함)의 기업에서도 동일한 수준의 성과개선이 가능하다. 계획생산 기업에서 린의 툴과 방법론을 활용해서 기업의 다양한 가치 흐름을 개선하는 것은 단순하고 명쾌하다. 그러나 무한 가지의 주문 다양성이 존재하는 것처럼 보이는 – 그리고 명확한 가치 흐름이 잘 보이지 않는 – 주문생산 환경에서 린을 적용하기 위해서는 다른 방법론을 적용해야 하는데, 소위 프로세스 계층화라는 방법이다. 사실 대부분의 주문생산 환경에는 안정적인 가치 흐름을 창출할 수 있도록 – 그리고 규모의 경제 효과와 린의 개선 효과를 창출할 수 있는 – 프로세스와 제품 세그먼트를 구분하는 방법이 존재한다.

오랜 전통을 가진 대형 기계장비 제조기업의 예를 살펴보자. 이 기업은 모든 주문 – 고객과 무관하게 – 을 고유한 주문으로 취급하였다. 그런데 실제 주문 데이터를 분석해보니 자연발생적으로 만들어진 세그먼트가 존재했다. 모두 다 다른 것으로 여겨졌던 150개의 주문 중에 75개는 과거에 생산되었던 것과 완전히 동일한 제품이었으며, 해당 고객이 재구매할 것으로 예측되었다. 75개 중에서 오직 8개만 설계 개선이 이루어진 다른 버전의 주문이었다.

처음에 이 회사는 자신을 순수한 주문설계 방식의 제조기업이라고 인식했었다. 분석 이후에는 이 회사가 일부는 주문설계 방식이나 일부는 주문조합 방식CTO: Configure-to-order의 회사라는 것을 알게 되었다. 각각을 특성에 맞추어 다르게 관리하는 것이 업무 표준화, 풀Pull 방식, 점진적 현장 개선 프로젝트 등 린의 제도를 적용하는데 핵심 성공요인으로 작용하였다.

사일로Silo화 된 사고방식은 엔드 투 엔드End-to-end 관점(어떻게 오더가 프로세스를 관통하여 최종 단계까지 흘러가는지 이해하는 것)을 갖는데 핵심적인 장애요인이다. 그리고 엔드 투 엔드 관점은 프로세스 세그먼트를 설계하는데 매우 중요하다 – 우리는 프로세스 세그먼트를 분류할 때 특정 프로세스의 차이점보다는 엔드 투 엔드 프로세스의 전체적인 흐름의 차이에 집중한다. 예를 들어 영업 프로세스의 특별 요청은 관리 지원과 생산 요건에 특정한 변경을 유발할 가능성이 있다. 프로세스 세그먼트는 전체적인 차이를 고려하여 이를 포괄할 수 있도록 설정되어야 한다.

또한 각 기능을 개별적으로 바라보면 '흐름'을 파악할 수도 없고, 창조할 수도 없다. 다른 요건들을 가진 다수의 제품들을 동일한 프로세스 단계로 처리하려면 흐름의 방해가 발생하는데, 오퍼레이션이 지속적으로 라인, 원료, 작업지시 등을 교체해야 하기 때문이다. 그러나 프로세스를 계층화하게 되면 제품 간 간섭을 최소화 할 수 있고, 이를 통해 보다 부드러운 프로세스 흐름을 만들 수 있다. 결국 리드타임 감소와 공정 중 재고WIP 감소 및 전반적 효율 증대가 가능하다.

프로세스 세그먼테이션 분석의 핵심은 제품 및 서비스의 특성을 차별화된 프로세스 요건과 경로에 할당한다는 아이디어이다. 제품을 상이한 프로세스 처리요건으로 할당하고자 할 때 어떤 기준을 활용하여 어떤 제품을 어떤 경로에 할당할지 결정할 수 있을까?

제품 자체가 가진 복잡성과 제품의 속성 때문에 유발되는 프로세스의 복잡성을 혼동하지 말아야 한다. 예를 들어 소비재 제조회사에서 시리얼 제품에 삽입하는 완구를 생각해보자. 포장지 뒷면에 부착

되고 두 개 내지 세 개의 움직이는 부품을 가지고 있는 완구와, 상자 안에 무작위로 투입되는 영화 예매 교환권 중에 무엇이 더 복잡할까? 답은 후자이다. 이 회사는 영화 예매 교환권을 실제로 투입해보았는데, 무작위적으로 예매권을 투입하는지 관리하기 위한 인원이 추가로 필요했고, 프로세스 자체도 일회성으로 수행되는 것이었다. 사실 제품의 특징이 중요하지 않은 것은 아니다. 그러나 추가적으로 비표준화된 업무처리를 필요로 하는지 여부가 중요하다. 제품 복잡성과 프로세스 복잡성의 연관 관계는 프로세스 세그먼트를 설계할 때 매우 중요하게 고려해야 한다.

여기까지 사일로적 사고방식이 회사 내에서 어떻게 복잡성을 증대시키는지 살펴보았다.

> **▌복잡성이 유발하는 고통 체감하기**
>
> 시리얼 제조회사의 경험에서 얻어야 할 핵심적인 교훈은 영화 예매 교환권을 활용하기로 한 결정이 마케팅 부서에서 이루어졌지만, 마케팅 부서 직원들은 영화 예매 교환권 판촉행사가 생산 프로세스에 발생시킨 혼란에 의해 야기된 고통을 느낄 필요가 없었다.

프로세스 세그먼테이션 추진 방법

복잡성 원가 절감을 위한 전투 전략으로서 프로세스 세그먼테이션의 이점 중 하나는 일반적으로 매출에 대한 영향 없이 빠르게 실행가능하다는 점이다. 프로세스 세그먼테이션은 복잡성의 원가를 저하시킨다. 이 방법론의 핵심 구성요소를 살펴보면 다음과 같다.

1) 조직을 관통하는 중심Anchor 프로세스 맵을 작성하라.
2) 중심 프로세스의 지류와 구멍을 파악하라.
3) (흐름도와 경로 매트릭스를 기반으로) 가설적인 프로세스 세그먼트를 만들어라.
4) 프로세스 세그먼트를 결정하는 제품/서비스의 특성을 정의하라.
5) 제품/서비스 특성에 따라 물량을 재배치하라.

1) 조직을 관통하는 중심 프로세스 맵을 작성하라

첫 번째 단계는 전체 물량의 80%가 조직을 통과하는 흐름 – 우리는 이를 중심 프로세스라 한다 – 을 분석하기 위해 프로세스를 관통하는 가치흐름맵 또는 경로 매트릭스(그림 56 참조)를 작성하는 것이다.

물량의 다수를 차지하는 제품/서비스에 어떤 일이 발생하는지 파악하는 것이 중요한 데, 주문이 들어오면 다음에 무슨 일이 일어나는지 그리고 최종적으로 제품이 배송되고 서비스가 제공될 때까지 어떤 단계의 일들이 이루어지는지 파악해야 한다. 가장 좋은 방법은 경영진과 각 프로세스를 직접 수행하는 직원들이 일대일 면접을 실시해서 맵을 작성한 후, 관련 조직 전원이 참여하는 워크숍을 통해서 맵을 수정/보완/확정하는 것이다.

그림 56과 같이 단순해 보이는 도식으로도 충분하다.

| 그림 56 | 중심 프로세스 흐름

이 단순하고 개념적인 예에서 A제품은 중추적인 제품으로 전체 물량의 80%를 차지하고 있다. 결과적으로 중심 프로세스는 단계 1, 2, 3, 5, 7, 8 및 10으로 구성된다. 실제에서 우리는 실제 프로세스 명을 쓰지 숫자를 사용하지는 않는다. 맵에 표시는 되어 있으나 단계 4, 6, 9는 생략된다. 이 단계들은 맵에 표시되지 않은 회사의 다른 제품을 지원하기 위해 필요한 단계이다. 많은 경우에 소량 생산제품을 지원하기 위해 기능들이 추가되는데, 중심 프로세스를 그릴 때 그런 업무들에 대해 기록해두는 것이 유용하다.

2) 중심 프로세스의 지류와 구멍을 파악하라

특성치가 일정 범위를 벗어나는 제품/서비스는 추가적인 처리를 위해 다른 경로를 타거나 맞춤형 제품으로 분류되기도 하고, 또 어떤 경우에는 오류 처리를 위해 중심 프로세스와 다른 경로로 움직인다. 그러나 이것들이 주요한 지류 - 상이한 프로세스 유형이 존재한다는 것을 암시하는 우회 경로 - 를 찾는 실마리가 될 수 있다. 이런 경로들을 정확히 파악해서 기록하는 것은 프로세스 세그먼테이션을 위한 핵심적인 과정이다.

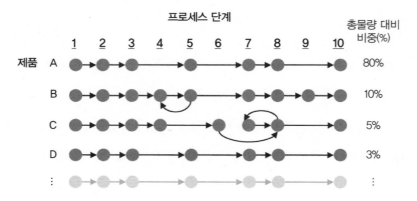

| 그림 57 | 추가적인 프로세스 경로

개념적 예시의 내용을 계속 살펴보면, 여기서 우리는 4개의 주요한 프로세스 군과 3개의 추가적인 단계(4, 6, 9)를 찾아냈다. B제품은 단계 4와 단계 5에서 업무 루프를 가진다. 만일 이 프로세스 단계들이 동일한 자원을 사용한다면 이 루프로 인해 업무 흐름과 스케줄 관리에 혼란이 발생할 것이다. C제품은 단계 7의 작업 이전에 단계 8의 작업이 필요한 더욱 복잡한 흐름을 가지고 있다. 게다가 이 제품은 단계 6의 작업을 필요로 하는 유일한 제품이다. 그러나 D제품은 A제품과 정확하게 동일한 경로를 따른다. 이 예에서 모든 제품들은 동일한 자원을 사용한다는 것을 기억하라. 이것은 효율성을 재고하기 위해 특정 프로세스의 세그먼테이션을 추진할 수 있는 기회가 존재한다는 것을 의미한다.

3) (흐름도와 경로 매트릭스를 기반으로) 가설적인 프로세스 세그먼트 를 만들어라

프로세스 세그먼트에 대해 생각하는 가장 실용적인 방법은 다음과 같이 생각해보는 것이다. 만일 여러분이 조직 전체를 관통하는 중요 프로세스 경로를 색깔로 구분하여 표시한다면 몇 개의 색깔로 표현 할 수 있을까? 각 색깔은 다른 프로세스 세그먼트를 나타낸다. 당연 하게도 각 색깔은 상이한 비용 구조와 상이한 프로세스 요건을 가지 게 된다. 지나치게 복잡해지는 것을 방지하기 위해 4~8개 정도의 프 로세스 군을 찾아내는데 집중해보라.

4) 프로세스 세그먼트를 결정하는 제품/서비스의 특성을 정의하라

이제 여러분은 프로세스의 군Family을 정의하였으므로, 프로세스 군별로 적합한 제품/서비스를 할당하기 위한 적합한 제품/서비스의

| 그림 58 | 제품별 프로세스 차별화 원인 파악

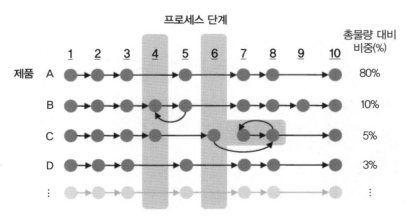

성질을 검토하라. 제조회사의 예에서 특정 사양을 선택하는 고객에
의해 특정 공장의 설비에서 라인 교체와 전문 인력을 필요로 하는 특
수한 절삭작업이 추가될 수 있다.

그림에서 강조된 영역(음영 부분)은 추가적인 분석을 필요로 하는
프로세스 단계와 제품을 표시한다. 단계 4를 필요로 하는 제품 및 주
문의 특성은 무엇인가? 단계 6은 물론 C제품과 관련된 단계 7과 단
계 8의 루프도 같은 질문에 대한 답을 구해봐야 한다. 공유된 자원으
로 위의 단계들을 수행하는데 소모되는 비용은 얼마나 되는가?(리드
타임과 원가 측면). 이런 제품 특성들은 고객에게 필수적인 것인가, 아
니면 영업이나 마케팅 직원들이 고객의 만족도를 올리기 위해 추가
적 제공을 결정한 것인가?

5) 제품/서비스 특성에 따라 물량을 재배치하라

제품 세그먼트를 구분하는 제품 특성을 정의하였으면, 물량을 올
바른 프로세스 경로로 움직일 수 있도록 게이트웨이도 만들어야 한

| 그림 59 | 프로세스 세그먼트 나누기

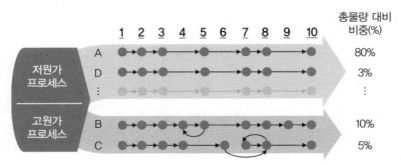

다. 단순한 것이 통상 저원가 채널로 매칭된다. 어떤 제품이 제품 군 A, B 또는 C에 포함되는지, 또는 맞춤형 제품(나머지 5%)에 포함되는지 그 기준을 명확히 정의하였고, 우리는 물량들을 올바른 프로세스 경로로 흘릴 수 있게 되었다.

결론

프로세스 세그먼테이션은 서비스를 개선하고 원가를 줄이는 효과적인 방법일 뿐만 아니라 추가적인 기회를 찾아낼 수 있는 프로세스 투명성을 제공한다. 어떤 기업들은 프로세스 세그먼테이션 이후에 물량의 일정 부분을 저원가 채널로 옮긴 이후에도 이익을 삭감시키고 있다는 것을 발견하기도 한다. 그러나 원가에 대한 투명성을 확보하게 되면 (a) 프로세스 개선을 통해 해당 세그먼트의 비용을 추가적으로 낮출 수 있는지, (b) 고객이 보다 고수익 제품을 구매하도록 유도해야 할지 보다 쉽게 판단할 수 있게 된다. 이런 투명성이 없다면 이익을 삭감시키는 세그먼트의 손실을 계속 유지하게 될 가능성이 크다.

제15장

프로젝트 합리화

더 적은 자원으로 더 많이, 더 빨리 일하기

대형 의료회사 프로젝트를 종료한 직후 우리 동료 한 명이 그 회사 CEO로부터 다음과 같은 질문을 받았다. "우리 회사에서 내가 바꿔야 할 것 한 가지가 있다면 무엇이겠습니까?"

그 동료는 망설임 없이 회사에서 수행되고 있는 프로젝트 중 98%를 당장 중단하라고 제안했다. CEO는 놀라면서 어떤 프로젝트를 중단해야 할지 어떻게 판단하느냐고 물었다. 우리 동료의 답은 "사실 어떤 것을 중단하는지는 중요하지 않습니다"였다.

물론 98%가 마법수Magic number도 아니고, 경영진이 아무 검토 없이 임의로 프로젝트를 중단시키라는 의미도 아니다. 중요한 것은 너무 많은 프로젝트가 한꺼번에 진행되면 에너지가 고갈되고, 대부분이 결과 없이 끝나게 된다는 점이다. 적은 수의 프로젝트 - 그것이 2%이든 20%이든 - 에 집중함으로써 회사는 프로젝트들이 성공할 가능성을 높일 수 있고, 회사를 위해 그 프로젝트들이 정말 필요한 것인지 숙고해볼 수 있는 여유를 가지게 된다는 점이다. 이것이 무엇을 중단할지는 중요하지 않다는 말의 진정한 의미이다. 이때 보다 중요한 것이 우선순위의 상위로 올라가야 한다.

이 의료회사의 예는 결코 예외적인 경우가 아니다. 우리가 본 거의 모든 기업들은 지나치게 많은 수의 프로젝트 – 전략 과제, 현장 혁신 과제, 신제품 개발 과제 등 – 를 동시에 추진하고, 인력 과부하를 발생시키고, 결국에는 결과물은 빈약한 상태가 되고 있다. 앞장에서 논의했듯이 프로세스에 너무 많은 '것Stuff'들을 태우면 프로세스의 속도가 저하되고, 회사의 이익을 감소시키는 숨겨진 복잡성이 발생된다. 이 문제를 해결하고, 더 적은 자원(적은 수의 사람/비용)으로 더 우수한 성과(더 빠르게 더 많은 제품을 출시하는 것과 같은)를 창출하는 것은 대부분의 기업들이 비용절감 기회를 찾고 있는 이 시기에 매우 중요하다고 할 수 있다.

우리는 좋은 프로젝트 기회를 발굴하는 툴에 관심을 갖고 있는 대형 화학기업을 방문했었는데, 이미 그 회사는 60,000개의 프로젝트를 진행하고 있었다. 우리의 충고는 새로운 프로젝트 기회를 찾기에 앞서 기존의 프로젝트를 수행하는데 집중하라는 것이었다. 후자 없이는 전자는 단지 꽉 막힌 고속도로 병목구간에 차를 한 대 추가시키는 것과 같기 때문이다.

병목 현상의 대가는 무엇인가? 답은 더 많은 자원으로, 더 적은 일을, 더 오랫동안 하게 되는 것이다.

이렇게 부정적인 영향이 큰 데도 불구하고 왜 많은 기업들은 이런 상황에서 헤어 나오지 못하는가? 그리고 프로젝트 리드타임 또는 제품 출시기간을 50~75% 이상 획기적으로 줄일 수 있고, 프로젝트 투입 인원을 절반 정도로 줄일 수 있는 잠재력을 가진 획기적 조치를 취하는 기업은 왜 그렇게 많지 않은가? 답은 대부분의 기업은 자원 가동률과 창의적 프로세스(과업 수행시간의 변동성이 큰)가 포함된 프로젝트 리드타임 간의 관계를 이해하지 못하기 때문이다.

이러한 상황은 의도치 않게 다른 경영 관행에 의해 악화되기도 하고(가용자원의 한계만큼 업무를 할당하는 것과 같은), 서로 간에 연쇄작용을 일으키기도 한다. 이 장의 목적은 여러분들이 이러한 상호관계, 관행 및 영향을 이해하도록 하고, 어떻게 이것들이 결합하여 병목 현상을 발생시키는지 보여줄 것이다. 그리고 이 추세를 역전시키기 위한 단계를 설명하고자 한다.

이 전투 전략은 여러분이 다음과 같은 상황에 있다면 매우 유용하게 적용할 수 있다.

- 여러분의 회사에 엄청나게 많은 수의 프로젝트가 있다.
- 많은 프로젝트들이 끝나지 않고 계속 진행되는 것처럼 보인다.
- 프로젝트의 일정계획에 대한 신뢰가 무너졌다.
- 점점 더 많은 수의 사람들이 점점 더 많은 프로젝트에 관여하고 있다.
- 프로젝트의 결과물은 미미한데 프로젝트 활동들은 점점 더 증가한다.

위의 문장들이 낯이 익다면 프로젝트 합리화를 통해 큰 기대효과를 거둘 수 있다는 의미이다. 기대효과는 비용절감뿐만 아니라 경쟁력 강화 및 매출 증대를 포함한다.

우리의 접근법: 모든 것은 프로젝트 수를 줄이는 것에서부터 시작한다

전투 전략의 목적은 더 많은 프로젝트를 더 빨리, 더 적은 자원으로 완결하는 것이다. 이를 달성하기 위해서는 다음의 세 가지가 필요하다.

1) **프로젝트 리드타임을 통제하라:** 변동성과 자원 가동률이 상호작용하여 전체 리드타임으로 결정되는 방식을 이해함으로써 창조적 프로세스의 제품개발 기간을 단축시킬 수 있다. 개발 기간이 단축되면 당연히 제품출시 시기를 앞당길 수 있게 된다. 이는 두 가지 측면의 장점을 가진다. 첫째로, 프로젝트 합리화의 효과를 조기에 확보할 수 있으며, 잠재적으로 회사의 경쟁력이 재고될 수 있다. 또 다른 하나는, 프로젝트를 보다 조기에 끝내게 되면 다른 프로젝트를 더 빨리 시작할 수 있다는 점인데, 이것은 왜 프로젝트 수를 줄이는 것이 더 많은 프로젝트를 완결할 수 있는지에 대해 부분적으로 설명한다.

2) **자원 생산성 향상:** 프로젝트 리드타임을 단축함으로써 불필요한 일이 줄어든다. 자원의 생산성이 향상되면 더 많은 일을 할 수 있게 되거나, 동일한 일을 더 적은 자원으로 수행할 수 있게 된다.

3) **작업 시간의 변동성 축소**: 지나치게 많은 프로젝트를 동시에 수행할 때 병목 현상이 발생하는 핵심 원인은 창의적 과업을 완료하는데 소요되는 시간의 변동성 때문이다. '창의적' 변동성이 존재하면 프로젝트의 리드타임이 늘어나고, 프로젝트 수를 늘리면 개별 프로젝트의 변동성은 더욱 증가하게 된다. 프로젝트 수를 줄이면 리드타임 축소, 생산성 향상 및 더 많은 프로젝트를 수행할 수 있는 능력을 확보하는 것과 더불어 변동성 축소를 시작하는데 필요한 가시성을 확보할 수 있게 된다.

이 모든 것들이 프로젝트 수를 줄이는 것으로부터 시작한다는 것은 아무리 강조해도 부족함이 없다. 그리고 더 적은 일을 함으로써 더 많은 결과를 얻을 수 있다는 이 원칙은 역설적으로 보이지만, 기업이 얻을 수 있는 기대효과는 매우 크므로, 이 문제에 대해 좀 더 깊이 있게 살펴보도록 하자.

왜 프로젝트 수를 줄이면 프로젝트 리드타임이 줄어드는가?

우리들은 대부분 과업을 수행하는데 소요되는 시간(즉, 전체 리드타임)은 과업 수행에 투입된 자원에 반비례한다고 본능적으로 알고 있다. 만일 자원을 두 배 투하하면 과업 수행시간은 절반이 되고, 반대로 자원을 반으로 줄이면 과업 수행시간은 두 배가 된다. 특정한 기술이나 분업의 제약요건(예를 들어 9명의 여성을 추가로 투입하여 한 명의 아이를 1개월에 낳는 것과 같은)이 없다면 우리는 대부분 이 논리에 따라 행동한다. 이런 논리는 과업의 변동성이 낮을 때는 사실에 근접

한다. 그러나 제7장에서 우리가 논의했듯이

- 자원 가동률과 리드타임 간의 관계는 과업이 가진 변동성의 수준에 의해 결정된다.
- 창의적 과업은 본질적으로 반복 제조공정보다 높은 변동성을 가지고 있다.

예를 들면 그림 60은 일련의 작업으로 구성된 프로세스의 리드타임을 보여주고 있는데 각각은 평균 10일이 소요되며, 리드타임의 변동성은 보통의 창의적 프로세스와 유사하다(즉 어떤 경우에는 과업 수행에 10일이 넘게 소요되기도 하고, 어떤 경우에는 10일이 되기 전에 일을 끝마치기도 한다. 그렇지만 평균적으로는 10일이 소요된다).

| 그림 60 | 업무당 소요된 전체 시간

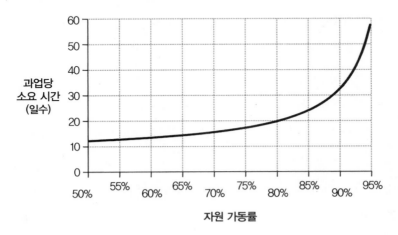

이런 변동성 수준에서 10일짜리 과업을 11일째에 오도록 업무를 할당하면(95% 자원 가동률) 한 과업이 완료되기까지 대기만 50일을 해야 하고, 전체 리드타임은 60일이 된다. 그러나 동일한 과업을 15일마다 할당하면(65% 자원 가동률) 각 아이템은 5일만 대기하면 되고, 전체 리드타임은 15일이 된다. 주어진 변동성 레벨에서 자원 가동률을 1/3 줄이면 (프로젝트의 1/3을 줄이면) 프로젝트 리드타임이 1/4로 감소한다.

변동성이 존재하는 경우 – 창의적 프로세스에 항상 내재하는 – 자원 가동률과 리드타임 간의 관계는 프로젝트 리드타임을 획기적으로 단축시킬 수 있는 강력할 툴이 될 수 있다. 그것은 프로젝트 수를 줄여서 더 빨리, 더 많은 프로젝트를 완수하는 것이다. 그렇지만 이것은 전체 해답의 일부분이며, 자원의 실제 생산성에 이것이 어떤 영향을 미치는지 이제부터 살펴보도록 하겠다.

왜 프로젝트 리드타임이 단축되면 자원 생산성이 향상되는가?

변동성이 존재하는 경우 자원 가동률과 리드타임의 관계에 대해서는 충분히 설명하였다. 그러나 명석한 독자라면 이러한 관계는 리드타임이 아무리 중요하다고 하더라도 자원과 리드타임 간의 트레이드오프를 설명한 것에 불과하다는 점을 알아차렸을 것이다. 과업을 약간 줄임으로써 리드타임을 크게 줄일 수 있다는 것은 여전히 "만일 내가 내 자원에 일을 작게 할당하면 일이 더 빨리 끝날 것이다"라는 주장과 다를 바 없다. 그리고 리드타임 축소가 분명 바람직한 것이기는 하지만 어떻게 더 많은 자원, 또는 더 적은 일이 생산성 향상 및 비용절감으로 이어지는가? 답은 대부분의 기업에서 프로젝트를 수행할 때 무슨 일이 일어나는가에 숨어 있다.

거의 항상 대기시간은 그냥 대기시간으로 머물지 않고 '가짜' 일로 가득 채워지는 경향이 있는데(앞에서 우리는 가짜 일을 생산적인 것처럼 느껴질지 모르지만 진정한 가치를 증대시키지 못하는 일이라고 정의한 바 있다), 긴 리드타임은 추가적인 업무에 대한 초대장과 다름없다는 의미이다. 프로젝트 리드타임이 증가하면 일의 양이 확장되고, 업무수행에 투입된 자원이 아닌 완료된 업무의 수로 계산하는 진정한 업무 생산성은 급격히 저하된다. 그러면 이러한 추가적인 업무는 도대체 어디에서부터 발생하고, 조직에서 어떤 모습으로 나타날까?

추가적인 업무들은 다음의 두 가지 형태를 가진다.

- **프로젝트 관리업무에 더 많은 시간이 사용된다:** 이것은 가장 직접적으로 분명한 추가 업무인데 수많은 프로젝트 진행 보고, 스티어링 커미티Steering Committee 미팅, 예산 심의 및 기타 프로젝트 행정업무를 포함한다. 프로젝트 관리업무에 소모되는 업무의 양은 프로젝트 리드타임 증가에 비례하여 증가된다. 예를 들어 어떤 대형 운송회사는 너무 많은 프로젝트를 수행하고 있어서 프로젝트의 변동성 때문에 6개월 걸릴 프로젝트가 1년이 소요되었다. 이러한 프로젝트 중 많은 수가 6개 또는 그 이상의 의사결정기구에 프로젝트 추진현황을 보고해야 했는데, 많은 프로젝트 팀원이 매월 4일 정도를 프로젝트 진행보고 준비를 위해 소모하고 있었다. 비교해보면 6개월 프로젝트는 관리업무에 24

일이 소요된다. 같은 프로젝트를 2년으로 연장하면 거의 100일에 가까운 관리업무가 발생된다. 프로젝트 리드타임이 늘어나면 관리업무에 투입되는 프로젝트 시간도 함께 늘어난다는 의미이다.

- **프로젝트 자원에 대한 수요가 증가한다:** 우리는 제6장에서 이미 정신적 준비시간Mental set-up time에 대해 논의한 바 있다. 동시에 많은 프로젝트에 관여하게 되면 직원들이 끊임없이 프로젝트를 이동하면서 일을 수행해야 하는 일이 발생한다. 이러한 이동과 정신적 준비시간이 생산성을 저하시키는 것이다.

> **▌ 추가 프로젝트에 대한 관리비용 = 세금**
>
> 추가 프로젝트의 오버헤드를 진행 중인 프로젝트에 대한 생산성 손실이라는 형태로 매월 부과되는 세금이라고 생각해보자. 진행 중인 프로젝트의 수가 늘어나면 매달 지불해야 하는 총세금도 증가하는데, 전체 자원 중 더 많은 비중이 오버헤드 활동에 사용되고, 더 적은 비중이 순수한 프로젝트 활동 수행에 투하된다. 프로젝트 수행기간이 늘어나면 한 시점에 수행되는 프로젝트의 수가 늘어나게 되고, 세금이 증가한다. 프로젝트 리드타임이 늘어나면 대부분의 회사는 자연스럽게 보다 자주 리뷰를 하는데, 이는 결과적으로 다시 세금을 증가시키는 역할을 한다.

이에 더하여 변동성이 증가하면 여러 가지 업무 지연이 발생할 가능성 또한 커진다. 각 팀원들이 여러 프로젝트에 관여하고 있는 경우, 특정 프로젝트의 팀 미팅 일정을 잡는다고 생각해보라. 업무 지연은 대기시간에 작은 구멍들을 만드는데 대부분 이런 시간들은 비생산적인 시간이다. 이 시간을 우리는 죽은 시간Dead time이라고 부른다. 대부분의 직원들이 매일 다른 직원들과 일정을 조율하고 대기해야 하는 시간을 생각해보라. 통상 일반직원들은 이런 작은 조각의 시간들을 보다 생산적인 활동에 재배치할 수 있는 권한이나 능력이 없는 경우가 많다.

프로젝트 수를 줄이고 리드타임을 단축하면 어떻게 변동성이 줄어드는가?

변동성은 리드타임을 증가시키고, 리드타임은 생산성을 저하시킨다. 변동성은 모든 프로젝트 업무에 존재하지만, 프로젝트 수행기간 자체가 길어지면 변동성도 증가한다. 긴 프로젝트 리드타임은 다음과 같은 영향을 미친다.

- **프로젝트 간의 연계관계 증가:** 긴 리드타임은 특정 시점에서 더 많은 프로젝트가 동시에 진행된다는 것을 의미하는데, 이 경우에 더 많은 자원들이 복수의 프로젝트에 시간을 쪼개어 관여하게 된다. 이런 상황에서는 각 프로젝트들이 서로 영향을 끼치게 되는데, 한 프로젝트의 이슈가 다른 프로젝트의 일정에도 영향을 미치는 상황이 발생한다.

- **변화에 대한 노출 증가:** 리드타임이 길어지면 프로젝트는 더 큰 변화를 겪게 된다. 예를 들면 프로젝트에 대한 요건의 변경, 팀 구성원의 교체, 자원 확보를 위한 다른 프로젝트와의 경쟁, 전

체 프로젝트 기간 동안의 계획 수립의 복잡성 등이 그것이다. 이러한 변화 요인들은 변동성을 증가시키는 원인이 된다.

그나마 반가운 소식은 이러한 변동의 원인(변동성 증가 인자)들이 제거하기 매우 쉽다는 점인데, 프로젝트 리드타임만 단축할 수 있으면 이들은 제거된다.

변동성을 공략하는 가장 좋은 방법은 프로젝트의 수와 리드타임을 줄이는 것이다. 그러나 일단 이것이 실행되어 프로젝트의 수와 리드타임이 안정되면 변동성의 보다 구조적 요인들에 대한 가시성을 확보할 수 있다. 예를 들면 프로젝트 병목구간의 '잡음'을 제거하고 나면 프로젝트 수행 활동의 일부분이 매우 반복적이고 정형화되어 실행된다는 것이 보이게 될지 모른다. 이러한 반복적인 항목에 대한 프로세스를 표준화함으로써 활동의 변동성을 줄이고, 보다 창의적인 활동에 집중할 수 있는 여력을 만들 수 있다. 그러나 무엇보다 먼저 잡음을 없애야 한다는 것을 잊지 말아야 한다.

더 적은 자원으로 더 많은 일을 더 빨리 수행하기

프로젝트 리드타임, 프로젝트 수, 자원 할당, 의사결정 체계 및 변동성을 공략하기 위해서는 다방면에서 과감하게 협공작전을 펼쳐야 하지만, 이에 대한 보상은 그럴 만한 큰 가치가 있다. 이 보상을 획득하기 위해서는 다음의 네 가지 조치가 필요하다.

1. 프로젝트 수를 감축하라.

2. 자원 할당을 바로잡아라.

3. 프로젝트 관리업무를 제거하라.

4. 리드타임 감축을 요구하라(그러나 버퍼를 완전히 제거하지는 말라).

1단계: 프로젝트 수를 감축하라

만일 이 전투 전략을 여러분의 회사에 적용하기로 마음먹었다면 가장 중요한 첫 번째 단계는 회사 내에서 수행되고 있는 프로젝트의 수를 줄이는 것이다. 우리는 이것이 말로 하기는 쉽지만 실천에 옮기기는 결코 쉽지 않다는 것을 알고 있다. 여러분의 회사에서 현재 진행되고 있는 프로젝트들은 아마도 서로 연계되어 있어서 특정 업무를 중단하는 것은 마치 달리는 자동차를 뒤집어보는 것과 같이 어렵게 느껴질 것이다. 이 단계를 실행에 옮기기 위해서는 회사에 만연한 두 가지의 마인드셋을 변화시킬 필요가 있다.

마인드셋 변화 1: 활동보다는 결과물에 집중하라

- 회사의 초점이 주로 활동(우리 직원들이 가치 있는 일을 열심히 하고 있나?)에 맞추어져 있으면 프로젝트를 중단하기가 어렵다. 특히 프로젝트가 최초에 시작할 때 의미 있는 것이라고 판단한 경우에는 더욱 그렇다.

- 결과물에 집중하면(우리가 무엇을 완수하였고, 그것을 완수하는데 얼마만큼의 기간이 소요되었나?) 프로젝트 중단이 좀 더 쉬워진다. 왜냐하면 너무 많은 프로젝트를 한꺼번에 수행한다는 것은 결과물이 더 늦게 산출된다는 것을 의미하기 때문이다. 그러므

로 프로젝트 중단은 더 이상 '100개의 의미 있는 일을 10개로 줄였다'라는 식의 관점이 아니라 5개만 완결할 수 있었던 구조를 10개까지 완결할 수 있는 구조로 변화했다는 관점으로 볼 수 있게 된다.

마인드셋 변화 2: 의미 있는 프로젝트를 거절 또는 유보하는 법을 배우라

- 많은 의사결정자들은 새로운 기회가 나타나면 자연스럽게 자원을 쪼개어 할당하고자 하는 경향을 가지고 있다. 그러나 효과적인 리더는 이러한 기회들 중에서 지금 당장 추진할 만한 가치가 있는 일을 가릴 수 있어야 한다(참고자료 '왜 조직들은 스스로를 얇게 분산시키려는 경향이 있는가?' 참조).

▌ 왜 조직들은 스스로를 얇게 분산시키려는 경향이 있는가?

- 프로젝트/과제 간의 우선순위 부여를 어렵게 만드는 전략의 모호함
- 다른 프로젝트에 대한 영향을 고려하지 않고, 프로젝트를 개별적으로 검토하면서 모든 좋은 활동들을 다 추진하는 식의 의사결정
- 산출물보다는 활동에 집중하여 산출물은 줄어들고 활동은 증가하는 현상

오늘 프로젝트를 시작해서 12개월 후에 완료하는 것과 6개월 후에 시작해서 그 이후 3개월 후에 완료하는 대안이 주어졌을 때, 많은 사

람들이 전자를 택하는 현상이 발생하고 있다(지나치게 많은 프로젝트들이 쌓여 있는 기업에서 이와 같은 의사결정들이 흔히 발생한다). 프로젝트를 새로 시작하는 것은 상대적으로 쉽고 마치 무언가를 성취한 듯한 느낌이 든다. 그러나 프로젝트를 마무리 하는 것이 훨씬 어려운 일이고, 이것이야말로 무언가를 실제로 성취하는 일이다. 참으로 안타까운 것은 이익 감소에 대해 많은 기업들이 더 많은 프로젝트를 시작하는 것으로 대응한다는 점이다.

기업들은 자원의 제약이 존재하므로 한 시점에 실제로 그들이 수행할 수 있는 일에는 한계가 있다. 프로젝트를 시작할 때 프로젝트의 우선순위를 고려하지 않으면 끝부분에서 의도하지 않게 우선순위가 결정되며, 이 우선순위는 여러분이 선택했을 순위와는 다를 것이다.

무엇을 할 것인지의 관점에서 질문하기보다 언제 할 것인지의 관점에서 질문하는 것이 도움이 될 수 있다. 이것은 여러분이 의미 있는 모든 일을 지금 당장 실행할 수 있다는 착각에 빠지지 않도록 도와준다. 거칠지만 유용한 방법은 프로젝트 관계자에게 프로젝트의 결과물과 회사에 미친 영향을 기준으로 보상을 시행하고, 특정시점에서 동시에 추진될 수 있는 프로젝트 숫자에 제한을 두는 것이다. 이것은 넷플릭스Netflix 사가 사용하는 방법과 유사한데, 넷플릭스에서는 한 프로젝트가 종료되어야 다른 프로젝트를 시작할 수 있다. 이렇게 함으로써 진행 중인 프로젝트의 완료에 보다 집중할 수 있고, 무의식중에 프로젝트를 확장하고자 하는 경향을 통제할 수 있게 된다.

▎ 자원 분할을 유도하는 '교묘한 유혹'

저명한 미국의 해군 역사학자이며 전략가인 알프레드 메이헌Alfred Thayer Mahan은 그의 저서 〈해군력이 역사에 미친 영향The Influence of Sea Power upon History〉에서 해군 사령관들이 어떤 임무를 수행하든지 당면하는 함대 분할의 유혹에 대해 기술하고 있다. 그는 1666년 영국과 네덜란드 함대 간의 4일 해전에 대해 다음과 같이 썼다.

"전투 직전에 영국 왕실은 중요한 전략적 실수를 저질렀다. 왕은 프랑스 함대가 대서양으로부터 네덜란드 함대와 합류하기 위해 오고 있다는 전갈을 받았다. 그는 함대를 나누어서 루퍼트 왕자Prince Rupert 휘하의 20척의 전함을 서진시켜서 프랑스 함대를 막도록 하고, 나머지는 동진하여 네덜란드 함대와 전투…

영국 함대와 같이 두 방향으로부터 위협을 받게 되면 사령관들은 찰스 왕King Charles이 했던 것처럼 함대를 나누어 양측에 대항하고 싶은 강한 유혹을 느낀다. 그러나 압도적인 화력을 갖고 있지 않은 한 이것은 분명한 전략적 오류로서, 나누어진 두 함대를 각개격파 당하도록 할 수 있다."

압도적인 자원을 보유하고 있는 기업은 거의 없으며, 자원을 여러 프로젝트에 분산시키면 각각에서 패배 당하는 위험을 감수해야 한다. 메이헌은 계속해서 다음과 같이 썼다.

"140년 후, 영국 해군 제독 콘월리스Cornwallis는 정확히 같은 실수를 저질렀는데 그의 함대를 정확히 둘로 나눈 것이다… 이에 대해 나폴레옹은 눈부시게 우매한 짓이라고 평가했다. 시대는 바뀌었어도 교훈은 같다."

그리고 우리는 다음과 같이 첨언하고 싶다. "환경이 바뀌어도 교훈은 같다." 모든 좋은 프로젝트 아이디어에 회사의 자원을 분산시키고 싶은 유혹을 모든 의사결정자들은 당면하고 있다.

메이헌은 다음과 같이 결론을 짓는다.

"프랑스 군의 진격을 고려할 때 영국 해군이 취했어야 할 올바른 전략은 프랑스 군이 도착하기 전에 모든 함대를 모아서 네덜란드 함대와 전투를 하는 것이었다. 이 교훈은 언제나 그렇듯이 현대에도 적용된다."

물론, 프로젝트의 우선순위를 정하고 중단하는 가장 좋은 방법은 다음과 같은 기준을 가지고 프로젝트를 평가하는 것이다.

- **전략적 목표**: 회사가 달성해야 할 핵심적인 것은 무엇인가?
- **시점**: 무엇을 오늘 달성해야 하고, 무엇을 내일로 미룰 수 있는가? 어떤 프로젝트가 완료에 가장 가까이 다가가 있는가?
- **상호 의존관계**: 프로젝트 간에 시너지가 존재하는가? 어떤 프로젝트가 다른 프로젝트 없이는 무의미해지는가?
- **핵심 역량**: 어떤 프로젝트 또는 프로젝트 그룹이 여러분이 가용한 자원의 역량을 활용하는데 가장 적합한가?
- **예산**: 어떤 프로젝트에 예산이 확보되어 있는가?

몇 가지 기준을 열거했지만, 여러분이 의미 있는 기준들을 개발하는데 어려움이 있다고 해서 프로젝트의 우선순위를 결정하는 것을 미뤄서는 안 된다. 부족하더라도 우선순위를 결정하고, 이후에 보완하면 되는 것이다.

이 단계의 분석과정에서 마비되지 않는 가장 좋은 방법으로 의료 기업의 CEO가 어떤 프로젝트를 중단할지 물었을 때 우리 회사의 동료가 했던 답을 떠올려 보기를 권한다. "어떤 프로젝트인지는 별로 중요하지 않습니다." 우리는 이 답변보다 조금이라도 낫기만 하면 충분하다고 생각한다. 단 이것이 우선순위를 결정하고 프로젝트를 중단하는 과정을 가로막지만 않는다면 말이다.

2단계: 자원 할당을 바로잡아라

두 번째 단계는 프로젝트에 대한 자원 할당과 관련된다(사실 이번 단계는 첫 번째 단계에 이어 반복적으로 수행되거나 병행 수행되는데, 왜냐하면 가용자원의 수준이 여러분의 회사에서 몇 개의 프로젝트를 동시에 수행할 수 있는지를 결정하는 주요 인자이기 때문이다).

윗부분과 제7장에서 설명한 이유로, 창의적 프로세스에서 자원의 가동률을 낮은 수준으로 유지하는 것이 매우 중요하다. 낮은 수준의 자원 가동률은 다음의 두 가지 방법으로 달성될 수 있다.

- 각 프로젝트에 보다 많은 인원을 배치하라.
- 각 인원을 보다 적은 프로젝트에 할당하라.

첫 번째 대안은 변동성을 증가시키고, 두 번째는 변동성을 감소시킨다. 예를 들어 네 명이 수행하는 프로젝트가 있는데 네 명의 팀원 각자는 다시 또 다른 세 개의 프로젝트를 동시에 수행하고 있는 상황을 고려해보자. 평균적으로 네 명 각자는 해당 프로젝트에 매일 2시간을 할애하고, 이를 합치면 매일 8시간의 공수Man hour가 투하된다. 이제 이 상황과 한 명의 전담요원을 배치하는 것을 비교해보자. 자원 가동률의 관점에서는 두 가지 대안이 동일해 보인다. 그러나 전자의 경우 변동성이 매우 크다.

다른 3개의 프로젝트를 수행하고 있는 4명을 배치하는 경우 프로젝트의 변동성은 최소한 3개, 많게는 12개의 다른 프로젝트의 영향을 받게 된다. 다시 말해 각 프로젝트는 각각의 변동성으로 서로서로 다른 프로젝트에 영향을 미치는 것이다. 그러나 전담요원 1명을 배치하는 경우 다른 프로젝트의 변동성으로부터 해당 프로젝트의 변동성이 분리되고, 일정 조정을 위한 시간 낭비가 줄어들며, 참여자의 책임의식이 강화되는 효과가 있다.

이런 연유로 **자원 할당을 위한 핵심적인 원칙은 소수 정예의 전담인력을 프로젝트에 배치하라는 것이다**(참고자료 '143일 만에 미국의 첫 번째 제트 전투기 생산' 참조).

물론 개별 프로젝트에 전담인력을 배치하는 것이 항상 현실적인 것은 아니다. 예를 들어 특정 역량을 가진 전문가가 풀타임으로 필요하지 않을 수가 있다. 그러나 항상 가능한 것은 아니라도 현실이 허용하는 한 최대한으로 이 원칙을 적용하려고 노력해야 한다.

적은 인원의 리소스 배치의 중요성을 희생시키기보다 프로젝트에 필요한 폭 넓은 역량을 가진 인력을 찾아서 배치하도록 노력해야 하는 것이다.

제2차 세계대전이 끝나갈 무렵, 미 육군 항공대는 클라렌스 켈리 존슨 Clarence 'Kelly' Johnson에게 독일 공군의 신형 제트기에 대적할 수 있는 제트 전투기 개발을 요청했다. 그가 취했던 방식은 대부분 여기서 정의된 소수정예 인력이 하나의 프로젝트에 전담하라는 원칙을 실행에 옮긴 것이었다.

〈조직 구성의 천재들 Organizing Genius〉에서 워렌 베니스 Warren Bennis 와 패트리샤 비더만 Patricia Ward Biederman이 썼듯이

> "임무를 제때 완수할 수 있는 유일한 방법이라고 주장하면서 존슨은 록히드 사의 경영진을 설득하여 회사의 조직도에 없는 기밀 조직을 만들고, 그가 직접 뽑은 엔지니어와 기술자들을 배치했다. 존슨은 기존의 의사결정과 관리체계에서 자유로운 비밀 실험 생산시설을 확보했고, 오직 록히드의 최고경영진과 고객인 미 육군 항공대에만 진행 사항을 보고했다."

베니스와 비더만은 이어서 다음과 같이 썼다.

> "33살이었던 존슨이 리딩하여 그들은 180일 이내 생산을 목표로 미국 최초의 제트 전투기 설계를 시작했다. 치열하게 일하여 이 팀은 P-80 슈팅 스타 기의 프로토타입을 마감까지 37일이나 남겨 놓고 조기에 생산할 수 있었다."

켈리 존슨이 어떻게 23명의 엔지니어와 30명의 보조 기술자들을 이끌고 143일 만에 미국의 최초 제트 전투기를 만들 수 있었을까? 첫 번째는 그가 분명히 명석한 엔지니어였다는 점이다(일설에 의하면, 그는 '공기를 볼' 수 있었다고 한다). 그러나 보다 중요한 것은 베니스와 비더만의 책 제목이

암시하듯이 그가 '조직 구성의 천재'였기 때문이다. 존슨의 14개 경영원칙 중의 하나는 다음과 같다.

"프로젝트에 관여하는 사람의 숫자를 최대한 제한하라. 적은 수의 능력 있는 사람들을 활용하라(소위 정상적인 프로젝트에 참여하는 숫자의 10~25%가 적정하다)."

다른 사람 같았으면 100명을 배치했을 일을 몇 십 명을 가지고 수행함으로써 켈리 존슨은 변동성을 줄이고, 업무 조율 비용을 최소화하고, '가짜' 일의 덫에 빠지는 것을 피할 수 있었다.

3단계: 프로젝트 관리업무를 제거하라

프로젝트 관리업무는 프로젝트 보고, 스티어링 커미티Steering Committee 미팅, 예산 심의 및 기타 프로젝트 관련 행정처리 활동을 포함한다. 이전에도 언급했듯이 우리는 6개의 스티어링 커미티에 별도로 프로젝트 보고를 하고, 1개월에 1주일가량은 프로젝트 보고 업무에 시간을 할애해야 하는 기업도 보았다. 프로젝트 관리업무는 특히 프로젝트의 수가 많고, 개인들이 여러 프로젝트에 관여하고, 프로젝트의 오너십이 불분명할 때 증가한다.

우리는 프로젝트 관리업무의 규모가 크다는 것이 무엇을 의미하는지, 프로젝트의 수행기간이 길어지면 어떻게 프로젝트 관리업무가 증가하는지 설명했었다. 프로젝트 오버헤드는 프로젝트에 대한 일종의 세금이라고 볼 수 있는데, 이로 인해 소중한 자원이 소진되는 것이다.

가장 중요한 점은 프로젝트 관리업무가 증가하면 오너십이 강해지는 것이 아니라 약화된다는 것이다. 감시감독을 강화하면 오너십이 프로젝트 리더로부터 스티어링 커미티로 넘겨지고, 결국에는 다수의 스티어링 커미티 구성원들 사이에서 실종되는 결과가 발생한다(해군제독 리코버Admiral Rickover의 다음 말을 상기하라. "어떤 일에 문제가 발생했을 때 책임져야 할 유일한 한 명이 존재하지 않는다면 누구도 책임지지 않게 된다."). 다수의 사람들은 안전하다(예를 들면 여러 명의 스티어링 커미티 멤버들). 하지만 관여하는 사람의 숫자가 늘어나면 리드타임이 증가하고 오너십이 사라지면서 초점이 결과물에서 활동으로 옮겨지게 되는데, 결과적으로 업무는 증가하고 리드타임은 늘어나게 된다. 프로젝트 관리업무가 지나치게 과다하다면 그것은 결과물보다 활동에 초점을 맞추고 있다는 것을 의미하는데, 이로 인해 발생하는 부정적인 영향들에 대해서는 이미 충분히 다루었다.

이 악순환 사이클에서 벗어나기 위해서는 **프로젝트 감독의 강화가 뭔가 잘못되고 있다는 증상이지 문제점을 해결하는 대안이 아니라는 것을 명확히 인식해야 한다.** 감독의 강화는 책임을 강화하기보다는 주인의식의 부재를 보여주는 증상이다.

이에 대한 해결책은 주인의식을 강화하고, 결과물에 집중하도록 하는 것이다(거칠지만 효과적이었던 넷플릭스 사의 어프로치를 상기해보라). 이것은 반드시 쉽다고 할 수 없으며, 어려운 의사결정을 필요로 할 수 있는데, 그것이 경영진이 자주 프로젝트 감독을 강화해서 관리업무를 늘리는 쉬운 길을 택하는 이유이기도 하다. 감독을 강화하는 것은 하기는 쉽지만 프로젝트 지연에 대한 효과적인 대응방법은 아니다. 통상 프로젝트가 지연될 때는 해결해야 할 구조적 문제들이 존재하는데, 이에 대해서는 앞부분에서 다루었다. 그러한 구조적 문제들이 해결되면 불필요한 관리업무에 소모되었던 자원을 반드시 방출시켜야만 한다.

4단계: 리드타임 감축을 요구하라(그러나 버퍼를 완전히 제거하지는 말라)

리드타임 단축에 필요한 구조적 변화를 추진하지 않고 리드타임 단축을 요구하는 것은 아무 효과가 없다. 반대로, 구조적 변화를 추진하였으나 이후에 리드타임 감축을 추진하지 않는다면 마찬가지로 효과가 없는 것이다.

그러므로 마지막으로 남아 있는 과제는 리드타임 단축을 요구하는 것이다. 그러나 이것은 다른 단계를 추진한 이후에 진행해야지 선행해서는 안 된다. 물론 우리는 '요구하라'라는 좀 무른 듯한 표현을 썼는데, 이는 지나치게 강압적으로 버퍼까지 쥐어짜서는 안 된다는 의미이다. 〈마이크로소프트의 비밀Microsoft Secrets〉에 다음과 같은 글이 있다.

많은 전통적 관리자들이 개발 스케줄 상에 표시된 버퍼 기간을 그냥 보아 넘긴다는 것은 근거 없는 믿음에 불과했다. 그래서 결국 많은 경우 버퍼 기간은 축소되기 일쑤였다. "아니오. 이 부분을 단축합시다. 우리는 배송해야 합니다. 우리는 버퍼 기간을 조금 단축할 수 있습니다"라는 말과 함께 버퍼 기간이 줄어들어 나중에는 도저히 실현 불가능한 일정 계획이 되고 말았다.

여기서 다시 우리는 마인드셋의 변화를 필요로 하는데, 계획과 실제 달성을 구분하라는 것이다. 일방적으로 프로젝트 계획 단축을 요구하기보다는 - 이 경우 대부분 실제로는 일정을 달성하지 못한다 - 현실적인 일정을 요구하고, 한 번 결정된 일정은 반드시 준수하도록 하라는 것이다. 이를 위해서는 단기 리드타임을 예측하고 보상해야 하며, 일정을 달성하지 못했을 때 무관용의 원칙이 지켜져야 한다. 궁극적으로는 리더십이 중요한데 리코버 제독은 다음과 같이 말했다.

우리의 정부 시스템 심지어 민간기업의 주요한 결점은 조직이 감내할 수 있는 이상으로 업무를 처리하는 것이 허용된다는 점이다… 관리자는 업무가 제대로 처리되기 위해서 직원들에게 개인적으로 책임지는 태도를 심어주어야 한다. 불행히도 이런 태도는 점점 약화되고 있는 것으로 보인다. 특히 책임이 여러 사람에게 분산되는 대규모 조직에서는 이런 현상이 심각하다… 어떤 관리 시스템도 근면한 업무수행을 대체하지는 못한다. 관리자는 가장 똑똑하거나 가장 지식이 많은 사람이 아닐지 모른다. 그러나 그가 주어진 업무에 전념하고 노력을 다한다면 다른 사람들이 그의 길을 따라갈 것이다.

결론

우리는 더 적은 자원으로, 더 많은 일을, 더 빨리 수행할 수 있도록 하는 단계와 논리에 대해 설명했다. 여러분들이 알아야만 하는 핵심적인 프로세스의 상호작용과 상황을 악화시키는 전형적인 조직의 양태에 대해 설명하였고, 이러한 조직의 양태와 장애물을 극복하는데 도움이 될 수 있는 마인드셋의 변화 내용들을 살펴보았다.

적은 자원으로, 더 많은 일을, 더 빨리 수행하기 위해서 여러분은 다음의 단계를 실행해야 한다.

- **프로젝트 수를 줄여라**: 활동보다는 결과물에 집중하고, 좋은 일이라고 하더라도 거부하거나 유보할 수 있어야 한다.
- **여러분의 자원을 집중하라**: 소수 정예의 전담인력으로 프로젝트 수행 팀을 구성하라.
- **감독보다는 주인의식을 강조하라**: 의사결정과 프로젝트 관리체계를 간소화하고, 프로젝트의 오너십과 책임을 명확하게 하라.
- **프로젝트 리드타임 단축을 요구하라**: 조직의 실행력을 확보하는데 필요한 구조적 변화를 추진한 이후에는 프로젝트의 효율성에 대한 기대수준을 상향하라.

이 장의 도입부에서 설명했듯이 많은 기업들은 프로젝트 합리화를 통해 엄청난 효과를 거둘 수 있다. 현재 투입되는 자원의 50%만을 투입하고도 프로젝트 리드타임을 50~75% 가량 단축할 수 있다고 상상해보라. 모든 기업들에서 이와 동일한 수준의 효과가 발생하지는 않겠지만, 독자들의 회사의 현재 상황이 어떤 상태인지 스스로 질문해보고 앞에서 논의되었던 사항들을 추진한다면 미래에 어떤 상태가 될 것인지 생각해볼 가치는 충분하다.

제16장

동적 오퍼레이션
복잡성의 트레이드오프 최적화

제6장에서 우리는 제품 복잡성이 어떻게 재고 수준을 증가시키고, 리드타임을 늘리며, 제품 생산량을 축소시키는지 보여주었다. 이러한 영향은 상호독립적인 것이 아니며, 서로 연결되어 있다.

예를 들어 우리는 제품 복잡성이 재고 수준을 증가시킨다는 것을 알고 있다. 그러나 이러한 영향은 제품 생산량을 포기함으로써 완화될 수 있다. 제품 생산량을 포기함으로써 얻어진 시간으로 공정을 보다 자주 교체할 수 있고, 이를 활용해 생산 뱃치 규모를 줄이면 재고 수준을 축소할 수 있다. 시사점은 재고 수준과 제품 생산량 간에 트레이드오프 관계가 존재한다는 것이고, 이러한 관계는 다른 요인들 간에도 존재한다.

좀 더 넓은 관점에서 볼 때 복잡성의 많은 영향들은 상호 연결되어 있다. 이러한 관계 속에서 여러분의 오퍼레이션을 최적화함으로써 회사의 복잡성 원가를 줄일 수 있다. 다른 방식으로 표현하면, 복잡성이 오퍼레이션에 영향을 미치는 방식을 이해함으로써 복잡성 수준 자체를 변화시키지 않고도 복잡성의 요인들 간의 트레이드오프를 최적화시켜서 전체적인 비용을 절감할 수 있다.

상호작용을 최적화하기 위해서는 오퍼레이션을 보다 동적인 관점에서 이해해야 하는데, 동적인 관점이란 오퍼레이션의 변수들 간의 상호작용의 변화 양태를 시간의 흐름과 환경의 변화를 고려하여 파악하는 것이다. 동적인 관점은 또한 오퍼레이션 내의 복잡성의 영향 간의 다양한 연결 관계를 감안하는 동시에, 오퍼레이션이 이루어지는 외부조건을 고려한 트레이드오프의 최적화를 추구한다(예를 들어 추가 재고의 비용과 생산능력의 추가에 필요한 투자 등이 외부조건에 해당한다).

많은 기업들은 그렇지만 이러한 복잡성의 영향을 서로 독립적인 것으로 보고, 개별적으로 해결하려고 한다. 그들은 재고 감축 프로젝트 또는 리드타임 단축 프로젝트를 추진하는데, 다른 영역에서 추진하는 프로젝트와 무관하게 독립적으로 추진한다. 우리는 그와 같은 방식의 프로젝트 추진이 오퍼레이션에 불균형을 초래한다는 것을 보여줄 것인데, 회사의 복잡성 원가를 줄이는 대신에 오히려 증폭시키는 방향으로 프로젝트의 결과가 나타날 수 있다는 의미이다.

이 전투 전략이 독자들에게도 적용될까? 다음 질문을 스스로 해보기 바란다.

- 복잡성이 유발하는 하나의 특정한 영향 때문에 괴로움을 겪고

있는가?

- 제품 복잡성이 회사의 오퍼레이션을 옭아매고 있지만, 복잡성 수준을 줄일 수 있는 실질적인 기회를 찾지 못하고 있는가?
- 복잡성이 영향을 미치는 특정 영역을 다른 영향이 발생하는 영역과 무관하게 독립적으로 개선하기 위해 노력해본 적이 있는가?
- 여러분의 오퍼레이션 환경은 변화했으나 – 고객에게 무엇이 중요한지, 오퍼레이션의 어떤 영역이 이슈가 되는지 – 여러분의 오퍼레이션이 이를 따라가지 못하고 있지는 않은가?

만일 여러분이 위의 질문 중 몇 개 항목에 대해 "예"라는 대답을 했다면, 여러분은 복잡성의 트레이드오프를 찾아내고 이를 최적화함으로써 상당한 수준의 효과 창출을 기대할 수 있다.

인식_Awareness_이 반_Half_이다.

여러분의 회사에서 복잡성 트레이드오프를 최적화하기 위한 단계는 다음과 같이 요약할 수 있다.

1) **상황을 파악하라**: 주요한 동적 관계들과 회사의 오퍼레이션에 부정적 영향을 미치는 트레이드오프를 찾아내고 이해하라.
2) **관계를 정량화하라**: 회사의 오퍼레이션의 다양한 부분들이 어떻게 상호작용을 하고, 무엇이 무엇에 얼마만큼 영향을 주는지 정의하라. 트레이드오프를 분석해서 관계를 최적화하는데 기초가 되는 정량적 모델을 정의하라.

3) 현재 상황에 맞추어 시스템을 최적화하라: 이것은 하나의 정답을 찾기보다는 현재의 사업 환경에서 관계를 최적화 할 수 있는 '구조적 지식'을 개발하는 과정이라고 볼 수 있다. 또한 다양하고 종종 변화하는 미래 환경에 최적화 할 수 있는 '구조적 지식'을 개발하는 것이다.

당연하게도 사업 환경의 유형과 이를 수행하기 위한 특정 행위는 조직마다 다를 수 있다. 그러나 다행히도 처음에 잘못 관리된 트레이드오프를 찾아내면 절반은 일이 끝났다고 볼 수 있다. 이를 위해 가장 중요한 것은 어떤 영역을 살펴야 할지 아는 것이다. 때문에 우리는 여기서 동적 관계가 무엇인지, 그들이 어떤 영향을 미칠 수 있는지, 그리고 왜 기업들은 관리는커녕 동적 관계를 찾아내는 것조차 어려워하는지를 보여주고자 한다.

동적 관계와 이들이 발생시키는 트레이드오프를 가장 장 설명할 수 있는 방법은 실제 사례를 보여주는 것이다. 다음의 이야기는 실제 사례에 기반하고 있다. 어떻게 좋은 의도로 내린 의사결정들이 문제를 악화시켰는지(왜냐하면 동적 관계를 잘 이해하지 못했기 때문이다)에 대해 얻었던 통찰을 살펴본 후, 우리는 다양한 형태의 동적 관계의 유형을 정의하고, 왜 기업들이 이들 때문에 어려움을 겪고 있는지 살펴볼 것이다.

사례 연구: RME 제약

지난 몇 년간 전문 제약회사인 RME 제약은 천천히 성장하는 시장에서 꾸준한 시장 점유율을 유지해왔다. RME 제약의 제품 포트폴리오는 한 개의 제품부터 시작해서 몇 십 년 전에는 몇 개로 늘어났고, 현재는 20개의 제품들로 구성되고 있다. 추가된 복잡성으로 인해 생산이 복잡해졌지만, 현재 가동 중인 세 개의 공장은 설비개선, 신新 설비투자 및 오퍼레이션 체계 개선 등을 통해 제품 다양성을 문제없이 지원할 수 있었다.

그러나 제품에 대한 고객의 수요를 충족시키기 위해 몇 년간 공급망을 쥐어짠 후에 RME 제약은 더 이상 자체 생산으로 수요를 충족시킬 수 없다는 것을 깨달았다. 이 회사는 공장에서 짜낼 수 있는 것은 이미 다 짜냈다고 느끼고 있었고, 설비 증설을 위한 투자(RME 제약의 공장은 큰 자본투자가 필요한 설비를 보유하고 있다)를 하지 않으면 외주 생산을 할 수밖에 없다고 느끼고 있었다(그러나 최소한 수요가 과다하다는 것은 행복한 고민이었다).

불행하게도 RME 제약은 성장하는 수요를 가지고 있기는 했으나, 세 가지 측면에서 원가 압박에 직면하고 있었다.

- 외주 생산제품의 원가 수준이 자가 생산제품에 대비해서 매우 높은 수준이었다. 외주 생산제품도 이익을 내기는 했지만 자가 생산제품에는 미치지 못했다.
- 최근까지는 외주 생산원가가 평균 이익률에 미치는 영향이 크지만 참을 만한 수준이었지만, 내년과 그 이후부터는 원가에 미

치는 영향이 감수할 수 없는 수준으로 악화될 것으로 예측되었는데, 왜냐하면 수요의 점진적 증가로 인해 다른 조치가 없다면 매년 RME 제약의 전체 생산량 중 외주 생산 비율이 증가할 것이기 때문이다.

- 설상가상으로 RME 제약은 주요 원자재의 가격 인상에 직면했으며, 이는 비용 압박을 증가시키고 이익률을 저하시켰다.

이런 압박에 대응하여 RME 제약은 원가 절감을 위해 가능한 모든 기회를 검토하기로 결정하였다. 이런 공격적인 노력의 일환으로, 이 회사는 복잡성을 파악하고 제거하기 위해 복잡성 프로젝트를 주저하면서 추진하였다. 우리가 '주저하면서'라고 말한 이유는 RME 제약은 제품 포트폴리오를 건드리고 싶어 하지 않았는데, 임직원들은 대부분의 복잡성 프로젝트가 이 부분에 집중될 것을 두려워한 때문이다.

대부분의 회사와는 상황이 달라서 RME 제약의 포트폴리오는 25개 제품으로 구성되었으며, 그다지 복잡하다고 할 수 없었다. 그러나 얼마 전에 비해 이것은 훨씬 복잡해졌는데, 얼마 전이란 세 개의 공장 중 두 개가 구축되어 가동되고 있었을 때를 말한다. 공장이 핵심이었는데, 왜냐하면 제한된 생산능력 때문에 RME 제약이 상당한 금액의 원가 프리미엄을 주고 외주 생산에 의존해야 했기 때문이다.

그러므로 프로젝트 팀은 복잡성 큐브의 조직-제품 면부터 살펴보기 시작했는데, 이는 회사의 제품과 이를 생산하는 공장 간의 상호작용, 관계 및 적합도를 의미한다. 만일 그들이 복잡성을 더 잘 이해한다면 설사 복잡성을 제거하지 않더라도 최소한 더 잘 관리할 수 있을 것이라는 생각이었다. 본질적으로 그들은 복잡성을 보다 값싸게 만드는 것을 추구했다. 보다 구체적으로 말하자면, 프로젝트 팀은 제품 라인업과 추가적인 자본투자 없이 제품 생산능력을 확장시키도록 임무를 부여받았고(그리고 이것을 많은 사람들이 이미 한계까지 쥐어짰다고 믿었던 오퍼레이션 영역에서 추진해야 했다), 그것은 쉽지 않은 목표였다.

1단계: 상황을 파악하라

조직-제품 면을 살펴보는 과정에서 몇 가지 눈에 띄는 점이 발견되었다. 몇 개의 주요 제품들과 다수의 소량 제품들이 모든 공장에서 각각 생산되고 있었다. 특별히 한 공장은 분명히 소품종 대량생산에 적합하도록 설계되었지만, 다수의 소량 제품도 생산하고 있었다. 프로젝트 팀은 생산 물량의 공장 할당 체계의 변화를 통해 개선 효과가 발생할 수 있을 것이라는 생각을 갖게 되었는데, 공장 할당이란 어떤 제품은 어떤 공장에서 생산하고, 각 공장은 얼마만큼을 생산해야 하는지를 결정하는 것이다.

그러나 이 아이디어에 대한 반발이 있었는데, 팀이 헛다리를 짚었다는 지적이었으며, 이런 반발에는 나름대로의 논리적 근거도 있었다. 공장 할당은 많은 사람들이 전혀 문제없이 운영되고 있는 것으로 생각하는 영역이었다. 몇몇 사람은 공장 할당이야말로 이슈가 있을 수 없는 곳이라고 확신하였는데, 사실 RME 제약은 몇 년 전에 제품 할당 최적화를 위한 최신 시스템을 도입했다.

그럼에도 불구하고 프로세스-조직 면으로 전환하여 프로젝트 팀은 제품 할당 프로세스를 점검했고, 특히 프로세스와 관련된 조직의 기능들이 어떻게 상호작용하는지에 주의를 집중하여 검토했다. 프로젝트 팀은 전체론적이고 주기론적인 관점에서 공장 할당 의사결정 자체만을 살피지 않고, 의사결정에 사용된 입력 데이터까지 조사해서 데이터의 원천을 파악하고, 하류 프로세스에서 공장 할당 의사결정의 결과물로 어떤 활동이 이루어지는지까지 검토했다(그림 61 참조).

매년 이전 연도의 공장의 성과를 기반으로 공장/제품별로 표준 생산 속도가 결정되었다(어떤 경우에는 계획된 공장 변경 또는 제품 변경을 반영하여 수정하기도 하였다). 표준 속도는 재무부서에 전달되어 표준 원가 계산의 입력물로 활용되었다. 공장 할당 담당조직은 표준 생산 속도를 입력물로 활용하여(예상 연간수요 및 수·배송 데이터와 결합하여) 연간 공장 할당 목표를 수립한다. 이후에는 공장 할당 목표에 기반하여 수요량과 재고 수준을 업데이트하고, 주간 단위로는 마스터 생산계획 조직이 주간 생산계획을 수립하는데 이는 어떤 제품이 차주와 그 후 4주간 어떤 공장에서 얼마만큼 생산할지를 구체적으로 정한 계획이다. 마스터 생산계획은 주간 단위로 각 공장으로 보내지는데, 각 공장에서 상세 생산계획(30분 단위)을 수립한다.

몇 가지 사항이 프로젝트 팀에게 포착되었다.

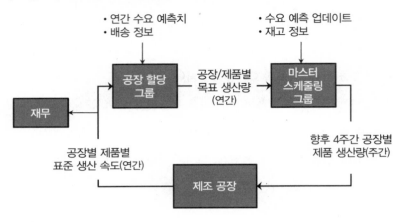

| 그림 61 | RME 제약의 공장 할당 및 마스터 스케줄링 프로세스

첫째, **표준 생산 속도**(직전 연도의 공장 실적에 기반한 공장/제품별 순 생산 속도)**는 실제로는 변수지만 고정값으로 공장 할당 최적화 시스템에 입력되었다.** 왜냐하면 공장 할당에 대한 의사결정 자체와 후속 마스터 스케줄링이 표준 생산 속도에 영향을 주기 때문이다. 생산능력 관점에서 보면 이것은 매우 중요한 동적 피드백 루프인데, 이를 공장 할당 프로세스나 그 시스템에서는 알아차리지 못했던 것이다.

생산 속도를 상수(즉 '표준' 속도)로 처리함으로써 최적화 시스템은 자신의 의사결정이 이 속도에 미치는 영향을 공장 할당 시에 고려할 수 없었다. 그러므로 생산 속도(공장의 생산능력에 대한 영향)에 대한 영향을 고려하여 공장 할당을 최적화하는 대신, 공장 할당 시스템은 동적 모델이 설계된 대로 운반비용을 최소화하는 방향으로 최적 공장 할당을 시행하였다. 운반비를 최소화한다는 의미는 많은 공장에서 가급적 많은 다양한 제품을 생산해서 인근 지역 소비자에게 판매

한다는 의미이다(그림 62의 'A' 경로 참조). 그러나 프로젝트 팀이 알아냈듯이 한정된 제품을 일부 공장에서 집중 생산함으로써 RME 제약은 전체 제품 포트폴리오는 변화시키지 않았지만 각 공장 레벨에서는 SKU 합리화의 효과를 거둘 수 있었고(재고 수준 축소 및 제품 생산량 증가), 결과적으로 상당한 수익 개선이 발생했다.

프로젝트 팀이 발견해낸 두 번째 통찰은 마스터 스케줄링 그룹의 성과는 재고 최소화 관점에서만 측정된다는 것이다. 이 역시 재고 집중이 생산능력에 미치는 영향을 인식하지 못했고, 때문에 마스터 스케줄링 그룹은 짧은 생산 시간에 여러 제품을 생산하여 재고를 최소화하지만, 결국 잦은 라인 교체로 생산능력을 감소시키는 방향으로 주간 생산계획을 수립하였다(그림 62의 'B' 경로 참조).

요약하면 제품 생산 프로세스와 관련된 조직구조에 대해 보다 포괄적이고 동적인 관점을 가짐으로써, 프로젝트 팀은 공장 할당이 수년 동안 시스템과 프로세스의 한계로 생산능력보다 물류비용을 중시하였고, 마스터 스케줄링은 생산능력보다 재고 축소를 우선시했다는 것을 알게 되었다. 이런 상황은 그렇게 예외적인 상황이 아니며, 회사가 손쉽게 모델링된 데이터와 보다 가시적인 지표에 집중하여 중요한 항목을 희생시키는 경우이다.

프로젝트 팀은 이제 공장 할당과 생산 스케줄링 및 그들과 생산능력의 관계에 대해 보다 전체적인 시각을 가지게 되었으며, 이를 통해 과거의 트렌드에 새로운 빛을 비출 수 있었다. 몇 년 동안 생산능력 향상을 위한 자본투자, 설비 개선 및 공장 운영체계 개선을 추진하였다(그림 62의 'C' 참조). 그러나 이러한 조치들은 도움은 되었지만 공장

| 그림 62 | 공장 할당 및 마스터 스케줄링 맵핑

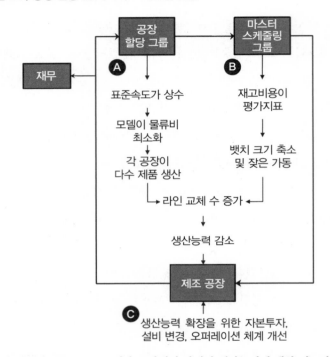

이 경로의 루프는 RME 제약 공장에서 발생된 생산능력에 대한 의도하지 않은 부정적 영향을 나타내고 있다. A/B 경로: 보다 쉽게 모델링된 데이터와 보다 가시적인 지표에 집중하여 공장 할당 및 마스터 스케줄링은 의도치 않게 운반 거리와 재고 비용을 최소화하는 대신 생산능력을 희생시켰다. C경로: 생산능력의 잠식이 자본 투자, 설비 개선 및 공장 운영 체계 혁신에 의해 부분적으로 가려졌다. 반대로 생산능력 잠식은 이런 투자와 개선의 긍정적 효과를 가렸다

할당 및 마스터 스케줄링 프로세스가 생산능력에 미친 부정적 영향을 은폐시키는 역할을 했다. 게다가 새로운 제품 라인의 추가와 생산 난이도(신제품의 성분 변경에 의한)는 생산능력에 그들 나름의 부정적

영향을 발생시켰다. 요컨대 공장 할당 및 마스터 스케줄링이 생산능력에 미친 부정적 영향을 은폐시켰던 다양한 변수들이 존재했던 것이다.

그러나 RME 제약에 대한 해답이 극단적으로 오직 생산능력만을 강조하는 것은 아니었다. 낮은 운반 비용과 재고 비용은 분명 가치 있는 목표이다. 균형을 잃을 때 이슈가 발생하는데, RME 제약의 상황은 분명히 균형을 잃은 상황이었다(참고자료 '균형' 참조). 균형을 달성하기 위한 핵심은 복잡성과 관련되거나 또는 사례의 경우 생산능력과 관련된 트레이드오프를 최적화하는 것이다. 다음 단계는 그러므로 이들 간의 관계를 정량화하는 것이다.

▌ 균형

복잡한 시스템에서는 균형과 정렬이 특정기능의 역량보다 더 중요한 경우가 있을 수 있다. 예를 들어 RME 제약의 수익성 악화는 운반비와 재고 비용을 최소화하는 역량과 이것이 생산능력에 미치는 영향을 인지하는 능력 간의 불균형 때문에 발생한 것이라고 볼 수 있다.

사실 이런 상황이라면 RME 제약이 운반비와 재고비용 최소화에 덜 성공적인 것이 전체적으로는 더욱 바람직할 뻔했다. 공장 할당, 마스터 스케줄링, 운반비용, 재고비용 및 공장 생산능력 간의 연결 관계가 어느 한 요소의 우수성보다 더 중요하다. **부분들 간의 상호작용을 관리하는 것이 종종 특정 부분을 발전시키는 것보다 중요하다.**

악순환 및 선순환 사이클을 조심하라

2단계인 관계의 정량화로 넘어가기 전에 프로젝트 팀이 발견한 특별히 문제가 되는 긍정적 강화 루프에 대해 지적하고자 한다('긍정적'이란 '스스로 강화한다'는 의미이며 '좋다'는 의미와는 다르다). RME 제약의 공장들은 일반적으로도 그렇듯이 다양한 통제 불가능 또는 예측 불가능한 입력물과 파라미터 및 사건(RME 제약에게 이런 사건의 예 중의 하나가 습도이다)들의 영향을 받는다. 부정적인 동요(예년 대비 높은 습도, 설비 고장 또는 오염)가 그림 63과 같은 일련의 사건을 연쇄적으로 일으켜 계획 대비 생산량 수준을 저하시킬 수 있다. 이것은 악순환 사이클이며, 많은 예측되지 못한 영향들이 RME 제약에서 이런 사이클이 작동되도록 할 수 있었고, 실제로 자주 작동되었다.

| 그림 63 | 생산량 악순환

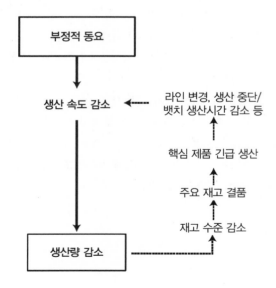

통상 악순환 사이클은 긍정적 동요動搖, Perturbation가 제동이 걸릴 때까지 지속된다. 이와 같은 악순환을 방지하는 하나의 방법은 동요를 통제하는 것인데, 도움은 될 수 있지만 모든 동요를 완전히 제거하는 것은 불가능하다. 다른 방법은 시스템에 여백과 버퍼를 심는 것인데, RME 제약의 사례에서는 정상적으로 달성 가능한 수준보다 약간 낮은 수준의 생산 속도를 가정하여 계획을 수립한다든지 재고 버퍼(안전재고)를 보다 크게 가져가는 방법이 있을 수 있다. 그러나 RME 제약의 공장 할당 및 마스터 스케줄링은 이러한 여백을 최소화하는 경향을 가진다.

반면에 긍정적 동요(예를 들어 예년에 비해 낮은 습도)가 공장을 선순환 사이클로 유도할 수 있는데, 그렇다고 해서 동적 역학이 악순환의 정반대는 아니다(그림 64 참조). 생산직 근로자들은 분명 생산시간을 연장하면 생산량을 늘릴 수 있다는 것을 알고 있었고, 이들은 항상 생산량을 극대화 하도록 동기유발 되고 있다. 그러므로 그들에게 전달된 마스터 스케줄이 허용하는 한도 내에서 그들은 생산시간을 극대화하기 위해 상세 계획을 수립한다. 어떤 긍정적 동요 요인의 결과로 공장 가동이 계획을 초과하면 그들은 보다 큰 폭의 유연성을 가질 수 있는데, 그들의 생산적 가동을 극대화하도록 상세 생산계획을 수립할 수도 있다. 그리고 이는 다시 생산량 증가의 결과로 나타난다. 통상 악순환이 그렇듯이 선순환도 부정적 동요가 발생할 때까지 지속되는 경향이 있다.

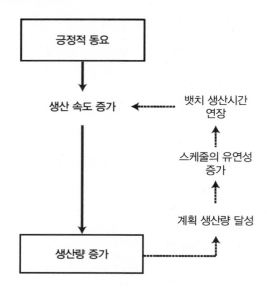

| 그림 64 | 생산량 선순환

이 사이클에서 흥미로운 두 가지 시사점이 있다. 첫째는, 다양한 연결 관계와 이것들 간의 동적인 피드백 루프에 대한 이해 없이 오 퍼레이션을 관리했을 때 공장은 악순환과 선순환 사이를 시계추처럼 반복하게 되었다는 것이다. 그리고 어쩌면 더 중요한 것은 공장이 마 스터 스케줄에 대해 더 많은 권한을 가질 때 제품 생산량은 증가했다 는 점이다.

이것이 시스템 내에 존재하는 불균형의 증상이었다.

2단계: 관계를 정량화하라

생산능력, 재고 및 운반비용 간의 트레이드오프 관계를 정량화하기 위해 프로젝트 팀은 복잡성 큐브의 제품-프로세스 면을 검토했다.

상세하게 다시 설명하지는 않겠지만 제6장의 '복잡성이 발생하는 곳: 제품-프로세스 면'에서 우리는 공장 할당량이 일정하다면, 생산량이 증가하면 평균 재고도 증가하고 반대로 생산량이 감소하면 재고도 감소한다는 것을 보여주었다. 프로젝트 팀은 이러한 트레이드오프 관계의 핵심이 뱃치 가동시간(뱃치 크기라고 불리기도 한다)이라는 것을 알아냈다. 뱃치 가동시간이 줄어들면 재고 수준도 줄어들었지만 생산량도 줄어든다. 뱃치 가동시간을 늘리면 생산량이 늘지만 재고 수준도 늘어난다(그림 65 참조). 프로젝트 팀은 RME 제약의 공장별 생산량-재고 수준 커브를 도출하기 위해 변수들 간의 관계를

| 그림 65 | 뱃치 생산시간 연장의 효과

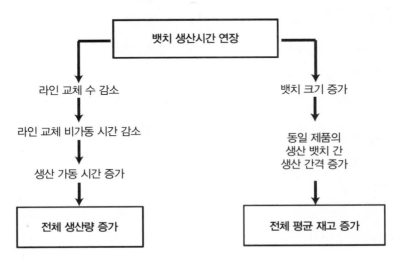

| 그림 66 | 생산량-재고 수준 트레이드오프 커브 예시

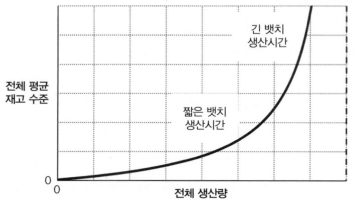

수리적 모델로 만들었다(그림 66 참조). (이 커브는 부록 A: 최적 생산 뱃치 크기 결정 방정식을 활용하여 만들 수 있다.)

그림 66의 커브는 생산량과 재고 수준 간의 트레이드오프 관계를 보여준다. 뱃치 생산시간이 늘면 커브의 상단으로 포인트가 이동하게 되고(생산량이 늘어나지만 재고도 늘어난다), 뱃치 생산시간을 단축하면 반대가 된다(생산량도 줄어들고, 재고도 줄어든다).

프로젝트 팀은 공장 할당의 변경이 생산능력과 재고에 미치는 영향을 알고 싶었다. 제품을 나누어서 특정 공장에서만 전문적으로 생산하도록 하면 회사 전체적으로 제품 포트폴리오는 변화가 없지만 해당 공장에서는 SKU 합리화와 유사한 효과가 발생한다는 것을 프로젝트 팀이 알아냈다는 것을 상기하라(그림 67 참조). 정량적으로 보면 이러한 영향은 재고-생산량 커브를 하향 이동시키고, 최적 오퍼레이션 포인트를 우하방으로 이동시킨다 – 생산량은 늘어나는 동시에 재고는 줄어든다(그림 68 참조).

| 그림 67 | **각 공장의 생산 제품 수 축소 효과**

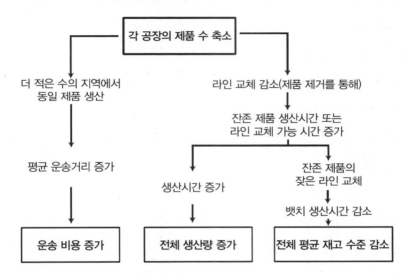

| 그림 68 | **공장 할당 변경을 통한 생산량–재고 수준 트레이드오프 커브의 이동**

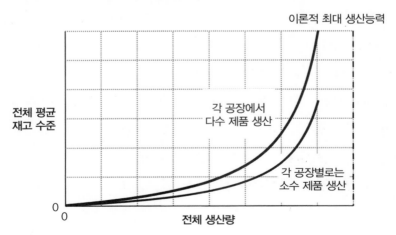

여기에 더하여 제품과 공장 특성을 분석하고, 핵심적인 제품과 프로세스 간의 상호작용을 찾아내고 이해함으로써 프로젝트 팀은 어떤 제품 조합이 각 공장에 최적인지 알아낼 수 있었다. 예를 들면 한 공장은 생산과 주입/포장 공정 간의 저장 시설 용량이 특별히 작았다. 작은 버퍼 용량 때문에 주입/포장 라인이 정지하면 생산 라인도 함께 정지해야 했는데, 저장 탱크가 금세 차오르고 넘쳤기 때문이다. 반대로 생산 라인이 멈추면 주입/포장 라인도 멈추었는데 주입하고 포장할 제품 원료가 동이 나기 때문이다. 생산과 주입/포장 라인은 매우 강하게 연결되어 있어서, 이 때문에 몇 년 동안 생산시간 손실이 발생하고 있었던 것이다.

　이 공장은 불행히도 두 가지 다른 제품군을 생산해 왔는데, 각 제품군은 전용 저장 탱크를 필요로 했다. 이 제품군들은 탱크를 공유할 수 없었고, 결론적으로 이는 제품별로 보면 생산과 주입/포장 라인 간의 저장 탱크 용량의 절반이 가용 용량이라는 의미이다. 공장에서 한 가지 제품이 생산되고 있을 때 저장 탱크의 절반은 유휴 상태였지만 사용할 수가 없었는데, 다른 제품 생산 시에 사용해야 했기 때문이다. 둘 중 한 제품의 생산을 중단하고 – 어떤 제품이든 중요하지 않다 – 다른 제품의 물량을 증가시킴으로써 이 공장은 라인 교체에 투입되었던 시간을 줄일 수 있었을 뿐만 아니라 생산과 주입/포장 라인 간의 버퍼 물량을 두 배로 증대시킬 수 있었다. 생산량–재고 커브에서 보면 이것은 커브를 우하향 방향으로 이동시키는 효과가 발생했다(더 많은 물량을 더 적은 재고 수준으로 생산한다는 의미이다).

이러한 관계를 정량화 한 후, 프로젝트 팀은 현재 상황에서 RME 제약의 트레이드오프를 최적화하는 일에 착수했다.

3단계: 현재 상황에 맞추어 시스템을 최적화하라

추가적인 생산량의 가치는 물론 그 제품의 이익률, 회사의 판매 능력, 해당 공장에서 그것을 생산하는 대신 택할 수 있는 차선의 대안 등에 의해 결정된다. RME 제약의 경우에는 추가적인 생산능력의 가치는 매우 컸다. 외주 생산업체에 높은 생산 비용을 지불하지 않아도 되고, 간접비 분산 효과(제품 생산량이 늘어나면서 고정비 성격인 공장 간접비용이 제품에 분산되어 단위당 간접비가 감소하는 효과)도 발생했다. 생산능력의 가치에 비하면 운송 비용과 재고 비용은 상대적으로 작았다.

그러므로 생산능력–재고 트레이드오프 관점에서 최적 오퍼레이팅 포인트는 생산량–재고 수준 커브의 우상단에 위치한다(수학적으로 최적 포인트는 생산량–재고 수준 커브가 '증분 생산가치/증분 재고 비용'의 기울기를 갖는 직선에 접하는 지점이다. 그림 69 참조). 그렇지만 재고 수준에만 집중하여 마스터 스케줄링 그룹은 RME 제약의 실제 오퍼레이션을 최적점보다 좌하향 방향에서 운영했던 것이다. 어떤 사람들에게는 직관적으로 맞지 않는 것처럼 느껴질 것이고, 특히 RME 제약의 마스터 스케줄링 그룹과 같이 재고 원가 절감에 오랫동안 집중해왔던 사람들은 이해하기 어렵겠지만 RME 제약은 재고를 늘리고 자체 생산 물량을 증대시킴으로써 원가를 절감할 수 있는 위치에

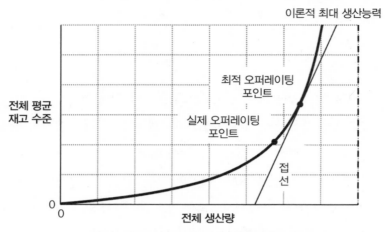

| 그림 69 | 생산량-재고 수준 트레이드오프 커브의 **최적화**(마스터 스케줄링 영향)

이론적 최대 생산능력

최적 오퍼레이팅
포인트

**전체 평균
재고 수준**

실제 오퍼레이팅
포인트

접
선

0
0

전체 생산량

접선의 기울기 = 증분 생산량의 가치 / 증분 평균재고 수준의 비용

있었던 것이다.

생산량-재고 커브에서 최적 포인트는 '증분 생산량의 가치/증분
평균재고 수준의 비용'을 기울기로 하는 직선과 커브가 만나는 지점
이다. RME 제약의 현재 위치를 감안하면 최적 오퍼레이팅 포인트는
실제 오퍼레이팅 포인트의 위쪽에 위치한다.

공장 할당 변화의 영향(운송비 트레이드오프)을 감안하기 위해 프로
젝트 팀은 각 공장의 제품 종류 수 감소에 의한 비용절감액과 RME
제약이 추가로 부담해야 하는 운송비를 비교했다(현재의 공장 할당 시
스템에서 계산되었다). 이 트레이드오프를 최적화함으로써 변경된 생
산량-재고 수준 트레이드오프 커브의 '전체' 최적 오퍼레이팅 포인
트를 찾을 수 있었다(그림 70 참조).

| 그림 70 | 공장 할당 및 운송 비용 고려

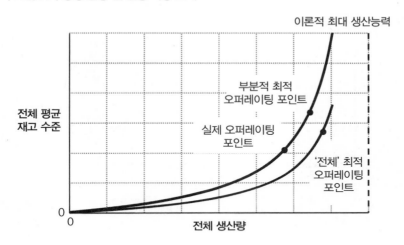

각 공장에서 생산되는 제품 종류 수를 줄이는 방향으로 공장 할당을 변경함으로써 생산량-재고 수준 트레이드오프 커브가 우하향으로 이동하게 된다. 이에 의해 새로운 '전체' 최적 오퍼레이팅 포인트가 생성되는데, 이 지점에서는 이동 전과 비교하여 더 적은 재고 수준에서 더 많은 양을 생산할 수 있다.

이제 숫자를 살펴보자. 종합적으로 보면 현재 상황에서 위와 같이 트레이드오프를 최적화함으로써 RME 제약은 제품 포트폴리오 변화와 추가적인 투자 없이 자가 생산 물량을 10% 증량시킬 수 있었다. RME 제약은 재고와 운반 비용 증가를 부담해야 했지만, 생산량 증가의 가치가 재고 비용 대비해서는 15배, 운반비 대비해서는 40배 수준이었다. 그림 71은 생산능력과 관련된 트레이드오프를 최적화함으로써 발생한 재무적 효과를 보여주고 있다.

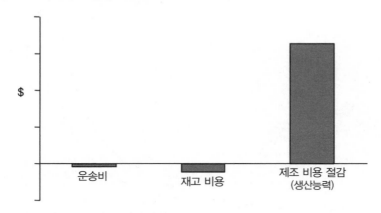

| 그림 71 | 연간 비용 증감액 비교

$

운송비   재고 비용   제조 비용 절감
(생산능력)

RME 제약 사례 요약

몇 개의 핵심적인 동적 관계들을 통제하여 RME 제약은 회사에 중요한 이슈를 크게 개선시킬 수 있었다. 회사의 많은 사람들은 공장이 최대 생산능력 근처에서 가동되고 있다고 생각했지만(분명히 그렇기 때문에 높은 비용을 지불하고 외주 생산을 하고 있었다) 프로젝트 팀은 제품 라인 축소나 자본투자 없이 자가 생산능력을 10% 향상시킬 수 있는 기회를 찾아냈다. RME 제약의 사례를 요약하면 다음과 같다.

● RME 제약은 복잡성을 제거하지 않았으나 덜 비싸게 만들었다: RME 제약은 복잡성을 제거하지 않았으나(회사는 제품 포트폴리오의 어떤 제품을 단종하거나, 생산시설을 통폐합하거나, 어떤 조직을 없애지도 않았다) 복잡성을 보다 잘 관리할 수 있었고, 결과적으로 복잡성을 덜 비싸게 만들 수 있었다. 회사는 고래 모양 커브를 움

직여서 나쁜 복잡성은 덜 해롭게, 좋은 복잡성은 더 좋게 만든 것이다.

- 프로젝트 팀은 복잡성 큐브의 면들을 이동했다: 프로젝트 팀은 조직–제품 면에서 시작해서 이슈에 대한 인사이트를 얻었다(즉, 많은 소량 생산제품들이 대량 생산에 최적화된 공장에서 생산되고 있었다). 그리고 프로세스–조직 면으로 이동해서 이슈 이면의 동적 관계를 이해했고, 최종적으로 제품–프로세스 면으로 이동하여 관계를 정량화 했다.

- RME 제약의 이슈는 몇 개의 중요한 트레이드오프 관계에서 균형을 잃은 데서 발생했다: 아이러니하게도 RME 제약은 재고 수준을 줄이는 과제의 목표를 달성하지 못할 때 오히려 회사 전체적으로 나은 결과가 발생하는 상황이었다.

- RME 제약은 생산능력을 개선 가능한 어떤 것의 결과물이 아니라 바꿀 수 없는 제약으로 취급했다는 것을 발견했다: 프로세스–조직의 상호작용 때문에 회사는 표준 생산 속도를 상수로 생각하고, 이것이 그들이 다른 목적을 위해 했던 의사결정에 의해 상당 부분 영향을 받는 변수라는 것을 알아차리지 못했다.

- 해결책의 조각들은 이미 존재했지만 해결책을 통합한 후에야 RME 제약은 문제를 해결할 수 있었다: 예를 들어 공장 조업자들은 직관적으로 뱃치 생산시간을 늘리면 생산능력이 증가한다는 것을 알고 있었고, 또 그런 방식으로 운영하려고 시도했었다. 그러나 재고와의 트레이드오프를 정량화한 후에야 회사는 재고와 생산량의 정확한 관계를 이해하고, 정책을 변경할 수 있었다.

- **RME 제약은 단지 현재의 해결책만을 찾은 것이 아니라 미래를 위한 역량을 확보했다**: 새로운 최적 오퍼레이팅 포인트를 찾아내는데 그치지 않고, 핵심적인 동적 관계를 찾아내고 정량화함으로써 RME 제약은 새로운 역량을 구축했다. 그것은 미래의 환경 변화에 맞추어 운반 비용, 재고 수준, 생산능력을 지속적으로 최적화할 수 있는 역량이다.
- **RME 제약은 또한 예상치 못했던 효과를 얻었다**: 예를 들어 제품과 프로세스의 상호작용 및 제품 포트폴리오의 다양성이 생산설비에 미치는 영향을 이해하게 됨으로써 RME 제약은 제품 복잡성 증가가 오퍼레이션에 미치는 영향을 이해할 수 있게 되었고, 이 정보를 신제품 개발 프로세스에 제공할 수 있게 되었다.

중단 없는 전진

이 이야기의 특정 부분은 RME 제약에만 해당하는 특수한 것일 수 있지만, 여기서 우리가 설명한 종류의 동적 관계는 거의 모든 회사에 존재한다. 이들 동적 관계를 이해함으로써 여러분은 중요한 관계들을 찾아내고 공략할 수 있다. 이런 관점에서 동적 관계를 세 가지 유형으로 구분해서 생각하면 유용한 데 각 유형들은 RME 제약 사례에서 이미 설명되었다.

- **의사결정이 자신의 의사결정의 근거가 된 입력 변수에 영향을 미친다**: RME 제약의 공장 할당 프로세스에서 생산속도는 상수로 간

주되었으나, 공장 할당 의사결정 자체가 생산속도에 영향을 미쳤다. 이것이 의사결정의 입력 변수에 영향을 주는 의사결정의 사례이다. 생산속도를 동적으로 모델링하지 않음으로써 생산능력(큰 효과)을 버리고 운반비(작은 효과)를 취하는 방식의 공장 할당이 이루어졌다.

- 악순환은 악순환을 강화하는 행동을 하도록 유도한다: 악순환 사이클의 메커니즘을 이해하지 못했기 때문에 RME 제약은 보다 자주 심각한 악순환을 겪었고, 선순환 사이클 이면의 시사점을 제대로 활용하지 못했다.

- 지엽적 이유로 취한 행동은 장기 또는 전사 차원의 악영향을 발생시킨다: RME 제약의 마스터 스케줄링 그룹을 생각해보라. 이 조직은 공장의 재고 축소라는 '지엽적' 목표를 기준으로 의사결정을 했고, 그 결과 전사 차원의 부정적 이슈 – 즉 생산능력 감소 – 를 초래했다.

난제: 왜 많은 기업들이 복잡계 시스템을 관리하는데 어려움을 겪을까?

복잡계 시스템(다수의 구성요소들이 상호 연결되어 상호작용하는 시스템)은 본질적으로 동적으로 변화하고, 때문에 관리하기가 어렵다. 그러나 잠재적인 효과를 감안할 때 왜 그렇게 많은 동적 관계들이 관리되지 않고 방치되는 것일까? 왜 많은 기업들이 복잡계 시스템을 관리하는데 어려움을 겪고 있는 것일까?

첫 번째 이유는 그 숫자와 상호작용들의 복잡한 연관 관계 때문이다. 〈실패의 논리The Logic of Failure〉의 저자 디트리히 되르너Dietrich Dörner는 다음과 같이 설명한다.

우리는 순차적 인과관계가 아닌 비선형적인 인과관계의 네트워크를 머릿속에 생각하기 어렵다 – 자신의 (의사결정)이 어떤 파생 효과와 반응을 불러일으킬지 예측하기 어려운 것이다. 우리는 기하급수적 증가 패턴을 이해하기도 어렵다… 이 모든 것들이 우리의 인지 시스템의 한계이다.

되르너가 이야기의 끝부분에서 말했듯이 두 번째 이유는 동적 시스템은 시간에 따른 변화가 특징인데, 많은 심리학 실험이 증명했듯이 인간은 시간의 변화에 따른 관계를 생각하기 어렵다. 다시 되르너의 설명으로 돌아가 보자.

우리는 현재 시점에서의 상황 관찰과 분석에 만족할 수 없으며, 전체 시스템이 시간의 변화에 따라 어떤 방향으로 변해 가는지 알아내야한다. 많은 사람들에게 있어서 이것은 극히 어려운 일이다… 공간은 전체를 한 번에 조망하는 것이 가능하지만, 시간은 그렇지 않다는 점이 시간에 비해 공간을 우리가 훨씬 잘 인지하고 다룰 수 있다는 것을 설명한다.

설상가상으로 이 동적 이해의 부족은 많은 프로세스와 IT 시스템

(대부분의 회사에서는 블랙박스화 되어 있다)에 하드코딩 되어 있다.

그럼에도 불구하고 어떤 회사는 다른 회사에 비해 복잡계 시스템을 보다 효과적으로 관리하고 있다. 복잡계 시스템을 잘 관리하는 사람은 어떤 점이 다를까? 되르너의 책을 인용하면

- 그들이 분석에 사용하는 시간을 보면 시간 제약의 영향을 덜 받는다. 반면에 보다 덜 효과적인 사람들은 시간 제약이 있을 때는 분석을 대충하거나 생략하고, 시간이 많이 주어지면 지나치게 많은 시간을 분석에 소비한다.
- 그들은 보다 다차원적이고 종합적인 의사결정을 한다. 즉, 그들이 어떤 목표에 대한 결정을 할 때는 하나의 측면만을 보는 것이 아니라 다양한 측면을 고려한다.
- 그들은 중요한 것에 의사결정을 집중하고, 가장 중요한 문제를 먼저 찾아내서 제거하고, 끝까지 초점을 유지한다. 덜 효과적인 사람들은 덜 중요하지만 보다 흥미롭고 만족스러운 일에 주의를 뺏겨서 하나의 주제에서 다른 주제로 이리저리 옮겨 다니거나 한 주제에 지나치게 매몰돼서 보다 중요한 다른 이슈들을 외면하는 경향이 있다.
- 그들은 그들이 가지고 있는 가설을 실제로 검증하려는 경향이 있으며, 다른 사람에 비해 보다 많은 '왜'라는 질문을 가지고 보다 심층적인 분석을 수행한다.
- 그들은 문제를 해결할 때 보다 체계적인 방법론을 적용하고, 불확실한 상황에서 중심을 잃지 않고 참아낼 수 있다.

단순한 진실은 기업들이 어디를 살펴봐야 할지 몰라서 많은 동적인 상호작용들을 발견하지 못하고 있다는 것이다. 그렇지만 좋은 소식은 그것들을 찾기 위해 여러분이 멀리 사냥을 나가지 않아도 된다는 것이다. 왜냐하면 그것들은 여러분이 당면하고 있는 주요한 운영상의 이슈나 문제의 이면에 이미 존재하고 있을 가능성이 크기 때문이다. 이러한 잘못 관리되거나 또는 인식되지 못한 동적인 관계가 문제가 되고 있는 오퍼레이션 이슈의 이면에 있지 않은지를 스스로에게 또는 회사에 질문해보는 것만으로도 여러분은 이 문제가 조명 받도록 하고, 향후 개선을 위한 기초를 닦을 수 있는 것이다.

그러므로 여러분은 이 전투 전략을 여러분이 해야 하는 또 다른 새로운 과제라기보다는 여러분이 과거에 하고 싶었던 일(여러분이 오래 전에 불가능하다고 포기했던 일을 포함한다)을 달성할 수 있도록 도와주는 연장통 속의 또 다른 연장으로 보아야 한다.

제4부

복잡성 원가 재발을 막기 위한 방어 전략

제4부 소개

나쁜 원가의 침투를 막는
역량 구축하기

❧

"위대함도 지속적이지 않으면 쓸모없다."
– 나폴레옹

우리는 지금까지 복잡성 원가를 이해, 발견, 측정, 제거하는 데에 초점을 맞추어왔다. 제1부에서 언급했듯이 이것은 우리가 당면한 상황이다. 기업들은 지난 10년간 쌓인 복잡성 원가를 걷어낼 필요가 있다. 이를 위해 – 그 동안 잃어버렸던 많은 이익과 좋은 프로세스, 나쁜 복잡성이 상대적으로 적은 조직을 얻기 위해 – 우리는 빨리 행동해야 한다고 강조했다.

그러면 이제 무엇을 해야 하는가? 조직에서 큰 원가를 제거한 이후에는 무엇을 해야 하는가? 현실적으로 2가지 선택 옵션이 있다.

1) 과거를 반복한다. 즉, 복잡성의 증가를 당연하게 받아들이고, 1~2년 후에 다시 복잡성을 제거한다.

2) 나쁜 복잡성을 나의 비즈니스에 침투하지 못하도록 새로운 역

량을 구축한다.

우리는 당연히 2)를 추천한다. 복잡성을 제거하기 위한 전쟁을 다시 하는 것보다는 나쁜 원가의 침투를 막는 것이 쉽고, 비용도 적게 든다. 더 중요한 이유는, 대부분의 조직은 성공하기 위해 일발성 제품/서비스 혁신이나 일시적인 원가우위보다는 복잡도를 관리하며, 새로운 제품과 서비스를 지속적으로 혁신시키는 역량을 갖추어야 하기 때문이다(제품과 프로세스, 조직이라는 세 가지 차원의 복잡도를 모두 의미함).

그림 72는 진입장벽과 상품화 정도, 복잡성 관리 역량의 필요성으로 구분한 시장 경쟁의 사분면을 나타낸다. 많은 회사는 약간 앞에서 경쟁에 참여하려는 시장 교란자들이 존재하는 '경마Horse Race' 사분면에 위치한다.

브루스 그린월드Bruce Greenwald와 주드 칸Judd Kahn은 그들의 훌륭한 저서 〈이해하기 쉬운 경쟁: 사업 전략에 대한 단순화된 접근법 Competition Demystified: A Radically Simplified Approach to Business Strategy〉(마이클 포터Michael Porter의 1980년대 고전인 〈경쟁 전략Competitive Strategy〉을 효과적으로 개선했음)에서 진입장벽이 경쟁 환경에 영향을 미치는 주요 요인이라고 설명한다.

우리는 5가지 요소 – 대체재, 공급자, 잠재적 경쟁 참여자, 구매자, 산업 내 경쟁 – 가 경쟁 환경에 영향을 미친다는 포터Michael Porter의 견해에 동의한다. 그러나 포터와 그의 추종자들과는 달리 각 요소가

| 그림 72 | 경쟁의 사분면(에서 어떻게 경쟁할 것인가?)

시장에서의 경쟁 환경은 중요하다. 많은 회사들은 제품 출시나 복잡성 운영 및 제거 등을 통해 상대보다 약간 앞서기 위한 지속적인 역량을 요구하는 '경마' 사분면에 위치한다. 물론 많은 회사들은 여러 사업부를 통해 진입장벽이 높거나 낮은 여러 영역에서 동시에 경쟁하기도 하며, 경쟁 환경과 중요성 등의 평가를 통한 세심한 접근법이 필요하다.

동일한 중요도를 갖고 있다고 생각하지는 않는다. 요소들 중 하나가 다른 것들보다 훨씬 더 중요하다. 그것은 너무 중요해서 이기는 전략을 개발하고 추진하려는 리더는 다른 요소들을 무시하면서까지도 그것에 집중해야만 한다. 그것은 포터가 '잠재적 경쟁 참여자'라고 언급한 진입장벽이다.

상품화가 덜 진행된 시장에 차별화된 제품을 파는 회사를 가정해 보자. 많은 회사들은 고가에 상품을 팔 기회가 있고, 이익을 많이 얻을 수 있기 때문에 매력적인 시장이라고 생각할 것이다. 그러나 충분한 진입장벽이 없다면 많은 이익은 새로운 경쟁 참여자를 끌어들이게 되고, 경쟁은 심화될 것이다.

치열한 경쟁 상황에서 지속적인 경쟁 우위로서의 차별화는 환상에 불과하다. 기존 경쟁자와 새로운 참여자들은 성공적인 차별화를 효과적으로 복제할 것이다. 진정한 진입장벽이 없다면 실제적인 지속적 경쟁 우위는 막연한 차별화가 아니라 경쟁자들보다 더 빠르고, 효과적이고, 적은 원가로 기업을 차별화시킬 수 있는 능력이다.

'경마' 사분면의 경쟁에서 이기기 위해서 좋은 복잡성과 나쁜 복잡성을 구분하는 것은 대단히 중요하다. 왜냐하면 첫째, 나쁜 복잡성은 가치보다 원가가 더 들어가는 복잡성이다. 다른 말로 하면 그것은 가치를 잠식시킨다. 하지만 좋은 복잡성은 반대로 원가보다 더 많은 가치를 창출한다. 나쁜 복잡성은 원가를 증가시키고, 이윤을 줄이고, 좋은 복잡성을 통해 얻은 가치를 파괴한다. 나쁜 복잡성은 후퇴를 하게 하지만, 좋은 복잡성은 전진을 하게 한다.

더 많은 이익을 얻기 위한 유일한 방법은 후퇴보다 전진을 많이 하는 것이고, 그러기 위해서는 좋은 복잡성과 나쁜 복잡성을 잘 조율해야 한다. 이것을 잘 못하는 회사는 더 많은 노력에도 불구하고 일반적인 수준의 이익을 얻게 된다.

이 모든 것이 의미하는 것은 '경마' 사분면에 있는 회사는 복잡성 원가를 제거하는 것이 꼭 필요하지만, 그것만으로 충분한 것은 아니라는 것이다. 다음으로 꼭 필요한 것은 지속적으로 복잡성을 제거하고 관리하는 역량을 개발하는 것이다(참고자료 '혁신 및 다른 역량의 파트너로서 복잡성 관리' 참조).

복잡성 관리는 '경마' 사분면에서 이기기 위해 필요한 역량일 뿐만 아니라 경쟁자와 거리를 유지하기 위한 역량이기도 하다.

회사는 반복적인 차별화를 위해 다양한 분야에 걸친 역량(예를 들어 혁신)을 요구한다. 그러나 '역량 포트폴리오Capability Portfolio'에서 일반적으로 빠뜨리는 것이 바로 복잡성 관리이다.

경험상 현재 존재하는 기술 격차와 필요에 의해서 역량들의 순위를 부여한다면 복잡성을 관리하는 능력은 첫 번째가 될 것이다. 일반적으로 새로운 제품과 서비스를 시장에 출시하는 데에는 익숙한 반면, 그것들을 없애는 데에는 미숙하다. 마찬가지로, 프로세스를 개선하는 데에는 시간, 돈 등 많은 노력을 투자하지만 프로세스 복잡성에서 야기된 여러 기능에 걸친 어려운 이슈들에 대해서는 이러한 노력을 많이 하지 않는다. 따라서 사업에서 주요 차별화 역량을 모두 개선할 필요가 있지만, 그 첫 번째 단계는 복잡성 관리를 그 중의 하나로 확실히 추가시키는 것이다.

복잡성 관리 역량이란 무엇인가?

역량이라는 용어는 좋은 구조, 측정 지표, 정보, 행동, 기술 등 광범위한 의미로 사용된다. 역량은 필요한 것이라는 측면에서 뿐만 아니라 어디에서 시작해야 하는가라는 측면에서도 회사마다 서로 다르게 보고 있다.

제17장의 '제품 및 서비스 복잡성의 통제'에서는 복잡성의 확산을 막는 환경을 구축하는 관점에서 제품 및 서비스 복잡성이 조직에 어떻게 전파되는지 살펴볼 것이다. 어려운 점은 이것이 다방면에서 전파된다는 것이다. 예를 들어 회사에서 신제품의 가치는 과대평가하

면서 원가를 저평가함으로써 혁신 프로세스가 SKU 증가의 진원지가 되는 것은 드물지 않은 현상이다. 우리는 제품 복잡성의 확산을 막는 주요 비결에 대해서 다음과 같이 알아볼 것이다.

- 복잡성 원가나 가치 증대와 같은 추진도구Enabler를 도입하는 것
- 이러한 정보들을 활용하여 제품(서비스) 복잡성을 막는 것에 초점을 맞춘 특정 전략들을 추진하는 것

이와 더불어 많은 기업들은 프로세스와 조직의 복잡성을 억제하는 데 집중할 필요가 있다(제18장의 '린 오퍼레이팅 모델: 프로세스 및 조직 복잡성을 막기 위한 구조적 방어벽 만들기'에서 살펴볼 것이다). 이것은 큰 주제로, 이것만으로도 책 한 권으로 다룰 가치가 있지만 여기서는 주요 내용으로 오퍼레이팅 모델의 사례를 제시할 것이다.

린 오퍼레이팅 모델은 조직을 업무 표준에 맞춤으로써 프로세스 복잡성(과 뒤따르는 조직 복잡성)을 막는다. 복잡성이 절대 허용되지 않는다는 것이다. 제대로 된 린 오퍼레이팅 모델은 조직을 시장에서 중요한 것에 집중시키고, 지속적인 개선을 이끌어내는 전체적인 조직구조이다. 이것은 또한 ERP와 같은 새로운 기술과 자산 투자, 광범위하고 지속적인 개선 동력을 효과적으로 확산시키는 핵심적인 뼈대가 된다.

지금까지 배운 것들(이 책에서 추천한 대로 복잡성 원가를 제거하는 것)을 통해서 이러한 일들을 시작할 것이며, 또한 사업에서 복잡성을 야기하는 주요 인자와 원인들을 밝혀낼 것이다.

그러나 2가지 주요 전략에 앞서서 심층 분석을 통해 전사 관점의 복잡성을 살펴볼 수 있는 복잡성 측정 지표 설정에 대해 알아보려 한다. 이는 목표를 설정하고, 복잡성 관리의 방향이 맞는 것인지 볼 수 있게 해준다.

　복잡성 원가 제거를 위한 우리의 방향성을 제대로 따르고 있다면 이제는 향상된 원가 구조와 더 좋아진 서비스, 더 강력한 미래 성장 기반을 갖추었을 것이다. 물론 이제 좀 쉬고 싶을 수도 있다. 그러나 이 시점에서 나쁜 원가의 침투를 막기 위해 무엇을 해야 할지 고민해 보라고 권고한다. 이 책을 통해서 우리가 보여주고 싶고 또한 바라는 것은 나쁜 원가의 침투를 막기 위해 할 수 있는 어떤 것이라도 당신의 사업에 도움이 되는 것이다.

복잡성 측정 지표
거시적 관점에서 진도 측정하기

● ● ●

이 책의 제1부와 제2부에서 우리는 복잡성을 공략하기 위한 협공작전의 필요성에 대해 강조하였다.

첫 번째 공격 루트: 상대적으로 큰 원가를 발생시키는 복잡성을 제거함으로써 회사의 전체 복잡성의 양을 줄인다.

두 번째 공격 루트: 복잡성의 관리와 제공을 효율화함으로써 회사의 복잡성이 원가에 미치는 부정적 영향을 줄인다.

다시 말하면 복잡성과의 전쟁은 회사 내의 복잡성의 양을 줄이는 것만을 의미하는 것이 아니라, 복잡성을 보다 경제적으로 제공할 수 있도록 하는 것을 말한다. 만일 회사가 위의 두 가지 접근법을 동시에 활용한다고 할 때 진도를 측정하는 가장 좋은 방법은 무엇인가?

이와 관련하여 회사의 건전성을 측정하기 위한 지표로 우리는 복잡성 원가 비중Complexity Cost Ratio: CCR을 추천한다. CCR은 비부가가치 원가와 부가가치 원가의 비율이다.

$$복잡성\ 원가\ 비중 = \frac{비부가가치\ 원가}{부가가치\ 원가}$$

회사의 복잡성의 수준을 측정하는 좋은 지표는 회사의 총원가에서 비부가가치 원가가 차지하는 비중이라고 언급한 바 있다. 그리고 비부가가치 원가와 부가가치 원가의 합계가 회사의 총원가가 된다. 많은 기업의 경우 비부가가치 원가는 총원가의 70~80%까지 차지하는 경우가 종종 있다. 이 방법을 통해 손쉽게 복잡성 원가의 수준을 측정할 수 있지만, 많은 기업의 경우 부가가치 원가 대비 비부가가치 원가의 비율로 측정하는 것이 보다 유용하다. 다수의 기업은 CCR이 1보다 크다. 즉, 비부가가치 원가가 부가가치 원가보다 큰 것이다. CCR은 회사가 부가가치 원가에 투입하는 1달러당 얼마만큼의 비부가가치 원가가 발생되는지를 나타낸다. 많은 회사들에 있어서 부가가치 원가 1달러당 비부가가치 원가는 2~4달러가 발생한다.

회사의 CCR은 복잡성에 의해 유발된 원가의 수준을 나타낸다. CCR은 고객이 생각하는 부가가치 원가와 비교하여 고객에게 가치를 제공하기 위해 발생된 간접원가의 비율을 보여준다. CCR은 일반적인 복잡성과는 다른 관점을 보여주는데 SKU 수, 공급사 수, 시스템 수 등 복잡성의 인풋을 측정하기보다는 비록 정확도는 상대적으로 낮으나 복잡성이 회사에 미치는 영향을 측정한다.

회사가 복잡화 되면 CCR도 증가하는 경향이 있다. 반대로 복잡성을 줄이고 관리를 개선하면 CCR은 저하된다. CCR이 낮을수록 회사의 복잡성이 낮고, 복잡성을 더 효율적으로 제공한다는 것을 의미한다. 그러나 CCR이 0이 되는 것은 불가능하다. 실제로 복잡성을 공략한다는 것은 상당 수준의 비부가가치 원가를 줄여서 CCR을 개선하는 것을 의미한다.

CCR이 비록 복잡성과 복잡성 원가를 바라보는 새로운 관점을 제공하는 것처럼 보이지만, 유사한 선례가 없지는 않다. '린' 혁신 프로그램에서는 프로세스의 리드타임을 부가가치와 비부가가치로 구분하고, 부가가치 리드타임 대비 전체 리드타임을 프로세스의 건강성을 측정하는 핵심 지표로 활용한다. 이것은 프로세스의 역량을 측정하는 종합 지표로 활용되는데, 이와 유사하게 CCR도 회사의 복잡성 수준을 측정하는 종합 지표로 활용될 수 있다.

비록 모든 복잡성이 회사의 원가를 증가시키지만 좋은 복잡성과 나쁜 복잡성이 존재한다는 것을 기억하는 것이 중요하다. 높은 수준의 CCR이 반드시 나쁜 것은 아니다. 그러나 이것은 회사가 복잡성을 유지하는 데 많은 원가를 지불하고 있다는 것을 나타낸다. 전사 차원에서 복잡성 원가 수준의 개선 진도를 확인하기 위해 주기적으로 CCR을 측정하라. 그리고 복잡성의 재발을 억제하고자 하는 기업은 CCR을 활용하여 복잡성 원가를 통제하고자 하는 노력이 성과를 거두고 있는지 확인해볼 수 있다.

결론

조직이 성장함에 따라 복잡성이 다시 증가될 수 있으므로, CCR 개선을 위한 노력은 끊임없이 진행되어야 한다. 그리고 복잡성이 다시 증가될 것이지만 어떻게 하느냐에 따라 복잡성 증가의 속도를 늦출 수 있으며, 큰 복잡성 절감의 기회를 취할 수 있도록 단순하지만 효과적인 절차를 마련할 수 있다. 얼마만큼 복잡성이 증가할지는 회사가 다음에 설명할 '복잡성 관리에 필요한 조작 역량 구축하기'를 어떻게 추진하느냐에 의해 결정된다고 할 수 있다.

제17장

제품 및 서비스 복잡성의 통제

'다다익선多多益善'이라는 말로 요약될 수 있었던 기업의 제품과 서비스의 다양성에 대한 관점이 변화하고 있다. 고객의 소비성향 변화와 경기 위축과 함께 많은 유통업체들은 '적은 것이 많은 것이다'라는 것을 깨닫고 있다.

월그린Walgreen 사의 마케팅 개발 담당 부사장인 캐서린 린더Catherine Linder는 "고객들이 더 많은 제품, 더 다양한 선택기회를 요구했던 1990년대의 경기 호황기에 우리는 다양한 제품을 만들어 대응했지만… 수지 타산이 맞지 않았다"고 말했다.

이익 개선을 위해 제품과 서비스의 복잡성을 통제하는 것이 기업의 매우 중요한 과제가 되었다. 우리가 만난 모든 기업들은 다음과 같은 질문을 한다. "일단 제품 포트폴리오의 복잡성을 제거하고 원가를 줄인 후에 어떻게 하면 나쁜 복잡성이 다시 증가하는 것을 방지할 수 있습니까?" 짧게 말하자면 복잡성을 완결된 시스템으로 관리하고, 복잡성 관리에 대한 거버넌스 체계와 관리책임을 확립하는 것이 답이다.

- 거버넌스는 전사 관점에서 바라보고 복잡성의 시스템적 성질을 검토하는 책임을 말한다.
- 관리책임을 확립하기 위해서는 강한 제품 포트폴리오를 지원하기 위한 정보, 지표 및 역량이 요구된다.

우리는 복잡성의 시스템 관점을 개발하고 관리책임과 거버넌스를 확립하기 위한 프레임워크를 이 장에서 설명할 것이다.

CCO(최고 복잡성 담당 임원)의 역할

설명을 진행하기 전에 관리책임이라는 것은 본래 한 사람에게 집중되어야 효과적이라는 것을 명확하게 짚고 넘어가야겠다. 우리는 복잡성에 대한 최종 책임을 부담하는 그 역할을 최고 복잡성 담당 임원Chief Complexity Officer: CCO이라고 부르는데, 그 역할은 고위 임원이라면 누구라도 담당할 수 있다. 그러므로 우리는 복잡성이 은밀하게 증가하는 것을 방지하는 방법론을 CCO의 입장에서 설명하고자 한다. CCO의 역할은 복잡성을 시스템으로서 관리하는 것이며, 이렇게 해야만 복잡성이 체계적으로 관리될 수 있다. 보다 구체적으로 설명하자면 CCO는 다음의 두 가지 주요 역할을 수행한다.

역할 1: 회사 내의 복잡성 수준 관리

역할 2: 복잡성 관리에 필요한 조직 역량 구축하기

CCO의 역할 1: 회사 내의 복잡성 수준 관리

우선 CCO는 다음의 세 가지 영역을 모니터링하고 관리해야 한다.

1) 새로운 복잡성이 포트폴리오에 추가되는 속도(예: 새로운 제품과 서비스)

2) 복잡성이 제거되는 속도

3) 회사 내 복잡성의 전체 수준

현명한 독자들은 세 번째 영역이 앞의 두 영역에 종속된다는 것을 알아챘을 것이다. 만일 복잡성이 제거되는 속도보다 더 빠르게 추가된다면 그때는 회사의 전체 복잡성이 증가한다. 그리고 반대로 전체 복잡성 수준이 현재 수준보다 저하되기 위해서는 추가되는 복잡성보다 더 많은 복잡성이 제거되어야 한다.

여러분은 추가 또는 제거 속도를 복잡성 시스템의 입력물로, 복잡성 수준을 결과물로 생각하고 싶을 수도 있다. 그러나 그와 같이 구분하는 것이 반드시 옳은 것은 아닐 수도 있다. 많은 기업은 증가 속도에 집중하고, 일부는 제거 속도에도 관심을 가지고 있으나 전체적인 수준에 대해서는 별 관심을 두지 않는 경우가 종종 있다. 사실은 포트폴리오의 전체 복잡성 수준에 대한 판단이 없이는(이 수준은 환경 변화에 따라 함께 변화한다) 복잡성의 적절한 증가 또는 제거 속도를 결정할 수 없다. 그러므로 복잡성의 전체적인 수준은 결과물로 취급되어서는 안 되며, 적합한 증가 또는 제거 속도를 결정하기 위한 입력물로 취급되어야 한다.

| 왜 복잡성이 은밀하게 증가하는가? 신제품 개발의 증분성의 영향

제9장과 제10장에서 우리는 SKU 분석에서 중요한 것은 증분 원가와 증분 이익이라는 것을 설명했다(물론 제품의 수명주기를 추가로 고려해야 한다). 그러나 대부분의 기업들은 통상 총수입만을 고려하며, 증분 원가에 대한 조정을 고려하지 않는다. 때문에 이들 기업은 신제품에 대한 이익 예측 시에 종종 이익을 과대평가하고, 원가를 과소평가한다.

이익의 과대평가가 발생하는 원인은 항상 어느 정도의 자기잠식 Cannibalization 효과가 발생하기 때문인데, 신제품은 기존 제품의 수입을 일부 감소시키게 된다. 그러므로 총매출은 거의 항상 증분 이익보다 큰 데, 증분 이익은 전사 관점에서 얼마만큼의 이익이 신제품 때문에 증가하는지, 기존 제품으로부터 감소하는지를 고려하여 결정된다.

매출을 과대평가하고 원가를 과소평가하는 위의 경향이 왜(개별적으로는) 우수한 제품이 집합적으로 모여서 회사의 가치가 파괴되는지를 설명한다. 아메리칸 에어라인즈 American Airlines의 CEO 제라드 아피Gerard Arpey는 이와 관련하여 다음과 같이 말했다. "복잡성은 조직 내에 점진적으로 침투한다. 그리고 복잡성을 증가시키는 각각의 개별적 의사결정은 그 자체로 볼 때 거의 항상 옳은 결정이었다."

우리는 과거 10여 년간 발생한 제품 및 서비스 복잡성의 해일에 대

해 논의했다. 홍수를 막는 갑문이 활짝 열려 있다. 그러나 제품은 빠르게 추가되는데 반해 오래 되고 잘 팔리지 않아서 제거된 제품의 수는 적다. 많은 기업이 당면하고 있는 상황은 그림 73과 유사하다. 즉 포트폴리오(양동이)의 제품 수는 제품 혁신, 라인 확장, 인수합병의 영향으로 지속적으로 증가하였다.

▌속도 방정식으로 표현한 복잡성 수준

제품의 추가와 제거 간의 관계는 단순한 속도 방정식으로 표현될 수 있다.

(증가 속도) − (제거 속도) = (총량의 순증감 속도)

이 단순한 방정식은 포트폴리오 복잡성 수준이 변화하는 방향과 속도를 가늠하는데 유용할 뿐만 아니라, 회사가 향하고 있는 복잡성 수준의 안정적 균형점에 대한 감을 잡는 데도 유용하다. 균형점은 반드시 바람직한 수준을 의미하는 것은 아니며, 만일 조건이 동일하다면 회사의 복잡성 수준이 안정화 될 균형점을 의미한다.

안정적 수준이라는 의미는 제품 포트폴리오의 복잡성 수준이 고착화되는 지점을 의미한다(이 지점은 복잡성 수준의 순증감 속도가 0이 되는 지점이다). 위의 방정식을 통해 보면 신제품 증가 속도가 기존제품 제거 속도와 동일할 때 증감 속도가 0이 됨을 알 수 있다.

안정적 수준에서: (증가 속도) − (제거 속도) = 0
(증가 속도) = (제거 속도)

만일 어떤 회사가 매년 100개의 신제품을 출시하고, 전체 제품의 10%를 단종시킨다면 이 경우 전체 포트폴리오의 안정적 수준은 1,000개의 제품이다.

안정적 수준에서: (증가 속도) = (제거 속도)

100 = 10% X (포트폴리오 제품 수)

포트폴리오 제품 수 = 100/0.1 = 1,000

그러나 만일 그 회사가 10% 대신 1%의 제품만을 매년 단종시키고, 신제품은 100개를 매년 추가한다면 제품 포트폴리오의 안정적 수준은 10,000개가 된다.

안정적 수준에서: 100 = 1% X (포트폴리오 제품 수)

포트폴리오 제품 수 = 100/0.01 = 10,000

분명히 자주 간과되곤 하는 제품 제거 속도가 포트폴리오의 전체 크기에 중요한 영향을 미친다는 것을 알 수 있다.

| 그림 73 | 신제품의 무분별한 출시

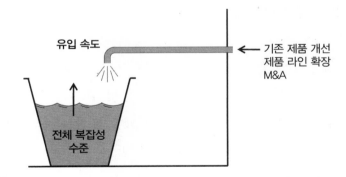

신제품의 추가 속도가 통제받지 않으므로 제품 포트폴리오는 물이 차오르듯 증가한다. 모토롤라와 같은 일부 기업들은 복잡성의 증가를 억제하기 위한 내부 방침을 수립하여 시행하고 있는 경우도 있다

(참고자료 '복잡성 지수: 부품 복잡성 증가를 막기 위한 모토롤라 사의 제도' 참조). 이런 방법은 제품 개발 파이프라인의 입구에 필터를 추가하는 것과 같다고 볼 수 있다(그림 74 참조).

| 그림 74 | 필터로 나쁜 복잡성 증가를 방지할 수는 있지만 복잡성의 전체 수준은 증가함

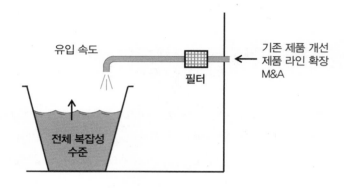

위와 같은 필터의 예는 다음과 같은 것이 있다.

- 제품 설계자들이 활용할 수 있는 허용 가능한 디자인의 라이브러리: 제품 설계자들이 새로운 제품 디자인 및 부품을 만들기 위해서는 먼저 기존의 포트폴리오에서 대체할 수 있는 제품이 없다는 것을 확인하고 증명해야 한다.
- 모든 제품이 충족해야 할 최소 부품 공용화 비율: 예를 들어 새로운 제품은 다른 제품에서 사용된 것과 공유하는 부품 비율이 80% 이상이 되도록 설계되어야 한다.
- 디자인 변경에 대한 승인 절차: 신제품이 특정 설계 범위를 벗어

나기 위해서는 상위 관리자에게 그 타당성을 승인받도록 하는 제도이다. 이를 통해 복잡성 증가로 인한 가치의 증가가 복잡성 원가의 증가를 초과하는지에 대한 의사결정이 전략적 결정으로 변화된다.

필터는 양동이에 오물이 흘러드는 것을 막을 수 있고, 복잡성의 증가 속도를 줄일 수 있는 장점이 있다. 그러나 복잡성 제거를 수행하지 않으면 양동이의 전체적인 복잡성 수준은 계속 증가할 수밖에 없다. 필터를 추가함으로써 복잡성 수준 증가 문제의 심각성이 완화되는 것처럼 보일지 모르지만, 이 방법으로 문제를 완전히 제거할 수는 없다.

▎ 복잡성 지수: 부품 복잡성 증가를 막기 위한 모토롤라 사의 제도

전체적 복잡성 수준을 통제하기 위한 필터 체계의 좋은 예로 모토롤라 사의 복잡성 지수를 들 수 있다(목적 측면에서는 이전 심층 탐구에서 설명한 복잡성 원가 비율과 유사하다고 할 수 있다). 제품 복잡성 증가를 억제하기 위해 모토롤라 사는 모든 신제품을 평가하여 지수를 산정하는데 평균 부품 수, 테스트 시간, 조립 시간, 기기 및 소프트웨어 반제품 공용화 수준, 산업 표준 부품 사용률 및 부품 공용화율 등을 조합하여 지수를 산정한다. 모토롤라 사의 전직 공급망 담당임원인 테레사 메티Theresa Metty는 다음과 같이 회상한다. "나는 네 번째 직원 미팅에서 제품 설계 팀과 함께 협업하는 신제품 개발 팀에게 다음과 같이 요구했습니다. 각각의 신제품이 포트폴리오의 다른 제품 및 경쟁사 제품과 비교하여 얼마나 복잡하게 설계되었는지 측정할 수 있는 지수를 개발하세요."
메티는 각각의 평가요소의 가중치는 제품별로 서로 다르다고 설명했다.

"각각의 제품별로 우리는 평가 요소별 복잡성 수준의 점수를 매기고, 가중치를 곱하고 합산해서 제품별 평균 복잡성 지수를 산출합니다." 그녀는 말한다. "제품의 복잡성 지수가 1.7이라면 바람직하지 않은 수준입니다. 우리는 그런 제품을 원하지 않습니다. 지수 1.0은 경쟁사와 대비하여 최고 수준을 나타내고, 만일 지수가 0.7이나 0.8이라면 경쟁사 최고 수준보다 우수하다는 것을 의미합니다. 우리는 모든 제품이 최소한 1.0 이하의 복잡성을 가질 수 있도록 하고자 합니다. 그렇게 함으로써 우리는 업계 최고 수준의 복잡성 관리 수준을 달성할 수 있습니다."

이와 같은 지수의 가치는 조직 내에서 손쉬운 소통을 가능하게 하고, 가시적인 측정 점수를 제공한다는 점이다. 지수 도입을 통해 복잡성이 조직에서 어떻게 증가되고, 어떤 영역에 복잡성 제거 노력을 집중해야 하는지에 대한 논의가 활성화 될 수 있다. 그리고 모토롤라 사가 사용하는 것과 같은 지표는 도입이 용이하므로 대기업의 문화에서 작동하기 쉽다. 모든 사람이 각자 자신의 수준을 측정해볼 수 있다. 그러나 이번 장의 프레임워크에서 명확하게 드러나듯이 이런 종류의 측정 지표는 회사가 가진 이슈의 일부분에 대한 답만 제시할 수 있다. 그리고 이런 지표는 복잡성 원가를 증가시키는 차원 간의 상호작용에 대해서는 큰 도움을 주지 못한다.

복잡성 제거의 속도가 포트폴리오의 전체 복잡성 수준에 매우 중요한 영향을 미친다는 것을 알 수 있을 것이다. 복잡성의 전체 수준 증가를 억제하기 위한 시도로 몇몇 회사들은 신제품이 포트폴리오에 추가되기 위해서는 기존제품이 제거되는 것을 전제조건으로 요구하는 방식과 같은 프로세스를 도입하기도 했다. 이런 방식은 그림 75에서 보듯이 양동이에 배수구를 달고 양동이에 흘러드는 물의 양과 배

| 그림 75 | 포트폴리오 복잡성 수준 제한을 위한 '원 인, 원 아웃' 어프로치

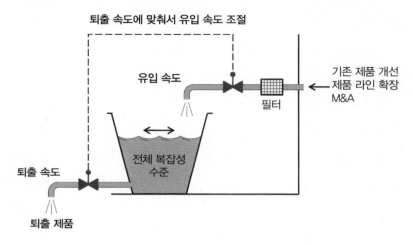

출되는 양을 일치시키는 것과 같다고 볼 수 있다.

적정 복잡성 수준의 결정

제품 제거 속도를 증가 속도와 일치시킴으로써 복잡성 수준을 관리하는 이런 방식은 실제에서는 실패로 돌아가는 경우가 많은데, 많은 경영자들이 이 방식에 대한 관심을 표명하고 추진하려고 시도는 하지만, 결국 어려운 의사결정을 하지 못하는 경우가 허다하다. 복잡성에 대한 전체론적 관점이 부재한 상태에서 신제품 추가에 대한 압박과 요구에 대응하여 원칙을 고수하는 것은 근거 없는 자의적 기준을 고수하는 것으로 비춰질 수 있다. 그리고 만일 현재 수준의 복잡성이 최적의 수준이라는 확신을 가질 수 없다면 제품 증가 속도와 단종 속도를 일치시키는 원칙은 실제로도 합리성이 결여된 자의적 원칙이 되는 것이다. 이 경우에 기존제품을 제거하지 않고 신제품을 추가하는 타당한 논리들이 제시되고 있는 것은 원칙이 무너지는 것이다. 이런 상황이 발생되면 회사의 관리 체계는 그림 74의 모습으로 환원되어 전체적인 복잡성이 다시 증가하게 된다.

그러나 '원 인/원 아웃one-in/one-out' 원칙이 지켜진다고 하더라도 이런 방식으로는 진정으로 효과적인 복잡성 관리가 어렵다. 왜냐하면 이론적으로는 이런 방식으로 복잡성의 증가를 막을 수 있을지는 몰라도, 다음의 주요 질문에 대한 답을 제시하지 못하기 때문이다.

1) 우리 회사에 맞는 최적의 제품 포트폴리오 수준은?
2) 어떻게 시장 환경이나 경제 환경 변화에 맞추어 이 최적 수준을 변화시켜야 하나?

우리는 이 책에서 최적 복잡성 수준은 다음과 같은 다양한 요인에 의해 영향을 받는다는 것을 보여 주었다.

- **규모: 회사의 매출 금액.** 매출이 감소되면 복잡성이 이익에 미치는 영향이 증가된다. 매출 감소는 회사가 감당할 수 있는 복잡성의 수준이 축소된다는 것을 의미한다. 반대로 매출 성장은 회사가 감당할 수 있는 복잡성 수준의 증가를 의미한다.
- **고객/시장 행태:** 최근의 기업들은 증가된 저축률과 합리적 소비 등 고객의 소비 행태 변화에 맞추어 변화를 추진하고 있다. 회사의 제품 포트폴리오에서 제공할 복잡성의 수준은 다양성, 기

능, 가격 및 서비스 수준(리드타임, 납기 등) 관점에서 고객이 인정하는 가치와 수준에 맞추어야 한다. 기업은 고객이 부담스럽게 느끼는 다양성의 수준과 시장 내에서 가격 변화를 고려해야 한다. 예를 들어 시장의 범용화Commoditization의 진행은 기업에게 제품의 복잡성을 축소하도록 압박을 가한다.

▎**과도한 선택**Over choice 옵션 제거 또는 가격 조정

시장에 제공할 다양성의 최적 수준을 결정하는 한 가지 요인은 다양성을 다루는 고객의 역량 수준을 이해하는 것이다. 지나치게 많은 다양성이 존재하는 경우 또는 다양성이 고객으로부터 부정적인 반응을 불러일으키는 경우에 우리는 **과도한 선택**Over choice이라고 부른다. 독자들은 이런 상황을 경험해본 적이 있을 것이다. 식료품 코너에 있는 지나치게 다양한 제품 종류 또는 지나치게 다양한 금융투자 상품 등이 그 예이다. 와튼 스쿨의 마케팅 담당교수인 바바라 칸Barbara Kahn에 의하면 어느 정도가 가장 적절한지 추정하기 위해서는 고객의 전문성의 수준을 추정해야 한다.

칸에 의하면 "사람들이 전문가가 될수록 그들은 자신들의 선호를 보다 분명하게 정의하고 표현할 수 있습니다. 그리고 그들이 더 많은 소비에 대한 어휘력을 보유할수록 그들은 어떤 제품 특성이 그들에게 맞는지 알게 되고, 더 많은 다양성을 받아들일 수 있게 됩니다." 그녀는 또한 다음과 같이 말했다. "고객이 원하는 것을 즉각 찾을 수 있고, 그들이 원하지 않는 것을 둘러볼 필요가 없도록 제품을 진열해야 합니다."

고객에게 다양한 선택 옵션을 제공하되 고객이 옵션을 쉽게 비교(어떤 것이 좋고, 더 낫고, 가장 좋은지)할 수 있도록 제시함으로써 기업은 불가능해 보이는 전제 위에서 제품을 제공할 수 있다. 즉 고객을 당황스럽게 하지 않는 방식으로 많은 수준의 다양성을 제공하는 것이다.

- **복잡성을 제공하는 능력:** 복잡성을 제공하는 능력을 개선함으로써 복잡성의 원가를 줄일 수 있다. 이것은 기업이 더 많은 포트폴리오의 복잡성 수준을 감수할 수 있다는 것을 의미한다.

- **경쟁사 대비 역량 수준:** 회사의 경쟁사 대비 상대적 복잡성 제공 역량이 제품 전략에 영향을 미친다. 이는 다시 회사의 제품 포트폴리오에서 가져갈 복잡성 수준에 영향을 미친다. 예를 들어 어떤 회사가 경쟁사 대비 복잡성을 제공하는 역량이 부족한 데도 불구하고(비효율적인 프로세스로 인해) 제품 다양성에 기반하여 경쟁한다면 그 기업은 경쟁사 대비 원가 경쟁력이 열위에 놓이게 된다. 그 대신에 해당 기업은 제품 단순화를 추구하여 원가 우위에서 경쟁하고 제품 다양성이 제공하는 이점을 포기할 수도 있다. 기업이 불리한 위치에서 경쟁자와 정면 승부를 하는 것은 성과부진의 원인이 된다.

- **제품 및 포트폴리오 수익성:** 포트폴리오 자체의 진정한 수익성은 회사가 제품 포트폴리오의 복잡성을 어느 수준까지 가져가야 하는지 보여주는 강력한 지표이다. 그러나 포트폴리오 수익성은 선행지표가 아니라 후행지표이므로, 복잡성에 문제가 있다는 것을 알기 전에 가치를 창출하지 못하는 복잡성에 많은 돈을 낭비할 수도 있다.

위에 언급한 요인들 때문에 복잡성은 단순히 (a) 신제품 개발에 제한을 두거나, (b) 나쁜 복잡성 제거에 관한 조건을 설정하는 것으로는 관리되기 어렵다. 각각의 개별 조치들은 바람직한 포트폴리오의 복잡성 수준으로 나아가기 위한 통합 전략의 일환으로서 계획되고 실행되어야 한다.

앞에 설명된 방법들과 대비하여 그림 76은 제품 복잡성의 전체론적 관리방식을 보여준다. 이 구조에서도 유입과 유출을 위한 파이프, 유입/유출을 통제하는 밸브 및 유입 필터가 다른 모델과 동일하게 존재한다. 그러나 포트폴리오의 최적 복잡성 수준의 결정이 존재하고, 유입/유출 밸브가 통합적이면서도 각각 개별적으로 작동할 수 있어 포트폴리오의 최적 복잡성 수준과 조합을 관리한다. 예를 들어 매출 감소 또는 시장의 범용화Commoditization가 진행될 경우 포트폴리오로부터 보다 빠르게 제품을 제거하고, 필요시에는 동시에 유입 밸브를 조이거나 보다 엄격한 필터를 적용하여 신제품 유입을 줄이

| 그림 76 | **전체론적 복잡성 관리**

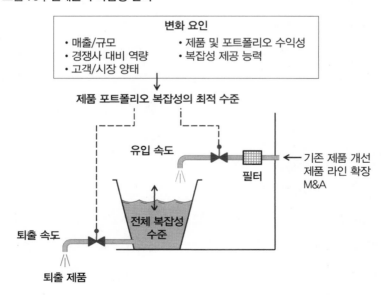

게 된다. 반대로 빠른 매출 성장이나 프로세스 또는 조직 역량이 증가하는 경우에는 신제품이 추가되는 속도를 증가시켜서 포트폴리오의 복잡성 수준이 서서히 증가되도록 할 수도 있다.

이와 같은 심층적인 이해, 폭 넓은 시야 및 유기적으로 통합된 대응 방안이 결합될 때 나쁜 복잡성이 다시 증가하는 것을 가장 잘 막아낼 수 있다.

휴마나Humana 사의 CEO 마이크 맥칼리스터Mike McCallister는 이러한 복잡성의 균형 잡기가 모든 대기업의 과제라고 본다. 그에 따르면

여러분이 제품혁신이 전부인 신생회사를 가지고 있다고 생각해 봅시다. 이 경우에는 모든 것이 분명하고 단순합니다. 오래된 일하는 방식을 지속적으로 유지하고 있는 전통적 기업들의 경우에도 매우 단순한 원칙에 의해 운영됩니다. 그러나 정말 어려운 경우는 여러분이 그런 회사들을 하나로 통합하여 초점을 잃지 않으면서 전체를 하나의 조직으로 관리해야 할 때입니다. 하나의 회사로서 여러분은 어떤 의미를 가지며, 시장에 어떻게 접근해야 합니까? 내 생각에 경영진의 책무는 이 모든 말들이 균형을 유지하고, 전체 조직이 올바른 방향을 향해 흐트러지지 않고 나아갈 수 있도록 하는 것입니다.

CCO의 역할 2: 복잡성 관리에 필요한 조직 역량 구축하기

두 번째로 CCO가 수행해야 할 중요한 역할은 복잡성을 관리하기 위해 필요한 조직 역량을 구축하는 것이다. '구축'이 요구되는 이유는 전부는 아니더라도 많은 기업들이 포트폴리오의 다양성을 지속적

으로 최적화시키는데 필요한 역량, 프로세스 및 측정 지표를 기존에 가지고 있지 않기 때문이다.

- **역할 1에서 설명된 프로세스**: 이것은 제9장과 제10장 및 기타 전투 전략에서 설명된 SKU 제거를 위한 역량을 포함한다. 대부분의 회사들은 어떤 형태든 SKU 제거 활동을 하지만, 그 노력은 불완전한 경우가 많다. 복잡성은 현대의 기업이 공통적으로 앓고 있는 질병 중 가장 이해도가 낮은 질병의 하나이다. 우리는 이 책을 통해 치료방법을 제시하였으나, 이러한 방법들이 공통의 언어와 새로운 스킬 및 접근 방법을 구축하고 제3부에서 제시된 전투 전략의 능력을 키우기 위한 집중적인 훈련과 교육을 완전히 대체하지는 못한다.

- **고객 인사이트 역량**: 위에서 논의했듯이 많은 경우에 기업들은 신제품 매출을 과대평가하고 대체 가능성과 관련한 기회를 간과하는 경향을 보인다. 우리는 이런 경향이 특히 이노베이션 센터에서 발생하는 것을 보았는데, 이 혁신 센터들은 파괴적이고 차별화된 제품 혁신을 추진하기보다는 SKU의 증가만 조장하였다. 와튼 스쿨의 법률과 기업윤리 전공교수인 케빈 워바흐Kevin Werbach는 제품에 지나치게 과다한 기능을 추가하는 경향을 가진 전자기기 제조기업의 예를 들어 다음과 같이 설명했다. "컴퓨터에 빠진 괴짜들은 최신의 기술을 추가하기를 원하며, 전통적으로 제품을 지나치게 복잡하게 만드는 경향을 보입니다. 그들은 기술에 전문가들이며 자신들이 사용할 수 있는 제품을 만

드는 경향을 보이는데, 그들이 사용할 수 있는 제품은 대중이 사용할 수 있는 제품은 아닙니다."

- **올바른 인센티브 제도**: 나쁜 복잡성을 증가시키는 핵심 요인의 하나는 잘못된 인센티브와 성과지표이다. 균형성을 상실한 성과지표와 성과중심 조직문화는 제품 포트폴리오를 비대하게 만든다. 영업조직이 매출 증대를 위해 기존제품을 변경시켜 새로운 SKU를 만들어내기 때문이다. 그러므로 CCO가 우선적으로 해야 할 일 중의 하나는 성과지표를 평가하고 바로잡는 것이다. 적어도 현재의 인센티브 시스템의 영향도를 투명하게 보여주는 것만은 추진해야 한다.

- **IT 시스템과 정보**: 제2부의 심층탐구 3(주스 딜레마)에서 살펴보았듯이 복잡성의 진정한 원가를 밝혀내는 것은 매우 중요하다. 불행하게도 대부분의 원가회계 시스템은 이 관점에서 부적합하다. 적합한 IT 지원 시스템 – 예를 들면 편리하게 검색 가능한 부품 데이터베이스 등 – 은 현재의 부품에 대한 가시성 부족과 관련된 복잡성이 은밀하게 증가되는 것을 방지하는데 도움을 줄 수 있다.

결론

기업들이 우리에게 복잡성 관리에 대한 성공 여부를 예측해달라고 요청할 때, 우리는 그들이 전체 복잡성을 관리하기 위한 세 가지 핵심 영역과 관련된 프로세스와 역량을 보유하고 있는지를 평가할 수 있는 일련의 질문을 한다. 기업이 모든 복잡성 원가를 제거했다고 하더라도 복잡성이 은밀하게 다시 증가하는 것을 막을 수 있는 역량이 없다면 곧 다시 문제에 직면하게 될 것이다. 우리가 논의했듯이 이 역량의 많은 부분은 관리책임의 일원화로부터 시작된다. 이 역할이 존재하지 않으면 - 우리는 이 장에서 이 역할을 최고 복잡성 담당 임원Chief Complexity Officer이라고 명명했다 - 이런 역량을 구축하는 것이 강력한 고위 경영층이 관리 책임을 가진 다른 영역에 우선순위를 빼앗기게 된다.

유통회사들은 지난 10여 년간 제품 복잡성 증가의 이슈를 감지하고 있었다. 제한된 매대 공간을 가지고 고객이 원하는 물건을 원하는 시간에 제공하기 위해서이다. 〈월스트리트저널〉에 따르면 "유통회사들은 몇 년 동안 제품 복잡성 축소에 대해 고민해왔으나 고객의 선택 범위를 축소하는데 주저해왔다." 그들은 매장에 진열된 88종의 팬틴 샴푸, 컨디셔너 및 모발 제품을 철수시키거나 50여 종 이상 되는 오레오 쿠키의 개별적인 증분 가치를 평가하지 못했다. 그러나 경기 여건이 악화됨에 따라(그리고 유통회사들은 재고를 줄이고 현금 확보를 극대화해야 한다) 의사결정도 변화되었다. 다시 〈월스트리트저널〉에 따르면 "현재 유통회사들은 인건비 절감, 결품 축소, 공급 조건 개선을 위해 공급사 교섭력을 적극적으로 활용하고 있다."

매출 증대에 대해서는 언급할 필요도 없다. 월마트의 분석에 의하면 월마트의 고객들은 매장에서 22분의 시간을 보낸다. 그리고 제품의 다양성이 확대되면 고객이 쇼핑 카트에 담는 물건의 종류가 감소된다. 고객은 한정된 시간을 쇼핑을 위해 사용할 수 있는 것이다. 월마트는 매출을 증대시키기 위해 제품 구색을 조정하였다.

이러한 변화를 인지하는 것은 복잡성 증가 억제와 관련된 논의에 매우 중요하다. 왜냐하면 지난 10여 년간 포트폴리오의 폭을 넓히려는 마케팅 조직과 다양성을 제공하기 위해 고생하지만 그 가치에 대해 의구심을 가지고 있는 오퍼레이션 조직 간의 해묵은 다툼을 중단시킬 수 있도록 지원하기 때문이다. 사실 고객들은 다양성을 원하지만, 이 올바른 종류의 다양성만을 원하며 많은 경우에 있어서 구매 의사결정 시에 제품 자체의 특성만큼 서비스 수준과 적정한 가격(낮은 복잡성의 결과)을 중요하게 고려한다. '새로운 고객의 소비 트렌드'의 영향은 오래 전부터 당연시해온 지식과 결별할 것을 강제하고 있다. 이제는 고객이 무엇을 원하는지, 그것이 회사의 포트폴리오에 어떤 의미를 갖는지 재검토할 필요가 있다.

제18장

린 오퍼레이팅 모델

프로세스 및 조직 복잡성에 대한 구조적 방어벽 만들기

　이제 독자들도 알겠지만 복잡성 원가 중에 제품 포트폴리오에서 발생하는 원가는 일부분에 불과하다. 제품 포트폴리오로부터 발생된 원가보다 더 큰 낭비와 원가가 프로세스와 조직구조에 숨어 있는 경우도 흔히 발견된다. 합리화 활동 이후에 제품 복잡성이 다시 증가되는 것을 예방해야 하듯이, 프로세스와 조직 복잡성도 다시 증가하는 것을 방지해야 한다.

　복잡성의 은밀한 증가를 방지하는 효과적인 방법 중의 하나는 린 오퍼레이팅 모델을 도입하는 것이다. 린 오퍼레이팅 모델은 프로세스와 조직 복잡성에 대한 구조적 방어벽을 구축하는 제도이다. 이 주제에 대한 상세한 설명은 이 책의 범위를 벗어나지만 복잡성의 증가를 방지하기 위한 주요 방법론을 간단하게 소개하고자 한다. 우리는 이 장에서 린 오퍼레이팅 모델이 무엇인지, 어떻게 작동하는지, 제도 도입의 7가지 단계 및 이를 도입하여 성공적으로 경쟁에서 우위를 확보하고 고객 가치 제공에 대한 집중도를 향상시킨 사례에 대해 다루고자 한다.

린 오퍼레이팅 모델은 다음과 같은 방법으로 프로세스와 조직 복잡성의 증가를 방지한다.

- 일하는 방식을 표준화함으로써 프로세스가 수행되는 방식의 비부가가치적인 변형을 막고, 표준화해야 할 프로세스(신속하게 실행)와 표준화하지 말아야 할 프로세스(신속하게 적응)를 특성에 맞추어 적절하게 효율화 할 수 있도록 돕는다.
- 조직 또는 기능을 관통하는 적절한 의사결정체계와 핵심성과지표KPI를 통해 엔드 투 엔드End-to-end 프로세스의 투명성을 확보할 수 있도록 지원한다.
- 자산과 조직구조가 잘 정렬될 수 있도록 하여 조직의 복잡도를 제거하고 조직 간 정렬Alignment 부족으로 발생하는 임시방편적 프로세스를 축소시킨다.

린 오퍼레이팅 모델 도입을 통해 기업이 얻을 수 있는 효과는

1) 합의된 일하는 방식을 준수함으로써 **복잡성 증가를 방지할 수** 있다.
2) 오퍼레이션 방식에 대한 합의와 동의를 통해 **조직 간 정렬**이 가능하다.

3) 최적의 위치에 적합한 수준의 지속적인 개선활동을 통해 원가와 낭비를 축소시킬 수 있다.

4) 전략적 옵션의 폭을 넓히고, 전술적 활동의 속도와 유연성을 향상시킨다.

5) 경쟁자가 전략은 따라할 수 있어도 전체적인 역량을 복제하기는 힘들기 때문에 진정으로 지속가능한 경쟁우위를 확보할 수 있다.

요컨대 린 오퍼레이팅 모델은 일하는 방식의 표준을 활용하여 고객이 정의한 가장 중요한 가치를 제공하는 것을 중심으로 전체 조직을 정렬시킴으로써 오퍼레이션을 단순화, 투명화, 지속적인 학습을 통해 개선될 수 있도록 지원한다.

█ 원 컴퍼니 프로젝트

모든 조직은 어떤 형태든 오퍼레이션 모델을 가지고 있는데, 오퍼레이션 모델이란 고객에게 가치를 제공하기 위한 일을 수행하는 구조를 말한다. 그러나 종종 이 모델은 공식적으로 문서화되지 않고 암묵적으로만 존재하는 경우가 많다.

문서화된 청사진 없이 집을 짓는다고 상상해보라. 아무도 무엇을 해야 할지 알 수 없는 상황에서 일꾼들은 공구를 들고 판자로 된 방 하나를 만들고, 이어서 또 다른 방을 만들어 붙이는 방식으로 집을 짓는다. 결국에는 이상하게 생긴 다 허물어져 가는 집을 짓게 될 것이 분명하다.

오퍼레이팅 모델을 정의하지 못한 기업에게도 이와 같은 일이 벌어진다. 기업이 성장하면서 고객의 니즈를 충족시키기 위해 그때그때 필요한 프로세스가 추가된다. 이 기업들은 프로세스를 조율하기는 하지만 필요에 따라 임의적인 방법을 활용한다. 독립적인 IT 시스템들이 구축되고, 결국 그물망처럼 복잡한 인터페이스 관계가 생겨난다. 경영자는 수백 개의 프로젝트 사이에서 집중력을 상실한다. 회사는 하나의 조직으로 운영되기보다는 수백 개의 독립적인 조직의 집합체처럼 운영된다.

우리는 종종 'One + 회사명'의 이름을 가진 프로젝트를 종종 만나게 되는데, 이런 프로젝트야말로 회사 내 조직의 정렬성 부족으로 인한 원가가 심각한 수준이라는 증거이다. 원 컴퍼니 프로젝트와 같은 것을 통해 전사 차원의 성과를 향상시키는 것이 필요하다는 것을 경영진이 본능적으로 꿰뚫어 보았다고 할 수 있다. 우리는 원 컴퍼니 운영 모델 설계는 이 장에서 설명하는 린 오퍼레이팅 모델에 기반해야 한다고 확신한다. 공식화되고 문서화된 오퍼레이팅 모델을 갖추면 여러분이 짓고 있는 집이 과연 올바르게 진행되는지 잠시 멈추어 서서 점검해볼 수 있는 시간을 제공한다. 아무도 지붕이 내려앉기를 바라는 사람은 없다.

왜 린 오퍼레이팅 모델이라는 용어를 사용하는가? 제13장에서 설명했듯이 '린Lean'이라는 용어는 낭비를 제거(비부가가치 프로세스와 원가)하고, 프로세스의 비효율을 제거하는데 중점을 두고 있는 혁신 철학에 붙여진 용어이다. 린은 프로세스 성과목표와 책임을 설정하고 프로세스를 관리하는 다양한 제도를 포함하는데, 필요한 곳에 업무 표준을 만들고 데이터로 새로운 표준이 우월하다는 것이 입증될 때에만 표준을 변경하고 제반의 낭비를 없애는 것 등이 이에 해당된다.

오퍼레이팅 모델이라는 용어는 제품, 서비스 또는 기타 조직의 목적을 달성하기 위해 기업의 인력, 프로세스, 기술이 상호 연결되는 방식을 의미한다.

위의 두 가지 개념을 결합하여 린 오퍼레이팅 모델이라는 용어가 구성되는데, 이는 다음의 특성을 갖는 경영 방식이라고 정의할 수 있다.

- 고객에 의해 정의되는 가치에 대한 이해를 최우선으로 한다.
- 이 정의된 가치를 정렬된 조직에 의해 지원한다.
- 학습과 지속적인 혁신에 의해 유지된다.

린 오퍼레이팅 모델은 기업이 인력, 프로세스 및 기술을 활용하여 고객가치를 극대화하고(고객 만족 및 매출로 나타남), 비부가가치 활동을 최소화(생산성, 속도 및 궁극적으로는 수익성으로 나타남) 할 수 있도록 하는 수단이다. 그림 77에 관련 구성요소 간의 관계가 설명되어 있다.

올바르게 적용된다면 린 오퍼레이팅 모델은 시장이 중시하는 가치에 조직이 집중할 수 있도록 하고, 적정한 수준의 지속적인 혁신을 할 수 있도록 유도할 수 있는 전사 운영 프레임워크가 될 수 있다. 또한 ERP와 같은 새로운 IT 시스템 구축, 신규 자산 투자 및 전사적인 혁신 프로젝트의 기반이 될 수 있다.

이 장에서 우리는 린 혁신 프로그램의 도입 방법을 자세히 설명하지는 않을 것이다. 비록 린이 필수불가결한 요소로 포함되기는 하지만 린 오퍼레이팅 모델은 현장 혁신을 지원하는 것을 넘어서는 큰 목표를 가지고 있는데, 그것은 시장에서 중시하는 가치에 회사의 역량을 집중시켜서 경쟁우위를 확보하는 것이다.

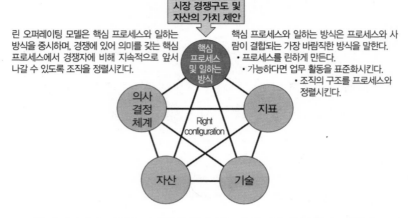

| 그림 77 | 린 오퍼레이팅 모델을 활용하여 조직을 정렬시키기

린 오퍼레이팅 모델은 핵심 프로세스와 일하는 방식을 중시하며, 경쟁에 있어 의미를 갖는 핵심 프로세스에서 경쟁자에 비해 지속적으로 앞서 나갈 수 있도록 조직을 정렬시킨다.

핵심 프로세스와 일하는 방식은 프로세스와 사람이 결합되는 가장 바람직한 방식을 말한다.
• 프로세스를 린하게 만든다.
• 가능하다면 업무 활동을 표준화시킨다.
• 조직의 구조를 프로세스와 정렬시킨다.

린 오퍼레이팅 모델은 고객에게 의미 있는 방식에서 지속적으로 경쟁자 대비 우위를 확보할 수 있도록 조직의 구성요소를 통합하고 정렬시킨다.

린 오퍼레이팅 모델 도입의 7가지 단계

린 오퍼레이팅 모델을 도입하는 것은 경쟁자를 압도하기 위한 특정한 경쟁 방식을 선택하는 것이다. 그림 77에 여러분이 정렬하기를 원하는 퍼즐의 조각들이 있다. 여기에는 회사가 린 오퍼레이팅 모델을 도입할 때 밟아야 할 7가지 단계가 있다.

1. 여러분의 경쟁 영역에서 승리하기 위해 필요한 것이 무엇인지 정의하라.
2. 승리의 요건과 직접 관련된 핵심 프로세스를 정의하라.
3. 엔드 투 엔드를 포괄하는 지표를 활용하여 전 조직을 한 방향으

로 정렬시켜라.

4. 중요한 포인트에 린 혁신활동을 집중하라.

5. 일하는 방식을 표준화하라.

6. 프로세스 오너십 구조를 정립하라.

7. 학습 문화를 활성화하라.

위의 각 단계들은 하나하나가 그 자체로 매우 중요한 프로젝트가 될 수 있다. 이 단계들 또한 많은 회사에서 동시에 진행되기도 한다. 각 단계에 대해서는 아래에서 상세하게 논의할 것이다.

1단계: 여러분의 경쟁 영역에서 승리하기 위해 필요한 것이 무엇인지 정의하라

제4부의 도입부에서도 논의했지만 사업의 성공을 위해서는 먼저 여러분의 회사가 속한 경쟁 영역을 확인해야 한다. 예를 들어 '경마' 사분면에 참여하고 있는 회사는 경쟁사와 비교하여 더 빠르고 더 우수하게 차별화 할 수 있어야만 승리를 할 수 있다.

우리의 경험에 의하면 매우 많은 수의 기업들에게 있어서 성공은 일회성의 전략적 프로젝트에 의존하기보다는 매일 매일 지속적으로 몇 가지 일을 잘 해낼 수 있는 역량에 의존한다. 승리는 결정적인 한 방으로 얻어지는 것이 아니라 작은 승리를 지속적으로 반복할 때 얻어지는 것이다. 기업은 매 전투를 이길 수 있도록 적절히 무장하고, 훈련되어야 한다. 그러기 위해서는 속도와 민감한 정보력이 필요하다. 신속하게 실행하고, 환경에 적응할 줄 알아야 하는데, 이것을 가능하게 하는 것이 린 오퍼레이팅 모델이다.

2단계: 승리의 요건과 직접 관련된 핵심 프로세스를 정의하라

모든 기업은 사업의 성공을 결정하는 몇 개의 핵심 프로세스를 가지고 있다. 예를 들면 식료품 유통업의 경우에는 기술진보, 새로운 고객의 요구 및 변화하는 사업환경에도 불구하고 기본구조는 변화가 없었다.

그림 78에서 볼 수 있듯이 이 식품유통기업의 성공은 적합한 입지를 선정하여 매장을 건설하고, 좋은 물건을 선별 구매하고, 공급자로부터 매장까지의 물류 흐름을 조율하고 마케팅하고, 매장 내 판매 프로세스를 관리하는 역량에 의해 결정된다.

| 그림 78 | 식료품 유통업의 핵심 프로세스

실제 모습은 물론 위의 그림에서와 같이 단순한 네댓 개의 박스를 일렬로 배치한 것보다 훨씬 복잡하다. 예를 들면 각각의 핵심 프로세스는 다수의 보조 프로세스와 인력이 지원하게 되는데, 이 핵심 프로세스와 보조 프로세스가 결합되어 회사의 '일하는 방식'을 구성하는 것이다. IT와 같은 일부의 보조 프로세스는 몇 개의 핵심 프로세스를 동시에 지원하기도 한다. 새로운 전략은 핵심 프로세스의 방향 변화를 요구할 수 있는데, 예를 들면 유통 채널이 소품종 대량 또는 다품

종 소량의 물건을 다룰 수 있도록 하는 것과 같은 것이다.

그러나 상황이 어찌되었든 어떤 핵심 활동이 여러분의 시장에서 성공을 가져올 수 있는지 공식적으로 정의하는 것은 매우 중요하다. 이미 핵심 프로세스는 명확하고 회사 내의 모든 사람이 동의하고 있는 것일 수 있다. 그러나 모든 경우가 그런 것은 아니다. 회사의 오퍼레이션의 지향점을 결정하기 위해 핵심 프로세스를 찾아내고 내부적인 공감대를 확보하기 위한 노력을 게을리해서는 안 된다. 그렇게 함으로써 여러분은

- 회사의 모든 프로세스의 목록을 만들고, 프로세스 혁신에 집중할 부분과 표준화에 집중할 부분을 선정하기 위한 평가를 시작할 수 있다.
- 회사의 자산이 제대로 정렬되어 있는지, 그렇지 않은지를 평가할 수 있다. 예를 들면 여러분의 회사가 정의된 핵심 프로세스를 지원하고 있는가, 또는 이해관계에 있어서 핵심 프로세스의 방향과 상충되는가?
- 장기 관점에서 효익을 제공할 뿐만 아니라 회사의 엔드 투 엔드 End-to-end 프로세스를 포괄하는 IT 시스템 구축에 대한 계획을 체계적으로 수립할 수 있다.
- 핵심 엔드 투 엔드 프로세스를 중심으로 역량 강화, 지속적인 학습과 혁신을 위한 지표 및 의사결정 체계를 수립하고 개선해 나갈 수 있다.

3단계: 엔드 투 엔드를 포괄하는 지표를 활용하여 전 조직을 한 방향으로 정렬시켜라

일단 여러분 회사의 핵심 프로세스를 찾아냈다면 여러분은 고객 가치를 중심으로 조직을 정렬시키고, 긍정적인 태도를 유도할 수 있는 엔드 투 엔드 프로세스 지표를 선정할 수 있다. 예를 들면 많은 조직들은 각자의 재고 축소를 위해 일할지 모르지만, 정말로 중요한 것은 회사 전체의 총재고 보유 수준이다. 공장의 재고를 축소하고자 하는 노력이, 예를 들면 물류 재고 증가를 유발하여 회사 전체적으로 재고 수준이 증가할 수 있다.

4단계: 중요한 포인트에 린 혁신활동을 집중하라

프로세스 개선의 노력을 핵심 프로세스에 집중함으로써 개선의 효과를 극대화 할 수 있다. 여러분은 그러므로 린 혁신 자원을 소수의 효과가 큰 주요 이슈에 집중할 수 있다. 예를 들면 많은 기업들은 혁신활동 추진 시 회사의 전 부서 및 기능이 균등하게 각각 성과개선을 위해 노력하는 방식을 취한다. 그러나 사실은 전사적인 혁신 역량을 엔드-투-엔드 관점에서 고객 가치 전달에 중대한 영향을 미칠 수 있는 몇 가지의 핵심 이슈에 집중할 때 보다 좋은 결과를 얻을 수 있다.

5단계: 일하는 방식을 표준화하라

어떤 경영자들은 '표준화'라는 개념에 대해 강한 거부감을 가지고 있다. 최근 발간된 〈하버드 비즈니스 리뷰〉에서 조셉 홀Joseph M. Hall 과 에릭 존슨M. Eric Johnson은 다음과 같이 선언했다. "프로세스 표준화 운동은 과도한 수준까지 나아갔다." 저자들은 어떤 프로세스의 경우 예술적인 판단이 요구된다고 결론지었다. 우리는 이들의 주장에 일리가 있다고 보며, 이 모든 논의가 프로세스를 표준화해야 하는지 하지 말아야 하는지가 아니라 어떤 프로세스를 표준화해야 하는지에 맞추어져야 한다고 믿는다.

사실 우리는 논의의 방향을 바꾸어서 다음과 같이 표현하고 싶다. 중요한 것은 어떤 프로세스를 표준화하지 말아야 할지 결정하는 것이다. 다음의 두 가지 요인을 결정하여 비표준화 프로세스를 선정해야 한다.

1) 표준화를 위한 비용이 효익을 초과하는 경우
2) 고객이 매우 특별하거나 고유한 특성에 가치를 부여하는 경우 (예를 들어 악기제조기업의 경우 고객인 음악가들이 구매 악기만의 고유한 음색을 매우 중요한 가치로 여긴다면 악기제조 프로세스를 표준화하기는 어려울 것이다).

다양한 특성을 가진 프로세스라고 하더라도 프로세스 계층화를 통해 전체적인 표준화나 부분적인 표준화가 가능하다. 프로세스 계층화는 단순하게 말하면 프로세스 특성에 따라 갈라지는 분기점을 설정하는 것을 의미한다.

표준화를 전혀 하지 않는 것보다는 비록 부분적이라도 표준화를 하는 것이 좋다는 것을 잊지 말라. 표준화된 프로세스의 빌딩 블록을 만들어서 무수한 방식으로 결합될 수 있도록 운영한다면 고객과 시장에 대해 보다 유연하게 대응할 수 있다. 이와 같은 모듈화를 통해 공통되는 절차가 있는 경우 프로세스의 재사용 범위를 확대할 수 있다. 예를 들어 외과수술은 고도의 전문기술, 고도의 프로세스 다양성을 가지고 있지만 공통된 절차에 의해 시행되는 수술 전/후의 처치 프로세스는 표준화 될 수 있다.

린 오퍼레이팅 모델은 통상 회사 내의 업무의 대부분을 차지하는 반복적이고 대량 수행되는 작업을 규격화한다. 이를 통해 부서별로 유사한 작업을 중복 수행하는 것을 막을 수 있고, 이로 인해 발생되는 프로세스의 복잡성을 줄일 수 있다. 이를 적용하여 테스코 사는 시장 환경에 빠르게 적응하고, 효율적으로 매장을 확장하고, 지속적으로 프로세스를 개선할 수 있었다.

미시적 수준에서의 표준화 추구를 통해 거시적 수준에서의 유연성이 어떻게 강화될 수 있는지 이해하는 것이 중요하다.

〈전략으로서의 기업 구조Enterprise Architecture as Strategy〉라는 책의 저자는 핵심 비즈니스 프로세스를 표준화했을 때 개별 프로세스의 유연성은 감소되지만 회사 전체로서의 환경 적응력은 강화되는 모순에 대해 이야기하고 있다.

위대한 운동선수는 근력, 유연성 및 기술 등 쉽게 변화되지 않는 능력들을 가지고 있습니다. 그러나 이러한 능력들은 운동선수가 자신의 종목에 적용하여 반응하고, 임기응변적으로 대응하고, 지속적으로 개선할 수 있는 능력을 제공합니다.

이와 유사하게 기업들이 일상적인 '주문-수금order-to-pay' 프로세스에 매달리지 않아도 된다면 매일 매일의 일상 업무처리를 위해 노력하는 대신에 고객의 트렌드를 읽고 미래의 경쟁력을 강화하는데 힘을 쏟을 수 있게 된다.

사실 기업의 환경 적응력의 부족은 지나친 표준화나 공식화 때문에 발생하는 것이 아니라, 표준화와 공식화가 부족하기 때문에 발생한다. 〈전략으로서의 기업 구조〉에서 저자들은 인터넷 붐 시대에 대해 다음과 같이 회상하고 있다.

많은 기업의 IT 시스템과 프로세스의 유연성 부족과 이로 인해 발생한 외부 환경 변화에 대한 대응력 부족 현상은 실행체계의 표준화 및 시스템화로 나타난 것이 아닙니다. 이것은 어떤 한 부분을 변화시키기 위해서는 관련된 모든 시스템을 개별적으로 다시 수정해줘야 하는 복잡한 시스템 때문에 발생한 것입니다.

요약하면 미시적 수준에서의 표준화는 거시적 수준의 유연성을 제공한다. 그리고 상식적으로 많은 사람이 알고 있는 것과는 반대로 반복적으로 수행되는 핵심 프로세스를 표준화하고, 이를 통해 프로세스와 조직의 복잡성을 제거하면 시장에서 경쟁우위를 확보할 수 있는 조직의 유연성을 만들어낼 수 있다.

6단계: 프로세스 오너십 구조를 정립하라

여러분이 시장에서 성패를 결정하는 핵심 프로세스를 중심으로 조직을 운영하는 것은 암묵적으로 프로세스 중심 조직으로 변화하는 것을 의미하는 것이다. 그러나 린 오퍼레이팅 모델을 개선하고 유지하기 위해서는 프로세스 오너십 구조를 정립해야 한다. 즉 비즈니스에 핵심적인 영향을 미치는 프로세스의 성과측정, 모니터링 및 개선에 의사결정 권한의 구조가 공식적으로 정의되어야 한다.

어떤 회사에게 이것은 극단적인 마인드의 변화가 필요하고, 또 어떤 회사에게는 이미 암묵적으로 시행해오던 것을 문서화하고 공식화하는데 불과할 것이다. 상거래와 관련된 기능이 회사에 핵심적인 중요 프로세스를 많이 가지고 있는데 영업, 생산, 물류 등이 그 예이다. 그러나 전통적인 오퍼레이션 관리제도에 비해 프로세스 오너십 모델은 분명한 차이점을 가지고 있는데, 다음과 같은 점에서 기존제도에 비해 우수하다고 볼 수 있다.

- **주요 프로세스 간의 연결 관계의 공식적인 파악**: 기능은 내부 지향적인 반면, 프로세스는 정의상 입력물과 결과물을 가지므로 외부를 고려한다.
- **고객을 중심으로 프로세스 정렬**: 린 오퍼레이션 모델에서 프로세스 중심적 조직이 된다는 것은 고객 중심적 조직이 된다는 것을 의미한다. 린 오퍼레이팅 모델은 고객이 원하는 것을 지원하기 위해 고객과 프로세스를 정렬시키는 것에서부터 시작된다.
- **프로세스 오너의 역할에 대한 확장적 정의**: 프로세스 지향은 목표 영역에서 오너의 역할을 단순화하고 표준화하도록 강요한다. 상위 수준에서 정리해보면 프로세스 오너의 역할은 다음과 같이 정의될 수 있다.

– 프로세스 자체 및 타 프로세스와의 연결 관계의 전반적 건전
성을 평가한다.
– 핵심 프로세스 성과지표와 비교하여 성과를 모니터링한다.
– 성과 갭을 메꾸고 지속적으로 개선하기 위한 활동의 스폰서
가 된다.

프로세스 오너의 역할을 보다 쉽게 이해하기 위해 도요타의 총괄
엔지니어 개념을 살펴볼 필요가 있다. 총괄 엔지니어의 역할은 도요
타의 성공적인 제품개발을 가능하게 했던 핵심적인 요인 중 하나이
다. 많은 회사들은 개발 프로세스의 책임을 다수의 기능조직에 분산
시키고 있는데, 그 결과 전체 제품개발의 성과에 책임을 지는 단 한
명의 총책임자가 존재하지 않는다. 그러나 도요타에서는 총괄 엔지
니어가 전체 개발 프로세스를 책임지고 있는데, 단지 프로젝트 매니
저 역할뿐만 아니라 고객의 니즈에 대한 이해와 기술적 지식을 가지
고 전체 프로세스의 리더이자 기술의 통합 조정자 역할을 수행한다.
도요타 사는 다음과 같이 말했다. "베버리힐스에 한 번도 가보지 않
은 엔지니어가 렉서스를 디자인해서는 안 됩니다." 사실 도요타는
총괄 엔지니어가 프로그램 조정자 역할보다는 기술에 능통한 통합
조정자가 되도록 함으로써 개별 기능의 우수성과 엔드 투 엔드 프로
세스 간에 존재하는 트레이드오프 관계를 해결할 수 있었다.

7단계: 학습하는 문화를 활성화하라

휴마나Humana 사의 CEO 마이크 맥칼리스터Mike McCallister는 다음

과 같이 말했다. "우리 회사에 새롭게 도입하고자 했던 것 중의 하나는 학습 조직입니다. 우리가 처음 이 프로세스를 시작했을 때 직원들의 반응은 이런 것이었습니다. '학습 조직요? 나는 당신이 무슨 소리를 하는지 모르겠습니다.'"

이 용어는 여러 가지 의미로 쓰이는데, 우리가 이 책에서 의미하는 뜻은 다음과 같이 요약될 수 있다. "학습 조직이란 과거의 실수 및 프로세스의 노이즈로부터 특정 교훈을 학습하고, 학습을 통해 획득한 통찰을 기존의 표준에 반영할 수 있는 역량을 가진 조직"이다.

〈토끼몰이Chasing the Rabbit〉의 저자는 조직이 학습하지 못할 때 발생되는 현상에 대해 다음과 같이 썼다.

느슨한 조직의 직원들은 업무 프로세스가 더 이상 적합하지 않으므로 변경되어야 한다는 각종 징후들을 무시합니다. 그들은 장애요인을 만나면 그것을 어떻게든 해결해야 할 프로세스의 일상적 잡음으로 취급하고, 그 문제를 해결합니다. 그러나 그들은 회사의 동료가 같은 문제를 성공적으로 해결할 가능성을 높이거나 실패할 가능성을 저하시키지는 않습니다.

일하는 방식의 표준(5단계)은 학습을 위한 플랫폼을 제공한다. 만일 여러분이 프로세스를 수행할 때마다 일회성으로 끝나버릴 일이라고 취급한다면 - 여러분의 회사에 표준화된 방법이 없다면 암묵적으로 이렇게 취급한다는 것을 나타낸다 - 여러분은 조기경보신호를 파악하고 학습된 내용을 반영할 플랫폼을 가질 수 없게 된다.

상용 및 군용 제트 엔진을 설계하고 제조하는 기업인 프랫 앤 휘트니Pratt & Whitney 사는 엔지니어링 업무표준ESW: Engineering Standard Work이라는 프로그램을 통해 학습을 위한 플랫폼을 구축했다. 프랫 앤 휘트니 사는 업무 플로 맵을 작성하고, 각 설계 단계별로 최고의 방법론을 설명하는 활동 페이지를 작성했다.

〈토끼몰이〉라는 책에 의하면 엔지니어링 업무표준은 지식을 문서화하고 공유하기 위한 메커니즘입니다. 지식을 축적하기 위한 메커니즘이 내재되어 있는데, 어떤 사람이 업무표준을 활용하는 과정에서 문제점을 발견하면 각 프로세스 오너에게 연락하여 문제점에 대한 조사를 요구합니다. 문제의 근본 원인이 밝혀지면 업무표준은 변경되고, 이를 통해 다음 사람이 업무표준을 활용해서 업무를 성공적으로 수행할 가능성을 높일 수 있게 됩니다.

분명히 하루아침에 이루어질 수 있는 일은 아니지만 학습 문화를 정착시키는 것은 많은 회사에 차별적인 경쟁력을 가져다줄 수 있으며, 앞에서 제시된 6단계를 통해 도입을 추진할 수 있다.

미 해군의 오퍼레이팅 모델

미 해군은 어떻게 오퍼레이션에 접근하는지에 관한 유용한 사례를 제공한다. 그리고 린 오퍼레이팅 모델이 어떻게 오퍼레이션의 핵심 구성요소를 구성하는지 조명하는 사례이기도 하다. 해군에서 오퍼레이션은 전략 및 전술과 구분되는 별도의 영역이다(쉽게 말해 오퍼레이션은 엔진 실, 전술은 함정을 활용한 전투, 전략은 언제 어디서 전투를 할지를 결정하는 것이라고 볼 수 있다). 그러나 오퍼레이션이 전략 및 전술에 비해 중요성이 낮은 것은 아니다. 사실 오퍼레이션은 해군 내에서 별도의 지휘체계를 가지고 있으며, 전투에서 수행하고 승리하기 위한 해군 전력의 핵심이다.

오퍼레이션은 전략과 다르며, 전략은 전술과 또 다른 개념이다.

- **전략**: 전략은 한정된 자원의 배치를 결정한다. 한 개의 전장에서 싸울 것인가 또는 두 개의 전장에서 싸울 것인가? 어떤 시장에 들어갈 것인가? 전략은 싸움의 영역을 정하는 일이다.
- **전술**: 전술은 전투를 수행하는 방법이다(해군 용어로 전략과 전술의 구분은 '교전'이 이루어진 이전인가, 이후인가로 구분된다). 어떤 대형과 기동을 통해 전투를 승리로 이끌 것인가? 전술은 많은 회사들이 생각하듯이 하위 수준의 기획자의 영역이 아니다. 전술은 사실 종종 전략과 혼동되어 사용된다.
- **오퍼레이션**: 오퍼레이션은 통합 시스템, 프로세스, 인프라 및 인력을 통해 전술과 전략의 실행을 가능하게 하는 지속적인 체계이다.

해군의 오퍼레이션은 고도로 표준화되어 있는데, 해군기지 출항부터 항공기 이륙, 잠수함 입수, 정보 교환 등 다양한 세부 오퍼레이션의 절차 및 규정이 정의되어 있고, 철저히 준수된다. 반면에 전술은 창의, 즉흥, 유연 및 적응의 영역으로 인식되고 있다. 그러나 해군의 전술적 유연성은 엄격한 오퍼레이션의 토대에 의존하고 있다. 오퍼레이션의 요소들을 효율화하고 정렬함으로써 — 오퍼레이션 방식을 정의하고 표준화해서 — 해군의 지휘관들은 전투 수행에 대한 준비를 보다 잘 갖출 수 있는 것이다.

각각의 영역은 상이한 역량을 필요로 하며, 상이한 역학구조를 가지고 있다. '회전 속도' 또는 변화의 속도에 있어서 오퍼레이션은 전략의 회전 속도와 다르다(그림 79 참조).

| 그림 79 | 톱니바퀴처럼 물려 돌아가는 전술, 오퍼레이션 및 전략

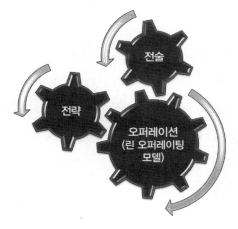

다른 회전 속도를 동시에 작동하면서 린 오퍼레이팅 모델의 요소들은 전략적 폭과 전술적 속도를 가능하게 한다.

전략, 전술 및 오퍼레이션은 비록 변화의 속도는 각각 다르지만 동시에 작동한다. 이들이 린 오퍼레이팅 모델에 의해 기어처럼 맞물려서 돌아가게 되면 전략적 폭과 전술적 속도를 가능하게 한다.

이 두 개의 세계를 명확하게 분리하지 않으면 여러분은 두 개의 세계 사이에 있는 최악의 지점에서 빠져나오지 못하게 된다. 전략 전술은 오퍼레이션의 진화 속도에 맞춰서 천천히 움직이고, 오퍼레이션은 새로운 전략에 의해 지속적으로 뒤바뀌게 된다. 불행하게도 이런 현상을 경험하는 회사가 적지 않은 것이 현실이다. 회사가 '전략의 실행Strategy to Operation'에 어려움을 겪고 있다면 이것은 전략과 오퍼레이션의 차이를 명확히 이해하지 못하고 적합한 해결책을 내놓지 못한 데 기인한다. 전략의 실행은 회사의 현황과 역량을 무시하고 뭔가를 진행시키기 위한 미사여구가 되어버렸다.

두 번째로, 해군으로부터 배울 수 있는 큰 교훈은 표준화에 대한 집중이다. 오퍼레이션에서 표준화 할 수 있는 모든 것을 표준화시켰는데, 이를 통해 (a) 프로세스의 다양성 때문에 낭비와 복잡도가 은밀하게 증가할 수 있는 여지를 없앴고, (b) 조직이 빠르고 기강이 서 있으므로 새로운 전략과 전술이 수립되면 이에 빠르게 대응할 수 있다.

마지막으로, 표준화는 학습의 기반을 제공한다. 정해진 절차를 절대적으로 준수해야 하지만 해군은 맹목적인 복종만을 바라지는 않는다(사실 맹목적 복종은 용인되지 않는다. 특히 질문하는 태도는 미 해군 핵잠수함 부대의 오퍼레이션 5대 중심 원칙 중 하나이다).

제기된 질문은 적절한 절차를 통해 평가되고, 만약 필요하다면 일하는 방식 표준에 반영된다. 이런 과정을 통해 한편으로는 수천 명의 사람이 각자 임의적으로 프로세스를 변화시키는 것을 막되, 한 명의 해군이 새롭게 획득한 통찰의 가치를 전 함대가 공유하여 활용할 수 있도록 하는 것이다. 이런 절차는 해군뿐만 아니라 현대의 대부분의 기업들에게는 매우 중요한 데 한두 명의 사람이 자신이 속한 기능이나 부서 밖에서 발생하는 변화의 영향도가 어떨지를 예측하는 것은 매우 어렵기 때문이다.

왜 ERP 구축이 실패하며, 린 오퍼레이팅 모델이 필요한가?

우리가 이 장에서 논의한 이슈에 대해 회사가 처음으로 고민하게 되는 시기는 종종 ERP 시스템을 구축할 때이다. ERP는 공유된 정보를 활용하는 기업에서 자원, 정보 및 기능을 관리하고 조정하는데 활용되는 IT 시스템이다. ERP 구축은 그 나름의 라이프 사이클을 가진다. 사내 각 부문의 많은 직원들이 관여하고, 종종 많은 수의 외부 컨설턴트가 지원을 위해 투입되며, 시스템에 회사 내 경영자의 관심사가 집중되고 엄청나게 많은 돈이 투자되므로 사업의 요구보다는 프로젝트 일정에 맞추어 추진된다.

ERP 구축은 종종 혁신이라는 이름하에 시작되는 경우가 많다.

- 첫째, ERP 구축에 투하되는 막대한 자원과 최고경영진의 관심도를 고려할 때 시장에서 승리하기 위해 사업이 요구하는 방향으로 조직, 프로세스 및 IT 시스템을 재정렬시키기에 이만큼 좋은 기회도 드물다. 덧붙여서 제각각 자기가 하고 싶은 대로 하려고 하는 분권화된 조직을 길들일 수 있는 매우 좋은 기회이다 (분권 조직들은 자신의 조직이 다른 조직과는 근본적으로 다르다고 믿는다). ERP 구축을 위해 표준화하거나 최소한 단순화해야 하는 필요성은 개별적 행동의 수용가능 범위를 자동적으로 축소시키

는 역할을 한다. ERP 도입이 업무 표준화에 대한 논의를 정당화시킬 수 있다.

- 둘째, ERP 구축은 회사의 프로세스에 대한 철저한 검토와 현행 프로세스의 정리를 필요로 한다. 검토과정의 일부는 사업에 핵심이 되는 프로세스를 규명하는 것이 포함되며(이것은 린 오퍼레이팅 모델의 핵심이기도 하다), 이러한 검토과정을 통해 시장에서 승리하는데 필요한 것이 무엇인지, 경쟁자에 비해 앞서나가기 위해 무엇이 필요한지 명확히 확인할 수 있게 된다.

- 셋째, 프로세스 레벨에서는 효율적이며 낭비 및 실패 위험이 제거되도록 프로세스 혁신을 강하게 추진할 수 있는 원동력이 만들어질 수 있다. 이 일은 미래 지향적인 사고를 필요로 하는데, 기술과 프로세스 개선을 분리하여 프로세스 효율화를 사전에 추진함으로써 IT 시스템 도입이 효율적으로 이루어질 수 있도록 해야 한다.

- 마지막으로, ERP의 조직에 미치는 영향을 고려할 때 자산/기능/성과지표 및 인력이 현재 핵심 프로세스를 어떻게 지원하는지 검토하는데 가장 적합한 시점이다. 위에 언급한 첫째 논점과 유사하게 경영자들은 ERP 구축을 조직을 근본적으로 변화시키는 기회로 활용해야 한다.

그러나 불행히도 위에서 언급한 기회에도 불구하고 많은 ERP 구축 프로젝트는 단순히 ERP 시스템 도입으로 끝나고 만다. 프로젝트 기한을 맞추는 것에 급급해서 혁신의 기회는 등한시된다. 전반적인 프로세스 전략보다는 편의성에 기반한 의사결정이 이루어진다.

예를 들어 글로벌 ERP 롤아웃을 추진하는 글로벌 소비재 회사가 있다고 생각해보자. 프로젝트 초기에는 프로젝트 팀은 다수의 올바른 일을 수행한다. 그들은 상위 비전과 회사의 전략 방향에 맞추어 프로젝트의 의미를 규정한다. 그들은 핵심 프로세스를 정의하고, 프로세스 오너를 지정한다. 그러나 그들은 그들 자신의 린 오퍼레이팅 모델 구축에는 실패하는데, 이는 다음과 같은 갭을 만들어낸다.

- 시장에서 승리하기 위해 그들의 핵심 프로세스가 어떻게 변화해야 하는지에 대한 이해가 부족하고, 이에 따라 핵심 프로세스의 성과를 측정할 지표를 결정하지 못한다. 이는 ERP 투자를 통해 어떤 성과를 달성할지를 불명확하게 한다(이런 종류의 갭은 흔히 발생하는데, 기업들은 상위 수준의 기업 전략은 정의하지만 그들이 전략적 목표를 달성하기 위해 필요한 싸움을 어떻게 승리로 이끌지 명확하게 규정하지 않는다).
- 린 활동에 충분한 집중을 하지 못한다. 회사는 프로세스 혁신에 대해 이야기하지만 경영진은 필요한 인력과 자원을 배치하지 않고 프로젝트 추진 일정에 그와 같은 활동을 위한 시간을 감안하지 않는다. 따라서 그들은 프로세스 자동화 이전에 충분한 프로세스 개선활동을 추진하지 못한다.
- 핵심 프로세스를 중심으로 조직이 어떻게 정렬되고 또 정렬되지 않았는지 문서화된 자료가 없어서 이해관계에 따른 방향의 충돌이 발생한다. ERP 팀은 시스템 구축을 위한 방향으로 추진

하고, 나머지 조직은 현재 상태의 관행을 유지하고자 한다.

어떻게 회사가 고객의 요구를 충족시키기 위해서 시장과 효율적으로 관계를 맺을 것인지 명확하게 규정하지 않았기 때문에(이 부분이 린 오퍼레이팅 모델의 역할이다) 이 회사의 ERP 프로젝트는 다음과 같은 상태가 된다.

- 고객의 요구 또는 고객에게 중요한 활동보다는 IT 기술을 우선시한다.
- 핵심 프로세스가 현재의 관행이나 산업의 표준에 따라 결정된다. 그 결과 차별화의 핵심 포인트가 유실되거나 훼손된다(일반적으로 미래 오퍼레이팅 모델에 대한 명확한 정의 없이 추진되는 프로젝트는 '베스트 프랙티스'를 기준으로 추진되는데, 이는 잘해야 경쟁사 프로세스의 조합이며, 최악의 경우에는 산업의 특성을 전혀 감안하지 못하게 된다).
- 프로젝트의 성과가 린 프로세스 개선 방식을 적용했을 경우에 비해 매우 미미한 수준에 그치게 된다.
- 프로세스와 조직 복잡성의 발생 동인들이 IT 시스템과 자동화에 의해 공고화된다. 그 결과 원가 경쟁력이 훼손되고, 미래에 복잡성 원가를 제거하기 위한 활동이 더욱 어렵게 된다.

우리가 전달하려는 메시지는 단순하다. 만일 여러분이 가까운 미래에 ERP 시스템 구축을 고려하고 있다면 사업과 관련된 핵심적 질문에 대한 답을 먼저 찾아야 하고, 이후에 린 오퍼레이팅 모델을 구축해야 한다. 만일 여러분이 ERP 시스템 도입을 위한 프로세스를 현재 진행 중이라면 일정 계획 때문에 사업의 핵심 질문에 대한 충분한 검토와 논의 없이 프로젝트가 진행되도록 해서는 안 된다.

일반적으로 잘 정의된 오퍼레이팅 모델을 가지면 막대한 낭비를 피할 수 있다. 이것은 여러분에게 복잡성을 통제할 수 있는 강력한 메커니즘과 ERP 등 신기술을 제대로 활용할 수 있는 기반을 제공할 것이다.

사례 연구: 오퍼레이팅 모델을 활용하여 유통 전쟁에서 승리한 테스코Tesco

만일 여러분이 실행력이 중요한 산업의 예를 찾고 있다면 영국의 식료품 산업 세그먼트만큼 적합한 곳은 없을 것이다. 〈카트 전쟁 Trolley Wars〉의 작가 주디 베반Judi Bevan은 영국의 식료품 시장을 "거대 체인 간의 지리하게 지속되고 종종 무자비하게 전개되는 경쟁에 의해 진화하는 산업이라고 정의하고 있다. 점원들의 친절한 미소, 유명인이 출연하는 광고, 다양한 판촉 행사, 번드르르한 슬로건 및 건전한 경쟁이라는 입에 발린 수식어 밑에는 영국 소비자의 마음과 지갑을 얻으려는 치열한 싸움이 전개되고 있다."

테스코에 있어서 린 오퍼레이팅 모델을 도입하고자 하는 결정은 운영의 낭비와 원가를 줄이기 위한 측면도 있지만 글로벌 성장기회를 잡기 위한 측면도 있다. 테스코는 2008년에 글로벌 매출 473억 파운드를 기록하고, 14개국에서 4,000개 이상의 매장을 운영하고 있다. 미국에서는 2008년 이후로 '프레시 앤 이지 네이버후드 마켓Fresh &

Easy neighborhood Market'이라는 이름으로 운영하고 있다.

영국 내 지배적인 사업자로서(영국 식료품 시장의 30% 이상을 점유하고 있다) 테스코는 지난 10여 년간 해외 사업, 매장 형태 및 상품의 범위를 확대하는데 집중해왔다. 테스코는 전통적인 식료품에서 가구 및 전자제품으로 취급 품목을 확대하였고, 전통적인 매장 형태에서 소형 도심 매장 및 교외 초대형 매장 등으로 매장 형태를 다양화하였다. 그리고 미국, 유럽 대륙 및 아시아 지역에 매장을 설립하였다. 이러한 성장을 추진하는 과정에서 테스코는 증가되는 오퍼레이션의 복잡성에 압도당하지 않기 위해서는 보다 확장 가능한 솔루션이 필요하다는 것을 깨닫게 되었다.

테스코는 '테스코 오퍼레이팅 모델'이라고 부르는 공통의 모델을 정의하였는데, 이 모델은 '새로운 시장에 진입할 때 매장 운영에 반복적으로 활용할 수 있는 공통의 백오피스 및 유통 프로세스, 시스템 및 운영 역량'을 포함하고 있다(우리는 이 목록을 테스코가 전략적 목표를 달성하기 위해 집중해야 할 필요가 있는 핵심 프로세스 목록이라고 생각한다).

테스코는 제품 및 공급사 등록, 가격 결정, 주문, 물류, 재무성과 측정 및 임금 관리 등 다수의 프로세스에 하나의 표준화된 일하는 방식을 정의하여 운영하고 있다.

흥미롭게도 위에서 ERP 시스템과 관련된 주제에 대해 논했지만 테스코가 이 방향으로 변화하게 된 계기는 IT 시스템 구축을 위한 모델을 준비하면서부터이다(최초의 모델은 '한 상자 안에 담긴 테스코Tesco in a Box'로 불린다). 테스코의 그룹 IT 담당 임원인 마이크 요워스Mike Yorwerth에 따르면 최초의 이 모델이 진화 발전하여 IT 시스템의 세트

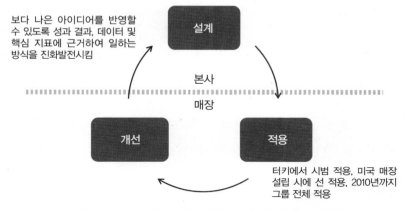

| 그림 80 | 테스코의 비즈니스 모델 현행화 프로세스

보다 나은 아이디어를 반영할
수 있도록 성과 결과, 데이터 및
핵심 지표에 근거하여 일하는
방식을 진화발전시킴

설계

본사
매장

개선

적용

터키에서 시범 적용, 미국 매장
설립 시에 선 적용, 2010년까지
그룹 전체 적용

테스코 오퍼레이팅 모델은 확장성과 지속적 개선을 위해 노력한다. 모델
이 현장에 적용되면, 예를 들어 자동 재고 보충 및 매장 주문 등과 관련
한 새로운 인사이트가 생성된다.

로서 뿐만 아니라 비즈니스 프로세스의 세트로서 자리 잡게 되었다.
이 모델에는 매장 설립과 관련한 계획 및 설립 추진, 시장에 관한 의
사결정, 제품 선정 및 매장의 고객에게 상품을 전달하기 위한 공급망
관리까지 테스코의 일하는 방식의 표준을 포함하고 있다. 테스코가
새로운 시장에 진출하면 매번 새롭게 프로세스를 설계하는 것이 아
니라 공통의 프로세스, 관리 체계 및 지원 IT 시스템을 활용한다. 요
워스는 다음과 같이 말했다.

이것은 매우 강력한 비전입니다. 왜냐하면 이것은 우리가 그룹 전
체에 확대 적용할 수 있고, 이 모델은 표준화된 핵심 성과지표를 가지
고 있으므로 지속적인 개선이 가능합니다.

우리는 영국에서 우리 생각에 세계 최고 수준의 자동 재고보충 시스템, 팔림새 기반 주문 및 매우 정교한 수요 예측 시스템을 구축하였습니다. 그러나 테스코가 더 나은 수요 예측 방법을 개발하면 그 새로운 방법은 표준 모델에 거꾸로 반영될 것입니다.

이런 방식으로 테스코의 모델은 학습과 개선의 틀이 되는 린 오퍼레이팅 모델의 핵심 요소들을 잘 보여주고 있다.

끊임없는 완벽 추구

한 연구결과에 의하면, 오퍼레이팅 모델을 지원하는 기반을 갖춘 기업의 역량이 실행기반을 갖고 있지 않은 기업에 비해 운영 효율성 측면에서는 31%, 고객 서비스 측면에서는 33%, 제품 리더십 측면에서는 34%, 전략적 유연성 측면에서는 29% 정도 우수했다고 한다.

사실, 린 오퍼레이팅 모델의 이면에 있는 아이디어의 도입 필요성을 증가시키기 위해 다음과 같은 외부환경의 변화가 진행되고 있다.

- **변화의 속도 증가**는 전체 회사 차원의 성과향상(회사의 각 파트가 하나의 유기체처럼 조화롭게 운영될 때 전체 회사 차원의 성과향상이 가능하다)의 필요성을 증대시키고 있다. 새로운 시장기회를 잡기를 원하는 기업은 더 강한 응집성, 유연성 및 속도를 확보해야 하는데, 이것들은 모두 린 오퍼레이팅 모델의 요소이다.
- **신기술의 발전**은 여러분 또는 여러분의 경쟁사가 활용할 수 있는

기회를 증가시키고 있다. 그러나 이를 사업에 적용하기 위해서는 안정적 프로세스 기반과 장기 비전이 필요한 데, 이는 '일하는 방식' 표준화에 대한 확고한 신념과 추진을 통해서만 확보될 수 있다.

- 고객이 요구하는 것과 그것을 요구하는 시점과 방법의 **복잡성**이 증대되어 오퍼레이션에 엄청난 부담이 가해지고 있다. 그런데 임시방편적인 미봉책으로 오퍼레이션을 운영한다면 언제 붕괴될지 모르는 불안한 상황에 놓이는 것이다.
- **글로벌 경쟁**의 심화로 더 이상 비부가가치 원가와 낭비가 숨어 있을 곳은 존재하지 않는다. 글로벌 경쟁의 강도와 규모는 기업들로 하여금 고객에게 가치를 제공하는 것에만 집중하고 그렇지 않은 것(낭비)은 조직에서 제거하도록 강요하고 있다.

앞에서 언급한 렉서스의 슬로건을 빌리자면, 린 오퍼레이팅 모델은 현대의 시장에서 승리하기 위해 요구되는 중단 없는 집중과 혁신에 조직이 집중하도록 하는 가장 훌륭한 방법이다. 이 제도는 복잡성의 은밀한 증가와 원가와 열등한 프로세스가 엉망진창으로 증가되는 것을 억제한다.

지속적으로 경쟁에서 앞서나가기 위해서 기업은 신속한 실행과 빠른 혁신, 운영의 효율성 및 복잡성 축소를 위한 역량과 공통의 프로세스 관리체계를 필요로 한다. 차별화를 통한 경쟁우위는 쉽게 잃어버릴 수 있는데 반해, 지속가능한 진정한 경쟁우위는 경쟁사에 비해 지속적으로 한 발짝씩 앞서갈 수 있는 역량을 가진 기업이 차지하게 된다.

부록 A

최적 생산 뱃치 크기
결정 방정식

최적 생산 뱃치 크기OBS: Optimal Batch Size 결정 방정식은 수요를 충족시키면서 재고유지 원가와 생산주기를 최소화 할 수 있는 생산 뱃치 크기batch size와 생산주기를 계산할 수 있도록 하는 공식이다(총생산 필요시간이 생산 가능 시간을 초과하지 않는 경우).

최적 생산 뱃치 크기 결정 방정식은 적정한 생산 계획을 추정하고 수요의 변화나 신제품 도입 등과 같은 핵심 변수의 변화가 제공품이나 리드타임과 같은 생산 효율에 미치는 영향을 추정할 수 있도록 도와준다.

각 제품의 수요, 가용 기계 시간, 재고유지 원가 및 셋업 시간이 주어진다면 최적의 뱃치 크기 방정식은 다음과 같이 정의된다.

$$B_i = \left(\frac{\sum_{j=1}^{m} \sqrt{D_j \bullet h_j \bullet s_j}}{S} \right) \bullet \sqrt{\frac{D_i \bullet s_i}{h_i}}$$

단, B_i = i제품의 뱃치 크기

D_i = i제품의 총수요

h_i = 고려 기간의 i제품 뱃치 크기와 관련된 재고유지 원가

s_i = i제품의 뱃치당 셋업 시간

S = 가용 셋업 시간

m = 제품 수

제품 i의 생산 주기 또는 고려 기간의 뱃치의 수는

$$n_i = \frac{D_i}{B_i}$$

위의 방정식에서 첫째 비율은 제품과 관계없는 상수이다. 그러므로 뱃치 크기는 총수요와 셋업 시간 및 재고유지 원가의 곱의 제곱근에 비례한다.

계산 사례

표 A1은 같은 생산 라인에서 생산되는 5개 제품의 월간 수요와 생산 관련 제원치를 표시하고 있다.

	제품 1	제품 2	제품 3	제품 4	제품 5
생산 시간(개당 시간)	0.4	1.5	0.2	0.8	1.8
셋업 시간(뱃치당 시간)	4	5	5	8	10
월간 수요(갯수)	50	40	40	200	200
월간 재고유지 원가(개당)	5	5	10	15	4

주어진 제품 생산량을 생산하는데 소요되는 총생산시간은 608시간이다. 그러므로 만일 총가용기계 시간이 월 720시간이라면, 셋업에 사용할 수 있는 시간은 720−608=112시간이다. 최적 뱃치 크기 결정 방정식을 사용하여 계산된 최적 뱃치 크기와 뱃치 간 시간 간격 CTI: Cycle Time Interval은 표 A2에 표시되어 있다.

| 표 A2 | 최적 뱃치 크기 및 뱃치 간 시간 간격

	제품 1	제품 2	제품 3	제품 4	제품 5
뱃치 크기(개)	19.90	19.90	14.07	32.49	70.34
뱃치 간 시간 간격(일)	11.94	14.92	10.55	4.87	10.55

예를 들어 표 A2의 결과는 제품 1의 경우에는 20개를 한 뱃치로 12시간 간격으로 생산하고, 제품 4는 보다 자주 대량으로 생산하는 것을 나타낸다(제품 4는 거의 5일 간격으로 32−33개를 하나의 뱃치로 생산하게 된다). 최적 뱃치 크기 결정 방정식으로 도출된 위의 뱃치 크기와 생산 주기의 조합은 제품생산 수요를 충족시키는 범위에서 재고유지 원가와 리드타임을 최소화 할 수 있게 된다.

제품—프로세스 상호작용

이곳에서는 제6장 '복잡성이 발생되는 곳: 제품—프로세스 면'에서 설명된 제품—프로세스 간의 두 가지 상호작용에 대해 추가적으로 상세 설명을 하고자 한다.

상호작용 2: 제품 다양성의 증가로 인한 생산능력의 저하
상호작용 3: 소량 생산제품이 재고와 공급 능력에 미치는 비선형적 영향

상호작용 2: 제품 다양성의 증가로 인한 생산능력의 저하

제품 복잡성과 생산능력 간의 관계를 보다 잘 이해하기 위해 재고와 제품 생산량 간의 관계에 대해 잠시 생각해보는 것이 도움이 된다. 제6장에서 이미 언급했듯이 제품의 평균 재고보유 수준은 뱃치

크기에 비례한다. 그러므로 뱃치 크기를 줄이면 재고 수준을 줄일 수 있다. 그러나 뱃치 크기를 줄이면 셋업과 라인 교체를 보다 자주 실행해야 하고, 이로 인해 생산능력이 감소하게 된다(그림 B1 참조).

| 그림 B1 | 뱃치 크기 축소가 생산능력과 재고 수준에 미치는 영향

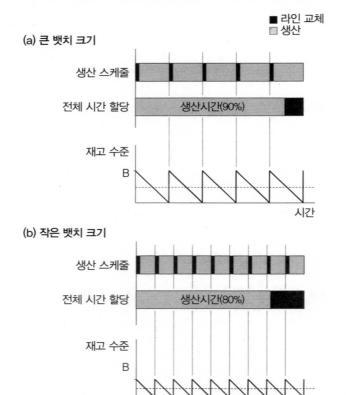

뱃치 크기를 축소하면 평균 재고 수준이 감소하지만, 라인 교체의 주기와 횟수가 증가하게 된다. (b)의 경우 뱃치 크기와 재고 수준이 (a)에 비해 절반 수준이지만, 라인 교체시간이 증가하여 생산량이 약 10% 정도 감소하였다.

다른 관점에서 보면 공장의 제품 생산량이 증가되려면 보다 많은 시간이 생산에 투하되고, 라인 교체시간을 줄여야 한다. 라인 교체시간이 감소하려면 라인 교체 횟수가 감소되어야 하고, 이를 위해서는 뱃치 크기를 증가시켜야 한다. 그리고 뱃치 크기 증가는 재고의 증가를 가져 온다(그리고 해당 제품의 생산 주기가 증가하게 된다).

생산량이 이론적 최대치(모든 기계 가동시간이 생산에만 투입되고 제품 라인 교체에는 전혀 시간이 투입되지 않는 상태로, 이론적으로는 가능하지만 실제에서는 달성할 수 없는 수준이다)에 근접하면 뱃치 크기와 재고 수준이 그림 B2에서 보듯이 급격히 증가하게 된다. 이 커브는 제

| 그림 B2 | 재고와 생산량 간의 관계

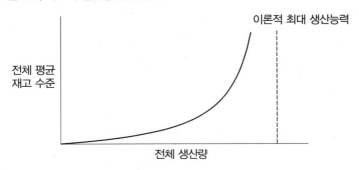

제품 생산량이 증가하여 공장의 생산능력에 근접하게 되면 전체 재고 수준이 증가한다. 증가된 제품 생산량은 라인 교체를 위한 가용시간을 축소시킨다. 라인 교체 횟수의 감소는 생산 뱃치의 증가를 의미하고(뱃치당 생산시간도 증가한다), 이는 재고 수준의 증가를 가져온다. 생산량이 이론적 최대치(모든 기계 가동시간이 생산에 투하되는)에 근접하면 재고 수준이 급격하게 증가한다. 이 커브 상에서 회사의 바람직한 위치는 제품 생산량 증가로 인한 증분 가치와 재고 유지를 위한 증분 원가의 수준에 의해 결정된다. 커브 상에서 회사의 현 위치는 생산 스케줄이 결정한다.

품 생산량과 재고 수준의 기본적 관계를 보여준다. 만일 오퍼레이션 역량이 낮다면 커브가 보다 위쪽으로 이동할 것이며(즉 동일한 생산량에서 보다 많은 재고를 가져 가게 된다), 이 그래프는 가장 이상적인 경우의 재고와 생산량 간의 관계를 나타낸다.

그렇다면 어디에서 복잡성이 발생하는 걸까? 우리는 앞에서 전체적인 수요가 일정하다면 제품 수가 증가할 때 재고 수준이 증가한다는 것을 보여주었다. 이것은 앞에 우리가 세운 단순한 가정을 적용할 경우의 재고/생산량 커브가 제품 수 증가에 비례하여 증가함을 의미한다(그림 B3 참조). 특정 수요 수준에서 제품 수를 두 배로 늘릴 경우 전체적인 재고 수준이 두 배가 된다는데 유의하라. 이것은 커브를 좌상향 방향으로 이동시키는데, 제품 수가 증가하면 더 많은 수준의 재고와 더 적은 제품 생산량을 가지게 된다는 것을 의미한다.

| 그림 B3 | 제품 복잡성이 재고 수준에 미치는 영향(제품 생산량은 일정)

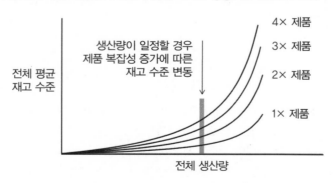

수학적으로 재고-생산량 커브는 제품 수에 비례하여 증가한다. 생산량이 일정할 경우 제품 수가 4배가 되면 제품 수가 2배인 경우에 비해 두 배 수준의 재고를 보유하게 된다. 이것은 그림 29의 재고 수준과 제품 수 간의 선형 관계와 동일한 것이다.

제품 복잡성이 생산능력에 미치는 영향만을 이해하기 위해 일정한 재고 수준에서 다양한 제품 수에서의 재고/생산량 커브를 생각해 보자(그림 B4 참조). 만일 전체적인 재고 수준이 일정하게 유지된다면 제품 복잡성의 증가는 생산능력에만 영향을 미치게 된다. 제품 수가 증가함에 따라 생산능력이 감소하는 이 관계(전체 재고 수준을 일정하게 유지한 경우)를 그림 B5에서 확인할 수 있다. 그림에서 볼 수 있듯

| 그림 B4 | 제품 복잡성의 생산량에 대한 영향(재고 수준이 일정할 경우)

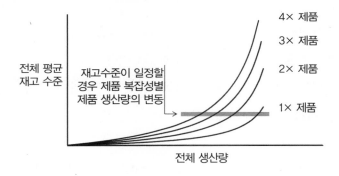

| 그림 B5 | 제품 복잡성이 전체 생산량에 미치는 영향(재고 수준이 일정할 경우)

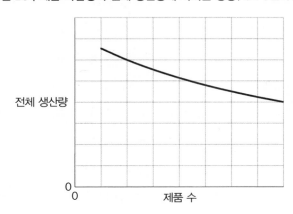

이 제품 복잡성의 증가는 생산능력을 축소시킨다. 대부분의 경우에 제품 복잡성의 증가는 생산능력의 감소와 재고 수준의 증가를 동시에 발생시킨다.

제품 생산량은 제품 복잡성(제품 수)과 역의 상관관계를 가지고 있다. 생산능력을 여러 제품에 분산시키는 것은 전체 생산량을 감소시킨다(재고 수준을 일정하게 유지할 경우).

상호작용 3: 소량 생산제품이 재고와 공급 능력에 미치는 비선형적 영향

소량 생산제품들은 생산능력을 축소시키고 재고 수준과 리드타임에 부정적 영향을 미친다. 앞에서 설명했던 단순화된 예에서부터 시작해서 설명하면 우선 제품의 총생산량은 뱃치 크기와 생산 주기에 의해 결정된다는 것을 상기해보자.

$$제품\ 생산량 = 뱃치\ 크기 \times 제품\ 생산\ 주기$$

소량 생산제품이 2배의 생산량을 가진 제품과 동일한 주기로 생산된다고 가정해 보자(그림 B6 참조). 대량 생산제품의 뱃치 크기는 소량 생산제품의 2배가 되지만, 전체 셋업 시간은 동일하게 된다(생산량 외에는 두 제품의 특성이 유사하다고 가정). 소량 제품의 생산 시간 대비 셋업 시간은 대량 생산제품의 두 배가 되고, 제품 개당 기준으로 소량 생산제품은 생산능력을 두 배 갉아먹게 된다.

대부분의 생산 관련 직원들은 최소한 본능적으로라도 이런 현상에

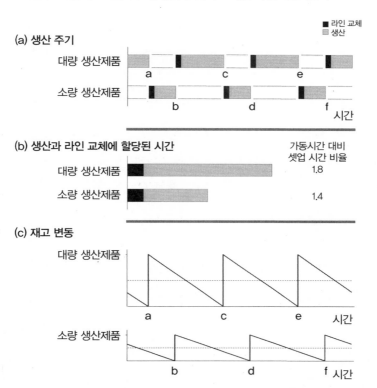

(a) 생산 주기

■ 라인 교체
□ 생산

대량 생산제품

     a   c   e

소량 생산제품

      b   d   f

시간

(b) 생산과 라인 교체에 할당된 시간

가동시간 대비
셋업 시간 비율

대량 생산제품   1.8

소량 생산제품   1.4

(c) 재고 변동

대량 생산제품

     a   c   e   시간

소량 생산제품

     b   d   f 시간

대량 생산제품은 소량 생산제품의 2배를 생산한다(두 개의 제품은 생산 속도, 셋업 시간 등 동일한 제품 특성을 가진다). 동일한 주기로 생산된다면 제품 개당 소량 생산제품의 라인 변경에 두 배의 생산능력이 소비된다. (a) 생산 스케줄은 두 개 제품을 번갈아 생산하는 것으로 되어 있고, 대량 생산제품의 뱃치는 a, c 및 e에서 생산 완료된다. 그리고 소량 생산제품은 b, d 및 f에서 생산이 완료된다. 두 제품이 동일한 주기로 생산되기 때문에 소량 생산제품의 1회 생산시간은 대량 생산제품의 절반이 된다. (b) 주어진 시간 내에서 두 제품은 동일한 전체 라인 변경시간을 가지지만 생산량은 매우 다르다. 소량 생산제품의 개당 생산 시간 대비 라인 변경 시간의 비율은 대량 생산제품의 두 배가 된다. (c) 소량 생산제품의 뱃치 크기가 대량 생산제품의 절반이므로 평균 재고 수준도 대량 제품 대비 절반 수준이다. 이는 두 제품 간에 개당 재고 원가가 동일하게 된다.

대해 알고 있다. 전형적으로 소량 생산제품은 대량 생산제품에 비해 더 적은 주기로 생산된다. 이 경우 이슈가 다른 방향으로 나타나는데, 뱃치 크기가 동일하고 소량 생산제품이 대량 생산제품에 비해 절반 정도의 주기로 생산되는 경우를 가정해 보자(그림 B7 참조). 동일한 뱃치 크기에서의 생산 시간 대비 셋업 시간 및 개당 생산능력 삭감시간은 두 제품이 동일하다. 그러나 소량 생산제품의 제품 생산량이 대량 생산제품의 절반인데 반해 두 제품의 평균 재고 수준은 동일하다. 다시 말해 소량 생산제품의 개당 재고 수준이 대량 생산제품의 두 배가 된다. 단위당 관점에서 소량 생산제품은 대량 생산제품에 비해 훨씬 큰 재고 관련 원가를 부담해야 한다.

　대부분의 경우에는 위의 두 가지 경우 사이에서 운영된다. 소량 생산제품은 단위당 기준으로 볼 때 대량 생산제품에 비해 생산능력을 더 많이 축소시키고, 재고 보유도 더 크다(대부분의 원가회계 시스템은 그러나 관련 원가를 땅콩버터형 배분법처럼 생산량 기준으로 배분하기 때문에 소량 생산제품의 원가를 과소평가하는 경향이 있다).

| 그림 B7 | 동일한 뱃치 크기, 상이한 제품 생산 주기를 가지는 제품 간 비교

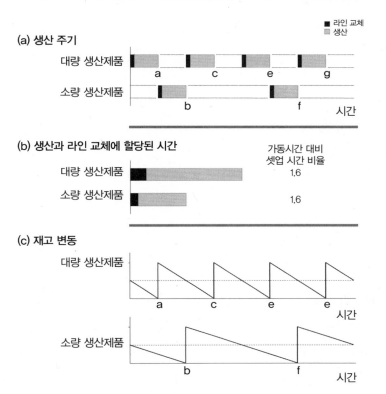

대량 생산제품은 소량 생산제품에 비해 두 배의 수량이다(두 제품은 생산
시간, 셋업 시간 등 동일한 특성을 가진다). 동일한 뱃치 크기로 생산된다면
그림에서 볼 수 있듯이 제품 개당 재고 수준은 소량 생산제품이 대량 생
산제품에 비해 훨씬 커지게 된다(이 경우 두 배 수준이 된다). (a) 소량 생산
제품은 대량 생산제품이 두 개의 뱃치를 생산할 때 하나의 뱃치를 생산
한다. (b) 각 제품의 생산 시간 대비 셋업 시간은 동일한 데, 개당 기준으
로 생산능력에 미치는 영향은 동일하다는 것을 의미한다. (c) 소량 생산
제품의 평균 재고 수준은 대량 생산제품과 동일하다. 그러나 소량 생산
제품이 대량 생산제품에 비해 절반 수준의 판매량을 가지기 때문에 개당
재고 원가는 대량 생산제품의 두 배가 된다.

제10장 표를 위한 백업 계산 자료

복잡성의 증분 원가와 대체가능성이 이익에 미치는 영향을 설명하기 위해 사용된 제10장 - '포트폴리오 최적화(B): SKU 분석 및 선정'의 표는 이 부록의 단순화된 생산 공장 사례에 기반하고 있다. 분석은 부록 A에서 설명되는 최적 뱃치 크기 결정 방정식을 이용하고 있다.

이 스프레드시트들 안의 하이라이트 된 숫자 부분은 제10장의 표와 직접 연계된 숫자이다.

공장 관련 정보
전체 가용시간(시간): 720
간접비($): 15

제품 생산 제한치

제품	A	B	C	D
가공시간(개당 시간)	6	6	6	6
셋업 시간(뱃치당 시간)	6	6	6	6
재고 비용($/개당 1개월)	$0.69	$0.69	$0.69	$0.69

계산 근거

제품	수요 (개수)	가공시간 (시간)	뱃치 크기 (개수)	재고			뱃치 수	공장 간접비			
				월평균 재고 수준(개수)	재고 비용	수요 개당 재고 비용		총 셋업 시간 (시간)	총 공장시간 (시간)	간접비 배부금액	수요 개당 간접비
A	70	420	7.14	3.57	$2.45	$0.04	9.81	58.86	478.86	$9.98	$0.14
B	22	132	4.00	2.00	$1.37	$0.06	5.50	33.00	165.00	$3.44	$0.16
C	4	24	1.71	0.85	$0.59	$0.15	2.35	14.07	38.07	$0.79	$0.20
D	4	24	1.71	0.85	$0.59	$0.15	2.35	14.07	38.07	$0.79	$0.20
합계	100	600	N/A	7.27	$5.00	$0.05	20.00	120.00	720.00	$15.00	$0.15
		= 개당 가공시간 X 수요	= 부록 A 최적 생산 뱃치 크기 결정 방정식에 의해 도출	= 뱃치 크기의 1/2	= 개당 재고비용 X 월평균 재고 수준	= 재고 비용/수요	= 수요/뱃치 크기	= 뱃치 수 X 셋업 시간	= 총 가공시간 + 총 셋업 시간	= 제품이 소비한 총 공장시간 기준으로 배부된 공장 간접비	= 배부된 공장 간접비/수요

셋업 가용시간: 120

| 표 O의 계산 근거 백업 |

공장 관련 정보
전체 가용 시간(시간): 720
간접비($): 15

제품 생산 제원치

제품	A	B	C	D
가공시간(개당 시간)	6	6	6	6
셋업 시간(뱃치당 시간)	6	6	6	6
재고 비용($/개당 1개월)	$0.69	$0.69	$0.69	$0.69

계산 근거(4개 제품)

| 제품 | 수요(개수) | 가공시간(시간) | 뱃치 크기(개수) | 재고 | | | 공장 간접비 | | | | | 개당 전체 내부가치 원가 |
				월평균 재고 수준(개수)	재고 비용	수요 개당 재고 비용	뱃치 수	총 셋업 시간(시간)	총 공장시간(시간)	간접비 배부금액	수요 개당 간접비	
A	70	420	7,135	3,568	2,453	$0.035	9,810	58,861	478,861	9,976	$0.143	$0.178
B	22	132	4,000	2,000	1,375	$0.062	5,500	32,998	164,998	3,437	$0.156	$0.219
C	4	24	1,706	0.853	0.586	$0.147	2,345	14,070	38,070	0.793	$0.198	$0.345
D	4	24	1,706	0.853	0.586	$0.147	2,345	14,070	38,070	0.793	$0.198	$0.345
합계	100	600	N/A	7,274	5,000	$0.050	20,000	120,000	720,000	15,000	$0.150	$0.200

셋업 가동시간: 120

계산 근거(A와 B 제품)

| 제품 | 수요(개수) | 가공시간(시간) | 뱃치 크기(개수) | I | | | P | | | | | 개당 전체 내부가치 원가 |
				월평균 재고 수준(개수)	재고 비용	수요 개당 재고 비용	뱃치 수	총 셋업 시간(시간)	총 공장시간(시간)	간접비 배부금액	수요 개당 간접비	
A	70	420	3,902	1,951	1,341	$0.019	17,942	107,650	527,650	10,993	$0.157	$0.176
B	22	132	2,187	1,094	0.752	$0.034	10,058	60,350	192,350	4,007	$0.182	$0.216
합계	92	552	N/A	3,044	2,093	$0.023	28,000	168,000	720,000	15,000	$0.163	$0.186

셋업 가동시간: 168

공장 관련 정보
전체 가용시간(시간): 720
간접비($): 15

제품 생산 제원치

제품	A	B	C	D
가공시간(개당 시간)	6	6	6	6
셋업 시간(뱃치당 시간)	6	6	6	6
재고 비용($/개당 1개월)	$0.69	$0.69	$0.69	$0.69

계산 근거(4개 제품)

| 제품 | 수요 (개수) | 가공시간 (시간) | 뱃치 크기 (개수) | 재고 | | | 공장 간접비 | | | | | 개당 전체 바부가치 원가 |
				월평균 재고 수준 (개수)	재고 비용	수요 개당 재고 비용	뱃치 수	총 셋업 시간 (시간)	총 공장시간 (시간)	간접비 배부금액	수요 개당 간접비	
A	70	420	7,135	3,568	2,453	$0.035	9,810	58,861	478,861	9,976	$0.143	$0.178
B	22	132	4,000	2,000	1,375	$0.062	5,500	32,998	164,998	3,437	$0.156	$0.219
C	4	24	1,706	0.853	0.586	$0.147	2,345	14,070	38,070	0.793	$0.198	$0.345
D	4	24	1,706	0.853	0.586	$0.147	2,345	14,070	38,070	0.793	$0.198	$0.345
합계	100	600	N/A	7,274	5,000	$0.050	20,000	120,000	720,000	15,000	$0.150	$0.200

셋업 가동시간: 1

계산 근거(A와 B 제품)

| 제품 | 수요 (개수) | 가공시간 (시간) | 뱃치 크기 (개수) | I | | | P | | | | | 개당 전체 바부가치 원가 |
				월평균 재고 수준 (개수)	재고 비용	수요 개당 재고 비용	뱃치 수	총 셋업 시간 (시간)	총 공장시간 (시간)	간접비 배부금액	수요 개당 간접비	
A	72	432	4,732	2,366	1,626	$0.023	15,215	91,292	523,292	10,902	$0.151	$0.174
B	24	144	2,732	1,366	0.939	$0.039	8,785	52,708	196,708	4,098	$0.171	$0.210
합계	96	576	N/A	3,732	2,565	$0.027	24,000	144,000	720,000	15,000	$0.156	$0.183

셋업 가동시간: 1

제품 A와 B의 포트폴리오

	A	B	합계
수량	72	24	96
가격	$1.00	$1.00	$1.00
매출	$72.00	$24.00	$96.00
부가가치 원가	$0.700	$0.700	
명시적 비부가가치 원가	$0.174	$0.210	
총 개당 원가	$0.874	$0.910	
부가가치 원가	$50.40	$16.80	$67.20
명시적 비부가가치 원가	$12.53	$5.04	$17.57
내재적 비부가가치 원가			
총 원가	$62.93	$21.84	$84.77
이윤($)	$9.07	$2.16	$11.23
이윤(%)	12.6%	9.0%	11.7%

제품 A, B, C, D로 구성된 포트폴리오

	A	B	C	D	합계
수량	70	20	4	4	100
가격	$1.00	$1.00	$1.00	$1.00	$1.00
매출	$70.00	$22.00	$4.00	$4.00	$100.00
부가가치 원가	$0.700	$0.700	$0.700	$0.700	
명시적 비부가가치 원가	$0.178	$0.219	$0.345	$0.345	
총 개당 원가	$0.878	$0.919	$1.045	$1.045	
부가가치 원가	$49.00	$15.40	$2.80	$2.80	$70.00
명시적 비부가가치 원가	$12.43	$4.81	$1.38	$1.38	$20.00
내재적 비부가가치 원가					
총 원가	$61.43	$20.21	$4.18	$4.18	$90.00
이윤($)	$8.57	$1.79	$0.18	$0.18	$10.00
이윤(%)	12.2%	8.1%	-4.5%	-4.5%	10.0%

증분 분석

	A	B	C	D	합계
수량	72	24	2	2	100
가격	$1.00	$1.00	$1.00	$1.00	$1.00
매출	$72.00	$24.00	$2.00	$2.00	$100.00
부가가치 원가					
명시적 비부가가치 원가					
총 개당 원가					
부가가치 원가	$50.40	$16.80	$1.40	$1.40	$70.00
명시적 비부가가치 원가	$13.12	$5.50	$0.69	$0.69	$20.00
내재적 비부가가치 원가	-$0.59	-$0.46	$0.53	$0.53	$0.00
총 원가	$62.93	$21.84	$2.62	$2.62	$90.00
이윤($)	$9.07	$2.16	-$0.62	-$0.62	$10.00
이윤(%)	12.6%	9.0%	-30.9%	-30.9%	10.0%

* 주: 스프레드시트 2의 명시적 비부가가치 원가는 스프레드시트 1의 마지막 열의 숫자를 받아왔음

우리는 이 책을 저술하는데 물심양면으로 지원을 아끼지 않은 우리 동료들과 친구들에게 진심으로 감사한다. 특히 우리는 윌슨페루말 사社의 동료들에게 감사의 말을 전하고 싶다. 부족한 원고를 꼼꼼히 읽고 사려 깊은 충고와 중요한 아이디어를 제공해준 브라이언 헤프너Brian Hefner, 그리고 최적 뱃치 크기batch size 결정을 위한 방정식을 개발하기 위한 분석적 지원을 해준 닉 비키셋 박사Dr. Nick Vikitset에게 감사한다. 원고를 검토하는 것은 적지 않은 시간과 많은 노력이 들어가는데, 이 일을 해주었다는 것은 진정한 우정의 증거라고 생각한다. 제이슨 산타마리아Jason Santamaria, 데이비드 킴David Kim과 앤디 보니Andy Bonney에게 감사의 말을 전한다. 맥그로힐의 전체 팀에게도 큰 감사를 하고 싶다. 편집자 녹스 휴스턴Knox Huston은 지속적인 지도와 지원을 해주었으며, 편집 감독인 메리 글렌Mary Glenn은 이번 프로젝트를 진행하는데 격려와 스폰서십을 제공해 주었다. 우리는 또한 이 책을 기획, 편집, 출판하는데 전문성, 집중력 및 열정을 아끼지 않은 수 레이나드Sue Reynard에게 감사한다. 그리고 출판 담당자인 바바라 케이브 헨릭스Barbara Cave Henricks에게도 깊은 감사를 전한다.

마지막으로 오랜 시간 동안 저술에 집중할 수 있도록 이해하고 격려해준 우리 가족들에게 특별히 감사하다는 말을 전하고 싶다.

스티븐 윌슨 & 안드레이 페루말

복잡성과의 전쟁

지은이 | 스티븐 윌슨 · 안드레이 페루말
옮긴이 | 김만수 · 김시정
펴낸이 | 박영발
펴낸곳 | W미디어
등록| 제2005-000030호
1쇄 발행 | 2013년 11월 1일
주소 | 서울 양천구 목동 907 현대월드타워 1905호
전화 | 02-6678-0708
e-메일 | wmedia@naver.com

ISBN 978-89-91761-68-1   03320
값 20,000원